U0555537

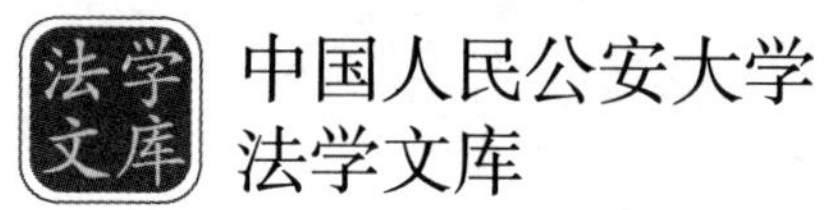

中国人民公安大学
法学文库

刑事疑难案件专家论证

XINGSHI YINAN ANJIAN
ZHUANJIA LUNZHENG

张品泽◇著

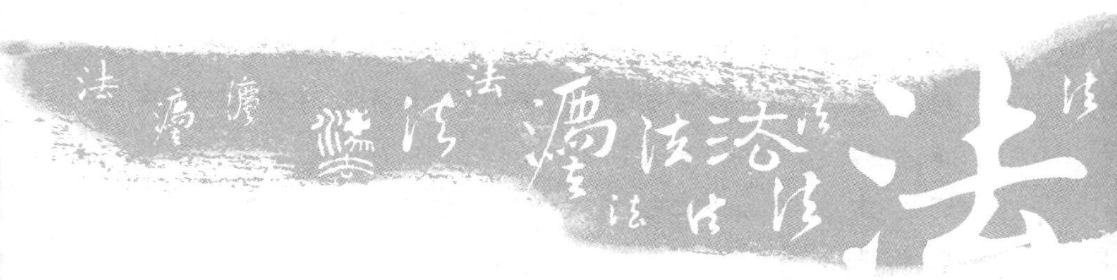

中国政法大学出版社

2023·北京

图书在版编目（CIP）数据

刑事疑难案件专家论证/张品泽著. —北京：中国政法大学出版社，2023.11

ISBN 978-7-5764-1203-1

Ⅰ.①刑… Ⅱ.①张… Ⅲ.①刑事犯罪－案例－中国 Ⅳ.①D924.305

中国国家版本馆 CIP 数据核字(2023)第 225515 号

出 版 者　中国政法大学出版社

地　　址　北京市海淀区西土城路 25 号

邮寄地址　北京 100088 信箱 8034 分箱　邮编 100088

网　　址　http://www.cuplpress.com (网络实名：中国政法大学出版社)

电　　话　010-58908285(总编室) 58908433（编辑部）58908334(邮购部)

承　　印　固安华明印业有限公司

开　　本　880mm×1230mm　1/32

印　　张　12

字　　数　323 千字

版　　次　2023 年 11 月第 1 版

印　　次　2023 年 11 月第 1 次印刷

定　　价　55.00 元

目 录
Contents

第三编 其他类犯罪疑难案件论证

引　言

Foreword

一、专家论证的缘起

刑事司法实践中，疑难案件的出现难以避免，且通常以三种类型呈现：一是因案件的证据不足或证据论证逻辑偏差等原因，导致控辩双方乃至不同审级法院之间，对案件事实认定出现差异，当这些差异影响案件中犯罪有无、犯罪数量多少、罪刑轻重，以及是否追究刑事责任等情形时，便形成“事实疑难案件”。二是当事人和办案机关对案件事实认定均无明显差异，但是基于该案件事实，如果出现下列争议，则出现“法律疑难案件”，如：该事实是否属于犯罪？是否应当追究刑事责任？应当追究哪些刑事责任？认定为哪种罪名？故意还是过失？罪责轻重？三是当上述两种情形在同一起案件中出现时，即不仅对案件事实有争议，且对该争议的案件事实或其他无争议的案件事实的法律适用也存在争议，则此类案件可被称为“事实法律疑难案件”。实践中，虽然也有单独案件事实争议或单独法律适用争议的疑难案件，但其作为疑难案件邀请专家论证的比例均少于第三类（事实法律）疑难案件。本书中收录的案件也以第三类居多。

对于疑难案件，办案人员、受追诉方辩护人或受害方代理人通常都会努力去解决。其中，办案人员法定解决方式有：退回补充侦查、撤回起诉、发回重审等。受追诉方辩护人或受害方代理人往往可通过行使辩护权或代理权去质疑办案机关。如在辩护意见或代理意见中对案件事实认定或法律适用提出异议，在上诉状、申诉书中就案件事实认定和法律适用质疑。当辩护人或代理人发现自己对疑难案件也难以把握时，一般会先求助于其所在的律师事务所同伴；再求助于关系密切、经验丰富、业务能力较强的律师同行；如仍无法破解，请教该领域的专家便成为其选择之一。考虑到请教专家需要支付一定的劳务费或咨询费，因此，付诸实施前必然要征询委托方意见。委托方同意支付相关费用时，接受委托的辩护或代理律师才会正式邀请专家。专家论证会便是该情形下出现的一种解决疑难案件的特定形式，专家论证法律意见书则成为委托方提交办案机关的一种特定文书。

二、专家论证会的组成及程序

刑事疑难案件专家论证会邀请的专家通常来自刑事（实体和程序）法或证据法领域，时而也有民事（实体、程序）法等领域学者。实务界专家较少，且集中在曾任职于最高人民法院、最高人民检察院较高级别的离退休人员。参与本书中案件论证的知名专家均来自北京著名高校和研究机构，包括北京大学、清华大学、中国人民大学、中国政法大学、北京师范大学、中国社会科学院、中国人民公安大学等。

考虑到论证会的非公开性和费用开销等因素，其规模都不大，参会人员常为10人以内，参与论证的专家一般在3人~5人之间；论证会地点以宾馆或酒店小会议室或餐饮包间为主。论证会议流程通常如下：

其一，委托方经联系确定拟邀请的专家后，将案件相关材料复印装订成册，提前送交拟参加论证的专家查阅，熟悉案情。

其二，委托方简述案情，将需要论证的案件焦点问题（事实、法律或二者兼具）列明，附随案件材料一并送交论证专家。

其三，委托方对需要论证的焦点问题的辩护或代理意见，一并随上述材料事先交专家审阅，这也成为部分案件论证的常态。

不过，来自委托方的意见仅作为论证专家了解争议一方观点的材料，并不构成影响专家论证意见的根据。专家们按照自己对案件的理解，做出独立判断，不受邀请方意见左右。

其四，论证会正式召开前，由参与论证的专家推荐一名德高望重的专家作为论证会主持人，负责组织、安排论证会召开，总结、归纳论证意见，对论证会中出现观点分歧情形进一步组织讨论。论证会开始环节是先由委托方的律师介绍案情，并明确提出需要论证会讨论的争议焦点；再由论证会专家围绕案情与论证焦点，向负责汇报的律师提问，该律师逐一向提问专家们解答，至无疑问时止。此后，专家们结合手中案件材料，依次就论证焦点问题发表专业意见。

论证会上专家们通常都能得出一致意见，但不排除出现意见分歧。其中，有关案件事实分歧情形不常见，法律适用分歧为主。案件事实需要有证据支撑，除非专家们认为证据材料的充分性、关联性有缺陷，否则，很难不采纳委托方陈述的案件事实。有关法律适用的分歧有两种情形，一是专家与委托方之间的意见分歧；二是专家之间的意见分歧。对于前者，只能以委托方服从专家意见方式解决。对于后者，由论证会主持专家就分歧要点及原因进行归纳，引导深入讨论后，按照少数服从多数方式得出论证意见。当然，持不同意见专家既可以拒绝签名方式，保持自己的观点；也可在论证意见结论处签名，认同多数专家观点。

其五，为了防止辩护或代理意见影响论证意见，受邀请专家组会专门安排一名论证会秘书，负责记录（录音）论证会讨论内容与观点。论证会后，会议秘书按照论证专家研讨后的结论性意见，参照案件材料中相关证据材料，结合相关规范性文件，进一步归纳、整理、提炼后，按照专家观点——证据材料——证据材料来源的逻辑结构，撰写书面论证意见书。论证会秘书完成专家论证意见书初稿后，逐一发给每位专家或发给专家组共同推选的一名专家审阅、核对认可后，正式定稿打印。一次成稿的情形极少；经过多次补充、修改，反复征求专家意见后，形成定稿为常态。

定稿后，论证会秘书用论证会上专家签名稿纸打印 3 份~5 份，交付会议邀请方提交办案机关参考。

三、专家论证意见书的形式与内容

专家论证意见书虽没有统一或约定俗成的结构和格式，但以下内容常不可或缺：

一是参与论证的专家（主体）。此部分常位于论证意见书首部，包括论证会组织安排方或邀请方、受邀请参与论证的专家、撰写论证意见的秘书，以及邀请方安排代表等信息。实践中，辩护方委托论证会较为常见，也偶见被害方或控告方邀请专家论证。

二是论证会参照的案件材料。此内容在专家论证意见书上仅列举材料清单。不过，论证会专家事先会收到委托方提供的案件复印材料，一般由诉讼文书（判决书、裁定书、强制措施等法律文书）、证据材料，以及委托方已形成的辩护意见或控告、申诉材料三部分构成。

三是已被相关办案机关以法律文书形式认定的案件事实和适用的法律规定。这里的法律文书因论证案件所处的阶段而不同，如在侦查阶段论证的案件，能提供的法律文书有立案决定书、强制措施决定书、起诉意见书等。其中，起诉意见书涉及案件事实认定及适用法律。审查起诉阶段能提供的法律文书有检察院的起诉书。审判阶段能提供的法律文书有法院的裁判文书。

四是专家论证意见及理由。此部分无论篇幅大小，均被视为专家论证意见书重点或主体部分。专家论证意见书的分量轻重，以及出具给办案机关后发挥的效果，均与该部分的内容有直接关系。专家在论证会上提出有关事实认定和法律适用的意见，不大的篇幅即可表达。论证会中专家的观点如果仅以会议记录方式整理作为专家论证意见书，则数千字即可。专家论证意见书的重心在于“论证”而非“意见”。只有经过逻辑严谨、证据充分的论证，得出的专家意见才有说服力，否则，即便是恰当的专家意见，也会被办案机关认为没有证据支持，难以认同。笔者曾遇到过一个已论证过的案件，案情复杂且法律适用争议较大，而专家论证意见书仅三页纸。因当事人重新委托辩护人，辩护律师再次邀请专家论证，而邀请的部分专家已经参与过前次论证。第二次论证后，该案的委托方要求专家论证意见书由笔者撰写。因使用大量案件证据材料作论证专家们观点支持基础，该案的论证意见书篇幅长达5万字。结果交给办案机关后，发挥了较大作用，说服二审法院撤销原判，发回重审，改判被告人无罪。

五是结论性专家意见。此部分内容不多，一般在一页纸篇幅内，且均为上述第四部分逐项论证意见的汇总。单独设立第五部分，是为了减少第四部分前后往返多页不便领会专家论证意见。

六是与会专家签名。此部分相当于版权页，表明与会专家对专家论证意见书中观点的正式认可。除非极个别情形，绝大多数案件论证后，专家们均意见一致共同签名。笔者曾遇到过一个论证会上的专家，坚持己见，不同意其他专家的观点，拒绝签名，也拒收论证邀请方事先交付的劳务费，谢绝餐食，提前离场。由于专家论证意见书通常会在论证会后数周或数月内完成，因而，出于减少论证会秘书往返获取专家签名的不便考虑，与会专家几乎都认可在论证会秘书提供的空白打印纸的下半页，以学术地位、名气，依次签名。为了防止论证意见书使用方在打印复制过程中更改论证意见或理由，论证会秘书会在每一页论证意见书的脚页中加盖名章。

四、专家论证案件类型

本书收集的十多篇刑事疑难案件论证意见，是笔者十多年间参加专家论证会撰写的部分论证意见书。从涉嫌的罪名来看，诈骗类犯罪和职务类犯罪居多。该现象足以表明刑事司法实践中，这两类案件的案件事实与法律适用容易引发争议。笔者认为，其主要原因在于：诈骗类犯罪案件常常与民事纠纷交织在一起，往往呈现民刑交叉案件事实。此外，有关是否虚构事实，是否具有非法占有目的等要素也容易引起不同看法。就职务类犯罪案件而言，引发争议常集中于下列方面：一是此类案件涉及的罪名往往较多，其中部分罪名是否成立容易引发争议；二是对涉及的财物或金钱数额计算方法以及结果有不同认识；三是是否利用职权非法获取财物也是关注的焦点之一。当然，争议还与办案人员的推理或论证逻辑有关，同样的证据得出不同的结论也是引发争议的情形之一，单纯的法律适用问题引起案件不同主体间的争议并非常见。

案情复杂、证据材料多是疑难案件出现的必要条件。当事人委托的律师认真负责、专业能力强，能够发现争议点也是邀请专家论证不可或缺的前提之一。

五、结集的意义

因本书收集的专家论证意见书跨越时间较长，不仅相关法律法规发生变化，笔者撰写论证书水平与能力也发生变化，故写作的风格与质量也会出现不同，请读者多给予谅解。感谢恩师樊崇义先生多年给予我的教导以及参与疑难案件论证实践的机会；感谢各位参与论证的法学专家们的精彩观点。每一个案件的论证都是笔者强化证据法以及补习刑事实体法的一次珍贵机会。通过多年案件论证意见的撰写，在纷繁复杂的案件材料中时常会发现一些论证会上委托方没有提及的"新"事实、"新"角度，一次次新发现，都给委托方带来新的希望，乃至如愿以偿。

作为法律职业入职门槛，一年一度的"法考"中也涉及较多的案例分析题。相对于本书收集的案例，"法考"中的案例显然极为简化或简易。希望本书的出版，能为那些通过"法考"的法律职业"后备军"便捷感知我国刑事司法实践中"鲜活"案例提供机会。当然，如果能以此作为"实战"前的热身练习，我想一定会有不同于备考阶段记忆模式的体验。

在我的博士生李鲤以及硕士生杨文科、张晓铃、李冠楠、周家锋、董耀斌、逄晶晶等多位同学协助下，有关案件信息均做了模糊处理，相关争议焦点也作了分类对比、归纳整理。感谢同学们的辛勤付出！

书中疏漏及错误之处难免，恳请包容的同时，更希望给予指正。

第一编
诈骗类犯罪疑难案件论证

论证案件一　姚某甲、刘甲涉嫌合同诈骗案

一、专家论证会参考的案件材料

（一）2017 年 5 月 10 日，TJ 市 JH 区人民检察院《起诉书》（JJ 检公诉刑诉［2017］330 号）。

（二）有关证据材料。

二、TJ 市 JH 区人民检察院《起诉书》（JJ 检公诉刑诉［2017］330 号）认定的案件事实

被告人姚某甲与被害人高某某、张某某认识多年，一直合作钢材生意。2012 年 8 月 28 日，TA 市 JDY 商贸有限责任公司（以下简称 JDY 公司）向 SD 省 TA 市收购储备中心提出将该公司 64 号、66 号两宗土地纳入政府储备的请示，该中心未予批准。

2012 年 10 月 15 日，被告人姚某甲、刘甲在明知其二人及其合作经营的 JDY 公司有巨额负债，且该公司名下 DZ 大街 66 号土地不具备开发条件的情况下，以投资开发改造 DZ 大街 66 号院项目为名，与高某某、张某某实际经营的 TJ 市 ZDL 钢管制造有限公司（以下简称 ZDL 公司）签订《项目投资协议》，双方约定合作改造项目。2012 年 10 月 18 日、10 月 30 日、11 月 1 日，ZDL 公司分三次向 JDY 公司账户转投资款共计人民币 2600 万元。

收款后，JDY 公司立即将其中 834 万元用于偿还 JDY 公司银

行贷款，而后再次贷款，合并其余款项均转至被告人姚某甲名下TA市KY金属建材有限公司账户，以开具银行承兑汇票、转账等方式用于归还个人借款等个人用途，致使被害人经济损失至今未得到弥补。

三、专家论证意见与理由

（一）2012年10月15日（甲方）ZDL公司与（乙方）姚某甲、刘甲签订的《项目投资协议》，2014年5月2日（甲方）ZDL公司与（乙方）姚某甲、刘甲以及（丙方）张某某签订的《协议书》，2014年5月2日（甲方）张某某与（乙方）姚某甲、刘甲签订的《股权转让及回购协议》，以及2014年11月7日（甲方）张某某与（乙方）姚某甲、（丙方）刘甲签订的《股权转让协议》和《解除合同协议书》均表明：

ZDL公司、张某某与姚某甲、刘甲之间有关2600万元资金的协议，名为投资，实为借贷法律关系。50%股权过户法律性质上属于对借款的担保。因此，姚某甲、刘甲没有义务告知ZDL公司（张某某）项目经营状况及负债情形。

1.《中华人民共和国合同法》（以下简称《合同法》）第196条规定，借款合同是借款人向贷款人借款，到期返还借款并支付利息的合同。第198条规定，订立借款合同，贷款人可以要求借款人提供担保。

1990年11月12日最高人民法院《关于审理联营合同纠纷案件若干问题的解答》［法（经）发〔1990〕27号］第4条第2款规定，企业法人、事业法人作为联营一方向联营体投资，但不参加共同经营，也不承担联营的风险责任，不论盈亏均按期收回本息，或者按期收取固定利润的，是明为联营，实为借贷，违反了有关金融法规，应当确认合同无效。除本金可以返还外，对出资方已经取得或者约定取得的利息应予收缴，对另一方则应处以相当于银行利息的罚款。

2005年8月1日起施行的最高人民法院《关于审理涉及国有

土地使用权合同纠纷案件适用法律问题的解释》（法释〔2005〕5号）第26条规定，合作开发房地产合同约定提供资金的当事人不承担经营风险，只收取固定数额货币的，应当认定为借款合同。

2. 按照《项目投资协议》约定，（甲方）ZDL公司向（乙方）姚某甲、刘甲提供2600万元资金后，要求乙方保证在固定的周期（一年半）能返还甲方固定的数额货币（回报率不低于100%，即返还2600万元+2600万元=5200万元），且甲方不承担任何投资经营风险。其名义上是投资协议，法律上是借贷关系。50%股权过户法律性质上属于对借款的担保。因此，乙方没有义务告知甲方项目经营状况及负债情形。

（1）2012年10月15日，（甲方）ZDL公司与（乙方）姚某甲、刘甲签订《项目投资协议》。甲、乙两方经过友好协商，甲方自愿投资乙方开发的位于SD省TA市DZ大街66号院项目，投入金额为人民币2600万元，达成如下协议：①乙方同意将该项目即TA市JDY公司股权50%过户到甲方名下，项目权益双方按股权比例分配，但乙方保证甲方投资回报率不低于100%。②项目开发前TA市JDY公司及该公司所涉及的债权债务均由乙方承担。开发过程中与项目开发无关的债权债务由乙方承担。③项目周期在一年半左右，乙方管理，甲方监督，乙方要及时向甲方通报项目进展情况，甲方要积极提供宏观指导。④协议签字5日内甲方交付乙方1000万元，双方随即到工商机关办理股权变更手续，甲方在股权变更手续完成后10日内将余下1600万元投资款交付乙方，上述手续完成后本协议方可生效。（参见2015年7月17日至2016年1月29日，TJ市公安局经侦总队办理姚某甲、刘甲涉嫌合同诈骗案《刑事侦查卷宗〈诉讼证据卷〉》第3卷第7页、第12页）

（2）问：既然你（刘甲）和姚某甲都知道DZ大街64号、66号土地当时不能开发改造，为什么还要和ZDL公司签订关于DZ大街64号、66号土地的《项目投资协议》？答：我们和ZDL公司签订这份协议实际目的就是借钱，当时他（姚某甲）资金周转不开，想把以前买地的欠款还上。问：姚某甲与 ZDL 公司签订《项目投资协议》也是为了找他们公司借钱用于资金周转吗？答：嗯。问：具体讲清楚。答：和 ZDL 公司签订协议前，姚某甲和我（刘甲）说需要用钱，他联系了 TJ 市 ZDL 公司的高某某，从他们那里借 2600 万元。问：姚某甲什么时候、怎么和你说的这些事情？答：记不起来了。问：他为什么要向 ZDL 公司借 2600 万？答：钱是姚某甲借的，具体哪里用钱，钱怎么用我不清楚。问：既然是姚某甲向 ZDL 公司借钱，那你（刘甲）为什么在《项目投资协议》上签字？答：姚某甲当时让我（刘甲）签，我就签了。问：你（刘甲）签字的目的是什么？答：就是为了帮他借钱呗。问：你（刘甲）说的他是谁？答：姚某甲。问：你（刘甲）在协议上签字有什么意义？答：当时字是姚某甲让我（刘甲）签的，说是还购地款，我（刘甲）也没想太多。问：你（刘甲）当时是 JDY 公司的法人代表，DZ 大街 64 号、66 号土地在 JDY 公司名下，这些和你（刘甲）在协议上面签字有什么关系吗？答：（沉默不语）。（参见 2015 年 8 月 31 日 11 时 40 分至 13 时 35 分，TJ 市公安局经侦总队邓某、欧阳某甲讯问刘甲笔录第 3 页、第 4 页）

（3）问：当时 DZ 大街土地有没有开发改造资质？答：2008 年 JDY 公司拿到的 DZ 大街土地具备单位自建规划条件，可以开发改造。问：公共建筑用地可以开发吗？答：可以开发。问：你（刘甲）上述规划条件有无期限？答：好像是两年。问：签订协议时规划条件到期了吗？答：到期了。问：到期后还有规划改造条件吗？答：没有了。问：既然这样，为什么还要和 ZDL 公司签订《股权转让协议》，让他们投资这个项目？答：当时我们和 ZDL（公司）签订协议，让他们投资项目的实际目的就是借钱，好把我们的欠款还上。我（刘甲）想等其他项目收回来钱后就把 ZDL 公司的投资款还上。问：ZDL 公司认可 2600 万元是给你们的借款吗？答：认可。问：具体讲清楚？答：签订协议前我（刘甲）、姚某甲告诉高某某、张某某，我们找他们借 2600 万元还欠款，以后 DZ 大街 66 号院项目或其他项目收回来钱再把钱还给他们。问：

你们双方有没有签过《借款合同》？答：没有，就签的这份《项目投资协议》。问：为什么签订《项目投资协议》而不签订《借款合同》？答：签订《项目投资协议》可以规避一些利息税。问：具体在什么时候、在哪儿和ZDL公司说的？答：在TA市，具体时间、地点，我（刘甲）记不清了。问：你们双方有没有签订相关《借款合同》？答：没有。问：既然如此，你们为什么不和ZDL公司签订《借款合同》而签订《项目投资协议》？答：这份协议是ZDL公司起草的，我（刘甲）认为协议里能说明借款的本金及回报。所以和他们签订的这份协议，我（刘甲）认为这份协议就是《借款合同》。（参见2015年8月7日9时30分至14时38分，TJ市公安局经侦总队邓某、欧阳某甲讯问刘甲笔录第3页、第4页）

（4）问：你（刘甲）和姚某甲为什么要与ZDL公司签订这份《项目投资协议》？答：签订这份协议之前，我（刘甲）和姚某甲在TA市还投了几个项目产生了一些欠款。买DZ大街这两块土地的钱，大部分也是姚某甲借来的。我们当时没有钱还，所以和ZDL公司签订这份协议，找他们借钱，我们可以把其他欠款还上。问：把你（刘甲）和姚某甲之前投资项目的具体情况讲清楚。答：项目不止一个，具体记不清了。问：JDY公司花多少钱购买的DZ大街64号、66号土地？答：大概人民币1600多万元。问：这些钱的来源？答：买地的钱都是姚某甲出的，他怎么凑的这些钱我不知道。问：你（刘甲）和姚某甲怎么向ZDL公司介绍DZ大街66号院项目的？答：姚某甲和高某某是多年的朋友。DZ大街66号院项目是姚某甲介绍给高某某的，后来高某某带着张某某来TA市考察，我（刘甲）和姚某甲告诉他们DZ大街这块地有规划条件可以开发改造，我们准备将地上房屋移平后建造高层房屋。（参见2015年8月18日10时48分至13时20分，TJ市公安局经侦总队邓某、李甲讯问刘甲笔录第3页）

（5）问：我再问你（刘甲），与ZDL公司签订协议前，DZ大街64号、66号土地到底能不能开发改造？答：当时不能。问：那你（刘甲）和姚某甲为什么还要和ZDL公司签订《项目投资协议》，让他们投资这个项目？答：当时我们和ZDL公司签订这份协议实际目的就是借款。我们周转一下资金，好把以前买地和投其他项目的欠款还上，等其他项目收回来钱后，再把ZDL公司的投资款给还上。问：ZDL公司认可2600万元是借给你们的借款吗？答：认可。问：具体讲清楚？答：签订协议前我（刘甲）和姚某甲告诉高某某、张某某，我们要用2600万元还欠款，以后其他项目收回来钱再把钱还给他们。问：具体在什么时候、在哪儿和ZDL公司说的？答：在TA市，具体时间、地点，我（刘甲）记不清了。问：你们双方有没有签订相关《借款合同》？答：没有。问：既然如此，你们为什么不和ZDL公司签订《借款合同》而签订《项目投资协议》？答：这份协议是ZDL公司起草的，我（刘甲）认为协议里能说明借款的本金及回报。所以和他们签订的这份协议，我（刘甲）认为这份协议就是借款合同。（参见2015年8月18日10时48分至13时20分，TJ市公安局经侦总队邓某、李甲讯问刘甲笔录第5页、第6页）

（6）2012年9月，姚某甲到TJ市JH县DQ庄找到报案人ZDL公司，称其投资设立的TA市JDY公司名下位于TA市DZ大街的66号院落可以进行项目改造，并承诺已具备全部改造手续及规划许可批准文件，随时可以对改造项目进行改造，且改造后可以获得巨额的利润，现因缺少启动资金无法实施，希望与报案人TJ市ZDL公司合作开发，需要报案人投资2600万元，与其合作进行项目改造，姚某甲、刘甲承诺将TA市JDY公司50%股权过户给报案人，且最后按双方股权比例分配项目权益，并在电话沟通中多次反复强调保证报案人投资回报率不低于100%，开发期限最长不超过一年半。后TJ市ZDL公司经预测开发项目确实价值5200万元，并轻信姚某甲谎言，于2012年10月13日在报案人厂内，与其签订《项目投资协议》，协议也约定由姚某甲、刘甲将TA市JDY公司股权50%过户给报案人，项目权益双方按股权比例分配，但保证报案人投资回报率不低于100%，开发期限一年半左右。(参见2015年7月17日至2016年1月29日，TJ市公安局经侦总队办理姚某甲、刘甲涉嫌合同诈骗案《刑事侦查卷宗〈诉讼证据卷〉》第3卷第121页~第123页；2015年4月25日ZDL公司张某某、高某某《刑事报案书》第1页~第3页)

3. 按照2014年5月2日（甲方）ZDL公司与（乙方）姚某甲、刘甲以及（丙方）张某某签订的《协议书》约定，甲方将其对乙方的债权（2600万元成本及受益）转让给（丙方）张某某，又在乙方与丙方之间形成借贷关系。2014年5月2日（甲方）张某某与（乙方）姚某甲、刘甲签订的《股权转让及回购协议》，同样明确提出在固定期限，获取固定数额货币收益，且要求乙方以公司股权转让给甲方作为担保，不承担任何经营风险，完全符合借贷关系法律特征。

（1）2014年5月2日，(甲方）ZDL公司与（乙方）（JDY公司）姚某甲、刘甲以及（丙方）张某某签订《协议书》：甲方已将投资于SD省TA市TS区DZ大街66号院项目的人民币2600万元的成本及受益转让给丙方，今后甲方和乙方再无债权债务及任何经济关系，甲乙双方签订的合同终止作废。(参见2015年7月17日至2016年1月29日，TJ市公安局经侦总队办理姚某甲、刘甲涉嫌合同诈骗案《刑事侦查卷宗〈诉讼证据卷〉》第3卷第143页)

（2）问：《协议书》为什么将DZ大街2600万元投资成本收益转让给张某某？答：张某某是ZDL公司的业务经理，当时他跟我（姚某甲）和刘甲说ZDL公司2600万元投资款大部分都是他以个人名义融资筹借来的。由于近期借款到期，张某某的债主找他要钱，要得很急，他让我（姚某甲）和刘甲以JDY公司名义和他签这份协议，证明他借的钱用在投资DZ大街66号院项目上，好给债主们一个交代，所以才签的这份协议。(参见2016年1月25日14时47分至16时05分，TJ市公安局经侦总队邓某、李甲讯问姚某甲笔录第16页)

（3）2014年5月2日，甲方（张某某）与乙方（姚某甲、刘甲）签订《股权转让及回购协议》：①因乙方欠甲方人民币 5200 万元，乙方把 JDY 公司 70%股权（此前已转让 50%股权）、HNXL 房地产开发有限公司 10%股权过户给甲方作为按期还款保证。乙方承诺在 2014 年 11 月 2 日前归还甲方人民币 5200 万元借款，甲方承诺 10 日内将股权过户给乙方。②违约责任：a. 乙方在六个月内未归还人民币 5200 万元欠款，甲方有权处置 JDY 公司 100%股权并享有相应债权债务及 HNXL 房地产开发有限公司 10%的股权。b. 如乙方按约定时间归还人民币 5200 万元欠款后，甲方不同意将股权过户给乙方，甲方应支付给乙方 1. 5 亿元股权转让款。（参见 2015 年 7 月 17 日至 2016 年 1 月 29 日，TJ 市公安局经侦总队办理姚某甲、刘甲涉嫌合同诈骗案《刑事侦查卷宗〈诉讼证据卷〉》第 3 卷第 144 页、第 145 页）

（4）问：说说你们当时为何签订这份《股权转让及回购协议》。答：签订协议书当天，张某某、高某某催我（刘甲）和姚某甲还钱。我们就签了这份《股权转让及回购协议》。我（刘甲）和姚某甲把 JDY 公司 70%股权、HNXL 房地产开发有限公司 10%股权转让给张某某，保证在 2014 年 11 月 2 日前将欠款归还。问：HNXL 房地产开发有限公司基本情况？答：HNXL 公司 2010 年注册成立，我（刘甲）任公司法人代表，姚某甲是股东，我们各占 40%股份，公司名下在 HNSY 有块 42 667 平方米的土地，我（刘甲）和姚某甲一直想开发这块地。从 2010 年开始到现在，在这个项目上总共投资了 1 个多亿。问：既然这样，为什么还要以这两个公司股权抵押偿还张某某欠款？答：因为我（刘甲）和姚某甲当时的资产只有这两家公司，而且这两家公司名下土地价值可以覆盖这些债务。问：有没有对此做过评估？答：HNXL 公司项目价值是我预期估计的，没有做过评估。问：DZ 大街土地房地产，我（刘甲）以前做过评估，评估价值 7000 多万元人民币。（参见 2015 年 8 月 18 日 10 时 48 分至 13 时 20 分，TJ 市公安局经侦总队邓某、李甲讯问刘甲笔录第 10 页、第 11 页）

4. 按照 2014 年 11 月 7 日，（甲方）张某某与（乙方）姚某甲、(丙方) 刘甲签订的《股权转让协议》《解除合同协议书》，一方面，甲方直接要求乙方和丙方偿还其借款本金与利息（共计5200万元)；另一方面，要求乙、丙两方以公司股权抵偿该债务，且将该股权上设定的第三方债务剥离，由乙方、丙方承担，担保甲方借贷款获得偿还。

(1) 2014年11月7日，(甲方) 张某某与（乙方）姚某甲、(丙方) 刘甲签订《股权转让协议》：鉴于截至2014年11月7日，乙、丙两方共同欠甲方借款本金及利息人民币5200万元，现因乙、丙两方到期无法归还，经三方平等协商，就以股权抵偿相应债务达成如下协议：①丙方自愿将其持有的JDY公司30%股权转让给甲方指定人员，用以抵偿部分债务。丙方于本协议签订之日到工商行政管理机关办理变更登记手续。丙方保证对其拟转让给甲方的股权拥有完全、有效的处分权，并免遭第三人追索，否则由丙方承担由此产生的一切经济损失和法律责任。②鉴于乙方于本协议签订前第三人债务导致JDY公司名下坐落于TA市DZ大街64号院5号~8号楼被第三人查封，乙方承诺自行解除查封，所需费用由乙方自行承担。③如乙方未按本协议第2条约定履行解封义务，由此造成JDY公司一切经济损失由乙方承担赔偿责任。④JDY公司在本协议签订前在SHPF银行JN分行借款本金人民币2000万元，并将JDY公司名下坐落于TA市DZ大街64号院1号~4号楼，TA市DZ大街66号院5号~8号楼进行了抵押担保，乙方承诺按借款合同约定金额、方式及履行期限偿还银行该笔借款及其相应利息。否则，由此造成损失由乙方承担赔偿责任。⑤本协议签订之前JDY公司所有债权、债务由乙、丙两方负责承担。本协议签订之后其他相关债权、债务由甲方承担。⑥乙、丙两方承诺JDY公司不存在其他未向甲方披露的现存或潜在的债务、担保、诉讼、索赔及责任，否则，由此引起的所有责任由乙、丙两方连带承担。⑦乙方应于本协议签订之日将JDY公司所有印鉴及所有文件材料（包括但不限于产权证明、账目、合同、规划证明）交予甲方。⑧各方按本协议履行义务后，甲方债权人民币5200万元全部抵销。（参见2015年7月17日至2016年1月29日，TJ市公安局经侦总队办理姚某甲、刘甲涉嫌合同诈骗案《刑事侦查卷宗〈诉讼证据卷〉》第3卷第146页）

（2）2014年11月7日，（甲方）张某某与（乙方）姚某甲、（丙方）刘甲签订《解除合同协议书》：①甲乙丙三方同意解除2014年5月2日签订的《股权转让及回购协议》，甲乙丙各方就2014年5月2日签订的《股权转让及回购协议》约定的彼此之间的权利、义务关系自行消灭。②甲乙丙各方以2014年11月7日签订《股权转让协议》作为各方最后履行依据，按其约定内容具有同等的法律效力。（参见2015年7月17日至2016年1月29日，TJ市公安局经侦总队办理姚某甲、刘甲涉嫌合同诈骗案《刑事侦查卷宗〈诉讼证据卷〉》第3卷，缺失该协议书，拟庭审前补交）

（3）问：你（刘甲）、姚某甲、张某某2014年11月7日签订《股权转让协议》是怎么回事？答：《股权转让及回购协议》到期后，由于股权变更没有办成，张某某、高某某又来找我们，于是签订了这份《股权转让协议》，约定我（刘甲）把JDY公司全部股权（包括前期转让的50%），转让给张某某；JDY公司名下DZ大街64号、66号土地的第三人债权及银行贷款，均由姚某甲负责偿还，张某某不承担相关责任。（参见2015年8月18日10时48分至13时20分，TJ市公安局经侦总队邓某、李甲讯问刘甲笔录第11页）

（二）姚某甲负责JDY公司的资金筹集与运作，刘甲仅负责JDY公司的运营管理，既没有主动向ZDL公司寻求资金（借款），也没有使用ZDL公司（张某某）的2600万元资金（借款）。

1. 问：既然如此，那么如何开发改造DZ大街66号院项目？答：这个项目，我（姚某甲）只负责融资，项目运作都由刘甲负责，他和我（姚某甲）说公司可以自建开发改造。问：收到ZDL公司2600万元投资款后，具体由谁负责支配使用？答：资金是我（姚某甲）支配使用的。问：这些钱你（姚某甲）怎么用的？答：大部分都用于归还购买DZ大街土地的借款了。问：ZDL公司

2600万元投资款刘甲使用过吗？答：没有。（参见2016年1月25日14时47分至16时05分，TJ市公安局经侦总队邓某、李甲讯问姚某甲笔录第7页、第10页、第15页）

2. 问：JDY公司购买DZ大街64号、66号土地用了多少钱？答：这两块土地及地上房屋的拍卖价格为1500万元，算上其他的一些费用，大概花了1800万多元，具体记不清了。问：竞拍这块的资金哪来的？答：都是我（姚某甲）融资借来的，有银行贷款，也有我（姚某甲）找别人借的。问：你竞拍这块地的原因是什么？答：我（姚某甲）和刘甲商量准备将土地用于开发改造，一部分公司自用，另外也可以出租或出售。问：DZ大街64号、66号土地是什么性质？答：是公共建筑用地。问：公共建筑用地，你（姚某甲）公司可以开发改造吗？答：可以，我们拿到这块土地时就带有规划条件，可以开发改造。问：有规划许可证？答：应该有一些政府批文。问：具体哪些政府批文讲清楚？答：这块土地，我（姚某甲）主要负责资金运作，刘甲负责办理土地相关手续及开发管理，具体我（姚某甲）不清楚。问：高某某、张某某、姚某乙都是谁？答：他们都是ZDL公司的人，高某某是公司负责人，张某某、姚某乙是经理。问：你们双方为什么要签订《项目投资协议》？答：我（姚某甲）和ZDL公司高某某以前一起做钢材生意，很早就认识。2012年8、9月份，我（姚某甲）和高某某提起JDY公司在DZ大街这块土地可以开发。他当时也正好想投资房地产，后经商洽，双方签订了这份协议，约定由ZDL公司投资2600万元用于开发改造DZ大街66号院土地项目，我（姚某甲）和刘甲将JDY公司50%股权转给ZDL公司。（参见2016年1月25日14时47分至16时05分，TJ市公安局经侦总队邓某、李甲讯问姚某甲笔录第3页、第4页）

3. 问：你（姚某甲）和刘甲为什么要和ZDL公司签订《项目投资协议》？答：因为我（姚某甲）和刘甲当时正在运作HNSY等几个房地产项目。过程中产生了一些欠款债务，我（姚某甲）当时需要资金周转，所以和ZDL公司签订协议，想用我们的50%

的股权转让款解决自己的资金困难。（参见 2015 年 8 月 31 日 14 时 16 分至 16 时 22 分，TJ 市公安局经侦总队邓某、欧阳某甲讯问姚某甲笔录第 3 页）

4. 收款（2600 万元）后，JDY 公司即将其中 834 万元用于偿还 JDY 公司银行贷款，而后再次贷款，合并其余款项均转至被告人姚某甲名下 TA 市 KY 金属建材有限公司账户，以开具银行承兑汇票、转账等方式用于归还个人借款等个人用途。（参见 2017 年 5 月 10 日，TJ 市 JH 区人民检察院《起诉书》JJ 检公诉刑诉［2017］330 号第 3 页）

5. 问：这些投资款具体如何使用了？答：资金都由姚某甲控制支配使用，具体他怎么用的我（刘甲）不知道。问：投资款你（刘甲）用过吗？答：没有。（参见 2015 年 8 月 18 日 10 时 48 分至 13 时 20 分，TJ 市公安局经侦总队邓某、李甲讯问刘甲笔录第 8 页）

6. 问：你（刘甲）当时需要资金向 ZDL 公司借钱吗？答：我（刘甲）不需要用钱。问：收到 ZDL 公司 2600 万元投资款后，钱怎么用的？答：钱都是由姚某甲支配使用。问：你（刘甲）用过吗？答：没有。问：这些钱姚某甲怎么用的？答：不知道。（参见 2015 年 8 月 31 日 11 时 40 分至 13 时 35 分，TJ 市公安局经侦总队邓某、欧阳某甲讯问刘甲笔录第 4 页）

（三）2014 年 12 月 10 日（案发前），姚某甲、刘甲按照 2014 年 11 月 7 日与张某某签订的《股权转让协议》《解除合同协议书》，已将 JDY 公司全部股权转让给 ZDL 公司（张某某）及其指定的陈某甲。JDY 公司名下房地产 2014 年 7 月 10 日的评估价值（2592.12 万元+3230.01 万元=5822.13 万元）已经足以抵偿了张某某 2600 万元（本金）及 100%回报（利息 2600 万元）。

1. 2008 年 11 月 25 日，JDY 公司《企业变更情况》记载：JDY 公司股份情况由（发起人）刘甲占 51%，（发起人）姚某甲占 49%，变更为刘甲占 51%，姬某甲占 49%。

2010 年 9 月 30 日，JDY 公司《企业变更情况》记载：JDY 公司股份情况由刘甲占 51%，姬某甲占 49%，变更为刘甲占 51%，孙某甲占 49%。

2012 年 10 月 31 日，JDY 公司《企业变更情况》记载：JDY 公司股东由刘甲占 51%，孙某甲占 49%，变更为刘甲占 25%，孙某甲占 25%，ZDL 公司占 50%。

2014 年 4 月 30 日，JDY 公司《企业变更情况》记载：JDY 公司股东由刘甲占 25%，孙某甲占 25%，ZDL 公司占 50%，变更为刘甲占 25%，孙某甲占 25%，张某某占 50%。

2014 年 12 月 10 日，JDY 公司《企业变更情况》记载：JDY 公司的法定代表人由刘甲变更为陈某甲。JDY 公司的监事孙某甲、经理和执行董事刘甲，分别变更为执行董事、经理陈某甲，监事张某某。股东由孙某甲占 25%，张某某占 50%，刘甲占 25%，变更为陈某甲占 30%，张某某占 70%。（参见 2015 年 7 月 17 日至 2016 年 1 月 29 日，TJ 市公安局经侦总队办理姚某甲、刘甲涉嫌合同诈骗案《刑事侦查卷宗〈诉讼证据卷〉》第 3 卷第 148 页，第 4 卷第 97 页~第 99 页）

2. JDY 公司《企业变更情况》中记载的姬某甲、孙某甲均是姚某甲的亲戚，其中，姬某甲是姚某甲的嫂子，孙某甲是姚某甲老婆的外甥女（称姚某甲姨父），二人均为姚某甲在 JDY 公司的股份代持人。（参见刘甲 2017 年 7 月 23 日《有关 JDY 公司股东姬某甲、孙某甲的情况说明》）

3. 问：现在的 JDY 公司的法人代表、股东是谁？答：法人代表是陈某甲，股东有陈某甲、张某某。问：陈某甲在 JDY 公司持股的具体原因？答：之前 ZDL 公司经营时需要资金，向陈某甲借了 400 多万元，由于投资 DZ 大街项目投资款没有收回来，陈某甲这 400 多万元，我们也没有办法还，所以把 JDY 公司的一部分股权写在陈某甲名下。（参见 2015 年 7 月 17 日至 2016 年 1 月 29 日，TJ 市公安局经侦总队办理姚某甲、刘甲涉嫌合同诈骗案《刑事侦查卷宗〈补充侦查卷〉》第 1 卷第 8 页，2016 年 4 月 20 日 10：36 至 11：28，TJ 市公安局经侦总队邓某、李甲讯问高某甲笔录第 2 页）

问：你（陈某甲）在 JDY 公司持股的具体原因讲一下。答：

我（陈某甲）在JDY公司没有实际投资，因为TJ市ZDL公司以前找我（陈某甲）借过钱，欠我（陈某甲）400多万元。大概2014年年底，ZDL公司高某某说他们投资JDY公司名下一个DZ大街土地项目，可以受让JDY公司的股份，所以把25%的股份转让在我的名下，作为借款抵押。（参见2015年7月17日至2016年1月29日，TJ市公安局经侦总队办理姚某甲、刘甲涉嫌合同诈骗案《刑事侦查卷宗〈补充侦查卷〉》第1卷第13页；2016年4月20日13：21至14：33，TJ市公安局经侦总队邓某、李甲讯问陈某甲笔录第2页）

4. 2014年11月6日，JDY公司委托会计葛某甲将公司有关资料移交给张某某，张某某签收的《JDY公司交接表》显示：JDY公司的公章、财务章及法人章（刘甲）均移交给张某某。

2014年11月11日，张某某签收的《JDY公司交接表》表明：他已经以主要股东身份全面接收JDY公司名下下列资料：（1）《国有土地使用证》T土国用（2009）第T-0160号，《国有土地使用证》T土国用（2008）第T-0179号；（2）《房屋所有权证》T房权证T字第164201号，《房屋所有权证》T房权证T字第159410、159411号；（3）营业执照正副本原件；（4）税务登记证正副本原件；（5）组织机构代码证正副本原件及代码证信息卡一张；（6）银行开户许可证原件；（7）信誉机构代码证原件；（8）贷款卡****************（年检到期日2015年7月2日）；（9）开户行情况；（10）纳税情况说明；（11）物业收费情况等。（参见被告人刘甲提供的证据材料，拟庭审阶段补交）

5. 葛某甲《证人证言》：葛某甲2008年9月至2014年11月担任TA市JDY公司会计。2014年11月6日、11月11日，受公司委托，将公司有关材料移交给张某某，具体移交材料参见交接表。（参见被告人刘甲提供2017年7月21日，证人葛某甲书面证言《证明》，拟庭审阶段补交）

6. 2014年7月10日，SDTY房地产评估有限公司评估师孙某乙、王某甲作出的《TA市JDY商贸有限公司房地产评估报告》

（TTY房估字［2014］第500号），第四部分房地产估价报告“估价结果”表明：最终认定《房屋所有权证》T房权证T字第164201号房屋总建筑面积为1639.20平方米，该房产占用的《国有土地使用证》T土国用（2009）第T－0160号土地面积为1334.00平方米的房地产在估价时点2014年7月10日的房地产市场价值（含土地价值）为人民币2592.12万元。

2014年7月10日，SDTY房地产评估有限公司评估师孙某乙、王某甲作出的《TA市JDY商贸有限公司房地产评估报告》（TTY房估字［2014］第501号），第四部分房地产估价报告“估价结果”表明：最终认定《房屋所有权证》T房权证T字第159410、159411号房屋总建筑面积为2027.01平方米，该房产占用的《国有土地使用证》T土国用（2008）第T－0179号土地面积为1858平方米的房地产在估价时点2014年7月10日的房地产市场价值（含土地价值）为人民币3230.01万元。（参见姚某甲、刘甲案《补侦材料》，页码未注明，TJ市公安局经侦总队二支队邓某、李甲提供，日期未注明）

四、专家论证结论

1.2012年10月15日至2014年11月7日期间，ZDL公司、张某某与姚某甲、刘甲之间签订的有关2600万元资金的多份协议，约定了偿还（成本或本金）和回报（收益或利息）固定期限，且以资金使用方的公司股权作为偿还担保，不承担公司债务与经营风险，该协议名为项目投资，实为资金借贷法律关系。因此，刘甲没有义务告知ZDL公司（张某某）有关DZ大街66号院地产开发改造项目经营状况及负债情形，不应以此认定刘甲隐瞒事实，骗取2600万元投资款。

2. 姚某甲负责JDY公司的资金筹集与运作，刘甲仅负责JDY公司的经营管理，既没有主动向ZDL公司寻求资金帮助（借款），也没有使用ZDL公司（张某某）的2600万元资金（借款）。

3.2014年12月10日（案发前），姚某甲、刘甲将其拥有的JDY

公司的全部股权转让给ZDL公司（张某某）及其指定的股东陈某甲，已经抵偿了所欠的2600万元资金（借款本金）及收益（利息）。

4. 刘甲没有非法占有ZDL公司（张某某）2600万元借款的目的、行为与后果，不构成合同诈骗罪。

争议焦点与评述

争议焦点	
事实问题	ZDL公司、张某某与姚某甲、刘甲之间有关2600万元资金的协议的认定。
专家意见	1.《合同法》第196条规定，借款合同是借款人向贷款人借款，到期返还借款并支付利息的合同。第198条规定，订立借款合同，贷款人可以要求借款人提供担保。 2. 按照《项目投资协议》约定，其名义上是投资协议，法律上是借贷关系。50%股权过户法律性质上属于对借款的担保。因此，乙方没有义务告知甲方项目经营状况及负债情形。 3. 按照2014年5月2日（甲方）ZDL公司与（乙方）姚某甲、刘甲以及（丙方）张某某签订的《协议书》约定，甲方将其对乙方的债权转让给（丙方）张某某，又在乙方与丙方之间形成借贷关系。2014年5月2日（甲方）张某某与（乙方）（姚某甲、刘甲）签订的《股权转让及回购协议》，同样明确提出在固定期限，获取固定数额货币收益，且要求乙方以公司股权转让给甲方作为担保，不承担任何经营风险，完全符合借贷关系法律特征。 4. 按照2014年11月7日，甲方（张某某）与乙方（姚某甲）、丙方（刘甲）签订《股权转让协议》《解除合同协议书》，一方面，甲方直接要求乙方和丙方偿还其借款本金与利息（共计5200万元）；另一方面，要求乙、丙两方以公司股权抵偿该债务，且将该股权上设定的第三方债务剥离，由乙、丙方承担，担保甲方借贷款获得偿还。
评述	ZDL公司、张某某与姚某甲、刘甲之间有关2600万元资金的协议，名为投资，实为借贷法律关系。50%股权过户法律性质上属于对借款的担保。因此，姚某甲、刘甲没有义务告知ZDL公司（张某某）项目经营状况及负债情形。

论证案件二 杨某涉嫌合同诈骗案

一、专家论证会参考的证据材料

（一）有关朱某与 HF 市 RT 典当有限公司（以下简称 RT 公司）之间 200 万元典当借款的证据材料

1. 2010 年 6 月 9 日，朱某用作 200 万元典当物并抵押的《房地产权证》（H 产字第 11 ****** 号）；2. 2013 年 6 月 13 日，朱某与 RT 公司订立的 200 万元借款《典当合同》［HRT2013 年（当）字第 018 号］；3. 2013 年 6 月 13 日，朱某与 RT 公司订立的房产《抵押合同》《房产抵押清单》［HRT2013 年（抵）字第 018 号］；4. 2013 年 6 月 13 日，A 省 RS 林业有限公司（以下简称 RS 公司）、A 省 RJ 生态经济发展有限公司（以下简称 RJ 公司）、杨某分别向 RT 公司出具的《担保函》；5. 2013 年 6 月 14 日，朱某与 RT 公司办理的《房地产他项权证》（房地产他项 H 产字第 82 ********* 号）；6. 2016 年 1 月 19 日，HF 市仲裁委员会《裁决书》［（2014）H 仲字第 308 号］；7. 2016 年 3 月 10 日，A 省 HF 市中级人民法院《执行通知书》［（2016）R01 执 92 号］；8. 2017 年 4 月 19 日，HF 市 WJX 路 580 号 WDLY 别墅小区 67 幢《司法拍卖公告》（三次）。

（二）有关杨某乙与 RT 公司之间 300 万元典当借款的证据材料

1. 2010 年 2 月 1 日，杨某乙所有的《房地权证》（H 产字第 11 ****** 号）、《房地权证》（H 产字第 10 ***** 号）；2. 2013 年 3 月 20 日，杨某乙与 RT 公司签订的 300 万元借款《典当合同》[HRT2013 年（当）字第 012 号]；3. 2013 年 3 月 21 日，杨某乙与 RT 公司签订的房产《抵押合同》；4. 2013 年 3 月 20 日，用作 300 万元典当借款的《房地产抵押物清单》[HRT2013 年（抵）字第 012 号-1]；5. 2013 年 3 月 21 日，杨某乙委托人杨某与 RT 公司办理的《房地产他项权证》(房地产他项 H 产字第 82108 ****** 号)；6. 2013 年 3 月 20 日，RS 公司、杨某、朱某分别出具的《担保函》；7. 2016 年 1 月 19 日，HF 市仲裁委员会《裁决书》[（2014）H 仲字第 309 号]；8. 2017 年 4 月 20 日，HF 市 WJX 路 WDLY 别墅 S9-80 幢商业 S47、S48《房产司法拍卖》(三次)。

（三）有关 RJ 公司与 RT 公司之间 1300 万元典当借款的证据材料

1. 2010 年 1 月 8 日，RJ 公司与 DHP 镇 DPA 村 SH 组张某、唐某等二十九户户主签订的 2 000 000 平方米山林使用权《协议书》；2. 2010 年 1 月 31 日，RJ 公司 2 000 000 平方米《林权证》[HL 证字（2010）第 0 ***** 号]；3. 2013 年 6 月 6 日，AH 财信资产评估事务所制作的《A 省 RJ 公司林权预评报告》；4. 2013 年 3 月 21 日，RJ 公司与 RT 公司签订的 1300 万元借款《典当合同》[HRT2013 年（当）字第 017 号]；5. 2013 年 6 月 13 日，1 320 000 平方米林权《抵押合同》[HL 证字（2010）第 045704 号]；6. 2013 年 6 月 13 日，RS 公司、杨某、朱某分别出具的《担保函》；7. 2013 年 6 月 13 日，1 320 000 平方米林权评估价值 4158 万元《房产抵押物清单》[HRT2013 年（抵）字第 017 号]；8. 2013 年 6 月 14 日，RT 公司出具的评估价值 4158 万元《林权抵押登记确认函》；9. 2013 年 6 月 18 日，1 320 000 平方米《林权抵押登记证》；10. 2016 年 1 月 19 日，HF 市仲裁委员会《裁决书》

[（2014）H仲字第310号]；11.2016年3月10日，A省HF市中级人民法院《执行通知书》[（2016）W01执94号]。

（四）有关1700万元典当借款民事合同法律关系的证据材料

1.2010年1月8日，RJ公司与DHP镇DPA村GT组罗某等十三户户主签订的1 453 333平方米林权转让《协议书》；2.2010年1月12日，RJ公司与DHP镇DPA村ZH组张某乙等九户户主签订的330 000平方米林权转让《协议书》；3.2010年9月12日，RJ公司与HS县TY乡CC村PJW组徐某签订的146 667平方米林权转让《协议书》2份（牛棚岗，家门口）；4.RJ公司办理的2010年1月31日林权证《森林、林木、林地状况登记表》[HL证字（2010）第045707号]；2010年3月22日林权证《森林、林木、林地状况登记表》[HL证字（2010）第045708号]；2010年12月10日林权证《森林、林木、林地状况登记表》[HL证字（2010）第045107号]；2010年12月10日林权证《森林、林木、林地状况登记表》[HL证字（2010）第045108号]；5.2013年3月20日，AH财信资产评估事务所出具的1 745 333平方米价值5650万元的《林权预评估报告》；6.2013年3月21日，RJ公司与RT公司签订的1700万元借款《典当合同》[HRT2013年（当）字第011号]；7.2013年3月21日，朱某与RT公司订立的1 745 333平方米林权《抵押合同》；8.2013年3月21日，1 745 333平方米《林权抵押物清单》[HRT2013年（抵）字第011号-1]；9.2013年3月21日，HF市RT公司出具《林权抵押登记确认函》[HRT2013年（抵）字第011号-1]；10.2013年3月25日，RJ公司1 745 333平方米林权《林权抵押登记证》[HL证字（2010）第045707号、第045708号、第097107号、第097108号林权]；11.2013年3月21日，RS公司、杨某、朱某出具《担保函》；12.2016年1月19日，HF市仲裁委员会《裁决书》[（2014）H仲字第311号]；13.2016年3月10日，A省HF市中级人民法院《执行通知书》[（2016）W01执93号]；14.2014年9月26日，A省HF市高新技术产业开发区人民法院协助执行通知书[（2014）

H 高新民保字第 0 **** 号]。

（五）有关 RT 公司与 RS 公司之间 1000 万元典当借款的证据材料

1. 2009 年 11 月 25 日，RS 公司与 JZ 县 YZH 镇 MH 村签订的 1 103 333 平方米林权转让《协议书》；2. 2009 年，12 月 23 日，RS 公司的 1 103 333 平方米《林权证》［WHL 证字（2009）第 26 ******* 号］；3. 2013 年 10 月 31 日，1 103 333 平方米《房地产抵押物清单》［HRT2013 年（抵）字第 021 号-1］；4. 2013 年 11 月 1 日，RS 公司与 RT 公司办理的 1 103 333 平方米《林权抵押登记证》（2 *****）；5. 2013 年 10 月 31 日，RT 公司与 RS 公司订立 1000 万元借款《典当合同》［HRT2013 年（当）字第 021 号］；6. 2013 年 10 月 31 日，RT 公司与 RS 公司签订的 1 103 333 平方米林权《抵押合同》［合同编号为 HRT2013 年（抵）字第 021 号］；7. 2013 年 10 月 31 日，RS 公司、杨某、朱某分别向 RT 公司出具《担保函》［HRT2013 年（当）字第 021-2-3 号］；8. 2014 年 10 月 8 日，A 省 HF 市中级人民法院《民事裁定书》［（2014）民二初字第 00562 号］；9. 2015 年 4 月 23 日，A 省 HF 市中级人民法院《民事判决书》［（2014）民二初字第 00562 号］；10. 2015 年 11 月 25 日，A 省 HF 市中级人民法院《执行裁定书》［（2015）H 执字第 00773 号］；11. 2014 年 10 月 16 日，A 省 HF 市中级人民法院协助执行通知书［（2014）H 民二初字第 00562 号］。

（六）杨某被 HF 市公安局追究合同诈骗罪刑事责任的证据资料

1. 2017 年 3 月 1 日，A 省 HP 资产评估有限公司制作的《关于“对被执行人 A 省 RS 公司及 A 省 RJ 公司名下林权价值评估”的现场勘查情况汇报》；2. 2017 年 5 月 30 日，RJ 公司、RS 公司《对 A 省 HP 资产评估有限公司所做的“关于对被执行人 A 省 RS 公司及 A 省 RJ 公司名下林权价值评估的现场勘查情况汇报”的反馈》；3. 2017 年 5 月 16 日，HF 市公安局《介绍信》（H 公经字 NO. 00 *****）；4. 2017 年 11 月 16 日，HF 市公安局《拘留通知

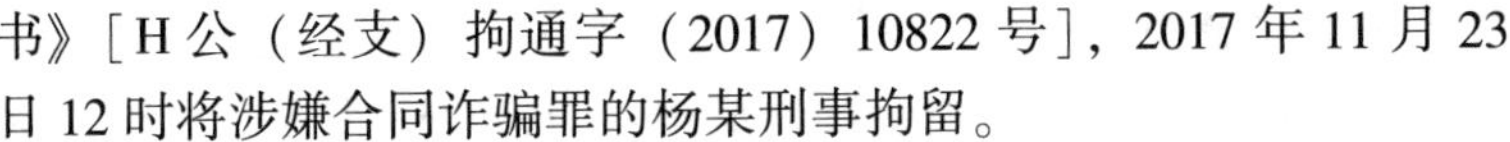

书》［H 公（经支）拘通字（2017）10822 号］，2017 年 11 月 23 日 12 时将涉嫌合同诈骗罪的杨某刑事拘留。

（七）其他有关证据资料

1. RT 公司申请法院超范围查封 RS 公司、RJ 公司林权情况统计；2. 2011 年 9 月，RS 公司、RJ 公司信誉、荣誉证书；3. 杨某举报 RT 公司与 RS 公司、RJ 公司典当债务纠纷诉讼代理人傅某律师材料；4. HF 市公安局严重违反办案程序搜查杨某住宅，扣押杨某财物、文件资料见证人书面材料。

二、有关法律文书认定的案件事实

（一）2017 年 5 月 16 日，HF 市公安局《介绍信》（H 公经字 NO. 0004511）认定案件事实：

HS 县林业局：兹介绍杨某丙、季某同志 2 人，前往你处调查 RT 公司被合同诈骗一案。请接洽，并予以协助为荷。

（二）2017 年 11 月 16 日，HF 市公安局［H 公（经支）拘通字（2017）10822 号］《拘留通知书》认定的案件事实：

我（HF 市公安）局于 2017 年 11 月 23 日 12 时将涉嫌合同诈骗罪的杨某刑事拘留，现羁押在 HF 市女子看守所。

三、RS 公司、RJ 公司、杨某、朱某及杨某乙相互间的关系

RS 公司：法定代表人朱某，杨某占 70%股份，朱某占 30%股份；

RJ 公司：法定代表人杨某（2014 年 5 月 8 日之前，此后为杨某丁）；

杨某：RJ 公司法定代表人（2014 年 5 月 8 日之前，此后为杨某丁），RS 公司主要股东（70%），朱某前妻，杨某乙生母；

朱某：RS 公司法定代表人，占 30%股份，杨某前夫；

杨某乙：杨某亲生女。

四、专家论证意见与理由

（一）朱某与 RT 公司之间的 200 万元典当借款，已被仲裁机

关生效的《裁决书》认定为民事合同纠纷，且已进入司法拍卖程序，其所典当抵押房产拍卖评估低价：441.3254万元，足以担保债务清偿。杨某虽出具《担保函》承担连带保证责任，但没有任何合同诈骗行为和意图。

1.2013年6月13日，朱某以其位于HF市WJX路580号WDLY别墅小区67幢为当物，与RT公司订立《典当合同》借款200万元，同时，以该房产为抵押物签订了《抵押合同》。RS公司、RJ公司、杨某分别出具《担保函》承担连带保证责任。

已经发生法律效力的仲裁《裁决书》证明：2013年6月13日，被申请人朱某与申请人（RT公司）订立《典当合同》[HRT2013年（当）字第018号]一份，合同主要内容有：（1）由被申请人朱某提供其名下位于HF市WJX路580号WDLY别墅小区67幢（房地权证：H产字第11******号）为当物，申请最高额典当借款为200万元整；（2）当金提取期限自2013年6月13日至2013年12月9日，每笔当金的当期以票据为准，每笔当金对应的当票均属于最高额典当的债权范围；（3）月综合费用费率为当金的2.0%；（4）担保方式为：被申请人朱某提供名下位于HF市WJX路580号WDLY别墅小区67幢设定抵押担保，被申请人RS公司、RJ公司、杨某承担连带保证责任。申请人与被申请人朱某又订立《抵押合同》一份，主要内容有：（1）被申请人朱某提供名下位于HF市WJX路580号WDLY小区67幢（H产字第11******号）为《典当合同》[HRT2013年（当）字第018号]的债权提供最高额为200万元的抵押担保。2013年6月13日，被申请人RS公司、RJ公司、杨某分别向申请人出具《担保函》，主要内容为：（1）被申请人RS公司、RJ公司、杨某分别为《典当合同》[HRT2013年（当）字第018号]当户朱某提供200万元的连带责任保证。2013年6月14日，申请人（RT公司）与被申请人朱某在HF市房地产管理局处办理了《房地产他项权证》（房地产他项H产字第82*******号）。

仲裁裁决如下：（1）被申请人朱某自收到本裁决书起10日

内，向申请人HF市RT公司支付当金200万元、利息29 560元、申请人HF市RT公司为实现债权而支出的律师代理费114 038元、保全费5000元及担保费14 820元，并按当金200万元每日0.07%的标准支付申请人HF市RT公司2014年2月14日至2015年6月12日期间综合费用和经济损失，之后按月息2%标准计算至欠款偿清之日止。(2) 申请人HF市RT公司对被申请人朱某抵押的位于HF市WJX路580号WDLY小区67幢（房地权证：H产字第11 ****** 号）当物，就上述债权和本案由被申请人朱某承担的仲裁费用享有从拍卖价款中优先受偿的权利。(3) 被申请人RS公司、A省RJ公司、杨某对被申请人朱某上述第一款债务承担连带保证责任。(4) 驳回申请人HF市RT公司其他仲裁请求。本裁决为终局裁决。〔参见2016年1月19日，HF市仲裁委员会《裁决书》[（2014）H仲字第308号]，《专家论证会参考资料》第33页〕

2. RT公司已申请法院执行200万元典当借款仲裁《裁决书》。

法院《执行通知书》证明：A省RS公司、A省RJ公司杨某、朱某：申请执行人HF市RT典当有限公司与你仲裁纠纷一案，HF市仲裁委员会（2014）H仲字第308号裁决书已经发生法律效力。申请执行人向本院申请强制执行，本院依法立案执行。依照《中华人民共和国民事诉讼法》（以下简称《民诉法》）第240条、最高人民法院《关于人民法院执行工作若干问题的规定（试行）》(2008调整) 第24条的规定，责令你（单位）自本通知书送达之日起立即履行下列义务：(1) 向申请执行人支付当金200万元及利息、律师代理费114 038元；(2) 向申请执行人支付迟延履行期间的债务利息；(3) 负担仲裁受理费29 465元，保全费5000元、担保费14 820元，执行费34 551元。〔参见2016年3月10日，A省HF市中级人民法院《执行通知书》[（2016）W01执92号]，《专家论证会参考资料》第44页〕

3. 法院已对200万元典当借款抵押的房产进行司法拍卖，且该房产拍卖评估低价：441.3254万元，足以担保该债务清偿。

《司法拍卖公告》证明：报名及公告期：2017年4月19日9：00始至2017年5月8日17：00止。标的名称：HF市WJX路580号WDLY别墅小区67幢房产。标的概况：房地权证：H产字第11******号；结构：混合；所在层/总层数：1-3/3层；用途：成套住宅；建成年代：2005年；建筑面积：210.15平方米。标的情况详见A省AH房地产土地评估有限公司出具的WAH房地估报字（2016）第1583号《房地产估价报告》。拍卖底价：441.3254万元。拍卖所依据的法律文书：（2016）W01执92、95号《执行裁定书》。〔参见HF市WJX路580号WDLY别墅小区67幢《司法拍卖公告》（三次）拍卖项目编号201********，http://www.**********，《专家论证会参考资料》第46页〕

（二）杨某乙与RT公司之间300万元典当借款，已被仲裁机关生效的《裁决书》认定为民事合同纠纷，且已进入司法拍卖程序，其典当抵押房产评估价：419.36万元，足以担保债务清偿。杨某虽出具《担保函》而承担连带保证责任，但没有任何合同诈骗行为和意图。

1.2013年3月19日，杨某乙以其名下位于HF市WJX路WDLY别墅区S9-80栋商业S47室、S48室房产为当物，委托杨某与RT公司签订《典当合同》借款300万元，同时以该房产为抵押物签订《抵押合同》。RS公司、杨某、朱某分别出具《担保函》承担连带责任保证。

已发生法律效力的仲裁《裁决书》证明：2013年3月20日，杨某乙、受托人杨某与RT公司订立《典当合同》，以杨某乙名下位于HF市WJX路WDLY别墅区S9-80栋商业S47室、S48室房产权（H产字11**********号、H产字10**********号）为当物，申请最高额典当借款为3 000 000元整。次日，双方又订立《抵押合同》，以杨某乙名下HF市WJX路580号WDLY小区S9-80栋商业楼联体S47室、S48室房产权为《典当合同》的债权提供最高额为300万元的抵押担保。

2013年3月20日，被申请人RS公司、杨某、朱某分别向申请人出具《担保函》，主要内容为：（1）被申请人RS公司、朱某、杨某分别为《典当合同》［HRT2013年（当）字第012号］当户杨某乙提供300万元的连带责任保证。2013年3月21日，申请人与被申请人杨某乙委托人杨某在HF市房地产管理局处办理了《房地产他项权证》(房地产他项H产字第82*********号)。

仲裁裁决如下：(1）被申请人杨某乙自收到本裁决书起10日内，向申请人HF市RT公司支付当金300万元、续当综合费用12万元、逾期综合费用10 050元，支付申请人HF市RT公司为实现债权而支出的律师代理费162 700元、保全费5000元及担保费21 500元，并自2014年3月27日按当金300万每月2%的标准赔偿经济损失，直至欠款偿清之日止。(2）申请人HF市RT公司对被申请人杨某乙抵押的位于HF市WJX路WDLY别墅区S9-80栋商业S47室、S48室房屋产权（H产字11**********号、H产字10**********号)，就上述债权和本案由被申请人杨某乙承担的仲裁费用享有从拍卖价款中优先受偿的权利。（3）被申请人RS公司、A省RJ公司、杨某对申请人杨某乙上述第一款债务承担连带保证责任。(4）驳回申请人HF市RT公司其他仲裁请求。本裁决为终局裁决。〔参见2016年1月19日，HF市仲裁委员会《裁决书》［（2014）H仲字第309号］,《专家论证会参考资料》第79页〕

2. RT公司已申请法院执行300万元典当借款仲裁《裁决书》，法院已对300万元典当借款抵押的房产进行司法拍卖，且该房产评估价：419. 36万元，足以清偿该借款。

《房产司法拍卖》公告证明：HF市WJX路WDLY别墅区S9-80幢商业S47室、S48室房产司法拍卖（三次）公告发布时间：2017-04-20；项目名称：HF市WJX路WDLY别墅区S9-80栋商业S47室、S48室房产司法拍卖（三次）。项目编号：20*********。竞价起始时间及期限、网络动态自由报价期：2017年5月9日上午10：00始至2017年5月10日上午10：00止；自由报价期满进入限时报价期，限时报价周期为300秒。拍卖地点：A省人民法院涉诉资产交易中心网。报名及公告期：2017 年 4 月 19 日 9：00 始至 2017 年 5 月 8 日 17：00 止。标的概况：标的 1：HF 市 WJX 路 WDLY 别墅区 S9-80 栋商业 S47 室房产；房产证：H 产 11 ********** 号；面积：111.98 平方米；规划用途：商业服务；结构：钢混；层数：1-2/2；评估价：209.68 万元。标的 2：HF 市 WJX 路 WDLY 别墅区 S9-80 栋商业 S48 室房产，房产证：H 产字 10 ********** 号；面积：111.98 平方米；规划用途：商业服务；结构：钢混；层数：1-2/2；评估价：209.68 万元。总评估价：419.36 万元。拍卖标的情况详见 AH 房地产土地评估有限公司出具的 WAH 房地估报字［2016］第 1579 号《房地产估价报告》。拍卖所依据的法律文书：A 省 HF 市中级人民法院出具的（2016）W01 执 95 号。拍卖底价：标的 1：179.2764 万元；标的 2：179.2764 万元；整体：358.5528 万元。（参见 HF 市 WJX 路 WDLY 别墅区 S9-80 栋商业 S47 室、S48 室《房产司法拍卖》，网址 http://www.ahbc ************************，《专家论证会参考资料》第 85 页）

（三）RJ 公司合法拥有典当（抵押）的 1 320 000 平方米林权，该林权包括林地使用权、林木所有权和使用权，以及相应的转让权、抵押权。RT 公司认可典当（抵押）物 1 320 000 平方米林木（50 年所有权和使用权）预评估价值为 4158 万元，能够担保 1300 万元典当借款，没有要求对该林权的林地使用权价值进行评估，也未放弃该林地使用权作为典当（抵押）物。仲裁机关生效的《裁决书》认定该笔借款为民事合同纠纷，且已开始执行。杨某虽因出具《担保函》承担连带保证责任，但没有任何合同诈骗行为和意图。

1. RJ 公司合法拥有典当（抵押）的 1 320 000 平方米林地的使用权、林木所有权和使用权，以及相应的转让权、抵押权。

（1）2 000 000 平方米（其中 680 000 平方米公益林，实际使用林地面积 1 320 000 平方米）林权转让《协议书》证明：第一条，山场经营权流转及有关事项。①甲方（SH 组二十九户户主）

同意，将本组山场共计 1 320 000 平方米的山场的林地使用权、林木所有有权、林木使用权流转给乙方（RJ 公司）。流转山场四至范围内的田埂、道路等基础设施乙方可无偿使用。第三条，双方的权利和义务。②乙方对所流转山场的林地使用权、林木所有权可依法进行继承、转让、租赁、抵押。甲方不得干涉。〔参见 2010 年 1 月 8 日（甲方）DHP 镇 DPA 村 SH 组张某、唐某、李某、许某、朱某乙等二十九户户主与（乙方）RJ 公司签订的 2 000 000 平方米林权转让《协议书》,《专家论证会参考资料》第 88 页〕

（2）《森林，林木，林地状况登记表》（0342 ************* 1518）证明：林地所有权权利人：SH 组。林地使用权利人：RJ 公司。森林或林木所有权权利人：RJ 公司。森林或林木使用权利人：RJ 公司。坐落：HS 县 DHP 镇 DPA 村 SH 组，小地名：SH。面积：2 000 000 平方米，主要树种：松树、篙木，林种：用材林。林地使用期：50 年。终止日期：2050 年 1 月 7 日。〔参见 HS 县人民政府 2010 年 1 月 31 日颁发给 RJ 公司的 2 000 000 平方米《林权证》［HL 证字（2010）第 045704 号］,《专家论证会参考资料》第 92 页〕

2. RJ 公司为 1300 万元借款提供的典当（抵押）物是 1 320 000 平方米林权，该林权包括（50 年）林地使用权、林木所有权和使用权。RT 公司认可 RJ 公司典当（抵押）物 1 320 000 平方米林木（50 年所有权和使用权）评估价值为 4158 万元，能够担保 1300 万元典当借款，没有要求对该林权的林地使用权价值进行评估，也未放弃该林地使用权作为典当（抵押）物。

（1）当户（甲方）RJ 公司与典当行（乙方）RT 公司签订的《典当合同》证明：第一条典当种类和当物。1. 1 本合同项下的典当为：林权（林地使用权、林木所有权和使用权）抵押典当；1. 2 本合同项下的当物为：A 省 RJ 生态经济发展有限公司拥有的位于 A 省 HS 林 SH 组的 1 320 000 平方米林权［HL 证字（2010）第 0 ***** 号］；1. 3 当物鉴定的真伪、等次为：良好；1. 4 当物估值金额为：（大写）肆仟壹佰伍拾捌万元整（小写 4158 万元）。第三条典当金额和期限。本合同项下的当物折当率31.27%，当金为人民币（大写）壹仟叁佰万元（小写1300万元）。第六条担保。6.1本合同项下典当的担保方式为：A省RS公司提供连带责任保证；杨某、朱某承担个人连带责任。6.2本合同项下典当的担保范围为：当金、综合费用、当金利息、违约金、逾期费用及乙方实现债权的费用（包括但不限于律师费、评估费、拍卖费用、仲裁费用等实现债权的费用）。6.3甲方有义务积极协助乙方并使乙方与担保人就本合同之具体担保事项签订编号分别为：HRT2013年（抵）字第017号的《抵押合同》；HRT2013年（保）字第017号的《担保函》。〔参见2013年6月13日，当户（甲方）A省RJ公司与典当行（乙方）HF市RT公司签订的《典当合同》[HRT2013年（当）字第017号]，《专家论证会参考资料》第99页〕

（2）抵押人（甲方）RJ公司与抵押权人（乙方）RT公司、当户（丙方）RJ公司之间签订的《抵押合同》：一、抵押担保的主债权。（最高额典当）乙方（RT公司）自2013年6月13日起至2013年12月9日止〔当金发放日（即起息日）以《收据载明》时间为准）向丙方（RJ公司）提供最高额为壹仟叁佰万元（1300万元）合同编号为HRT2013年（当）字第017号的《典当合同》〕的典当。在《典当合同》的约定最高限额和期限内，乙方向丙方提供典当时无须甲方逐笔办理担保确认手续。二、抵押物的基本情况。2.1抵押物的情况：详见《抵押物清单》。2.2抵押物占有人：A省RJ公司。2.3抵押物估价人民币肆仟壹佰伍拾捌万元（4158万元）〔参见2013年6月13日，抵押人（甲方）RJ公司与抵押权人（乙方）RT公司、当户（丙方）RJ公司之间签订的《抵押合同》[HRT2013年（抵）字第017号]，《专家论证会参考资料》第105页〕

（3）《房地产抵押物清单》证明，抵押物名称：林权；处所：HS县DHP镇DPA村SH组；产权使用权人：A省RJ公司；土地使用权面积：2 000 000平方米（包含1 320 000平方米用材林，680 000平方米公益林）；土地使用年限：2010年1月至2060年1

月；评估价值：4158万元；评估单位：AH财信资产评估事务所；地产：HS县林业局HL证字（2010）第045704号；已设定抵押情况：未设定；有否权益争议：无。〔参见2013年6月13日《房产抵押物清单》[编号：HRT2013年（抵）字第017号]，《专家论证会参考资料》第118页〕

（4）《A省RJ公司林权预评报告》证明：根据A省RJ公司提供的资料，本次预评估对象为A省RJ公司拥有的位于A省HS县DHP镇DPA村SH组的1 320 000平方米林地，林权证：[HL证字（2010）第045704号]，证上面积：2 000 000平方米，林地使用期：50年（终止日期2060年1月7日）。本所预评估上述评估对象的山核桃林木收益价值约为人民币4158万元。本预评估仅为作为该企业申请银行抵押贷款资格价值参考，不作正式报告。（参见2013年6月6日，AH财信资产评估事务所制作的《A省RJ公司林权预评报告》，《专家论证会参考资料》第94页）

（5）《林权抵押登记确认函》证明：HS县林业局：A省RJ公司于2013年6月13日与我RT公司签订HRT2013年（当）字第017号《典当合同》，典当的当金为人民币壹仟叁佰万元整（1300万元），对应的当物是RJ公司持有的位于HS县DHP镇DPA村的1 320 000平方米用材林（不包括680 000平方米公益林）的林权[HL证字（2010）第045704号]，根据AH财信资产评估事务所出具的预估报告，该处林权的评估价值为4158万元。我（RT）公司对AH财信资产评估事务所的评估价值予以认可，请HS县林业局给予办理林权抵押登记手续。（参见2013年6月14日，HF市RT公司《林权抵押登记确认函》，《专家论证会参考资料》第119页）

（6）《典当管理办法》第36条第1款规定，当物的估价金额及当金数额应当由双方协商确定。

3. 仲裁机关生效的《裁决书》已认定该笔借款为民事合同纠纷，且已开始执行。杨某虽出具《担保函》承担连带保证责任，但没有任何合同诈骗行为和意图。

（1）已发生效力的仲裁《裁决书》证明：2013年6月13日，

被申请人 RJ 公司与申请人订立 HRT2013 年（当）字第 017 号《典当合同》一份，合同主要内容为：①由被申请人 RJ 公司提供其名下位于 HS 县境内 1 320 000 平方米林权［HL 证字（2010）第 045704 号］为当物申请最高额典当借款 1300 万元；②当金提取期限自 2013 年 6 月 13 日至 2013 年 12 月 9 日，每笔当金的当期以票据为准，每笔当金对应的当票均属于最高额典当的债权范围；③月综合费用费率为当金的 2.0%，日综合费率为当金的 0.067%；④担保方式为：被申请人 RJ 公司提供其当物设定抵押担保，被申请人 RS 公司、杨某、朱某承担连带保证责任。

同日，申请人与被申请人朱某又订立《抵押合同》一份，主要内容有：①被申请人 RJ 公司以当物为《典当合同》［HRT2013 年（当）字第 017 号］的债权提供最高额为 1300 万元的抵押担保；②担保的范围包括典当本金、综合费用、当金利息、违约金、实现债权和抵押权的费用（含诉讼费用、差旅费、财产保全费、律师费用、执行费用等）。

2013 年 6 月 13 日，被申请人 RS 公司、杨某、朱某分别向申请人出具担保函，主要内容为：①被申请人 RS 公司、杨某、朱某分别为《典当合同》［HRT2013 年（当）字第 017 号］当户朱某提供 1300 万元的连带责任保证；②担保期限至典当期限届满之日起 2 年；③担保的范围包括典当本金、综合费用、当金利息、违约金、实现债权和抵押权的费用（含诉讼费用、差旅费、财产保全费、律师费用、执行费用等）；④如当户未按约定还款，申请人可以在不处置当物的前提下，优先向保证人主张代偿权利。

2013 年 6 月 18 日，申请人与被申请人 RJ 公司在 HS 县林业行政服务中心办理了《林权抵押登记证》。另据申请人自诉，被申请人 RJ 公司均已实际付清了三笔当金在典当期间的综合费用，另于 2013 年 12 月 31 日向申请人支付 336 000 元，用于支付逾期综合费用及部分当金，但未提供付款凭证。

仲裁庭裁决如下：①被申请人 A 省 RJ 公司自本裁决书生效之日起 10 日内，向申请人 HF 市 RT 公司支付当金 12 739 040 元

（7 739 040元+2 000 000 元+3 000 000 元），并支付申请人 HF 市 RT 公司截至2014 年8 月20 日的违约金共计1 910 651 元（1 197 771 元+290 780 元+422 100 元），2014 年 8 月 21 日之后按当金余额 12 739 040 元每月 2%标准，计算至欠款偿清之日止。②被申请人 A 省 RJ 公司自本裁决书生效之日起 10 日内，向申请人 HF 市 RT 公司支付律师代理费 523 982.5 元、保全费 5000 元及财产保全担保费 74 500 元。③申请人 HF 市 RT 公司对被申请人 RJ 公司抵押的位于 HS 境内 1 320 000 平方米林权［HL 证字（2010）第 045704 号］，就上述债权和本案由被申请人 AHRJ 生态经济发展有限公司承担的仲裁费用享有从拍卖价款中优先受偿的权利。④被申请人 A 省 RS 林业有限公司、杨某、朱某对被申请人 A 省 RJ 生态经济发展有限公司前述一、二项债务承担连带保证责任。⑤驳回申请人 HF 市 RT 典当有限公司其他仲裁请求。本裁决为终局裁决。〔参见 2016 年 1 月 19 日，HF 市仲裁委员会《裁决书》［（2014）H 仲字第 310 号］，《专家论证会参考资料》第 121 页〕

（2）法院《执行通知书》证明：2016 年 3 月 10 日，申请执行人 HF 市 RT 公司与你（RJ 公司）仲裁纠纷一案，HF 市仲裁委员会（2014）H 仲字第 310 号裁决书已经发生法律效力。申请执行人向本院申请强制执行，本院依法立案执行。依照《民诉法》第 240 条、最高人民法院《关于人民法院执行工作若干问题的规定（试行）》（2008 调整）第 24 条的规定，责令你（RJ 公司）自本通知书送达之日起立即履行下列义务：①向申请执行人支付当金 1273.904 万元及利息、律师代理费 523 982.50 元；②向申请执行人支付迟延履行期间的债务利息；③负担仲裁受理费 97 977 元，保全费 5000 元、担保费 74 500 元，执行费 87 498 元。〔参见 2016 年 3 月 10 日，A 省 HF 市中级人民法院《执行通知书》［（2016）W01 执第 94 号］，《专家论证会参考资料》第 132 页〕

（四）RJ 公司合法拥有典当（抵押）的 1 745 333 平方米林权，该林权包括林地使用权、林木所有权和使用权，以及相应的转让权、抵押权。RT 公司认可典当（抵押）物 1 745 333 平方米林木（50年所有权和使用权）预评估价值为5650万元能够担保1700万元典当借款，没有要求对该林权的林地使用权价值进行评估，也未放弃该林地使用权作为典当（抵押）物。仲裁机关生效的《裁决书》认定该笔借款为民事合同纠纷，且已开始执行。杨某虽因出具《担保函》承担连带保证责任，但没有任何合同诈骗行为和意图。

1. RJ公司合法拥有典当抵押的1 745 333平方米山场林地的使用权、林木所有权、林木使用权，以及相应的转让权、抵押权。

（1）330 000平方米林权转让《协议书》证明：第一条，山场经营权流转及有关事项。1. 甲方同意，将本组山场共计330 000平方米的山场的林地使用权、林木所有权、林木使用权流转给乙方。流转山场四至范围内的田埂、道路等基础设施乙方可无偿使用。第三条，双方的权利和义务。（一）权利……乙方对所流转山场的林地使用权、林木所有权可依法进行继承、转让、租赁、抵押。甲方不得干涉。〔参见2010年1月12日，（甲方）DHP镇DPA村ZH组张某乙、彭先军、黎克军等九户户主，与（乙方）RJ公司签订的330 000平方米林权转让《协议书》，《专家论证会参考资料》第139页〕

（2）《森林，林木，林地状况登记表》（034242 ***************）证明，林地所有权权利人：ZH组村民；林地使用权利人：A省RJ公司；森林或林木所有权权利人：A省RJ公司；森林或林木使用权权利人：A省RJ生态经济发展有限公司；坐落：HS县DHP镇DPA村；小地名：ZH；面积：330 000平方米；主要树种：栎类；林种：用材林；林地使用期：50年；终止日期：2060年1月11日；机关印：HS林业局；负责人：陈某；2010年3月22日。〔参见HS县人民政府2010年3月22日颁发给RJ公司的330 000平方米《林权证》[HL证字（2010）第045708号]，《专家论证会参考资料》第151页~第154页〕

（3）146 667平方米林权转让《协议书》证明：第一条，山场经营权流转及有关事项。1. 甲方同意，将本户山场共计146 667

平方米的山场的林地使用权、林木所有权、林木使用权流转给乙方。流转山场四至范围内的田埂、道路等基础设施乙方可无偿使用。第三条，双方的权利和义务。（一）权利。3. 乙方对所流转山场的林地使用权、林木所有权可依法进行继承、转让、租赁、抵押，甲方不得干涉。〔参见2010年9月12日，（甲方）HS县TY乡CC村PJW组徐海涛与（乙方）RJ公司签订的220亩林权转让《协议书》，《专家论证会参考资料》第143页~第150页〕

（4）《森林，林木，林地状况登记表》（03424 ************* SY01254）证明，林地所有权权利人：CC村PJW组；林地使用权利人：A省RJ公司；森林或林木所有权权利人：A省RJ公司；森林或林木使用权权利人：A省RJ公司；坐落：TY乡CC村PJ组；小地名：牛塘岗；面积：146 667平方米；主要树种：栎类；林种：用材林；林地使用期：50年；终止日期：2060年9月12日；机关印：HS林业局；负责人：陈某，2010年12月10日。〔参见HS县人民政府2010年12月10日颁发给RJ公司的133 333平方米《林权证》［HL证字（2010）第097108号］，第151页~第154页〕

（5）146 667平方米林权转让《协议书》证明：第一条，山场经营权流转及有关事项。1. 甲方同意，将本户山场共计146 667平方米的山场的林地使用权、林木所有权、林木使用权流转给乙方。流转山场四至范围内的田埂、道路等基础设施乙方可无偿使用。第三条，双方的权利和义务。（一）权利。3. 乙方对所流转山场的林地使用权、林木所有权可依法进行继承、转让、租赁、抵押，甲方不得干涉。〔参见2010年9月12日（甲方）HS县TY乡CC村PJW组徐某与（乙方）RJ公司签订的146 667平方米林权转让《协议书》，《专家论证会参考资料》第143页~第150页〕

（6）《森林，林木，林地状况登记表》（034 ********** SY01253）证明，林地所有权权利人：CC村PJW组；林地使用权利人：A省RJ公司；森林或林木所有权权利人：A省RJ公司；森林或林木使用权权利人：A省RJ公司；坐落：TY乡CC村PJW组；

小地名：家门口；面积：146 667 平方米；主要树种：栎类；林种：用材林；林地使用期：50 年；终止日期：2060 年 9 月 12 日；负责人：陈某；2010 年 12 月 10 日。〔参见 HS 县人民政府 2010 年 12 月 10 日颁发给 RJ 公司的 133 333 平方米《林权证》［HL 证字（2010）第 097107 号］，《专家论证会参考资料》第 151 页~第 154 页〕

（7）1 453 333 平方米林权转让《协议书》证明：第一条，山场经营权流转及有关事项。1. 甲方同意，将本组山场共计 1 453 333 平方米的山场的林地使用权、林木所有权、林木使用权流转给乙方。流转山场四至范围内的田埂、道路等基础设施乙方可无偿使用。第三条，双方的权利和义务。（一）权利。4. 乙方对所流转山场的林地使用权、林木所有权可依法进行继承、转让、租赁、抵押。甲方不得干涉。〔参见 2010 年 1 月 8 日，（甲方）DHP 镇 GT 组罗某、郑某、熊某、熊某乙、熊某丙等十三户户主与（乙方）RJ 公司签订的 2180 亩林权转让《协议书》，《专家论证会参考资料》第 134 页〕

（8）《森林，林木，林地状况登记表》（0342 ****************81521）证明，林地所有权权利人：GT 组；林地使用权利人：A 省 RJ 公司；森林或林木所有权权利人：A 省 RJ 公司；森林或林木使用权权利人：A 省 RJ 公司；坐落：HS 县 DHP 镇 DPA 村 GT 组；小地名：GT；面积：1 453 333 平方米；主要树种：松树、灌木；林种：用材林；林地使用期：50 年；终止日期：2060 年 1 月 7 日；机关印：HS 林业局；负责人：陈某；2010 年 1 月 31 日。〔参见 HS 县人民政府 2010 年 1 月 31 日颁发给 RJ 公司的 1 453 333 平方米《林权证》［HL 证字（2010）第 045707 号］，《专家论证会参考资料》第 151 页~第 154 页〕

2. RJ 公司为 1700 万元借款提供的典当（抵押）物是 1 745 333 平方米该林权包括（50 年）林地使用权、林木所有权和使用权。RT 公司认可典当（抵押）物 1 745 333 平方米林木（50 年所有权和使用权）评估价值为 5650 万元能够担保 1700 万元典当借款，没有要求对该林权的林地使用权价值进行评估，也未放弃该林地

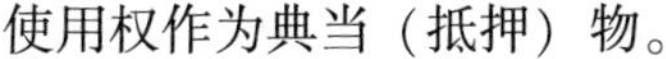

使用权作为典当（抵押）物。

（1）（甲方）A 省 RJ 公司与典当行（乙方）RT 公司签订的《典当合同》证明：第一条，典当种类和当物。1.1 本合同项下的典当为：林权抵押典当。1.2 本合同项下的当物为：RJ 公司名下 HS 县境内 1 745 333 平方米林权〔林权证号：HL 证字（2010）第 045707 号、045708 号、097107 号、097108 号〕。1.3 当物鉴定的真伪、等次为：良好。1.4 当物估值金额为：伍仟陆佰伍拾万元整（5650 万元）。第三条，典当金额和期限。3.1 本合同项下的当物折当率为 30%，当金为人民币壹仟柒佰万元整（1700 万元）。第六条，担保。6.1 本合同项下典当的担保方式为：A 省 RS 公司提供连带责任保证；杨某、朱某承担个人连带责任。6.2 本合同项下典当的担保范围为：当金、综合费用、当金利息、违约金、逾期费用及乙方实现债权的费用（包括但不限于律师费、评估费、拍卖费用、仲裁费用等实现债权的费用）。6.3 甲方有义务积极协助乙方并使乙方与担保人就本合同之具体担保事项签订编号分别为：HRT2013 年（抵）字第 011 号的《抵押合同》；HRT2013 年（保）字第 011 号的《担保函》〔参见 2013 年 3 月 21 日，（甲方）A 省 RJ 公司与典当行（乙方）HF 市 RT 公司签订的《典当合同》[HRT2013 年（当）字第 011 号]，《专家论证会参考资料》第 163 页〕

（2）抵押人（甲方）RJ 公司与抵押权人（乙方）RT 公司、当户（丙方）RJ 公司之间签订的《抵押合同》证明：一、抵押担保的主债权。（最高额典当）乙方（RT 公司）自 2013 年 3 月 21 日起至 2013 年 9 月 16 日止〔当金发放日（即起息日）以《收据载明》时间为准〕向丙方（RJ 公司）提供最高额为壹仟柒佰万元（1700 万元）〔合同编号为 HRT2013 年（当）字第 011 号《典当合同》〕的典当。在《典当合同》的约定最高限额和期限内，乙方向丙方提供典当时无须甲方逐笔办理担保确认手续。二、抵押物的基本情况。2.1 抵押物的情况：详见《抵押物清单》。2.2 抵押物占有人：RJ 公司。2.3 抵押物估价 5650 万元。〔参见 2013 年 3 月 27 日，抵押人（甲方）RJ 公司与抵押权人（乙方）RT 公司、当户（丙方）RJ 公司之间签订的《抵押合同》[HRT2013 年（抵）字第 011 号]，《专家论证会参考资料》第 174 页]

（3）《林权抵押物清单》证明：RJ 公司抵押 1700 万元典当借款的 1 745 333 平方米林权评估价值 5650 万元。

抵押物名称：林权；坐落：A 省 HS 县 DHP 镇 DPA 村、TY 乡 CC 村 PJW 组；林地使用权人：A 省 RJ 公司；林木所有权人：A 省 RJ 公司；林木使用权人：A 省 RJ 公司；林权证号：HL 证字（2010）第 045707 号、045708 号、097107 号、097108 号；林权使用期：50 年；面积：1 745 333 平方米；评估价值：56 500 000 元；评估单位：AH 财信资产评估事务所。[参见 2013 年 3 月 21 日《林权抵押物清单》[HRT2013 年（抵）字第 011 号-1]，《专家论证会参考资料》第 187 页]

（4）《林权预评估报告》证明：RJ 公司的 1 745 333 平方米用林权证评估价值 5650 万元。根据 A 省 RJ 公司提供的资料，本次预评估对象是 A 省 RJ 公司拥有的：①位于 A 省 HS 县 DHP 镇 DPA 村的 330 000 平方米用材林，林权证 [HL 证字（2010）第 045708 号]，林地使用期限 50 年（终止日期 2060 年 1 月 11 日）。②位于 A 省 HS 县 DHP 镇 DPA 村 GT 组的 1 453 333 平方米用材林，林权证 [HL 证字（2010）第 045707 号]，林地使用期限 50 年（终止日期 2060 年 1 月 7 日）。③位于 A 省 HS 县 TY 乡 CC 村 PJW 组的 146 667 平方米用材林，林权证 [HL 证字（2010）第 097108 号]，林地使用期 50 年（终止日期 2060 年 9 月 12 日）。④位于 A 省 HS 县 TY 乡 CC 村 PJW 组的 146 667 平方米用材林，林权证 [HL 证字（2010）第 097107 号]，林地使用期限 50 年（终止日期 2060 年 9 月 12 日）。本所预评上述评估对象的山核桃林木（所有权和使用权）收益价值合计约为人民币 5650 万元。本预评报告仅作为该企业申请抵押贷款资格价值参考，不作为正式报告。（参见 2013 年 3 月 20 日，AH 财信资产评估事务所出具《林权预评估报告》，《专家论证会参考资料》第 155 页）

（5）RT 公司出具的《林权抵押登记确认函》证明：经协商

一致，我（RT）公司同意为A省RJ公司，提供林权抵押贷款人民币1700万元整，以A省RJ公司名下位于HS县境内的共计1 745 333平方米的林权〔林权证号：HL证字（2010）第045707号、045708号、097107号、097108号〕提供抵押担保，林权抵押物中面积，1 745 333平方米的［HL证字（2010）第045707号］林权证中含有331 333平方米的公益林，不作为本次贷款抵押物。根据AH财信资产评估事务所预估报告，此次，拟用于抵押林权的评估价值为5650万元，我（RT）公司对上述评估价值予以认可，请HS县林业局办理林权抵押手续。（参见2013年3月20日，HF市RT公司出具《林权抵押登记确认函》，《专家论证会参考资料》第188页）

（6）《典当管理办法》第36条第1款规定，当物的估价金额及当金数额应当由双方协商确定。

3. 仲裁机关生效的《裁决书》已认定该笔借款为民事合同纠纷，且已开始执行。杨某虽出具《担保函》承担连带保证责任，但没有任何合同诈骗行为和意图。

（1）仲裁《裁决书》证明：2013年3月21日，被申请人RJ公司与申请人订立HRT2013年（当）字第011号《典当合同》一份，合同主要约定：①由被申请人RJ公司提供其名下位于HS县境内1 745 333平方米林权〔林权证号：HL证字（2010）第045707号、第045707号、第097107号、第097108号〕为当物，申请最高额典当借款17 000 000元整；②当金提取期限自2013年3月21日至2013年9月16日，每笔当金的当期以当票为准，每笔当金对应的当票均属于最高额典当的债权范围；③月综合费用费率为当金的2.0%，日综合费率为当金的0.067%；④当金月利率为0.466%，日利率为0.1155%，自实际提款日起按日计息；⑤担保方式为：被申请人RJ公司提供其当物设定抵押担保，被申请人RS公司、杨某、朱某承担连带保证责任；同日，申请人与被申请人朱某又订立《抵押合同》一份，主要内容有：①被申请人RJ公司以当物为〔HRT2013年（当）字第011号〕《典当合同》的债权提供最高额为17 000 000元的抵押担保；②担保的范围包括典当本金、综合费用、当金利息、违约金、实现债权和抵押权的费用（含诉讼费用、差旅费、财产保全费、律师费用、执行费用等）。③被担保的债权有其他担保的，申请人可以要求被申请人RJ公司承担全部担保责任，也可以要求其他担保人承担全部担保责任。

2013年3月21日，被申请人RS公司、杨某、朱某分别向申请人出具担保函，主要内容为：①被申请人RS公司、杨某、朱某分别为［HRT2013年（当）字第011号］《典当合同》当户RJ公司提供17 000 000元的连带责任保证；②担保期限至典当期限届满之日起2年；③担保的范围包括典当本金、综合费用、当金利息、违约金、实现债权和抵押权的费用（含诉讼费用、差旅费、财产保全费、律师费用、执行费用等）；④如当户未按约定还款，申请人可以在不处置当物的前提下，优先向保证人主张代偿权利。

2013年3月25日，申请人与被申请人RJ公司在HS县林业行政服务中心办理了《林权抵押登记证》。

仲裁裁决如下：一、被申请人A省RJ公司自本裁决书生效之日起10日内，向申请人HF市RT公司支付当金17 000 000元（14 000 000元+1 500 000元+1 500 000元），并支付拖欠的续当期间的综合费用680 000元整、逾期综合费用56 950元整，2014年8月21日之后按当金17 000 000元每月2%的标准，计算至欠款偿清之日止。二、被申请人A省RJ公司自本裁决书生效之日起10日内，向申请人HF市RT公司支付律师代理费577 138元、保全费5000元及财产保全担保费80 500元。三、申请人HF市RT公司对被申请人RJ公司抵押的位于HS境内1 745 333平方米林权〔HL证字（2010）第045707号、045708号、第097107号、第097108号〕，就上述债权和本案由被申请人RJ公司承担的仲裁费用享有从拍卖价款中优先受偿的权利。四、被申请人A省RS公司、杨某、朱某对被申请人A省RJ公司前述债务承担连带保证责任。五、驳回申请人HF市RT公司其他仲裁请求。本裁决为终局裁决。〔参见2016年1月19日，HF市仲裁委员会《裁决书》［（2014）H

仲字第311号]，《专家论证会参考资料》第190页〕

（2）法院《执行通知书》证明：RT公司已经申请法院执行RJ公司抵押的1 745 333平方米林权。RS公司、RJ公司、杨某、朱某：申请执行人HF市RT公司与你仲裁纠纷一案，HF市仲裁委员会（2014）H仲字第311号《裁决书》已经发生法律效力。申请执行人向本院申请强制执行，本院依法立案执行。依照《民诉法》第240条、最高人民法院《关于人民法院执行工作若干问题的规定（试行）》（2008调整）第24条的规定，责令你（单位）自本通知书送达之日起立即履行下列义务：一、向申请执行人支付当金1700万元及利息、律师代理费577 138元；二、向申请执行人支付迟延履行期间的债务利息；三、负担仲裁受理费126 009元，保全费5000元、担保费80 500元，执行费93 846元。〔参见2016年3月10日，A省HF市中级人民法院《执行通知书》[（2016）W01执第93号]，《专家论证会参考资料》第197页〕

（3）A省HF市高新技术产业开发区人民法院《协助执行通知书》证明：RT公司申请RJ公司等典当合同纠纷一案，HF市高新区人民法院作出的（2014）H高新民保字第00014号《民事裁定书》，已经发生法律效力，因保全需要，依照《民诉法》的规定，请协助执行以下事项：请协助查封被执行人A省RJ公司名下所有的下列林权：①位于TY乡CC村，证号HL证字（2010）第097120号、097103号，面积806 667平方米。②位于DHPDPA，证号HL证字（2010）第045705号、045706号、045707号、045708号，面积分别为2 104 000平方米、1 060 000平方米、1 453 333平方米、330 000平方米。③位于TY乡CC村，证号HL证字（2010）第097107-108，面积293 333平方米，证号HL证字（2010）第097109-112号，面积72 000平方米。④HL证字（2010）第065365、065366、065367，面积分别为151 667平方米、89 333平方米、132 000平方米。⑤HL证字（2010）第068725号，面积395 333平方米。〔参见2014年9月26日，A省HF市高新技术产业开发区人民法院《协助执行通知书》[（2014）合高新民保字第

00014号〕,《专家论证会参考资料》第199页〕

（五）RJ公司合法拥有典当（抵押）的1 103 333平方米林权，该林权包括林地使用权、林木所有权和使用权，以及相应的转让权、抵押权。RT公司认可典当（抵押）物1 103 333平方米林木（40年所有权和使用权）评估价值为3800万元能够担保1000万元典当借款，没有要求对该林权的林地使用权价值进行评估，也未放弃该林地使用权作为典当（抵押）物。已生效的法院《民事判决书》认定该笔借款为民事合同纠纷，且已开始执行。杨某虽出具《担保函》承担连带保证责任，但没有任何合同诈骗行为和意图。

1. RJ公司合法拥有典当抵押的1 103 333平方米山场林地的使用权、林木所有权和使用权，以及相应的转让权、抵押权。

（1）1 103 333平方米林权转让《协议书》证明：第一条，山场经营权流转及有关事项。1. 甲方一致同意，将WY组山场共计1 103 333平方米（实际以丈量为准）的山场的林地使用权、林木所有权、林木使用权流转给乙方。协议四至范围内的田埂、道路等基础设施乙方可无偿使用，维修费用由甲乙双方共同承担。第三条，双方的权利和义务。（一）权利。2. 乙方对所流转山场的林地使用权、林木所有权、可依法进行继承、林木使用权可依法进行继承、转让、租赁、抵押。甲方必须有具体措施保证履行本协议约定的义务。〔参见2009年11月25日，（甲方）JZ县YZH镇MH村WY组等十户与（乙方）RS公司签订的1 103 333平方米林权转让《协议书》,《专家论证会参考资料》第200页〕

（2）1 103 333平方米《森林，林木，林地状况登记表》证明，林地所有权权利人：YZH镇MH村LX组；林地使用权利人：A省RS公司；森林或林木所有权权利人：A省RS公司；森林或林木使用权权利人：A省RS公司；坐落：YZH镇MH村LX组；小地名：WY；面积：1 103 333平方米；主要树种：杂；林种：用材林；林地使用期：40年；终止日期：2049年；机关印：JZ林业局，2009年12月23日。〔参见HS县人民政府2009年12月23

日颁发给 RJ 公司的 1 103 333 平方米《林权证》[HL 证字（2009）第 26021602 号]，《专家论证会参考资料》第 205 页〕

2. RJ 公司为 1000 万元借款提供的典当（抵押）物是 1655 亩林权，该林权包括（40 年）林地使用权、林木所有权和使用权。RT 公司认可典当（抵押）物 1655 亩林木（40 年所有权和使用权）评估价值为 3800 万元能够担保 1000 万元典当借款，没有要求对该林权的林地使用权价值进行评估，也未放弃该林地使用权作为典当（抵押）物。

（1）（甲方）RS 公司与（乙方）RT 公司签订的 1000 万元《典当合同》证明：第一条，典当种类和当物。1.1 本合同项下的典当为：林权抵押典当。1.2 本合同项下的当物为：JZ 县 YZH 镇 1 103 333 平方米用材林 [林权证号：WHL 证字（2009）第 21021602 号]。1.3 当物鉴定的真伪、等次为：良好。1.4 当物估值金额为：叁仟捌佰万元整（3800 万元）。第三条，典当金额和期限。3.1 本合同项下的当物折当率为 26.32%，当金为人民币壹仟万元整（1000 万元）。第六条，担保。6.1 本合同项下典当的担保方式为：A 省 RJ 公司，杨某，朱某提供连带责任保证。6.2 本合同项下典当的担保范围为：当金、综合费用、当金利息、违约金、逾期费用及乙方实现债权的费用（包括但不限于律师费、评估费、拍卖费用、仲裁费用等实现债权的费用）。6.3 甲方有义务积极协助乙方并使乙方与担保人就本合同之具体担保事项签订编号分别为：HRT2013 年（抵）字第 021 号的《抵押合同》；HRT2013 年（保）字第 021 号的《担保函》。〔参见 2013 年 10 月 31 日，（甲方）A 省 RS 公司与典当行（乙方）HF 市 RT 公司签订的《典当合同》[HRT2013 年（当）字第 021 号]，《专家论证会参考资料》第 208 页〕

（2）抵押人（甲方）RS 公司与抵押权人（乙方）RT 公司、当户（丙方）RJ 公司之间签订的《抵押合同》证明：一、抵押担保的主债权。（最高额典当）乙方（RT 公司）提供期限为 3 个月〔当金发放日（即起息日）以《收据载明》时间为准〕向丙方

(A省RS公司)提供最高额为壹仟万元(1000万元)〔合同编号为HRT2013年(当)字第021号《典当合同》〕的典当。在《典当合同》的约定最高限额和期限内,乙方向丙方提供典当时无须甲方逐笔办理担保确认手续。二、抵押物的基本情况。2.1抵押物的情况:详见《抵押物清单》。2.2抵押物占有人:A省RS公司。2.3抵押物估价3800万元。〔参见2013年10月31日,抵押人(甲方)A省RS公司与抵押权人(乙方)RT公司、当户(丙方)RJ公司之间签订的《抵押合同》[HRT2013年(抵)字第021号],《专家论证会参考资料》第212页〕

(3)RT公司与RS公司共同盖章确认的1 103 333平方米《房地产抵押物清单》证明,抵押物名称:林权;坐落:YZH镇MH村LX组;林地产权使用权人:RS公司;权属证明核发单位即编号:W金林证字(2009)第2********号,JZ林业局;面积:1 103 333平方米;(林木所有权和使用权)评估价值:3800万元;评估单位:AH财信资产评估事务所。〔参见2013年10月31日《房地产抵押物清单》[HRT2013年(抵)字第021号-1],《专家论证会参考资料》第205页〕

(4)RS公司与RT公司办理的1 103 333平方米《林权抵押登记证》证明,抵押人:RS公司;抵押权人:RT公司;抵押物名称、面积及价值:W金林证字(2009)第260221602号的03 *************** 号村地面积1 103 333平方米。被担保的主债种类及数额:1000万元。〔参见2013年11月1日,JZ县林业局颁发的1 103 333平方米《林权抵押登记证》(2013009),《专家论证会参考资料》第207页〕

(5)《典当管理办法》第36条规定,当物的估价金额及当金数额应当由双方协商确定。

3. 法院生效的《民事判决书》已认定该笔借款为民事合同纠纷,且已开始执行。杨某虽出具《担保函》承担连带保证责任,但没有任何合同诈骗行为和意图。

(1)已生效的法院《判决书》证明:2013年10月31日,RT

公司与RS公司订立《典当合同》[HRT2013年（当）字第021号]一份，合同约定：由RS公司提供名下位于JZ县境内1 103 333平方米林权证号W金林证字（2009）第2********号为当物，申请典当借款1000万元；当金提取期限自2013年10月31日至2014年1月28日，每笔当天的当期以当票为准；月综合费用费率为当金的2.0%，当金月利息为0.466%，担保方式为RS公司提供其名下位于JZ县境内1 103 333平方米林权设定抵押担保，RJ公司、杨某、朱某承担连带保证责任；同日，RT公司与RS公司签订《抵押合同》[合同编号为HRT2013年（抵）字第021号]一份，约定：RS公司以位于JZ县境内1 103 333平方米林权〔证号：W金林证字（2009）第26021602号〕为HRT2013年（当）字第021号《典当合同》的债权提供一千万元的抵押担保；担保的范围包括典当本金、综合费用、当金利息、违约金、实现债权和抵押权的费用。2013年11月1日，RT公司与RS公司办理了《林权抵押登记证》（2013009），载明，抵押物名称为“W金林证字（2009）第26021602号的（03**************）号林地（面积1 103 333平方米）”。

2013年10月31日，RS公司、杨某、朱某分别向RT公司出具《担保函》[HRT2013年（当）字第021-2-3号]，主要内容为，RS公司、RJ公司、杨某、朱某同意为HRT2013年（当）字第021号《典当合同》项下当户RS公司的债务提供连带责任保证。W网通公司与RS公司签订的《典当合同》《抵押合同》《当票》以及RJ公司、杨某、朱某向RT公司出具的《担保函》是当事人真实意思表示，内容不违反法律及行政法规的强制性规定，均为合法有效，各方应依约履行合同义务。RT公司与RS公司签订了《抵押合同》并抵押财产，在相关部门办理了抵押物登记，抵押权已产生法律效力。RJ公司、杨某、朱某向RT公司出具《担保函》，自愿为RS公司的债务承担连带保证责任，并同意RS公司可以在不处置担当物的前提下，优先向保证人主张代偿权利。

判决如下：一、被告A省RS公司于本判决生效之日起10日内向原告 HF 市 RT 公司支付当金 1000 万元、律师代理费用 416 724 元，并支付逾期违约金。二、原告 HF 市 RT 公司在本判决第一项确定的被告 A 省 RS 公司的债务范围内对位于 JZ 县 YZH 镇 MH 村 LX 组的林权“W 金林证字（2009）第 2 ******** 号的 03 *************** 号林地（面积 1 103 333 平方米）享有优先受偿权”。三、被告 A 省 RJ 公司、被告杨某、被告朱某，对本判决第一项确定的被告 A 省 RS 林业有限公司的债务承担连带清偿责任；被告 A 省 RJ 生态经济发展有限公司、被告杨某、被告朱某承担保证责任，有权向被告 A 省 RS 公司追偿。〔参见 2015 年 4 月 23 日，A 省 HF 市中级人民法院《民事判决书》(2014) 民二初字第 00562 号，《专家论证会参考资料》第 220 页〕

(2) 已生效的法院《执行裁定书》证明：(2014) H 民二初字第 00562 号民事判决书已经发生法律效力，但被执行人 A 省 RS 公司、A 省 RJ 公司、杨某、朱某至今未履行生效法律文书所确定的义务。裁定如下：冻结（划拨）被执行人 A 省 RS 公司、A 省 RJ 公司、杨某、朱某元款项或查封、扣押同等价值的财产或扣留、提取相同数额的收入。需要履行冻结、查封的，申请执行人应当在期限届满前 15 日内向本院提出书面申请；履行义务后可以申请解除查封。本裁定一经送达，即发生法律效力。〔参见 2015 年 11 月 25 日 A 省 HF 市中级人民法院《执行裁定书》(2015) H 执字第 00773 号，《专家论证会参考资料》第 225 页〕

(3) HF 市中级人民法院《协助执行通知书》证明：QY 县林业局：我院对 HF 市 RT 公司诉 A 省 RS 公司一案的 (2014) H 民二初字第 00562 号裁定书已发生法律效力，根据《民诉法》第 103 条的规定，请协助执行下列项目：查封 RS 公司位于 QY 县境内如下林权：一、证号：Q 林证字 (2008) 第 007579 号、007580 号、007581 号，面积分别为 249 333 平方米、191 333 平方米、33 333 平方米。二、证号：Q 林证字 (2010) 第 012606 号、012607 号、012608 号、012609 号、012610 号，面积分别为 104 000 平方米、135 333 平方米、35 333 平方米、49 333 平方米、76 667 平方米。

查封期限为 2 年。即 2014 年 10 月 16 日至 2016 年 10 月 15 日。〔参见 2014 年 10 月 16 日，HF 市中级人民法院《协助执行通知书》[（2014）H 民二初字第 00562 号]，《专家论证会参考资料》第 228 页、第 229 页〕

（4）HF 市中级人民法院《协助执行通知书》：QY 县：我院对 HF 市 RT 公司诉杨某等典当纠纷一案的（2014）H 民二初第 00562 号书已发生法律效力，根据《民诉法》第 103 条的规定请协助执行下列项目：冻结杨某在 A 省 JR 公司持有的 90%的股权，冻结 A 省 RS 公司在 A 省 JR 公司所持的 10%的股权。冻结期限为一年。2014 年 10 月 16 日到 2015 年 10 月 15 日。〔参见 2014 年 10 月 16 日，HF 市中级人民法院《协助执行通知书》[（2014）H 民二初第 00562 号]，《专家论证会参考资料》第 228 页、第 229 页〕

（六）RT 公司申请法院执行过程中委托的 A 省 HP 资产评估有限公司，在没有提供相应林权价值评估资格证明情形做出的“现场勘查情况汇报”中，有关林权抵押的范围以及林权产权归属、转让限制等情况的表述，不仅超越评估权限范围，而且多数事实认定来源于听他人所说（传闻），不符合林权价值评估鉴定意见或其他证据的法定要求。该“现场勘查情况汇报”不能作为否定上述三笔抵押林权价值充足性以及转让可行性的证据，也不能作为否定抵押林权权属合法性的依据，更不能转化为追究杨某合同诈骗罪的证据。

1. A 省 HP 资产评估有限公司出具的《关于“对被执行人 A 省 RS 公司及 A 省 RJ 公司名下林权价值评估”的现场勘查情况汇报》：（1）W 金林证字（2009）第 26021602 号林权证所对应的林地情况：以上林地坐落于 JZ 县 YZH 镇 MH 村 LX 组，抵押面积 1 103 333 平方米，主要树种为杂树，现场勘查时我们请了 MH 村委会的姜主任陪同前往 LX 组所属的林地进行实地查看，距离村委会大约 5 千米，到达林地后我们步行约 1 千米对现场大致勘查了一下，说是林地，其实就是一座山，顺着山路两边的山坡均为林地，现场无任何标示标牌，无明显的地域边界划分，现场确实有不少的树木，但产权是否属于A省RS公司我们无法查证。据姜主任介绍，当时A省RS公司租下林地后并未在山上种植任何树木，目前留存的树木均为租赁之前就已经存在的，其产权属村集体所有。

（2）HL证字（2010）第045704号、045707号、045708号、097107号、097108号林权证所对应的林地情况：①HL证字（2010）第097107号、097108号林权证抵押面积共293 333平方米，坐落于HS县TY乡CC村PJW组，HS县林业行政服务中心出具的“林权抵押登记证”上记载，其抵押的权利范围仅为山核桃林木所有权及使用权，并不涉及林地使用权，该事项也得到HS县林业行政服务中心工作人员的肯定，同时工作人员还告知，由于2010年林权相关政策的不完善，给A省RJ公司办理了林权证，按现行政策是不能办理的，换句话说以上两个林权证登记的内容是不能办理任何变更的，如办理任何事项的变更，HS县林业局将收回原林权证，不再予以核发。也就是说即使林地的使用权包含在抵押范围之内，今后也无法在HS林业局变更使用权人，一旦申请变更，HS县林业局将会收回原林权证，不会颁发新的林权证。

现场勘查前我们先到了CC村委会找到了王主任，在说明来意后，据王主任介绍，当时A省RJ公司租下林地后是否种植了核桃树他并不知情，目前山上确实有核桃树，但产权是否属于A省RJ公司他并不知道，他也不太愿意陪同我们去现场实地看一下，指着远处的一片山说道（远处全都是一座山连着一座山）：因为路程较远，距离村委会大约有10千米的山路，车辆无法开进去，只能步行。对此我们也不好强求，只能作罢，故TY乡CC村的林地我们未能进行现场勘查。

②HL证字（2010）第045704号、045707号、045708号林权证抵押面积共2 772 000平方米，坐落于HS县DHP镇DPA村，根据HS县林业行政服务中心出具的“林权抵押登记证”上记载，其抵押的权利范围仅为山核桃林木所有权及使用权，并不涉及林地的使用权，该事项也得到HS县林业行政服务中心工作人员肯定，同时工作人员还告知，由于2010年林权相关政策的不完善，

给A省RJ公司办理了林权证，按现行政策是不能办理的，换句话说以上三个林权证登记的内容是不能办理任何变更的，如办理任何事项的变更，HS县林业局将收回原林权证，不再予以核发。也就是说即使林地的使用权包含在抵押范围之内，今后也无法在HS林业局变更使用权人，一旦申请变更，HS县林业局将会收回原林权证，不会颁发新的林权证。

现场勘查时我们请到了DPA村委会的姜主任，在说明来意后，据姜主任介绍，当时A省RJ公司租下林地后确实种植了一小部分核桃树，但此后一直无人看管和维护，距现在已有5年~6年时间，目前山上已无法找到核桃树，此外A省RJ公司尚欠村民3年的租赁费未支付。A省RJ公司租赁的林地距村委会大约3千米，到达林地后我们步行约1千米对现场大致勘查了一下，说是林地，其实也就是一座座山连在一起，顺着山路两边的山坡均为林地，现场无任何标示标牌，无明显的地域边界划分，现场我们未看见核桃树，只有一些杂树，据姜主任介绍，目前留存的树木均为租赁之前就已经存在的，其产权属村集体所有。

评估机构的意见：经过几次的现场勘查和村委会同志的介绍，假设村委会的同志所说情况属实，那么A省RJ公司名下所属的HS县的林权［HL证字（2010）第045704号、045707号、045708号、097107号、097108号］将无法进行评估，因为抵押的核桃树并不存在，也就没有了评估对象，其林权也不在抵押范围之内，即使在抵押范围之内经过评估、拍卖后也无法在HS县林业局办理使用权人变更登记。从目前来看只有JZ县的林权［W金林证字（2009）第26021602号］可以进行评估，但也只能评估林权，其地上的树木我们无法核实产权是否属于A省RS林业有限公司。

最后的话：以上是我评估机构在现场了解到的情况及建议，如果所述当中有与实际不符的情况，或是委托方和相关当事方有更好的建议，还请HF市中级人民法院及申请人和被执行人多多指正。（参见2017年3月1日，A省HP资产评估有限公司制作的《关于“对被执行人A省RS公司及A省RJ公司名下林权价值评

估”的现场勘查情况汇报》,《专家论证会参考资料》第230页)

2. A省HP资产评估有限公司出具的林权价值评估的现场勘查情况汇报，否定RS公司、RJ公司典当抵押林权证的合法性，以及林权抵押后流转的可能性，不仅不具备法定证据资格，而且明显违反一系列林权流转规范性文件。

(1)《国家林业局关于切实加强集体林权流转管理工作的意见》第1条规定，充分认识加强集体林权流转管理工作的重要性。集体林地明晰产权、承包到户后，集体林权流转是实现森林资源资产变现，促进林地向经营能力强、生产效率高的经营者流动，实现规模经营，优化配置资源，进一步解放和发展林业生产力的必然要求。放活经营权、落实处置权、保障收益权是集体林权制度改革的基本要求。森林资源资产流转、变现，是落实处置权的重要内容，有利于让农民获取资金从事林业生产经营活动，增加森林资源。促进生产要素向林区流动，做大做强林业产业，实现兴林富民，具有十分重要的意义。第2条规定，加强集体林权流转管理的指导思想和基本原则。基本原则。集体林权流转管理工作必须坚持农村基本经营制度，维护农民的林地承包经营权；坚持统筹兼顾、依法行政；坚持依法、自愿、有偿流转；坚持公开、公平、公正；坚持有利于森林资源的保护、培育、合理利用和林区的和谐稳定。第3条规定，依法规范集体林权流转行为。加强集体林权流转的引导。林地承包经营权和林木所有权流转，当事人双方应当签订书面合同，需要变更林权的，当事人应及时依法到林权登记机关申请办理林权变更登记。禁止强迫或妨碍农民流转林权。已经承包到户的山林，农民依法享有经营自主权和处置权，禁止任何组织或个人采取强迫、欺诈等不正当手段迫使农民流转林权，更不得迫使农民低价流转山林。已经承包到户的山林需要流转的，其流转方式、条件、期限等由流转双方依法协商确定，任何一方不得将自己的意志强加给另一方。第6条规定，对于合法规范的集体林权流转，需要变更林权的，林权登记机关应当及时受理，认真审查并进行林权变更登记。{参见《国家林业

局关于切实加强集体林权流转管理工作的意见》［林改发〔2009〕232 号］｝

（2）《国家林业局关于进一步加强集体林权流转管理工作的通知》第 1 条规定，坚持依法、自愿、有偿流转原则，切实保障农民林地承包经营权。坚持农村集体土地承包经营制度，保护农民林地承包权益，是落实党在农村基本土地政策、国家宪法和法律规定的具体体现。开展集体林权流转，必须在坚持农村集体林地承包经营制度的前提下，按照依法、自愿、有偿原则流转，承包方有权依法自主决定林权是否流转和流转的方式，任何组织和个人都不得限制或者强行农民进行林权流转。｛参见《国家林业局关于进一步加强集体林权流转管理工作的通知》［林改发〔2013〕39 号］｝

（3）《国家林业局关于规范集体林权流转市场运行的意见》第 1 条规定，严格界定流转林权范围。集体林权流转是指在不改变林地所有权和林地用途的前提下，林权权利人将其拥有的集体林地经营权（包括集体统一经营管理的林地经营权和林地承包经营权）、林木所有权、林木使用权依法全部或者部分转移给他人的行为，不包括依法征收致使林地经营权发生转移的情形。集体林权可通过转包、出租、互换、转让、入股、抵押或作为出资、合作条件及法律法规允许的其他方式流转。第 2 条规定，准确把握林权流转原则。林权流转应当坚持依法、自愿、有偿原则。流转的意愿、价格、期限、方式、对象等应由林权权利人依法自主决定，任何组织或个人不得采取强迫、欺诈等不正当手段强制或阻碍农民流转林权。第 3 条规定，切实规范林权流转秩序。林权再次流转的，应按照原流转合同约定执行，并告知发包方；通过招标、拍卖、公开协商等方式取得的林地承包经营权，须经依法登记取得林权证或不动产权证书，方可依法采取转让、出租、入股、抵押等方式流转。｛参见《国家林业局关于规范集体林权流转市场运行的意见》［林改发〔2016〕100 号］｝

3. RJ 公司、RS 公司《对 AHHP 资产评估有限公司所做的

“关于对被执行人A省RS公司及A省RJ公司名下林权价值评估的现场勘查情况汇报”的反馈》:(1)A省HP资产评估有限公司不具备林权价值评估的资质，无权对A省RS公司及A省RJ公司的林权价值进行评估。根据国家国有资产管理局、林业部《关于加强森林资源资产评估管理工作若干问题的通知》(国资办发[1997]16号)中规定，以森林资源资产作抵押或进行拍卖的应依法进行森林资源资产评估。国家国有资产管理局、林业部关于发布《森林资源资产评估技术规范(试行)》(国资办发[1996]59号)的通知中对林权的评估进行了规范和约束。森林资源资产数量、质量的核查，必须由具有森林资源调查工作经验的中、高级技术职称的林业专业技术人员负责进行。《森林资源资产抵押登记办法(试行)》第12条规定，抵押权人要求对拟抵押森林资源资产进行评估的，抵押人经抵押权人同意可以聘请具有森林资源资产评估资质的评估机构和人员对拟作为抵押物的森林资源资产进行评估。森林资源资产评估应按照原国家国有资产管理局、林业部关于发布《森林资源资产评估技术规范(试行)》的通知(国资办发[1996]59号)的规定办理。根据以上规范性文件规定，只有具有森林资源资产评估资质的评估机构和人员才有资格对林权价值进行评估。但是A省HP资产评估有限公司作为一个不具备相应资质，也没有具备相应资质的人员的机构所写的“情况汇报”显然是不具备任何法律效力的。

(2)A省HP资产评估有限公司凭所谓“村委会同志”及“林业行政服务中心工作人员”毫无根据的说法得出主观臆断的“结论”，并向法院提交，事实上是对法院正常评估工作的误导，也是对RS公司和RJ公司的恶意诋毁。A省HP资产评估有限公司在“情况汇报”中提到的“村委会同志”及“林业行政服务中心工作人员”所说的所有情况均没有任何证据。RS公司和RJ公司会对此篇恶意且不负责任汇报的来源进一步调查并保留向A省HP资产评估有限公司追诉的权利。

(3)RS公司和RJ公司合法的林权应该受到法律的保护。RS

公司和RJ公司对HS、JZ的林权以及其上树木及其他作物享有合法的权利，并且享有林业行政部门颁发的权证。抵押也是依法办理并且办理了抵押登记，法院在判决书中对上述情况也予以了确认。正是基于RS公司和RJ公司享有合法的林权、债权人对林权享有抵押权，在执行中才进展到了评估程序。因此，RS公司和RJ公司合法的林权应该受到法律的保护，不容任何机构和个人的诋毁。

（4）A省HP资产评估有限公司并未及时将此“情况汇报”交于RS公司和RJ公司。RS公司和RJ公司2017年5月下旬在与法院沟通评估事宜过程中“无意中”获得此“情况汇报”，上面的时间为2017年3月1日，可见A省HP资产评估有限公司成稿是在3月1日之前，但是却一直没有将此“情况汇报”交予被执行人即RS公司和RJ公司。几次现场勘查后也没有针对勘查情况与RS公司和RJ公司沟通，而只是听取所谓“村委会同志”及“林业行政服务中心工作人员”毫无根据的说法，显然是一种不负责任的做法。

综上所述，A省HP资产评估有限公司不具备评估RS公司和RJ公司林权价值的资质，也无权作出任何结论或汇报性意见，不应继续进行评估工作；强烈要求A省HP资产评估有限公司撤销其在“情况汇报”中所列出的证据且不负责任的说法和“道听途说”的“事实”；强烈要求A省HP资产评估有限公司对其汇报中提到的意见予以纠正，不要误导法院正常的执行工作。(参见2017年5月30日，RJ公司、RS公司《对A省HP资产评估有限公司所做的“关于对被执行人A省RS公司及A省RJ公司名下林权价值评估的现场勘查情况汇报”的反馈》,《专家论证会参考资料》第234页)

（七）RS公司、RJ公司是“A省林业产业化龙头企业”，具有银行信贷“AA+级”信誉。RT公司已申请法院查封RS公司、RJ公司30 837 200平方米林权，其中，超范围查封27 091 867平方米林权，导致两企业全面陷入经营困境，无力继续偿还债务。

1. RJ公司被A省林业厅授予第三批“A省林业产业化龙头企业”。

《证书》证明：A省RJ公司，根据《A省林业产业化龙头企业申报、认定、监管暂行办法》，经审核、考评，现认定你单位为第三批A省林业产业化龙头企业。（参见2011年9月，A省林业厅《证书》，《专家论证会参考资料》第239页~第244页）

2. RS公司被A省林业厅授予第三批“A省林业产业化龙头企业”。

《证书》证明：A省RJ公司，根据《A省林业产业化龙头企业申报、认定、监管暂行办法》，经审核、考评，现认定你单位为第三批A省林业产业化龙头企业。（参见2011年9月，A省林业厅《证书》，《专家论证会参考资料》第239页~第244页）

3.《中国农业银行非零售客户信用等级证明》，兹证实A省RS公司经我行评定的信用等级为AA+级（16级）。（参见2012年10月24日，中国农业银行HF市HZ路支行出具的《中国农业银行非零售客户信用等级证明》，《专家论证会参考资料》第244页）

4. 典当（抵押）林权之外，被RT公司超范围查封的RS公司位于JZ县林权18 393 533平方米。

MH村斗笠尖和大坳汉金冲的4 246 000平方米林地的林权；W金林证字（2009）第26021602号、261401001号位于MH村LX组和门山村祝安组、兴湾组的2 489 333平方米林地的林权；W金林证字（2009）第26021305号的8 *********** 006号的1 856 667平方米林地的林权；W金林证字（2009）第26021403号的* ************ 8号300 000平方米林地的林权；W金林证字（2009）第260212002号的034242 *********** 号1 333 333平方米林地的林权；W金林证字（2009）第26021402号的03424260214 ******** ** 号和03424260 *********** 号680 000平方米林地的林权；W金林证字（2009）第26021503号的03424 ********* ** 号、W金林证字（2009）第26021301号的03424260 ******* ****** 号、W金林证字（2009）第26021702号的03424 ********

***** 号共 6 102 200 平方米林地的林权；W 金林证字（2009）第 261401001 号的 0342426 ********** 号 1 386 000 平方米林地的林权。(参见附录统计表，《专家论证会参考资料》第 245 页~第 250 页)

5. 典当（抵押）林权之外，被 RT 公司超范围查封的 RJ 公司位于 HS 县的林权 7 810 333 平方米。

TYCCHL 证字（2010）第 09710 ******* 号 806 667 平方米林地的林权；HL 证字（2010）第 045705 ************ 号合计 4 988 000 平方米林地的林权；HL 证字（2010）第 097107—108 号、HL 证字（2010）第 097109—112 号合计 1 000 000 平方米林地的林权；HL 证字（2010）第 0653 *********** 号合计 406 333 平方米林地的林权；HL 证字（2010）第 068725 号 395 333 平方米林地的林权。(参见附录统计表，《专家论证会参考资料》第 245 页~第 250 页)

6. 典当（抵押）林权之外，被 RT 公司超范围查封的 RS 公司拥有的位于 QY 县的林权 888 000 平方米。

Q 林证字（2008）第 007579 号、Q 林证字（2008）第 007580 号、Q 林证字（2008）第 007581 号、Q 林证字（2010）第 012606 号、Q 林证字（2010）第 012607 号、Q 林证字（2010）第 012608 号、Q 林证字（2010）第 012609 号、Q 林证字（2010）第 012610 号。(参见附录统计表，《专家论证会参考资料》第 245 页~第 250 页)

（八）杨某实名举报 RT 公司委托代理人 A 省 HT 律师事务所律师傅某后，涉嫌遭受报复陷害。

1. 举报事实与线索：（1）傅某故意逃交巨额税款事实。举报人（杨某）近日因与 RT 公司纠纷一案，委托律师去 HF 市仲裁委员会调取案件材料，发现该案的诉讼代理人 A 省 HT 律师事务所律师傅某，原先在仲裁审理过程中提交的律师代理费发票缺失。然而，已经发生法律效力的仲裁裁决书明确认定，傅某已经收取了 RT 公司四起仲裁案件以及一起民事诉讼案件律师代理费，共计 1 794 582.5 元。具体事实如下：2016 年 1 月 19 日，HF 市仲裁委员会《裁决书》［（2014）H 仲字第 308 号］第 8 页认定：2015 年

4月20日，RT公司已支付傅某律师代理费114 038元。2016年1月19日，HF市仲裁委员会《裁决书》［（2014）H仲字第309号］第9页认定：2015年4月20日，RT公司已支付傅某律师代理费162 700元。2016年1月19日，HF市仲裁委员会《裁决书》［（2014）H仲字第310号］第9页认定：2015年4月20日，RT公司已支付傅某律师代理费523 982.50元。2016年1月19日，HF市仲裁委员会《裁决书》［（2014）H仲字第311号］第10页认定：2015年4月20日，RT公司已支付傅某律师代理费577 138元。2015年4月23日，A省HF市中级人民法院《民事判决书》［(2014）民二初字第00562号］第7页认定：RT公司已支付傅某律师代理费416 724元。上述事实表明，傅某收取1 794 582.5元律师代理费后，没有开具发票，或开具发票后又将其废除，伪造证据，涉嫌故意逃交巨额税款。(2）傅某故意逃交巨额税款线索。2014年~2015年间，傅某担任A省GK置业有限公司法律顾问期间，收取该公司法定代表人桂某霞律师费9 000 000元，没有开具发票，或开具发票后又将其废除，伪造证据，涉嫌故意逃交巨额税款。类似的逃交税款情形，在傅某办理的其他案件中也存在，建议一并审查。(参见举报人杨某2017年11月21日AHHT律师事务所傅某律师涉嫌“逃税罪”《举报书》，《专家论证会参考资料》第251页)

2.《HF市税务局稽查局检举税收违法行为受理回执》证明：杨某于2017年11月22日对A省HT律师事务所（傅某律师）涉嫌税收违法行为进行检举，HF市税务局于2017年11月22日决定受理。(参见2017年11月22日《HF市税务局稽查局检举税收违法行为受理回执》编号03，《专家论证会参考资料》第253页)

3. HF市公安局《拘留通知书》证明：杨某于2017年11月23日12时，因涉嫌合同诈骗罪被HF市公安局刑事拘留，现羁押在HF市女子看守所。〔参见2017年11月16日，HF市公安局［H公（经支）拘通字（2017）第10822号］《拘留通知书》，《专家论证会参考资料》第238页〕

（九）HF 市公安局办案人员搜查杨某住宅和扣押杨某财物、文件资料时，严重违反办案程序。

1. 证人证言证明：侦查人员搜查、扣押杨某住宅时，以警官证代替搜查证，既没有从看守所里带杨某来现场，也没有通知杨某的同胞妹妹杨某戊（杨某拘留通知书接受人）来现场，也没有让被扣押财物、文件资料持有人在扣押清单上签字，更没有当场将被扣押财物、文件资料清单交持有人。

2017 年 11 月 29 日 15 时，房东（李某乙）带领 HF 市经侦一大队 3 名警察来到 AG 城市天地 16 栋 1404 室（杨某租住的房间）搜查，给我（金某，杨某家照看孩子保姆）出示了警官证没有给我出示搜查令，也没有通知杨某的家属，家属也没有到场就开始搜查。第一个搜查房间是杨某房间，看见了保险柜就给开锁公司打电话，其他人在房间里搜找文件，找到了林权证复印件及其他文件。等保险柜打开之后，找到了公司的营业执照、公章及优盾、优盘银行卡，找到了公司的代持股协议，问我公司的法人怎么是我，我说是我代持的，还问我怎么代持 14 栋别墅的事情，我说杨总要我代持的，问我代持几个公司，我说是两个，一个是 AHNL 影视有限公司，还有个是 JZJG 科技有限发展公司，还找到了周某代持股的协议，还有首饰，法院的裁决书等其他文件，然后又找到了佛堂的文件，有森林林业有限公司的工资单及协议书。他们在整理文件的时候，共计有公司的公案两袋子，营业执照，开户许可证，银行卡 62 张，一张存折，优盾 7 个，优盘 6 个，身份证 5 个，房产证原件 1 本，他项权证 1 本，借款协议一张，中级人民法院裁定书，林权证原件 6 份及复印件。工人的工资单及发票回执单，还有公司的回执单一大把，森林林业公司和农民签订的协议书原件，一台电脑等其他文件资料。他们要我在见证人上签字。我签了，还按手印，只有一份按手印，我说可以拍照吗？有个杨警官说不可以，我说老板回来会说我的，杨警官说没事，上面都有房东（李某乙）签字的，没有事的。他们什么东西都没有给我，也没有给我留清单。那位杨警官把他的手机号给我了，号码是：

188 ******** 。还说有事会打电话给我的，他们就拿着东西就走了。(参见 2017 年 11 月 29 日见证人金某证言《书面情况》，《专家论证会参考资料》第 254 页)

2. HF 市公安局办案人员搜查杨某住宅、扣押其财物、文件资料时，严重违反下列程序法：2012 年《中华人民共和国刑事诉讼法》（以下简称《刑诉法》）第 136 条规定，进行搜查，必须向被搜查人出示搜查证。在执行逮捕、拘留的时候，遇有紧急情况，不另用搜查证也可以进行搜查。第 140 条规定，对查封、扣押的财物、文件，应当会同在场见证人和被查封、扣押财物、文件持有人查点清楚，当场开列清单一式二份，由侦查人员、见证人和持有人签名或者盖章，一份交给持有人，另一份附卷备查。2012 年《公安机关办理刑事案件程序规定》第 225 条规定，对查封、扣押的财物和文件，应当会同在场见证人和被查封、扣押财物、文件的持有人查点清楚，当场开列查封、扣押清单一式三份，写明财物或者文件的名称、编号、数量、特征及其来源等，由侦查人员、持有人和见证人签名，一份交给持有人，一份交给公安机关保管人员，一份附卷备查。对于无法确定持有人的财物的，文件或持有人拒绝签名的，侦查人员应当在清单中注明。依法扣押文物、贵金属、珠宝、名贵字画等贵重财物的，应当拍照或者录像，并及时鉴定、估价。

五、专家论证结论

（一）朱某、杨某乙与 RT 公司之间 200 万元、300 万元典当借款已被仲裁机关生效《裁决书》认定为民事合同纠纷且已进入司法拍卖程序，典当（抵押）房产拍卖底价、评估价：分别为 441.3254 万元、419.36 万元，足以担保借款清偿。

（二）RJ 公司、RS 公司与 RT 公司间 1300 万元、1700 万元、1000 万元三笔借款的典当（抵押）物，分别为 1 320 000 平方米、1 745 333 平方米、1 103 333 平方米林权，该林权包括林地使用权、林木所有权和使用权。RJ 公司、RS 公司合法拥有该林权及相应转让权、抵押权。

（三）RJ 公司、RS 公司用来典当（抵押）的 1 320 000 平方米、1 745 333 平方米、1 103 333 平方米林权中的（50 年或 40 年）（山核桃）林木所有权、使用权，预评估价值分别为 4158 万元、5650 万元和 3800 万元，RT 公司认可该价值能够担保相应借款，没有要求对相应的林地使用权价值进行评估，但也未放弃林地使用权作为典当（抵押）物。

（四）已生效的仲裁机关《裁决书》、法院《判决书》《裁定书》认定 RT 公司与 RS 公司、RJ 公司之间的上述 5 笔典当（抵押）借款，均为民事合同纠纷，且已开始执行。杨某虽出具《担保函》承担连带保证责任，但没有任何合同诈骗行为和意图。RT 公司及其委托的 HT 律师事务所傅某律师，涉嫌对杨某检举其逃税实施报复陷害，将民事合同纠纷有意认定为合同诈骗，向公安机关报案。

（五）RT 公司申请法院执行过程中委托的 A 省 HP 资产评估有限公司，在没有提供相应林权评估资格情形做出的现场勘查情况汇报中，有关林权抵押的范围及林权产权归属、转让限制等情况的表述，不仅超越评估权限范围，而且多数事实认定源于听说（传闻），不符合林权价值评估鉴定意见或其他证据的法定要求。该现场勘查情况汇报不能作为否定上述典当（抵押）林权价值充足性以及转让可行性的证据，也不能作为否定抵押林权权属合法性的依据，更不能转化为追究杨某合同诈骗罪的证据。

（六）RS 公司、RJ 公司是“A 省林业产业化龙头企业”，具有银行信贷“AA+级”信誉。RT 公司已申请法院查封 RS 公司、RJ 公司 30 837 200 平方米林权，超范围查封 27 091 867 平方米林权，导致两企业全面陷入经营困境，无力继续偿还债务。

（七）HF 市公安局办案人员搜查杨某住宅和扣押杨某财物、文件资料时，严重违反办案程序。

综上，HF 市公安局追究杨某合同诈骗罪明显没有证据基础与法律依据，不符合《中华人民共和国刑法》（以下简称《刑法》）

第224条犯罪构成要件，应尽快将其无罪开释。

争议焦点与评述

争议焦点	
事实问题	杨某合同诈骗罪的事实认定。
专家意见	1. 朱某、杨某乙与RT公司之间200万元、300万元典当借款，已被仲裁机关生效《裁决书》认定为民事合同纠纷，且已进入司法拍卖程序，典当（抵押）房产拍卖底价、足以担保借款清偿。 2. RJ公司、RS公司合法拥有林权及相应转让权、抵押权。 3. RJ公司、RS公司用来典当（抵押）的1 320 000平方米、1 745 333平方米、1 103 333平方米林权中的（50年或40年）（山核桃）林木所有权、使用权，预评估价值分别为4158万元、5650万元和3800万元，RT公司认可该价值能够担保相应借款，没有要求对相应的林地使用权价值进行评估，但也未放弃林地使用权作为典当（抵押）物。 4. 已生效的仲裁机关《裁决书》、法院《判决书》《裁定书》认定RT公司与RS公司、RJ公司之间的上述5笔典当（抵押）借款，均为民事合同纠纷，且已开始执行。杨某虽出具《担保函》承担连带保证责任，但没有任何合同诈骗行为和意图。RT公司及其委托的HT律师事务所傅某律师，涉嫌对杨某检举其逃税实施报复陷害，将民事合同纠纷有意认定为合同诈骗，向公安机关报案。 5. RT公司申请法院执行过程中委托的A省HP资产评估有限公司，在没有提供相应林权评估资格情形做出的现场勘查情况汇报中，有关林权抵押的范围及林权产权归属、转让限制等情况的表述，不仅超越评估权限范围，而且多数事实认定源于听说（传闻），不符合林权价值评估鉴定意见或其他证据的法定要求。 6. RT公司已申请法院查封RS公司、RJ公司30 837 200平方米林权，超范围查封27 091 867平方米林权，导致两企业全面陷入经营困境，无力继续偿还债务。 7. HF市公安局办案人员搜查杨某住宅和扣押杨某财物、文件资料时，严重违反办案程序。

续表

争议焦点	
评述	HF 市公安局追究杨某合同诈骗罪明显没有证据基础与法律依据，不符合《刑法》第 224 条犯罪构成要件，应尽快将其无罪释放。

论证案件三

“DH公司”法定代表人桂某涉嫌诈骗案

一、专家论证会参考的证据材料

证据1：2009年7月17日，“DH公司”《企业法人营业执照》。

证据2：2009年11月6日，A省“DD房地产开发有限公司”《企业法人营业执照》。

证据3：2010年4月28日，《关于共同出资设立“DD公司”的协议》。

证据4：2010年6月4日，“DD公司”《登记申请书》、股东会决议、董事会决议、监事会决议、《公司章程》。

证据5：2010年6月7日，“DD公司”《企业法人营业执照》。

证据6：2012年4月16日，“DD公司”《（项目）投资协议书》。

证据7：2012年4月17日，“DH公司”与“DD通信有限公司”(以下简称“DD通信公司”）之间签订的《股权转让协议书》。

证据8：2012年4月17日、18日，“DD公司”第2次、第3次股东会决议。

证据9：2012年4月18日，“DD公司”章程修正案。

证据10：2012年4月23日，“DD公司”转账600万元至

"DH 公司"《收据》（NO. 7054971）。

证据 11"DH 公司"收到"DD 公司"600 万元《电子账单》联行凭证。

证据 12：2010 年 6 月 3 日至 2012 年 4 月 23 日，"DD 公司"与"DH 公司"《账面资金往来明细表》。

证据 13：2017 年 4 月 5 日，"DH 公司"《关于申请撤销工商变更登记的函》。

证据 14：2017 年 4 月 13 日，"DH 公司"《行政起诉状》。

证据 15：2017 年 5 月 3 日，"DH 公司"《关于我司在 SS 县 DD 股权情况》（桂某）手书稿。

证据 16：2017 年 4 月 9 日，"DD 公司"《报案书》。

证据 17：2017 年 5 月 8 日，SS 县市场监督管理局《答辩状》。

证据 18：2017 年 5 月 20 日，"DD 公司"《答辩状》。

证据 19：2017 年 6 月 21 日，《A 省 SS 县人民法院行政裁定书》[（2017）皖 0826 行初 9 号]。

证据 20~34：2017 年 4 月~6 月，SS 县公安局刑警大队讯问桂某（证据 20）、刘某（证据 21）、乔某（证据 22）、黄某（证据 23）、薛某（证据 24）、邓某（证据 25）、陈某甲（证据 26）、桂某乙（证据 27）、李某（证据 28）、陈某乙（证据 29）、石某（证据 30）、吴某（证据 31）、许某（证据 32）、刘某乙（证据 33）、芮某（证据 34）等人笔录。

证据 35：2017 年 6 月 3 日，AQ 市公安局刑科技研究所《鉴定文书》〔AQ 公（刑技）鉴（文）字［2017］10 号〕。

证据 36：2011 年 5 月 31 日，"DH 公司"与陈某甲、徐某间《协议》。

证据 37：2017 年 4 月 9 日，乔某妻子在 AR 宾馆对桂某等人与乔某对话录音及文字整理资料。

证据 38：2017 年 4 月，乔某与李某通话录音文字整理资料。

证据 39：2017 年 12 月 31 日，"DD 公司"《资产负债表》。

证据 40：2012 年 4 月 16 日，北京"DD 瑞海置业投资有限公司”与“DH 公司”签订《HF 市众兴现代农业科技生态园投资协议书》。

二、案件事实论证意见

（一）2010 年 4 月 28 日，A 省“DD 房地产开发有限公司”（法定代表人刘某）、“DH 公司”（法定代表人桂某）共同投资成立“DD 公司”（法定代表人刘某）。（参见证据 1：2009 年 7 月 17 日，“DH 公司”《企业法人营业执照》；证据 2：2009 年 11 月 6 日，A 省“DD 房地产开发有限公司”《企业法人营业执照》；证据 3：2010 年 4 月 28 日，《关于共同出资设立“DD 公司”的协议》；证据 4：2010 年 6 月 4 日，“DD 公司”《登记申请书》、股东会决议、董事会决议、监事会决议、《公司章程》；证据 5：2010 年 6 月 7 日，“DD 公司”《企业法人营业执照》）

（二）2012 年 4 月 16 日，A 省“DD 房地产开发有限公司”“DH 公司”“DD 公司”与刘某共同签订投资协议约定：A 省“DD 房地产开发有限公司”所持“DD 公司”的 65%股份转让给刘某个人，“DH 公司”所持“DD 公司”的 35%股份，转让给刘某控股的 FZ 市 DD 通信有限公司或 A 省“DD 通信公司”。该协议签订 3 日内，“DD 公司”退回“DH 公司”实际投入资金（350 万元），“DH 公司”在一周内（2012 年 4 月 23 日前）完成“DD 公司”股权变更手续。“DH 公司”委托双方信任人“邓某”参与“DD 公司”工作。〔参见证据 6：2012 年 4 月 16 日，“DD 公司”《（项目）投资协议书》〕

（三）2012 年 4 月 17 日，“DH 公司”与“DD 通信公司”签订《股权转让协议书》，将其持有的“DD 公司”35%股份转让给“DD 通信公司”，随后办理了相关股权转让手续。〔参见证据 6：2012 年 4 月 16 日，“DD 公司”《（项目）投资协议书》；证据 7：2012 年 4 月 17 日，“DH 公司”与“DD 通信公司”间签订的《股权转让协议书》〕

（四）2012 年 4 月 17 日，“DD 公司”召开第 2 次股东会，表决同意"DH 公司"转让 35%股权。2012 年 4 月 18 日，"DD 公司"召开第 3 次股东会，通过公司章程修正案。2012 年 4 月 23 日，"DD 公司"与"DH 公司"结清相互间财务往来账目，并向后者账户支付 600 万元，其中，包含 35%股权转让款 350 万元。〔参见证据 8：2012 年 4 月 17 日、18 日，"DD 公司"第 2 次、第 3 次股东会决议；证据 9：2012 年 4 月 18 日，"DD 公司"章程修正案；证据 10：2012 年 4 月 23 日，"DD 公司"转账 600 万元至"DH 公司"《收据》（NO. 7054971）；证据 11："DH 公司"收到"DD 公司"600 万元《电子账单》联行凭证；证据 12：2010 年 6 月 3 日至 2012 年 4 月 23 日，"DD 公司"与"DH 公司"《账面资金往来明细表》〕

（五）2017 年 4 月 7 日，"DD 公司"SS 县市场监督管理局通报："DH 公司"书面申请质疑其 2012 年 4 月转让"DD 公司"35%股权真实性，同时要求撤销股权变更登记。2017 年 4 月 13 日，"DH 公司"向 SS 县人民法院提起行政诉讼，状告 SS 县市场监督管理局（被告）以及"DD 公司"（第三人），要求认定"DD 公司"2012 年 4 月 23 日及其后有关"DH 公司"的股权变更登记违法，撤销该登记，并恢复原 35%股权。〔参见证据 13：2017 年 4 月 5 日，"DH 公司"《关于申请撤销工商变更登记的函》；证据 14：2017 年 4 月 13 日，"DH 公司"《行政起诉状》；证据 15：2017 年 5 月 3 日，"DH 公司"《关于我司在 SS 县 DD 股权情况》（桂某）手书稿〕

（六）2017 年 4 月 9 日，"DD 公司"向 SS 县公安局报案称疑似被诈骗 600 万元，且同时有人涉嫌伪造公司印章与虚假签名。（参见证据 16：2017 年 4 月 9 日，"DD 公司"《报案书》）

（七）2017 年 5 月 8 日、5 月 20 日，SS 县市场监督管理局与"DD 公司"分别提交答辩状。2017 年 6 月 20 日，"DD 公司"提交证据目录。2017 年 6 月 21 日，"DH 公司"申请撤回行政诉讼，并获得法院裁定准许。〔参见证据 17：2017 年 5 月 8 日，SS 县市场监督管理局《答辩状》；证据 18：2017 年 5 月 20 日，"DD 公

司”《答辩状》；证据19：2017年6月21日，《A省SS县人民法院行政裁定书》［（2017）皖0826行初9号］］

（八）2017年4月~6月，SS县公安局刑警队运用讯问、鉴定以及查阅有关书面证据材料等调查方法后发现：“DH公司”及其法定代表人桂某，有意安排其办公室主任乔某，在“DD公司”35%股权转股协议、股东会议以及股权变更登记等材料上，为其代签名，同时，有意让乔某在上述材料中使用缺少“责任”两字的瑕疵印章。｛参见证据20~34：2017年4月~6月，SS县公安局刑警大队讯问桂某（证据20）、刘某（证据21）、乔某（证据22）、黄某（证据23）、薛某（证据24）、邓某（证据25）、陈某甲（证据26）、桂某乙（证据27）、李某（证据28）、陈某乙（证据29）、石某（证据30）、吴某（证据31）、许某（证据32）、刘某乙（证据33）、芮某（证据34）等人笔录；证据35：2017年6月3日，AQ市公安局刑科技研究所《鉴定文书》〔A公（刑技）鉴（文）字［2017］10号；证据36：2011年5月31日，“DH公司”与陈某甲、徐某间《协议》］｝

（九）在“DD公司”向公安机关报案的当日（2017年4月9日），桂某召集乔某夫妇、邓某、刘某乙律师、芮某律师等人，在AR宾馆商讨，如何让乔某掩盖其授权代签名，以及否认少“责任”两字瑕疵印章的真实性。（参见证据37：2017年4月9日，乔某妻子在AR宾馆对桂某等人与乔某对话录音及文字整理资料；证据38：2017年4月，乔某与李某通话录音文字整理资料）

三、涉嫌犯罪论证意见

（一）“DH公司”已于数年前履行一系列股权转让手续，将其在“DD公司”35%的股份转让给“DD通信公司”。

1.2012年4月16日，“DH公司”法定代表人桂某在其签署的《投资协议》中表明：将其持有的“DD公司”35%股权转让给“DD通信公司”。该协议第1条约定：甲方（A省“DD房地产开发有限公司”）持有丙方公司（“DD公司”）的股份全部转为丁方（刘某）个人持有，乙方（"DH 公司"）持有公司的股份暂转为丁方控股的 A 省"DD 通信公司"持有。第 5 条约定：本协议签订之日（2012 年 4 月 16 日）起 3 日内，丙方（"DD 公司"）退回乙方（"DH 公司"）实际投入资金（350 万元），乙方在一周内完成丙方公司股权（35%）变更手续。〔参见证据 6：2012 年 4 月 16 日，"DD 公司"《（项目）投资协议书》第 1 条、第 5 条〕

2. 2012 年 4 月 17 日，"DH 公司"与"DD 通信公司"签订《股权转让协议》。该协议第 1 条约定：股权转让的价格及转让款的支付期限和方式：（1）甲方（"DH 公司"）占有合营公司（"DD 公司"）35%股权，根据原合营合同书规定，甲方应出资人民币 350 万元，实际出资 350 万元。现甲方将占合营公司 35%的股权以人民币 350 万元转让给乙方（"DD 通信公司"）。（2）乙方应于本协议书生效之日起 3 天内按照前款规定的币种和金额将股权转让款以银行转账方式一次支付给甲方。（参见证据 7：2012 年 4 月 17 日，"DH 公司"与"DD 通信公司"间签订的《股权转让协议书》）

3. 2012 年 4 月 17 日、18 日，"DD 公司"召开第 2 次、第 3 次股东大会，会议决议同意"DH 公司"转让 35%股权给"DD 通信公司"。

该股东会议决议记载，本次会议应到会股东 2 人，实际到会股东 2 人，代表本公司股份数额 100%。经全体股东讨论，会议一致通过以下决议：……二、同意转让方"DH 公司"，将其在"DD 公司"35%的股权转让给"DD 通信公司"。（参见证据 8：2012 年 4 月 17 日、18 日，"DD 公司"第 2 次、第 3 次股东会决议）

4. 2012 年 4 月 23 日，按照前述协议，"DD 公司"向"DH 公司"支付 600 万元（包括 350 万元股权转让款），结清相互间债权债务。〔参见证据 10：2012 年 4 月 23 日，"DD 公司"转账 600 万元至"DH 公司"《收据》（NO. 7054971）；证据 11："DH 公司"

收到“DD公司”600万元《电子账单》联行凭证；证据12：2010年6月3日至2012年4月23日，“DD公司”与“DH公司”《账面资金往来明细表》]

（1）问：你的个人情况？答：我叫刘某……问：你把你和桂某之间合作的事情和我们说一下。答：……桂某的公司（“DH公司”）出资350万元，我的公司（“DD房地产开发有限公司”）出资650万元，我们两个公司就合作注册了一个“DD公司”，公司成立之初由于土地的问题，房地产置业方面迟迟没有进展，“DD公司”股东商量将公司里资金挪用到我和桂某在HF市FD县注册的一个A省“DD瑞海现代农业技术有限公司”里面，这个公司主要是种植林木，因为林木方面一直没有取得收益，再加上SS县的房地产项目一直遥遥无期，看不到希望，桂某当时想把资金抽调出去经营他在HN省的项目，由于是我招商回来，SS县项目我必须继续，经协商，他将“DD公司”的35%的股份转给我，2012年4月16日，桂某就和我签订了一份投资协议书，这份协议书上写明了桂某明确退出，并将公司35%的股份转给我在FJ省的A省“DD通信公司”，同时我们又签署了一份“A省DD瑞海现代农业技术有限公司”投资协议书，明确桂某退出。在这两份协议里面，我在3天之内退回桂某在我公司内的资金（600万元），在一个星期之内将股权变更完毕。问：你继续说。答：我和桂某签订完协议后，第二天（2012年4月17日）我安排我公司黄某制作一份股东会决议，决议的内容是同意转让方“DH公司”将其“DD公司”内35%的股份转让给我，我在这份决议上签完名盖完我公司的章后就交给黄某，叫其转交给桂某的妹夫邓某，让邓某带回桂某的公司让桂签字盖章。（参见证据21：2017年4月11日15：15~16：11，SS县公安局刑警大队《讯问刘某笔录》第1页~第3页）

（2）第1条，由甲方（北京“DD瑞海置业投资有限公司”）全资注册此项目公司（法定代表人刘某）。第二条，此项目公司注册后三日内返还前期“DD公司”为该项目代垫的资金，资金

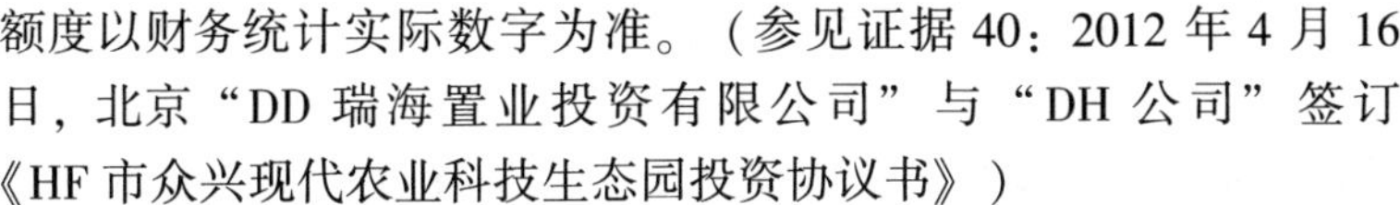

额度以财务统计实际数字为准。（参见证据 40：2012 年 4 月 16 日，北京"DD 瑞海置业投资有限公司"与"DH 公司"签订《HF 市众兴现代农业科技生态园投资协议书》）

（3）问：现出示一张收据给你（李某）看，你看看这张收据是不是你开具的？答：（看收据约一分钟）这张收据是我开具的，上面还有我的签名，收据上的 600 万元是 DD 公司转到我公司账上的。问：你知道 DD 公司为什么要转 600 万元到你公司吗？答：当时我开收据时我问过桂某收据上收款事由写什么，桂某当时说不写，因为一般有大笔进出账我都会请示桂某是否注明事由，桂某一般也叫我注明事由，这笔 600 万元为什么不让我注明事由，我搞不清楚。（参见证据 28：2017 年 5 月 4 日 21：37～22：23，SS 县公安局刑警大队《讯问李某笔录》第 2 页）

（4）问：既然你（乔某）没有参与"DD 公司"的管理，为什么还在股权变更的第 2 次股东会决议上代桂某签字？答：因为我是在"DH 公司"上班，桂某叫我去签的，所以我就去签了，我还听说，这次股权变更后的几天，"DD 公司"还把退得股权的钱转到"DH 公司"的账上，总共是 600 万元，股权的钱是 350 万元，其他的钱我不清楚，这个要问财务，我只知道转了 600 万元过来。（参见证据 22：2017 年 5 月 4 日 21：24～22：32，SS 县公安局刑警大队《讯问乔某笔录》第 5 页）

（二）2012 年 4 月，"DH 公司"将其持有的"DD 公司"35%股权转让给"DD 通信公司"过程中，"DH 公司"法定代表人桂某授权委托其公司办公室主任乔某，在相关转股材料上代签名，该代理行为具有法律效力，不影响股权转让的有效性。

1. "DD 公司"办公室主任乔某在"DD 公司"35%股份转让相关转股书面材料上，为法定代表人"桂某"代签名。桂某在《股权转让协议书》上以"不限于 4 月 16 日双方协议"笔注形式，明确授权乔某代其签名。

（1）鉴定意见：①倾向认定 JC1（2012 年 4 月 17 日《股权转让协议书》原件）上的"不限于 4 月 16 日双方协议"为桂某所

写。②JC1 上的“桂某”签名为乔某所写。③JC1 上的“不限于 4 月 16 日双方协议”与“DH 公司”印章印文先印后字。④JC1、JC2 上的“SS 县 DD 房地产开发有限公司”印章为 YB3（SS 县公安局刑警大队提供的“DH 公司”印章 1 枚）印章盖印形成。{参见证据 35：2017 年 6 月 3 日，AQ 市公安局刑科技研究所《鉴定文书》〔AQ 公（刑技）鉴（文）字［2017］10 号〕}

（2）问：你（乔某）在“DH 公司”是任何职务？答：我（乔某）主要是负责工程以及办公室的相关工作。问：（出示）2017 年 4 月 11 日从 SS 县市场监督管理局调取的“DD 公司”变更登记审核表等相关文件中的“DD 公司”第 2 次股东会决议，时间为 2012 年 4 月 17 日，你看看这个落款为“桂某”几个字是谁签的？答：（看后二分钟），这个“桂某”几个字是我签的。问：你为什么要签这几个字？答：这个是桂某叫我来签的，内容我看了，晓得这个是桂某和 SS 县 DD 置业有限公司之间股权变更的事情，我现在不记得是怎么叫我弄的，当时桂某跟我讲是股权变更的，叫我签个字，我就签了。（参见证据 22：2017 年 5 月 4 日 21：24~22：32，SS 县公安局刑警大队《讯问乔某笔录》第 2 页）

（3）问：你（乔某）今天来 SS 县公安局刑警大队有什么事吗？答：我（乔某）来讲一下我代替桂某签字的事情。问：公安机关依法向你出示从 SS 县市场监督管理局调取的相关资料复印件（共 31 页），请你一一查看（将材料复印件交给当事人），指出你代替桂某签字的材料？答：好的（当事人查看资料文件）第 1 页制定代表或者共同委托代理人的证明上桂某的名字是我代签的，第 2 页公司设立登记申请书上桂某的名字是我代签的，第 4 页董事、理事、经理信息上桂某的名字是我代签的，第 5 页法定代表人信息上桂某的名字是我代签的，第 7 页有限责任公司变更登记申请书上桂某的名字是我代签的，第 8 页 A 省 BM 投资有限公司股东会议决议上桂某的名字是我代签的，第 15 页公司变更登记申请书上桂某的名字是我代签的，第 17 页公司董事、监事、经理情况表上桂某的名字是我代签的，第 22 页有限责任公司变更登记申请书上桂某的名字是我代签的，第 23 页有限责任公司变更登记附表上桂某的名字是我代签的，第 28 页公司变更登记申请书上桂某的名字是我代签的，第 30 页有限责任公司变更登记申请书上桂某的名字是我代签的，第 31 页有限责任公司变更登记附表上桂某的名字是我代签的。问：公安机关再向你出示一份从 SS 县市场监督管理局调取的相关资料文件，请你一一查看（将材料复印件交给当事人），指出你代替桂某签字的材料。答：好的（当事人查看资料文件），其中一份"DD 公司"第 2 次股东会议（2012 年 4 月 17 日）文件上的桂某的名字是我代签的。问：你为什么要代桂某签字？答：是桂某叫我签字，我就代桂某签字了。（参见证据 22：2017 年 5 月 3 日 20：36~21：27，SS 县公安局刑警大队《讯问乔某笔录》第 2 页、第 3 页）

（4）录音对话在场人员：桂某，乔某夫妇，邓某，刘某乙律师，芮某律师。桂某：话是怎么说，你（乔某）说给我听一下。乔某：本来就是你（桂某）叫我去签的……肯定是你（桂某）叫的，我又不认得他们。桂某：黄某叫你签的。乔某（10：30）：黄某不认得我，他凭什么叫我签就签，如果那样我也不会在你公司做办公室主任十几年了……不要搬石头砸自己的脚。（参见证据 38：2017 年 4 月，《乔某与李某通话录音》文字整理资料第 1 页、第 2 页）

（5）问：2017 年 4 月 17 日书写的"DD 公司"第 2 次股东会决议，你（刘某乙）是否见到过？答：我见到过，以前芮某将这份决议从 SS 县市场监督管理局调取过来，后来桂某将这份决议的复印件给我看过。问：这份决议上面的"桂某"签名和印盖的"DH 公司"公章，桂某有没有向你说明来源？答：桂某说过上面的"桂某"几个字不是他签的，这个"DH 公司"的章与他公司的章不同。问：桂某晓得这个字是哪个签的吗？答：我听桂某说过，他后来了解这个"桂某"是乔某签的。问：桂某说过找乔某代签过字吗？答：我在拿到市场监督管理局向 SS 县人民法院提交的证据后，发现证据目录上面有桂某叫乔某在其他的公司代签过他的名字，我就讯问桂某，桂某就和我说他以前设立的一些公司内部股权变更，因为都是亲戚关系之间转让，就叫乔某帮助他代签过名字。(参见证据33：2017年6月18日18：12~18：55，SS县公安局刑警大队《讯问刘某乙笔录》第2页)

2. “DH公司”法定代表人桂某授权委托其公司办公室主任乔某在相关转股书面文件上代签名，该委托行为具有法律效力，不影响股权转让的有效性。

(1)《中华人民共和国民法总则》(以下简称《民法总则》)第161条第1款规定，民事主体可以通过代理人实施民事法律行为。第162条规定，代理人在代理权限内，以被代理人名义实施的民事法律行为，对被代理人发生效力。第170条第1款规定，执行法人或者非法人组织工作任务的人员，就其职权范围内的事项，以法人或者非法人组织的名义实施民事法律行为，对法人或者非法人组织发生效力。

(2)《合同法》第9条规定，当事人订立合同，应当具有相应的民事权利能力和民事行为能力。当事人依法可以委托代理人订立合同。

(三)“DH公司”办公室主任乔某在“DD公司”35%股份转让相关转股书面材料上，加盖缺少“责任”二字的“DH公司”印章（2010年曾使用过)，已获得法定代表人桂某明确授权认可。在办理股权变更登记时，经办人已致电桂某核实确认了转股协议上签名及转股意愿的真实性；“DH公司”接受“DD公司”股权转让款350万元；撤回原先安排在“DD公司”的人员；在股权转让协议履行完毕后5年间，并未质疑。该系列情形足以表明：“DH公司”已认可上述瑕疵印章，接受股权转让协议已履行的事实。瑕疵印章不影响股权转让的真实性与有效性。

1. “DH公司”办公室主任乔某在“DD公司”35%股份转让相关转股书面文件上，加盖缺少“责任”二字的“DH公司”印章，该瑕疵印章曾在2010年使用过，且该公司法定代表人桂某在转股协议上见到此印章后，以“不限于4月16日双方协议”笔注形式，明确授权使用该瑕疵印章。

（1）鉴定意见：①倾向认定 JC1（2012 年 4 月 17 日《股权转让协议书》原件）上的"不限于 4 月 16 日双方协议"为桂某所写。②JC1 上的"桂某"签名为乔某所写。③JC1 上的"不限于 4 月 16 日双方协议"与"DH 公司"印章印文先印后字。④JC1、JC2 上的"DH 公司"印章为 YB3（SS 县公安局刑警大队提供的"SS 县 DD 房地产开发有限公司"印章 1 枚）印章盖印形成。该鉴定意见足以证明：①桂某以亲笔批注形式确认乔某在《股权转让协议书》代其签名的有效性；②桂某以批注形式确认缺少"责任"二字的"DH 公司"印章的有效性。｛参见证据 35：2017 年 6 月 3 日，AQ 市公安局刑科技研究所《鉴定文书》〔AQ 公（刑技）鉴（文）字［2017］10 号〕｝

（2）问：你的个人情况？答：我叫陈某甲。问：（出具 2010 年 5 月 31 日陈某甲和"DH 公司"的协议），这份协议是你签字的吗？答：是的，是我签字的，上面的徐某是我母亲。问："DH 公司"是哪个和你协商的？答：朱某、乔某，还有另外两个人我不记得，当时签协议的时候也是这四个人来的。问：他们是代表个人还是"DH 公司"？答：肯定是代表公司签的协议，当时他们也明确了是代表"DH 公司"的，并且还盖了他们公司的公章，如果是代表个人，我不存在和他们签协议。他们这个小区开发就是桂某的"DH 公司"开发的、朱某和乔某他们又不是代表个人做事。问：在协议上盖的"DH 公司"的公章，你有没有看？答：我看了，他们说是"DH 公司"的章。问：桂某有没有和你协商过？答：桂某和我当面也协商过三次。（参见证据 26：2017 年 5 月 19 日 10：34~10：55，SS 县公安局刑警大队《讯问陈某甲笔录》第 1 页、第 2 页）

（3）问：这个股东会决议上的"DH 公司"的公章是谁盖的？答：我不记得这个公章是谁盖的，但是这个桂某几个字是我签的，且这个公章是公司的真章。问：你为什么肯定这个刻有"DH 公司"的章是公司的真章？答：我记得这个公章在 2010 年的时候还使用过一次，是在"YA 佳苑"一个姓陈的人家的协议上面用过一次，当时本人查办公室的资料查出来的，其他的有没有用过我不清楚。问：这个公章是谁保管的？答：这个公章曾经在我这里保管，应该是在2010年的时候在我这里，后来就不知道到哪里去了。（参见证据22：2017年5月4日21：24~22：32，SS县公安局刑警大队《讯问乔某笔录》第2页；证据36：2011年5月31日，“DH公司”与陈某甲、徐某间《协议》）

（4）问：我们公安机关今天上午到你办公室去调取查询相关的文件合同，发现一张盖有“DH公司”公章的协议，你（乔某）讲下这个协议是怎么来的？答：这个协议是之前我们“DH公司”当时开发“YA佳苑”时，与陈某甲之间因让过道的事情进行协商的一个协议。问：这个协议是谁签的？答：这个协议应该是我和朱某两个人一起去找陈某甲签订的。签订好之后，我就一直把这个放在公司里面存档，签订这个协议是桂某叫我们去签订的。问：你们当时签订协议为什么要使用“DH公司”这个公章？答：桂某本来就不想让过道给陈某甲他们，而且当时我们公司开发的时候，还跟陈某甲发生过矛盾，打过架，后来桂某还赔了钱，为了这个事情一直都弄得不愉快。后来签这个协议的时候，桂某还专门叫我用这个没有“责任”的公章在这个协议上盖章，因为桂某都知道公司有这个少“责任”的公章，公章的全称是“SS县DH房地产开发有限公司”。另外，公司还有一个“SS县DH房地产开发有限责任公司”这个公章，平时都是使用有“责任”两个字的公章，如果要使用没有“责任”的公章，桂某都会专门跟我打招呼。现在回想起昨晚你们公安机关出示给我看的第2次股东会决议上面使用的这个没有“责任”的公章，应该也是桂某专门跟我打招呼盖的这个章，但是现在我确实不太记得。（参见证据22：2017年5月5日10：26~11：01，SS县公安局刑警大队《讯问乔某笔录》第2页；证据36：2011年5月31日，“DH公司”与陈某甲、徐某间《协议》）

（5）问：你的个人情况？答：我叫李某。问：你和“DH公司”有什么关系？答：2004年开始我在DH房产公司做出纳，我们"DH 公司"的法人代表是桂某。问：现出示一份股权变更合同给你看，上面有你公司盖章及桂某签名。答：（看合同约 4 分钟）嗯，这份合同上面盖了"DH 公司"的印章，签字不是桂某本人签的，我最近听说是我们公司办公室主任乔某签的，我们都知道乔某经常经桂某授权代为签字。问：你知道这份股权变更上的事吗？答：我之前只知道"DH"和"DD"两家公司合伙开发一块地，但是好多年这块地都没有开发，所以我一直不知道两家公司什么时候拆伙了，当时签订这份股权变更合同时我不知情。问：这份股权变更合同上的"DH 公司"的公章是不是你们"DH 公司"的？答：盖在这份合同上的公章是我们"DH 公司"的章。问：你仔细看下这枚公章上你们公司的名称。答：我看了，是"SS 县 DH 房地产开发有限公司"。但是我们公司全称是"SS 县 DH 房地产开发有限责任公司"，我也不知道这枚公章为什么少了"责任"两个字，但这枚公章我们公司肯定是用过，最近，为了这枚公章的事，桂某和乔某还争吵过一次。问：你怎么知道盖在这份股权变更合同上的章就是你们公司的章？答：桂某和乔某争吵的那一次也是为了这枚公章的事，当时我回忆起来这枚公章上少了"责任"两个字，特别有印象。除了这份股权变更合同，记得这枚公章还在一份协议上使用过。问：你将桂某和乔某争吵的事说说。答：今年 4 月初的一天上午，我们公司群里发消息说老板要在 ZG 售楼部开会，我也去了，我刚到售楼部感觉乔某在闹情绪，乔某拿自己的手机出来给我们看，问他手机上拍的那张公司印章（就是盖在这份股权变更合同上的章）是谁去刻的，当时公司薛某会计说是我（李某）去刻的，当时我晓得乔某在较真，但我不知道他们为什么会争吵，可我为了息事宁人，也就顺势答应了一声是我刻的，我以为只是公章上少了"责任"两个字，就算是我刻的，也只要赔几十元。但是我没想到桂某找我到他二楼办公室，我到了办公室就告诉桂某"公章有可能是我去刻的"，桂某当时就说"我们公司那么多人，年年还走了许多人，你为什么非要说公章是你刻的"，我说是薛会计讲是我刻的，桂某说"不是你刻的就不是你刻的，还有可能是其他人刻的”，这个事当时也就这么了了。问：桂某知道这枚公章是你们公司的吗？答：他虽没明说，但是从他话的意思就是说他知道少了“责任”两个字的章是公司的章。(参见证据 28：2017 年 5 月 4 日 21：37~22：23，SS 县公安局刑警大队《讯问李某笔录》第 1 页、第 2 页)

2. 在办理股权变更登记时，SS 县市场监督管理局（原工商行政管理局）经办人，已致电桂某核实确认转股协议上签名，以及其转股意愿的真实性。

（1）问：你（陈某乙）从事什么工作？答：我（陈某乙）在市场监督管理局从事企业注册登记。问：“DD 公司”的股权变更一事是你经手的吗？答：不是我经手的，是我同事石某经手的，我和石某两个人办公的地方是在一起的，我记得变更是 2012 年 5 月份办理的。问：当初“DD 公司”是哪个人到你单位办理股权变更的？答：是他们公司一个姓吴的工作人员。问：是一次性就办理好变更了吗？答：这件事情因为前期桂某发了一个撤销变更的函件给我们市场监督管理局，所以我后来在家回想了一下，这个事情不是一次性就变更好的。问：是什么原因没有一次性变更好？答：当时“DD 公司”没有提供股权变更的股权转让协议书，石某就要求他们提供，后来他们提供了一份股权转让的协议书过来，上面有股东的签名，因为当时办理股权变更的都不是股东本人前来，石某就打电话给上面签字的股东，确认了是他们真实意愿后才办理的。问：石某当时是打电话给哪个人的？答：就是打给股东桂某和刘某。问：说了一些什么内容？答：就是确认这份股权转让协议书的真实性，后来确定了真实性后石某才帮他们办理了股权变更的手续的。问：当时石某打电话的时候还有别人在场吗？答：好像当时还有会计师事务所的杨会计和吴会计。问：你们在工作当中，办理股权变更手续，不是股东本人前去办理的，你们都会有哪些手续？答：我们都会打电话给股东确认上面内容的真实性，这个是必须要做的。（参见证据 29：2017 年 05 月 07 日 10：24~10：56，SS 县公安局刑警大队《讯问陈某乙笔录》第

1 页、第 2 页)

(2) 问：你（石某）的个人情况？答：我叫石某，现在 SS 县市场监督管理局工作。问：你（石某）因何事到公安机关来？答：我来反映 2012 年 4 月份"DD 公司"到我窗口办理股权变更一事。问：你说一下。答：前期桂某写了一个函件给我们 SS 县市场监督管理局，要求撤销 2012 年 5 月 2 号他在"DD 公司"的股权变更，恢复他在"DD 公司"的股东身份，因为当时这个股权变更是我办理的，所以我非常重视，经过调取了我局大量的资料，在和当初到我局口办理变更手续的吴某接触后，我现在回想起来当初的许多细节，我觉得有必要向公安机关来反映一下。问：你回想起了什么细节？答：2012 年 4 月份，吴某到我局找到我初次申请"DD 公司"股权变更的申报材料，我仔细地看了，发现与我们的要求不符，她提供的股权转让协议的内容标题为投资人的协议，我们要求的是标题为"股权转让协议"的文件，后来吴某提供了一份"DD 公司"股权变更的股权转让协议书，上面有刘某和桂某的签字，我当时还单独打电话给刘某和桂某确认股权转让协议书的真实性，刘某和桂某都确认了字是他们签的并且该股权转让协议书上的股权变更是他们的真实意愿。问："DD 公司"送来的资料中，有一份第 2 次的股东会决议，上面盖的是"SS 县 DH 房地产开发有限公司"的章，并签了桂某的名字，你看到了吗？答：这个章我没有发现少了"责任"两个字，因为在这之前我也打电话给桂某确认了，桂某明确在电话里面向我表达了变更的意思，至于桂某的签名，这个签名我很熟悉，在桂某以前到我局办理相关的手续的时候，这个签字都和桂某签字一致，所以我就相信了。问："SS 县 DD 置业有限公司"股权变更的股权转让协议书，后来是否向桂某电话确认了？答：我记得很清楚，当时向桂某打了电话了解了。问：桂某是如何在电话里面和你说的？答：他证明了此次转让的真实性，同意了此次股权转让，同意我们办理股权变更。问：当时你打电话的时候有没有人在场？答：当时我们窗口的陈某乙在现场，不过现在不知道他能不能记起来，对了，当时还有会计师事务所的杨会计在场。(参见证据30：2017年5月6日19：09~19：48，SS县公安局刑警大队《讯问石某笔录》第1页、第2页)

(3) 问：你（吴某）2012年在什么地方工作？答：在"DD公司"上班，当年9月份我就从这个公司离职了。问："DD公司"的股东有哪些？答：当时有刘某和桂某。问：双方股权发生变更没有？答：在2012年4月份，桂某将自己在"DD公司"的股份转让给了刘某，后来他们谈好后股权登记是我到工商局去办理的。(参见证据31：2017年04月13日09：36~10：23，SS县公安局刑警大队《讯问吴某笔录》第1页)

3. "DH公司"不仅接受了"DD公司"股权转让款（350万元)，还撤回原先安排在"DD公司"的工作人员。在股权变更登记后的近5年间，没有提出质疑，已认可瑕疵印章的法律效力与转股的有效性。

(1) "DH公司"接受了"DD公司"股权转让款350万元。(参见前述论证理由)

(2) 问：2012年你（薛某）在什么地方上班？答：2012年我在"DD公司"上班。问：你（薛某）将你上班的情况和我们说一下。答：我（薛某）以前一直是在桂某的"DD公司"里上班，2010年桂某就和刘某两个人合作成立了"DD公司"，后来桂某就安排我到"DD公司"里面去做出纳，我在这个公司大概上了两年的班，后来在2012年上半年（具体的日期真的记不得了)，桂某公司就安排我又回到"DD公司"下属的一个物业公司上班。(参见证据24：2017年04月18日15：06~15：50，SS县公安局刑警大队《讯问薛某笔录》第1页、第2页)

(3) 问：你（吴某）2012年在什么地方工作？答：在"DD公司"上班，当年9月份我就从这个公司离职了问：桂某安排了哪些人在"DD公司"上班？答：邓某和薛某两个人上班。以前桂某还安排了一个司机许某。问：股权变更后，桂某安排的人离开了吗？答：离开了，他们是当年5月份左右离开的。邓某和薛某工资是发放到什么时候的？答：就是离开后就没有发放。问：你们财务报账需要什么手续？答：桂某没有撤资之前需要桂某和黄某的签字，桂某撤资后就只要黄某的签字就可以。（参见证据31：2017 年 04 月 13 日 09：36~10：23，SS 县公安局刑警大队《讯问吴某笔录》第 2 页）

（4）问：桂某在 2012 年办理完变更登记后有没有参与"DD 公司"的经营与管理？答：一直没有参加过，他和他的派驻人员整个退出公司。桂某当时是派驻二个人在公司里面上班，其中一个是出纳薛某，还有桂某的妹婿邓某，邓某是协助黄某的工作，具体是什么时候离开的我现在不记得，但是我可以提供公司的工资表，上面有二人工资发放的情况。问："DD 公司"股东分工情况以及员工情况？答：这个公司只有我和桂某两个股东，我是法人，桂某委派其妹婿邓某参与该公司的管理，主要是协助黄某的日常工作，黄某是我公司的代表，负责"DD 公司"的日常管理工作，桂某指派薛某任公司的出纳。问：2012 年 4 月 17 日，你们签署的决议当中桂某是否参与了？答：这个我要说明一下，因为我是委派黄某代表我，桂某公司是委派邓某为代表进驻公司，股权变更就是他们两个人来完成的。黄某将决议写好叫我签完字盖好章就交给了邓某，等邓某那边搞好后再交给黄某，因为我当时签完字就外出了，只是听取了黄某的电话汇报，我就安排黄某叫人到工商局去办理股权登记。（参见证据 21：2017 年 4 月 11 日15：15~16：11，SS 县公安局刑警大队《讯问刘某笔录》第 4 页）

（四）"DH 公司"法定代表人桂某于转股协议履行完 5 年后，隐瞒真相，虚构事实，向 SS 县市场监督管理局申请撤销股权变更登记，恢复其 35%股权，遭拒绝后，又向 SS 县法院提起行政诉讼，要求撤销股权变更登记，恢复其 35%股权。该行为足以表明其蓄意欺骗 SS 县市场监督管理局和法院，非法占有"DD 公司"35%股权，涉及财产数额特别巨大，已符合诈骗罪法定条件，应当追究其刑事责任。

1. "DH 公司"法定代表人桂某不仅故意隐瞒 5 年前股权转

让事实真相，还反复劝说乔某帮其隐瞒代签名及使用缺少“责任”二字公司印章事实真相，致使乔某担心谎言被揭穿承担责任而割腕自伤。

（1）问：这个公章是从哪里来的？答：这个公章是从2010年就有了，我不确定这个章是谁刻的，但是在今年（2017年）的时候，桂某找到我，对我讲：如果有人问到你们刚刚出示给我看的第2次股东会决议上“桂某”几个字，不要承认是桂某叫我在这个上面签字的，要我对外面讲，是“DD公司”的人叫我签的，当时我还打电话给桂某讯问，桂某没有接电话，后来我就在这个上面签字了，而且我当时还向桂某讲了，这个章是公司使用过的章，桂某叫我对外不要讲是真章，如果外面人问就讲什么事情都不晓得。当时我就意识到这个事情不对，我就单独找到薛某和李某两个人，问他们，这个公章少了两个“责任”两个字，以前还使用过，现在我对外面的人讲这个是假章，然后李某讲，这个章是她去雕刻的，当时还少刻了“责任”两个字，就一直丢在我的办公室用。问：桂某为什么要跟你讲这个话？答：因为桂某在2017年4月初，自己叫律师写了个函到SS县工商局，在函中桂某讲，这个第2次股东会决议上面的“DH公司”的章是假章，“桂某”这几个字不是他本人签的，认为这个股权变更不成立，要求SS县工商局对这个股权变更撤回，我当时就意识到这个事情的严重性，因为这个字是桂某叫我代他本人签的，章也是公司的真章，他讲是假的，可能会构成犯罪，我就去找桂某，并且对他讲，这个公章在2010年5月份还使用，就是“YA佳苑”一个姓陈的人家的协议。桂某当时就叫我把这个协议藏起来，我还对他讲，姓陈的人家也有一份，我跟桂某表面上答应藏起来，实际上还是在我办公室里面，桂某为了这个事情还找了两个律师，到SS县法院打官司，我一直坚持对桂某讲，不要去打这个官司，我讲这些都是真的，字是你叫我签的，章也是公司的章，我叫他不要打，这个官司打不赢，到时候还害到自己了，中途桂某还做了我两次工作，如果公安机关来调查的话，叫我不要讲真话，但是我还是要实事求是地向你们公安机关反映。2017 年 4 月 9 日，桂某专门从 HN 省回来，住在 AR 宾馆 1008 房间，叫邓某给我打电话，让我去宾馆，我意识到桂某还是要做我的工作，我就叫我老婆一起去宾馆并且在上楼梯的时候我就开始录音，我到房间后，看见桂某、刘某乙、芮某、邓某都在房间里面，桂某叫我到宾馆小房间里面找我谈话，所有的内容我都录音了，录了一小时二十四分钟，主要还是叫我不要承认公章和签字的事情。问：桂某为什么叫你不要承认公章和签字的事情？答：肯定有好处，如果官司赢的话，桂某能够把"DD 公司"的股权拿回来，因为这个公司已经在开发，而且比较好，桂某拿回股权能赚不少的钱。问：桂某与"DD 公司"是什么关系？答：桂某以前是这个公司的股东，后来拆股了，而且我签的字和公司的公章就是在这个股权变更上使用的。问：你有没有参与"DD 公司"的经营管理？答：我没有参与，我一直都是在"DH 公司"上班，而且"DD 公司"的老板都不认识我。问：既然你没有参与"DD 公司"的管理，为什么还在股权变更的第 2 次股东会决议上代桂某签字？答：因为我是在 SS 县 DH 房地产开发有限责任公司上班，桂某叫我去签的，所以我就去签了……问：桂某之前还有没有叫你签过字？答：你们在工商局调取了不少我们公司办理相关业务的资料，上面也有不少我代桂某的签字，而且邓某、薛某乙、虞某等人都代桂某签过字，桂某的身份证、存折都是放在我这里的，银行的签字都是我代他签。(参见证据 22：2017 年 5 月 4 日 21：24~22：32，SS 县公安局刑警大队《讯问乔某笔录》第 3 页~第 5 页)

（2）问：这个没有"责任"两个字的公章平时是谁保管？答：正常"DH 公司"的所有公章都是在我（乔某）这里保管，除非我不在办公室或者我出差的时候，公章就交给财务薛某、李某保管。其实这个少"责任"的公章一直都在我这里，是在今年(2017 年）4 月 10 日，桂某当面叫我把公司所有的公章都交给他，我把其他所有的公章都交给桂某，唯独这个少"责任"的公章没有交给他。过了一会，桂某又找到我问那枚少了"责任"两个字的公章在哪里，并且叫我把这枚公章也要交给他，如果不交给他，以后留下麻烦，如果不交也可以，但是必须要把这枚公章扔掉。当时我没有把这枚少刻“责任”两个字的公章上交，也没有把这枚公章扔掉。到第二天，我想到这个少“责任”两个字的公章是公司的，我不上交的话也不对，我就准备交给桂某，但是他不在家里，然后我就联系桂某乙，因为她是桂某的妹妹，也是在我们公司上班，准备把这枚公章交给她，桂某乙约我在FY镇自在咖啡厅见面，我和桂某乙见面后，桂某乙打电话给邓某，叫他也过来，邓某是桂某乙的丈夫，我对他们俩讲，如果我把这个公章上交的话，我在SS县也没有钱，没有背景，回头出了事情，我可能会背黑锅，我现在当着你们面把这枚少刻“责任”两个字的公章交给你们，回头出了事情，你们俩要帮我来澄清这个事情。说完我就把这枚公章交给邓某，邓某看完把公章给了桂某乙，并且叫桂某乙把这枚公章扔掉，桂某乙收到公章后就放在随身包里面了，现在在哪里我不清楚。问：你为什么在之前的材料不讲这个事情？答：一个是担心我把公章交给桂某乙，如果她扔掉不承认，这个话我自己讲不清，还有一个是因为邓某是公务员，我也不想把他扯进来。(参见证据22：2017年5月5日10：26~11：01，SS县公安局刑警大队《讯问乔某笔录》第3页)

（3）录音对话人员：桂某（本部分称“桂”），乔某（本部分称“乔”）夫妇，邓某（本部分称“邓”），刘某乙律师（本部分称“刘”），芮某律师（本部分称“芮”）。乔：包括2010年公司盖过的章，他们都没有登记。你叫谁去刻的，只要去查“DH公司”的报销单，你底下的员工不可能无缘无故给你刻个章不报销。桂：反正你不知道就行，不用去管别人，只要你没有责任就行了，人家有没有责任你不用管……一句话只要你自己不怕，就是坐牢照样摆得平……乔：这个章我不知道是哪个刻的，是公司给我的，公司本来就有两个章。桂：你没有看到过这个章，公司也没有谁给你，也没有谁看到你盖过，没有谁看到，对不对？乔：我认为这个假话说不过去，因为当时去的时候你……桂：这个事我对你说，不是那个事，我上次跟他们说了，人家广州刻几千几万，哪个犯法了？最多拘留15天就出来了。乔：这个东西你要理解我，不是我不帮你说，他那边查得到报销单……桂：不是你刻的就行了，万一查到是你刻的，是公司让的，我只知道去处理一些问题，你懂不？做事是有步骤的，你确实不知道就行了……乔：你说你不知道，这个话你说不过去，很简单，我打个比方，这个合同签了以后，你说你没有过目是不可能的，对不对？桂：嗯嗯。乔：签的这个股权变更你说没有过目是不可能的，即使你当时不在场出差去了，你讲了人家也不相信，你说这个变更你不知道吗？乔：……如果你想10%或者35%，你要想一下想得到不？还有一个，你不要被别人套到了，你自己搬石头砸自己的脚哦……桂：这个事不是涉及的问题很大，第一，没有多大问题，我在后面会掌控、处理好，不管哪个我去摆平处理好。第二，这个事涉及很大，你也冒犯好大个法，这个章到现在也不清楚是哪个刻的……乔：这个章不知道是哪个刻的，但这个章是公司正儿八经的章，是公司叫我去照盖的，我也不知道是哪个刻的，可以去查账看看是哪个刻的……乔：这个章查得到，因为2010年公司用这个章盖过，也不能否认你叫刻的，公司里有账，公司职工不可能自己掏腰包去刻章。桂：哪查得清楚，又不是杀人案，许多案子破不了，哪个又能证明？即使查清楚是公司，碍什么事……乔：那就是你撒谎……桂：我扯章的事跟你有什么责任？我现在必须扯章，不扯章不行，怎么扯章跟你没责任就行了，就是这个意思。即使查出来是公司刻的，那就是公司刻的，章废了丢在那里，我也不可能说是你私自刻的。乔：我又没刻，你也说不到。这个章反正就是公司交给我的……桂：我现在不清楚，等他查到了再说，假如他查到了，我们就讲是这么回事，不就完了……桂：那还有起诉状。我不知道是哪个的章，他查到了，那么长时间，也记不清楚了，说是有这么回事，是我公司刻的，我就认账……乔：所以你叫错人了，不该叫我去签字。桂：我也不记得叫你去签了，你非要争这个话是什么意思，叫你代签一下，也没有怪你，对不对……

乔：这个事可以调查，因为我签你的字是很正常的，因为前期的合同只要一查就晓得，好多都是我签的……乔：我是没有用，万一把我害成什么样子，你良心也过不去。桂：我不知道你这么没用，自己吓自己。这个事怎么搞正在商量，你吓得睡不着觉。乔：你那天对我说，用 200 万把我保出来，我当天晚就睡不着，我知道坐几年？糊里糊涂去坐牢。乔：我还是说这话，人家钱也退给你了，你故意绊这个劲做什么事，你自己好生着做这个事。桂：不是我做，我们原来写东西有说法的。乔：不就是 10%吗，你有股份也就是 10%。桂：不是这个说法。打个比方说，我给股权，哪个有本事的人出钱来做，我就少得一点，没有人来做，股权原是我的……乔：我没有顾虑，没有刑事责任，该什么样就是什么样，反正事实就是，公司叫我去盖我就拿出去盖，章是你叫哪个雕的我不清楚。桂：你不清楚就要得，公章不知道哪里来的就行了。乔：基本上就按你的说法。桂：公章我确实不知道哪里来的，是不？你也没盖，我没盖，字是我签的，章我不清楚，不就是三句话，让他们查，查到是公司刻的就是公司刻的，我总不会赖是你刻的。乔：是这样，公司的章，老板让谁去刻都会去刻，也正常。桂：现在一句话嘛，公司哪里来的章我们不清楚，如果公安局查到是公司刻的就是公司刻的，没有查到是公司刻的我们就不清楚……乔:我不管你对我怎样，我一定不会去害你，我跟你接近 20 年，你知道我的性格，不管怎样，我没做过对不起你的事，你也不要做对不起我的事，但是你要把我搞成什么样，我这个人你知道，知根知底。桂：我跟你说就一句话，这个公章我不知道哪个刻的、哪里来的，万一查出来了，公司承认。乔：这个章公司用过，是个废章，首先要说清楚。因为还有一份协议在人家手上，10 年签的，你知道不？桂：哪个签的？乔：跟“YA 佳苑”住户签的，人家万一翻出来呢？所以我就跟你说，这个章公司用过，是个废章。桂：我不提那个事，很简单，没看过这个章，是不？即使刻过章，刻一个错章，也不一定是这个章。法院是这样，你知道就知道，你不知道就不要去说，我问过好几个人，要工商登记，到公安备案的一对比，两个章不对。乔：这两个章都没有备案，是有印鉴章备了案。桂：你现在一句话，不要担任何心。当时叫你去签字的时候，打我电话没有打通，都忙得要死，叫我代签一个就代签一个，也没有看清。反正他们都是熟人，哥儿们……乔：这个事这样讲法，这个事即使我去没有经过你同意，人家相信不？还有那边叫我去没有经过你，人家相信不？你不要让我去撒这个谎，本来没有犯法还犯了法！我就是讲这个意思……乔：你听律师说，你既然叫我讲这个假话，我还问不得……

桂：下面探讨第二个问题，那个章是哪来的？哪个盖的？我也不清楚，到现在你也不清楚。那假如说，对方去报案，查查查查查，查到是我公司刻的，我照认账，我现在是打比方啊。乔：这个可以肯定是公司刻的，因为公司10年盖过这个章。桂：……那么这个公章的事，我们不清楚哪个盖的，不知道哪里来的，他们查出来了，有依据是公司刻的，公司照认账，不赖到哪个人头上去，不存在哪个私刻公章的问题……桂：他查不碍事，查到是公司的我认账的……桂：你要去管这些事干什么？是你管的事吗？什么意思啊？他查出来公司照认账，你说这些无油盐的话是什么意思？他有什么证据是你盖的，你哪记得，我不记得，我不清楚，你就讲五六年的事记不清楚……邓：这么多年，你就说不记得了，律师说了，签字没关系，首先听两个律师的……首先自己心理不能输了。乔：当初就不该叫我去签这个字的。桂：你不要常说这个原话好吗？你签这个字不犯法……在法院打官司怎么辩得到、怎么横得到就怎么横。打官司本来就是横的、扯的，不然打什么官司？只要能找一点理就辩、就扯，什么叫打官司？打官司等于就是辩。邓：这个万一搞起来，他报案怎么办？桂：报案没事，他们查嘛，查到章是我公司的，我照认账……律师讲了签字没责任，大不了我找你……乔：章反正是公司的，是公司刻的，原来盖过……桂：这不是你的事，他查到我再认账，他没查到我认什么，不是孬吗？乔：我不是在外面说，是在家里说。桂：我的话说得很明白，我没有义务去管这个事，我在工商局备案有章……即使有废章也是丢在抽屉里，盖章的人也犯法，不就行了吗……桂：没有哪个记得，他也不记得，叫公安机关去查的，查到是我公司的，我认账，反正章是丢在抽屉里，谁盖的不清楚。即使查到是你盖的，也没有问题。刘：我们在起诉的时候，不说这个章是假章，是说与现用的章不一致，我们自己不说这是假的。第二，桂总刚才说查出来了我就认账，是公司刻的，不说这个章现在有效或无效，不是谁私自刻的，不是你刻的，就追究不了刑事责任。首先我们在诉讼中不说是假章，除非对方说是假章去报案，我们自己不说是假章，只说现在的章有责任两个字。这个章没有责任，就不能形成这样的效力……芮：现在诉状中不能那么说了。刘：是这样的，刑事案件报案，并不必然作为刑事案件立案，要先作初查。如果一旦查到这个章，肯定要到公司来问这个章是不是公司刻的。如果问，公司马上认账，是原来刻错了，是废章，这样的情况下就不构成犯罪。我个人的观点是这样，芮律师你看看……刘：至于你讲这个章10年前用过，就更加证明不是你私刻的。至于这个官司的输赢，不是你所考虑的问题。乔：桂总当初可以叫任何人刻，现在讲不清，就报案了……桂：他立什么案，到公司来，我先可以不记得，你去查，查到我再认账，多年前的事我不记得……乔：我就是在办公室的，公章就是我保管的，这个大人小孩都知道。桂：这个章哪里在你那里管？我发现你非要套在自己头上……乔：我发现你做老板的总是说的假话，老邓在这里，我问你，公章不是放在我跟头是放在哪里，我问你，只有你要用的时候才拿去了，对不对？桂：你到底是什么意思吗？乔：我问你是什么意思？这个公章本来就一直放在我这里，人家要用的时候才给别人，……桂：你现在一句话，章不是你刻的，你一点事没有，哪怕是你盖的、签的字都没有关系，不犯法……你这个道理都不懂，还要几多律师跟你说。……乔：刘律师，我是讲这个，我就是不理解，这个章公司原来用过，是公司的章，你报案说是假章，我就理解不清楚是什么意思？你仔细解释我听一下。刘：是这样，回头万一查到，就马上纠正过来……桂：后来他一查，我才记得，六七年前我哪记得，再认账也不迟啊，现在对我不利的事我还去认账干什么？等他查出来我再认也不迟呀……乔：要不然这样，因为这个章原来用过，我认为是真章，你不管怎样打官司，你说是假的我也不讲，但是你桂总写个东西给我做个底子，就说这个章 10 年前就用过，是真章，盖个"DH 公司"公章，你签个名。桂：我签这个干什么？乔：因为这是事实，这个章原来确实用过。你现在反过来起诉公安局说……桂：他来查我认账……乔：这个东西我不拿出来，对你也没有危害呀，我有个护身符。桂：他查过来了我不认账，你想怎么说就怎么说，好不？这叫画蛇添足……乔：桂哥，说句不好听的话，就是不谈这件事……这是你自己的事，搞得我睡不着觉，你自己想想。（参见证据 37：2017 年 4 月 9 日，乔某妻子在 AR 宾馆对桂某等人与乔某对话录音及文字整理资料）

（4）问：你（桂某乙）是否认识乔某？答：我（桂某乙）认识，我们是老表的关系，他母亲是我的姑姑，我是桂某妹妹。问：你把今天晚上的事情向我们讲下？答：今天 16 时左右，乔某打电话给我说，之前放了一个公章在我这里，叫我给他，我说不记得放在哪里了，我找到了就给他送过去。后来到了 19 时许，我找到乔某给我的公章，我就一个人拿着公章送到乔某家里去，我到他家时，乔某一个人在进门右手边的床上，趴在床上发信息，我不记得是左手还是右手拿着刀，是一个铅笔刀，接着我就看见乔某拿着刀割自己的手腕，我急忙上去抢过乔某手中的刀，立即把他送到附近的诊所，幸好没有大的问题。我就劝乔某叫他不要做傻事，没有什么大不了的事情。我就立即叫我老公给你们公安机关打电话，说我把公章送来了，并且乔某自己割了手腕。后来你们公安机关来了后，我就把公章交给了你们。问：是一枚什么公章？答：我不知道，是乔某把公章交给我的，说给个公章放在我这里，我当时也没有看，这枚公章上刻有"SS 县 DH 房地产开发有限公司"的字样。问：你为什么要把这枚公章接收下来？答：因为平时我们之间也经常把公章放在对方那里保管下。问：乔某是在什么时候、什么地点把这枚公章交给你的？答：是在一两个月前，乔某交给我的，具体是哪个地方给我的我不记得。（参见证据27：2017年5月5日21：00~21：58，SS县公安局刑警大队《讯问桂某乙笔录》第2页）

（5）问：你的个人情况？答：我叫邓某……问：刚刚在园林路医疗室内你妻子桂某乙交给我们一枚“SS县DH房地产开发有限公司”的公章，这枚公章你知道是从什么地方过来的吗？答：我（邓某）知道，是乔某交给桂某乙的。问：是什么时候交的？答：是4月份乔某交给我老婆的，现在大概过了有一二十天的样子。问：是在哪里交的？答：在自在咖啡厅。当时现场有我、桂某乙和乔某三个人。问：乔某为什么将这枚“SS县DH房地产开发有限公司”的公章交给你们？答：他（乔某）怕出事，就将这枚公章交给我老婆桂某乙保管。问：乔某当时是怎么说的？答：他当时就只说了将这枚公章交给我老婆保管，要是以后出了事情叫我们帮助他澄清一下。问：前期我们公安机关找你了解这枚公章的情况，你为何说你不清楚？为什么要对公安机关作伪证呢？答：因为我害怕。问：2017年4月9日，你和桂某等人有没有找过乔某？答：当时是在AR宾馆一个房间，我是后来去的，当时我去的时候有桂某、刘某乙律师、芮某律师、乔某夫妇二人在。问：找乔某做什么？答：主要是谈第2次股权转让变更一事。问：当时是怎么说的？答：就是叫乔某避免签字和盖章的责任。问：桂某为什么要叫乔某避免签字和盖章的责任？答：应该就是桂某叫乔某在这个股权转让上代他签字和盖章的……问：芮某和刘某乙是怎么说的？答：律师是教乔某怎么样说才能避免责任的话，尽量避免责任。问：是谁叫你到AR宾馆去的？答：是桂某。（参见证据25：2017年5月5日21：10~21：47，SS县公安局刑警大队《讯问邓某笔录》第1页、第2页）

2. “DH公司”法定代表人桂某隐瞒真相，否认“DD公司”支付给“DH公司”600万元包含其35%股权转让款（350万元），否认授权乔某在股权转让有关书面文件中代签名，以及不认可缺少"责任"二字的印章。

（1）问：你们（桂某、刘某）双方在该协议签字之后的 4 月 23 日，"DD 公司"向"DH 公司"转款 600 万元是怎么回事？答：这个钱是我们两个企业之间的往来款，其中二三百万元是"DD 公司"向我的"DH 公司"的借款。第二个是在 FD 县抗旱工程材料款，大约 20 万元。第三个就是我在"DD 公司"几年来的费用，包括车辆、工资等大约 100 万元，还有 FD 县土地政府优惠补贴有 1000 多万元，我按照三分之一的分红，也能分我二三百万元，这 600 万元基本就是包括这些钱在里面。……问：（出示 2012 年 4 月 17 日"DD 公司"第二次股东会议决议），你看看这个决议，"桂某"这两个字是不是你签的？答：（看后二分钟），这个协议我不知道，上面的桂某也不是我签的，而且这个上面的"DH 公司"也不是我公司的公章，我公司的全称是"SS 县 DH 房地产开发有限责任公司"。这个决议我没有提供过，也没有参加这个会议。（参见证据 20：2017 年 5 月 3 日 10：54～12：53，SS 县公安局刑警大队《讯问桂某笔录》第 5 页、第 6 页）

（2）问："DD 公司"2012 年 4 月份向"DH 公司"转过 600 万元，这笔转款是什么钱？答：当时这个我也问过桂某，桂某说这个 600 万元是以前和刘某两个人在 HF 市和 HN 省开发工程的往来款，不是这个股权转让款。问：是什么往来？有没有相关的结算凭证、资料、合同等材料？答：我没有看到，都是桂某自己跟我讲的。问：既然你个人认为乔某可能对你们没有撒谎，你为什么继续做桂某的代理人？答：因为作为桂某的诉讼代理人，在没有得到桂某的确认之前，我们不能凭主观上的个人判断来代替可以确认的事实。（参见证据 34：2017 年 6 月 19 日 16：27～16：44，SS 县公安局刑警大队《讯问芮某笔录》第 4 页、第 5 页）

3. "DH 公司"及其法定代表人桂某虚构事实，申请 SS 县市场监督管理局撤销股权变更登记，恢复其在"DD 公司"的 35% 股权，遭拒绝后，又向 SS 县法院提起行政诉讼，要求认定股权变更登记违法，撤销该登记，恢复其股权。

（1）申请人："DH 公司"；申请事项：申请撤销股权转让工商变更登记和申请恢复原始股权工商登记；申请请求：①对 A 省"DD 通信公司"基于虚假材料取得的 35%股权变更登记以及其后的所有股权变更登记予以撤销；②请求贵局恢复申请人在"DD 公司"原享有的 35%的股权登记。事实与理由：……申请人（"DH 公司"）近期意外得知申请人在 SS 县"DD 公司"所占的 35%股份被转让给了由刘某控股的 A 省"DD 通信公司"，而另一法人股东 A 省"DD 公司"所占的 65%股份也同时转让给了刘某个人，随后"DD 公司"又发生了一系列的股权变更和注册资本变更行为，这一系列的工商变更登记使得申请人在"DD 公司"的一切权利均归于零，从而严重地侵害了申请人的合法权益，给申请人造成了极大的经济损失。根据现有的工商变更登记资料，申请人认为：首先，2012 年 4 月 19 日"DD 公司"在贵局申请变更的两次股权变更，其资料是虚假的，无论是股东会的召开还是股东会决议的形成。申请人作为股东之一，既没有接到参加股东会的通知，也没有参加会议，更没有在任何股东会决议上签字盖章，而且股东会决议和股东转让协议上的签字并非本公司法定代表人桂某所签。协议上和决议上加盖的公章（该枚公章文：SS 县 DH 房地产开发有限公司）也并非本公司的公章。该公章与申请人作为"DD 公司"发起人股东时所使用的公章（SS 县 DH 房地产开发有限责任公司）也明显不同，该枚公章申请人从未使用过。（参见证据 13：2017 年 4 月 5 日，"DH 公司"《关于申请撤销工商变更登记的函》）

（2）原告："DH 公司"；被告：SS 县市场监督管理局；第三人："DD 公司"；第三人：刘某；第三人：黄某；第三人："DD 公司"。诉讼请求：①请求判决确认被告 2012 年 4 月 23 日及其后登记的对"DD 公司"的股权变更登记行为违法；②请求判决撤销被告 2012 年 4 月 23 日及其后登记的对"DD 公司"的股权变更登记行为；③请求判决恢复原告在"DD 公司"35%股权登记。事实与理由：……2017 年年初，原告得知"华中世贸城"项目开始建设，遂过问项目进展情况。然而在过问过程中，原告得知自己在 SS 县 DD 置业有限公司中拥有的 35%股权，于 2012 年 4 月 23 日经被告变更登记被全部转让给了刘某控股的第三人"DD 公司"。同时，另一法人股东 A 省"DD 房地产开发有限公司"所占的 65%股权，同时转让给了第三人刘某个人。在此次整个股权转让过程中，原告自始既未参加讨论该次股权变更的股东会，也未在任何股权转让协议以及股东会决议等文件上签字盖章……综上，在原告未到场签字，未提交任何有效材料，未同意另一股东转让其 65%的股份给公司股东以外自然人的情况下，被告未经审慎审查，在股权变更登记申请人提交虚假变更登记材料的情况下，办理了股权变更登记，致使原告作为"DD 公司"发起人股东在该公司中拥有的 35%股权被他人侵占，也致使原告作为公司股东，未能行使对利益股东 65%股权转让的优先权，进而使得自身财产权受到极大的侵害。（参见证据 14：2017 年 4 月 13 日，"DH 公司"《行政起诉状》）

（3）问：你（芮某）从 SS 县市场监督管理局调取的材料中是否有 2017 年 4 月 17 日书写的"DD 公司"第 2 次股东会决议？答：我调取了这份文件，然后向当事人桂某核实，桂某向我陈述对该材料中的内容不知情，该份材料中加盖的"DH 公司"的公章不是公司的公章，上面的"桂某"几个字非本人所签，我们起诉的主要依据也是这个决议上面的公章和签字。问：该材料中的公章和签字你知道是谁加盖签字的吗？答：在调取材料后，准备起诉的过程中，有一次在 SS 县 SS 华庭售楼部，"DH 公司"员工乔某和我谈到上述决议中的"桂某"签字是他本人代签的，接着我就问乔某，该份决议上公章的是怎么回事，乔某没有正面回答我的提问。随后我就这件事情向桂某询问，当时桂某回答说他没有叫乔某在这份决议上代签字。后来有一次乔某找到我，说公章是"DH 公司"以前刻的，后来废弃了，我又就此事询问桂某，但是桂某否认乔某的说法，所以在当时我一直认为就公章和签名一事有两种说法，作为桂某的代理人，我只能确认委托人的说法，后来有一天晚上，桂某从 HN 省回来，叫我和刘某乙一起到 AR 宾馆去找他。当晚在场的人有桂某、我、刘某乙、乔某夫妻、邓某六个人在桂某房间里面，当时乔某向桂某又陈述公章和签名的事情，我听了乔某的陈述后，我个人内心认为乔某应该没有说谎，但因为桂某没明确认可乔某的说法，所以桂某就咨询我和刘某乙，从法律上如何针对这件事情来答辩，我当时的意见是：如果乔某说的是事实，加之我当时内心比较同情乔某，乔某与桂某所陈述的事实是相反的，如果这件事情公安机关介入，你们自己要做出一个判断和合理的解释。如果桂某说的是事实，那么乔某就只要将我们讲的事实向相关部门反映。问：你为什么要同情乔某？答：因为乔某跟我讲，这件事情发生之后，一直心理压力非常大，甚至失眠，一方面当时这个公章可能会被追究法律责任，因为桂某从来就没有明确承认这个公章是公司的，乔某对我们讲这枚公章是公司之前刻的，这样下去的话，最终被查出来后，乔某自己可能要承担私刻印章的法律责任。问：根据乔某向我们公安机关提供的一段时间为 2017 年 4 月 9 日的录音，从该录音中反映，你当时向乔某就如果公安机关就此事调查这枚公章来源的问题的回答，你是如何向乔某讲的？答：我现在不记得我当时说了些什么，当晚我们的聊天内容主要还是围绕这枚印章的事情，通过乔某的陈述，我内心认为乔某可能没有撒谎，桂某本人也没有明确表示知道这枚公章是之前公司刻的，桂某还讲如果公安机关查实公章是公司刻的，那么桂某就承认这枚公章是公司的，如果没有查出来，就以这枚公章为依据起诉。我当时也就这一块的法律向他们做了解释，意思是如果确认或公司事后认可这枚公章是公司的，那么乔某就不存在私刻印章的法律责任，但是如果这样公司就会败诉……问：你对这份变更决议上的公章和签字有何判断？答：乔某对我说，这个没有“责任”字样的公章以前也使用过，签字是乔某自己签的，至于是不是桂某委托授权的，只有他们两个人自己知道，而且就这件事桂某几次都没有明确认可，所以在我个人主观认为乔某可能没有撒谎。问：桂某在“DD 公司”股权变更后，有没有参与公司的管理？答：我不清楚这个事情，但是桂某跟我说过，他一直在HN省，负责HN省的房地产开发项目，SS县这个公司的事情基本没有管。（参见证据34：2017年6月19日16：27~16：44，SS县公安局刑警大队《讯问芮某笔录》第2页~第4页）

4. "DH公司"法定代表人桂某反复要求撤销股权变更登记，恢复其35%股权，明显具有非法占有"DD公司"35%股权目的，该股权涉及财产数额特别巨大，已符合诈骗罪法定条件。

（1）截至2017年12月31日，"DD公司"资产总值157 879 555. 93元，"DH公司"法定代表人桂某蓄意非法占有"DD公司"35%股权，市值为55 257 844. 2元，数额特别巨大。（参见证据39：2017年12月31日，"DD公司"《资产负债表》）

（2）诈骗数额特别巨大行为未遂，也应追究刑事责任。

《刑法》第266条规定，诈骗公私财物，数额较大的，处三年以下有期徒刑、拘役或者管制，并处或者单处罚金；数额巨大或者有其他严重情节的，处三年以上十年以下有期徒刑，并处罚金；数额特别巨大或者有其他特别严重情节的，处十年以上有期徒刑或者无期徒刑，并处罚金或者没收财产。本法另有规定的，依照规定。

最高人民法院、最高人民检察院《关于办理诈骗刑事案件具体应用法律若干问题的解释》（法释〔2011〕7号）第1条第1款规定，诈骗公私财物价值3000元至10 000元以上、30 000元至100 000元以上、500 000万元以上的，应当分别认定为《刑法》第266条规定的"数额较大""数额巨大""数额特别巨大"。第5条第1款规定，诈骗未遂，以数额巨大的财物为诈骗目标的，或者具有其他严重情节的，应当定罪处罚。

四、专家论证结论

（一）"DH公司"已于数年前履行一系列股权转让手续，将其在"DD公司"35%的股份转让给"DD通信公司"。

（二）2012年4月，"DH公司"将其持有的"DD公司"35%股权转让给"DD通信公司"过程中，"DH公司"法定代表人桂某授权委托其公司办公室主任乔某，在相关转股材料上代签名，该代理行为具有法律效力，不影响股权转让的有效性。

（三）“DH 公司”办公室主任乔某在“DD 公司”35%股份转让相关转股书面材料上，加盖缺少“责任”二字的“DH 公司”印章（2010 年曾使用过），已获得法定代表人桂某明确授权认可。在办理股权变更登记时，经办人已致电桂某核实确认了转股协议上签名的真实性；“DH 公司”接受“DD 公司”股权转让款；撤回原先安排在“DD 公司”的人员；在股权转让协议履行完毕后 5 年间，并未质疑。该系列情形足以表明：“DH 公司”已认可上述瑕疵印章，接受股权转让协议已履行的事实。瑕疵印章不影响股权转让的真实性与有效性。

（四）“DH 公司”法定代表人桂某于转股协议履行完毕 5 年后，隐瞒真相，虚构事实，向 SS 县市场监督管理局申请撤销股权变更登记，恢复其 35%股权，遭拒绝后，又向 SS 县法院提起行政诉讼，要求撤销股权变更登记，恢复其 35%股权。该行为足以表明其蓄意欺骗 SS 县市场监督管理局和法院，非法占有“DD 公司”35%股权，涉及财产数额特别巨大，已符合诈骗罪法定条件，应当追究其刑事责任。

争议焦点与评述

争议焦点	
事实问题	“DH 公司”法定代表人桂某行为的法律认定。
专家意见	1. “DH 公司”已于数年前履行一系列股权转让手续，将其在“DD 公司”35%的股份转让给“DD 通信公司”。 2. 2012 年 4 月，“DH 公司”将其持有的“DD 公司”35%股权转让给“DD 通信公司”过程中，“DH 公司”法定代表人桂某授权委托其公司办公室主任乔某，在相关转股材料上代签名，该代理行为具有法律效力，不影响股权转让的有效性。 3. “DH 公司”办公室主任乔某在“DD 公司”35%股份转让相关转股书面材料上，加盖缺少“责任”二字的“DH 公司”印章（2010 年曾使用过），已获得法定代表人桂某明确授权认可。在办理股权变更登记时，经办人已致电桂某核实确认

续表

争议焦点	
	了转股协议上签名的真实性；"DH 公司"接受"DD 公司"股权转让款；撤回原先安排在"DD 公司"的人员；在股权转让协议履行完毕后 5 年间，并未质疑。该系列情形足以表明："DH 公司"已认可上述瑕疵印章，接受股权转让协议已履行的事实。瑕疵印章不影响股权转让的真实性与有效性。 4. "DH 公司"法定代表人桂某于转股协议履行完毕 5 年后，隐瞒真相，虚构事实，向 SS 县市场监督管理局申请撤销股权变更登记，恢复其 35%股权，遭拒绝后，又向 SS 县法院提起行政诉讼，要求撤销股权变更登记，恢复其 35%股权。该行为足以表明其蓄意欺骗 SS 县市场监督管理局和法院，非法占有"DD 公司"35%股权，涉及财产数额特别巨大，已符合诈骗罪法定条件，应当追究其刑事责任。
评述	"DH 公司"法定代表人桂某反复要求撤销股权变更登记，恢复其 35%股权，明显具有非法占有"DD 公司"35%股权目的，该股权涉及财产数额特别巨大，已符合诈骗罪法定条件。

论证案件四 陈某甲涉嫌诈骗罪

一、专家论证会参考的案件材料

(一) 2018年10月19日，G省Z市公安局（Z公诉字［2018］03349号）《起诉意见书》。

(二) 2019年6月19日，G省Z市人民检察院（Z检诉刑诉［2019］36号）《起诉书》。

(三) 有关证据材料。

二、有关法律文书认定的案件事实

(一) G省Z市公安局（Z公诉字［2018］03349号）《起诉意见书》认定的案件事实。

TD公司、TR公司人员架构以及分工：

1. 股东成员：犯罪嫌疑人方某甲于2014年成立了TD公司，其任法人代表，犯罪嫌疑人陈某甲是股东。2015年年底左右，犯罪嫌疑人方某甲将TD公司的法人代表变更为方某乙，犯罪嫌疑人方某甲、陈某甲、方某乙均为公司股东，方某乙主要负责管理该团伙，陈某甲负责网上推广产品。2016年10月，犯罪嫌疑人方某乙成立TR公司，法人代表为方某丙。以上两家公司的财务均在TD公司办公，而且是一个财务部负责两家公司的财务工作，财务负责人就是方某乙的老婆裘某。

2. 质检部：陈某乙是部门负责人（陈某甲的表弟），负责把电销部业务员微信收款的钱转回专门的账号，提供微信、支付宝和银行账号收款，负责管理质检部。邹某，负责分发客户资料，也负责督促电销部的员工跟进客户，还负责检查他们是否有私下跟客户联系。吴某甲，负责统计电销部员工所下的单，以及所有的钱的情况，做成表格来对账。余某，负责跟进物流，看快递公司是否有发错地址或漏发货等。行政部，孙某负责购买办公用品，也负责打印病历，并且统计每个中医师所开的处方数量。胡某，公司的司机，实际工作是负责打印病历，并且把病历送去给中医师签字，并且在 2018 年开始负责送药品到 S 快递公司寄发。网管黄某甲，目前了解到他只是负责公司的网络维护。

3. 电销部：部门现场经理是王某，管理电销部所有员工。主要负责统计每天所下的单，统计业绩，协调客户资料的分配，在“Y3”系统审批下单。王某也会去中医馆送病历，负责电销部与其他部门衔接，遇到麻烦的客户她会与上级协调处理，并且教员工如何去引导客户。所有的话术由王某下发至每个人。电销部门分成三个部，一部、二部主要做男科、减肥等业务，三部主要做妇科。（其实他们也不是绝对地固定做某项业务，能力强的业务员基本啥都能做）一部、二部没有组长（以上 X 分局刑拘的是一部、二部的员工），三部部长是朱某，负责管理三部，收集该部已下单的病历并上交，如果客户下单后只付定金，她可以在“Y3”系统里面审批同意下单。电销部员工主要负责用微信冒充中医师的身份与客户沟通，结合固定的话术（给客户问诊断症，按话术说出固定的病情）吹嘘中医师的能力和名气，夸大其中药的功效，跟客户承诺疗效，进而达到诱骗客户购买其中药产品。

两公司的犯罪历程：据犯罪嫌疑人占某等人供述，2014 年该团伙在 TD 公司办公，销售的主要是保健品和中药。直至 2016 年 10 月，犯罪嫌疑人方某乙成立了 TR 公司，并且把 TD 公司销售保健品和中药的部门搬到了 N 市 G 区电力设计院软件大厦办公。自此，该团伙开始销售男科、减肥、丰胸等类型的中药。首先，由犯罪嫌疑人陈某甲在网上打广告做推广，有需要的客户就会加微信了解。TR 公司一线部门的业务员就冒充“专家老师”，结合固定的话术骗客户下单买药。一部让客户购买了药以后，TR 公司就会通过“Y3”系统把客户资料转发给二部，再由二部进行疗效跟进。二部的王某经理就会通过系统把客户资料分配给业务员。二部业务员会沿用一线所用的“专家老师”的身份，结合话术继续诱骗客户买药。到了 2017 年年初，TR 公司和 TD 公司分别开办了 TR 堂中医门诊部和 TD 堂中医馆，并聘请了有执业资格的中医师肖某、张某甲等人坐诊看病。此时，TR 公司继续在网上销售男科、减肥、丰胸等类型的中药，并声称 TR 公司帮以上两家医馆做网上问诊业务，其销售的中药是由以上两家医馆的中医师开处方配制的。目前被我局查获的是 TR 公司的二部。这个团伙主要是继续诈骗之前购买过他们公司产品的客户。他们会通过一个叫“Y3”的系统把客户的资料分发下去。该团伙现由质检部的邹某把客户资料分发给电销部的经理或直接分到个人。这些客户资料都是之前购买过该公司产品的人，电销员工会根据客户信息，继续以某中医师的身份跟客户沟通跟进。如果客户反馈使用产品效果不好，他们就会结合固定的话术，诱骗客户使用另外一种处方药（例如谎称：之前的药方是注入营养，现在需要用新的药方处方来巩固之前的营养，效果就会立马显现）。TR 公司让犯罪嫌疑人甘某、李某甲等人给客户问诊断症，按话术说出固定的病情，推荐治疗的价格方案，根本不需要请示真正的中医师。其根本用意就是诱骗客户购买产品，做更多的业绩，赚更多的钱，而不是帮中医师收集病情，再让中医师开药给客户治病。如果犯罪嫌疑人成功骗得客户下单，他们会通过“Y3”系统审批下单，还会填写一份病历。病历表上填写客户的信息和治疗方案（用药的方案）。接着这些已下单的病历统一由行政部的孙某和胡某打印出来，再由胡某送去中医馆给中医师签字配药。犯罪嫌疑人占某、过某、李某甲等人供述称，TR 公司已经订好了各种科目的治疗或用药方案，搭配什么药，只是根据客户选的价格方案来定。比如：

一千个减肥的客户都选了3000元的治疗方案，其用药的搭配都是减肥散+颗粒。经询问减肥医师张某甲，其称有固定的处方并配药，但是药方是普通方，并不是根据每一个患者的具体情况来开的药。因此，该团伙根本就是打着“名医治病”的旗号，虚构事实，夸大药品的功效来推销高价中药，从而诈骗客户的钱财。收款问题：业务员成功下单后，客户可以通过微信、支付宝和银行账号支付定金或者全款，也可以货到付款。(1) 微信收款的话，每个业务员的工作手机微信都可以收，收了以后就要转回给质检部陈某乙所提供的微信号。(2) 支付宝收款名是陈某丁。(3) 银行账号收款由陈某乙提供，有陈某乙的工商银行和建设银行账号。以上收的款全部由陈某乙与公司财务裘某（方某乙老婆）对接。经查明，诈骗所得的钱，大部分流入陈某丙和陈某丁的银行账号。从银行流水可以看出，犯罪嫌疑人陈某甲、方某乙、方某甲均从以上账号获取大量的资金，有理由相信，以上三人都是本案的主要犯罪嫌疑人。该团伙涉及的诈骗金额达到一亿元。

其中X分局刑拘的犯罪嫌疑人主要犯罪事实：犯罪嫌疑人黄某丙、熊某、蔡某、陈某戊、陈某己、李某乙、张某乙、江某甲、张某丙、黄某乙、赵某、李某丙、彭某、易某、高某、张某丁、方某丁、谢某、周某、郭某、张某戊、韦某、夏某、江某乙24人均属售后服务部一部、二部的医助，并根据公司的指示在微信上冒充老中医在全国范围内推销本公司的药品。根据查看嫌疑人的作案手机，本案涉及被诈骗的被害人达千人以上，涉案金额数千万元，目前已核实被害人46人，涉案金额达49万元。以上24人作案手段均为：(1) 在微信上统一将名字改为饶老中医——百年补肾方（男科问题药品推销）、张老中医——减肥古方（减肥瘦身药品推销）等由公司统一安排的微信号，冒充老中医，经调查核实该24人均无医生资质。(2) 根据客户问诊，按话术说出固定的病情，通过虚假诊断，出具固定的诊断结果，推荐治疗的价格方案，以上步骤均无请示有医生资质的中医师。(3) 使用固定话术诱骗客户购买产品，一步步诈骗客户钱财。

（二）G省Z市人民检察院（Z检诉刑诉［2019］36号）《起诉书》认定的案件事实。

2014年1月，被告人陈某甲和方某甲（另案处理）投资成立TD公司。

2015年年底，TD公司工商登记的股东变更为被告人方某乙（51%）和被告人陈某甲（49%），被告人方某乙、方某甲主要负责经营管理公司，被告人陈某甲主要负责公司技术工作和网上推广。TD公司成立后设有电销部，雇请多名业务员在网上以专家、老师的名义推销男科、丰胸、减肥等类别的保健品和中药。

2016年10月，被告人方某乙、方某甲、陈某甲等人成立TR公司，法定代表人为方某丙。随后将TD公司电销部、质检部、行政部等部门搬到TR公司办公地点，继续在网上以专家、老师名义推销保健品和中药等产品。

为掩盖犯罪目的，2017年2月，被告人方某乙、方某戊、陈某甲等人称投资成立TD堂中医馆和TR堂中医门诊部（以下简称TR中医门诊），并陆续聘请数名中医师在上述两个医馆坐诊。随后，被告人方某乙等人打着“网上问诊”的名号，组织公司业务员冒充中医师或专家老师的身份实施诈骗。

首先，由被告人陈某甲在网上做推广、打广告，广告包括公司业务员的微信号。被告人方某乙等人组织公司多名业务员在微信上冒充中医师或专家老师身份与被害人进行接触，使用事先设定好的诈骗话术进行虚假网上问诊，实际上，业务员并未请示医馆的中医，而是按照诈骗话术对被告人反映的病情进行回复和“诊断”，谎称对被害人的病情进行专门研讨、“3D影像鉴定”、量身定制治疗方案等，以各种话术不断诱骗被害人，使被害人陷入认识错误，从而达到向被害人推销该公司未经国家药品监督管理部门批准而生产的妇科、男科、减肥、丰胸、肝病等类别药品的目的，以此诈骗被害人钱财。

该公司电销部业务员分为一部和二部，一部首次被害人接触并欺骗其下单买药，二部作为后期治疗跟踪部门，通过公司内部的“Y3 系统”接到一部转来的被害人资料后，继续冒充医生、专家、老师与被害人接触，继续欺骗被害人下单买药。

被告人陈某甲除了负责网上推广，还负责上述“Y3 系统”的技术维护，并提供其父亲陈某乙等人的银行账户作为公司主要的财务账户，以收取大量诈骗款项。经查，被告人方某乙、陈某甲等人以上述手段从全国各地诈骗金额达人民币 164 860 901. 2 元（包括 S 速运代收款），现全国各地已报案的被害人共 266 名，包括我市的被害人潘某桂、张某秀、陈某华等多人。

2018 年 6 月 13 日，公安机关在 J 省 N 市 A 路恒大中心 B 组 1413 房、1414 房等地抓获王某等多名二部的业务员（另案处理），现场缴获作案电脑、手机一批等物品，后在 N 市其他地点分别抓获方某甲和被告人陈某甲。同年 6 月 25 日，被告人方某乙到 Z 市公安局投案。

三、专家论证意见与理由

（一）自 2015 年以来，国务院积极倡导在全国范围内探索、发展互联网经营模式，并将中医药与互联网结合，作为新的经营模式优先长期发展。2018 年，国务院办公厅进一步发布规范性文件，确认、鼓励“互联网+医疗健康”经营模式。

1. 2015 年 7 月，国务院《关于积极推进“互联网+”行动的指导意见》第 2 条“重点行动”第（六）项“‘互联网+’益民服务”规定，充分发挥互联网的高效、便捷优势，提高资源利用效率，降低服务消费成本。大力发展以互联网为载体、线上线下互动的新兴消费，加快发展基于互联网的医疗、健康、养老、教育、旅游、社会保障等新兴服务，创新政府服务模式，提升政府科学决策能力和管理水平……推广在线医疗卫生新模式。发展基于互联网的医疗卫生服务，支持第三方机构构建医学影像、健康档案、检验报告、电子病历等医疗信息共享服务平台，逐步建立跨医院的医疗数据共享交换标准体系。积极利用移动互联网提供在线预约诊疗、候诊提醒、划价缴费、诊疗报告查询、药品配送等便捷服务。引导医疗机构面向中小城市和农村地区开展基层检查、上级诊断等远程医疗服务。鼓励互联网企业与医疗机构合作建立医疗网络信息平台，加强区域医疗卫生服务资源整合，充分利用互联网、大数据等手段，提高重大疾病和突发公共卫生事件防控能力。积极探索互联网延伸医嘱、电子处方等网络医疗健康服务应用。鼓励有资质的医学检验机构、医疗服务机构联合互联网企业，发展基因检测、疾病预防等健康服务模式……

2. 2016 年 2 月，《中医药发展战略规划纲要（2016—2030 年）》第 3 条"重点任务"规定，切实提高中医医疗服务能力规定……提高中医药防病治病能力……大力发展中医非药物疗法，充分发挥其在常见病、多发病和慢性病防治中的独特作用……放宽中医药服务准入。改革中医医疗执业人员资格准入、执业范围和执业管理制度，根据执业技能探索实行分类管理，对举办中医诊所的，将依法实施备案制管理。改革传统医学师承和确有专长人员执业资格准入制度，允许取得乡村医生执业证书的中医药一技之长人员在乡镇和村开办中医诊所。鼓励社会力量举办连锁中医医疗机构，对社会资本举办只提供传统中医药服务的中医门诊部、诊所，医疗机构设置规划和区域卫生发展规划不作布局限制，支持有资质的中医专业技术人员特别是名老中医开办中医门诊部、诊所，鼓励药品经营企业举办中医坐堂医诊所。保证社会办和政府办中医医疗机构在准入、执业等方面享有同等权利。推动"互联网+"中医医疗。大力发展中医远程医疗、移动医疗、智慧医疗等新型医疗服务模式。构建集医学影像、检验报告等健康档案于一体的医疗信息共享服务体系，逐步建立跨医院的中医医疗数据共享交换标准体系。探索互联网延伸医嘱、电子处方等网络中医医疗服务应用。利用移动互联网等信息技术提供在线预约诊疗、候诊提醒、划价缴费、诊疗报告查询、药品配送等便捷服务。大力发展中医养生保健服务规定，加快中医养生保健服务体系建设。研究制定促进中医养生保健服务发展的政策措施，支持社会力量举办中医养生保健机构，实现集团化发展或连锁化经营。实施中医治未病健康工程，加强中医医院治未病科室建设，为群众提供中医健康咨询评估、干预调理、随访管理等治未病服务，探索融健康文化、健康管理、健康保险于一体的中医健康保障模式。鼓励中医医院、中医医师为中医养生保健机构提供保健咨询、调理和药膳等技术支持。提升中医养生保健服务能力。鼓励中医医疗机构、养生保健机构走进机关、学校、企业、社区、乡村和家庭，推广普及中医养生保健知识和易于掌握的理疗、推拿等中医养生保健技术与方法。鼓励中医药机构充分利用生物、仿生、智能等现代科学技术，研发一批保健食品、保健用品和保健器械器材。加快中医治未病技术体系与产业体系建设。推广融入中医治未病理念的健康工作和生活方式……

3. 2018 年 4 月，国务院办公厅《关于促进“互联网+医疗健康”发展的意见》第 1 条规定，健全“互联网+医疗健康”服务体系。发展“互联网+”医疗服务。鼓励医疗机构应用互联网等信息技术拓展医疗服务空间和内容，构建覆盖诊前、诊中、诊后的线上线下一体化医疗服务模式。允许依托医疗机构发展互联网医院。医疗机构可以使用互联网医院作为第二名称，在实体医院基础上，运用互联网技术提供安全适宜的医疗服务，允许在线开展部分常见病、慢性病复诊。医师掌握患者病历资料后，允许在线开具部分常见病、慢性病处方。支持医疗卫生机构、符合条件的第三方机构搭建互联网信息平台，开展远程医疗、健康咨询、健康管理服务，促进医院、医务人员、患者之间的有效沟通……优化“互联网+”家庭医生签约服务……鼓励开展网上签约服务，为签约居民在线提供健康咨询、预约转诊、慢性病随访、健康管理、延伸处方等服务，推进家庭医生服务模式转变，改善群众签约服务感受……完善“互联网+”药品供应保障服务。对线上开具的常见病、慢性病处方，经药师审核后，医疗机构、药品经营企业可委托符合条件的第三方机构配送。探索医疗卫生机构处方信息与药品零售消费信息互联互通、实时共享，促进药品网络销售和医疗物流配送等规范发展……

（二）自2014年底至2017年，陆续成立的TD公司、TR公司、TD堂中医馆和TR中医门诊，响应国务院政策号召，落实中医药发展战略，积极探索"互联网+医疗健康"，申请获准相关《营业执照》和《医疗机构执业许可证》，尝试中医在线咨询、诊断与配售保健品与中药制剂，属于合法的新型互联网经营模式。

1. TR公司经营范围：健康咨询；化妆品；保健品；预包装食品批发、零售；商务信息咨询；计算机技术咨询、技术服务；广告设计、制作、发布、代理；软件开发；企业管理咨询；自营或代理各类商品及技术的进出口业务。成立日期：2016年10月27日；营业期限：2016年10月27日至长期。（参见证据1：2016年10月27日，N市市场和质量监督管理局颁发TR公司《营业执照》副本统一社会信用代码9*3*0*0*M**5***9N）

2. TD公司经营范围：中医科专业；内科专业；针灸专业；推拿科专业；妇产科专业；皮肤科专业；骨伤科专业；医学影像科专业；医学检验科专业；健康咨询；化妆品；保健品；预包装食品的批发及零售；国内广告的设计、制作、发布及代理；软件开发；国内其他贸易；家居服饰的设计；自营及代理各类商品及技术的进出口服务（依法须经批准的项目，经有关部门批准后方可开展经营活动）。营业期限：2014年1月24日至长期。（参见证据2：2017年2月13日，N市市场和质量监督管理局颁发的TD公司《营业执照》副本统一社会信用代码9**60**6**10**2**A）

3.《TD公司企业信息》行业门类：批发和零售业；行业代码：1785化妆品及卫生用品类。（参见证据3：国家企业信用信息公示系统，访问日期2019年11月9日）

4. TR中医门诊诊疗科目：中医科专业；内科专业；骨伤科专业；针灸科专业；推拿科专业。有效期限自2017年2月23日至2022年2月23日。（参见证据4：2017年2月23日，NG区公共卫生服务中心向TR中医门诊部颁发的《医疗机构执业许可证》）

5. TD堂中医馆诊疗科目：中医科；医学检查科；医学影像

科。有效期自2017年6月29日至2022年6月29日。（参见证据5：2017年6月29日，青山湖区卫生计划委员会向TD堂中医馆颁发的《医疗机构执业许可证》）

（三）TD堂中医馆、TR中医门诊为了适应其探索的互联网中医咨询、诊疗、配售保健品与中医制剂等业务，及时聘用了数名老中医，从事线上线下咨询、诊断与配置保健品与中医制剂活动，指导、培训相关业务人员，逐步适应新的经营模式。

1. 问：你们TD堂中医馆都有哪些医师？答：目前我们TD堂中医馆注册中医师有5名，包括在店里接诊中医师肖某、蓝某、李某丁、林某、廖某，另外顾问中医师有2名，皮某、贺某，还有兼职中医师4名，吴某乙、李某戊、吴某丙、舒某。问：你们日常对哪些人开放业务？答：我们主要有内科、针灸、妇科，对所有人开放业务。问：上述中医师是否还能坐诊其他中医馆？答：林某、廖某是长期在TD堂中医馆坐诊的，另外肖某、蓝某、李某丁一般是在TR中医门诊坐诊，偶尔也会过来TD堂。问：除了上述几名注册医师，还有没有其他医师在TD堂中医馆坐诊？答：江某丙和张某甲，他们是TR中医门诊的注册中医师，平时是在TR中医门诊坐诊，但有时也会到TD堂中医馆这里坐诊。（参见证据6：2018年6月28日10时30分至11时，Z市公安局N分局刑事侦查大队讯问证人李某庚的第二次《讯问笔录》第27卷第17页、第18页）

2. 当事人：李某庚，TD堂中医馆；对象：不同特征男性辨认相片24张；见证人：许某，身份证号5 ** 62 ** 9 ** 11 ** 0 ** 2；事由和目的：让辨认人辨别是否有TD堂中医馆中医师李某丁、蓝某、江某丙；过程和结果：……李某庚将全部照片认真看了一遍，然后指出：以上照片经我辨认，4号、19号、20号照片的人分别是李某丁、蓝某、江某丙，江某丙为TR中医门诊注册中医师，李某丁为TD堂中医馆注册中医师，上述三个中医平时都在TR中医门诊坐诊，有时也会到TD堂中医馆。（参见证据7：2018年6月28日11时22分至11时27分，Z市公安局N分局刑事侦查大队

给证人李某庚作的《辨认笔录》第27卷第29页、第30页)

3. 当事人：李某庚，TD堂中医馆；对象：不同特征女性辨认相片21张；见证人：许某，身份证号5**62**9**1**70**2；事由和目的：让辨认人辨别是否有TD堂中医馆中医师肖某、林某；过程和结果：……李某庚将全部照片认真看了一遍，然后指出：以上照片经我辨认，9号、14号照片的人分别是林某、肖某，其二人是TD堂中医馆注册中医师，肖某同时也在TR中医门诊坐诊。(参见证据8：2018年6月28日11时08分至11时13分，Z市公安局N分局刑事侦查大队给证人李某庚作的《辨认笔录》第27卷第35页)

4. 问：你（张某甲）是何时在TR中医门诊上班？答：2017年7月开始在TR中医门诊上班的……问：你主要负责哪一块的业务？答：到店问诊普遍我都可以接诊，网上微信这一块我主要是减肥一类的。问：网上微信接诊这部分工作你是否有和公司签合同？答：我刚刚来的时候就只签了一份劳动合同，合同上面并没有说明这部分工作，这个工作是到了8、9月份开始公司才安排的。问：你是否安排你的助理做网上微信接诊这块工作？答：网上微信接诊工作是公司上面安排的，当时公司只是让我给这些网上微信接诊的业务员做医学知识方面的讲解。问：你给公司做过几次培训？答：我给公司上过四次培训，一般一个员工都是培训一到两次，最近一次是在今年5月底。问：网上微信接诊的主要依据是什么？答：如果是肥胖症状的患者，网上微信接诊主要通过患者陈述自身的情况（包括身高体重等信息），并通过视频看患者的舌苔、舌质来判断患者脾胃情况确定病情。问：视频接诊是由谁来安排的？答：是由助理直接和我联系。问：你所开药的依据是什么？答：我根据公司拿过来的病历单上面记录的病例来开药……问：你所开药的药方是否根据患者实际情况来确定的？答：网上微信问诊只能通过情况确定大概的病情，然后分成四大类，通过大类开出药材，网上微信问诊不比现场问诊，不能详细到每个人的实际情况。问：如果患者初诊以后没有效果，第二次复诊时是否会用其他的药方？答：如果患者第一次服用以后复诊第二次，一般根据患者的症状，会更改成其他的药方或者更改剂型。问：同一类症状的药材种类和分量是否固定，针对不同患者是否不同？答：每一类药材的种类和分量都是固定的。问：每大类的药材是不是都是协定处方？答：是的。问：每天的病历是否是当天开方？都要经过你本人确认签名？答：是的，减肥患者的病历都是经我看完后签名然后拿去药房。问：据你们公司拿给你的“TR 中医门诊患者病历表”，在没有患者图片、没有医师助理签字的情况下填写的病历，你觉得单单这么一份“病历表”是否合理？答：确实有些不合理，这个还需要改进。问：网上微信接诊的业务员每天的工作是否要经过你把关监督？答：我只负责给他们授课医学知识，他们日常的具体工作不是由我来管理的。问：你所开药方主要是什么成分？每类药方所包含的药剂各是什么？答：这四类药方大体上的成分都相同，主要是西红花、桃仁、黄芪、白术、郁金、茯苓、砂仁等多种药材。问：据你所知，你们公司网上微信诊断的还有哪些中医师，分别负责哪些业务？答：江某丙、蓝某，主要负责男科；肖某，主要负责妇科；李某丁，主要负责肝病。问：上述医师在给网上微信诊断病历开的药方流程是怎样的？答：与我负责减肥的大概类似，也是通过业务员微信给患者记录病历，根据病历单上面的情况开药方。

N 市 TR 中医门诊消脂病历表（K ** 3 ** 1 ** 2），姓名：童某；性别：女；年龄：43 岁；婚姻：已婚；地址：Z 省；民族：汉族；身高体重：158cm/62.5kg；标准体重：53KG；现是否怀孕：否；过敏史：无；初诊：2018/5/7；复诊主诉：减重 17 斤~20 斤。

现病史：全身瘦，维持目前体重 8 年，脂肪堆积在腹部，不是特别松，有胃病，不能饿，饮食规律，零食夜宵很少碰，月经基本提前 2 天~3 天，有血块，痛经偶尔有，冬天手脚冰凉，有时有便秘现象，睡得迟，胸闷痰多没有，头发倒是挺油的，脱发有，无腰膝酸软，头晕耳鸣，舌苔偏白，齿痕，轻度脂肪肝，无疾病史和药物过敏史。既往史：无；辅助检查：无；段症症型：A（ ）B（ ）C（√）D（ ）；治疗方案：（1）消脂散（√）A（ ）B（ ）C（√）D（ ）+消脂基础粉（56）包；（2）消脂颗粒（ ）A（ ）B（ ）C（ ）D（ ）+消脂基础丸9克（ ）粒；（4）巩固治疗调理膏（ ）包；需用量：（28）天；单价：（ ）数量：（ ）总价：医师签名：张某甲2018年5月7日（参见证据9：2018年6月27日11时29分至13时32分，Z市公安局N分局刑事侦查大队给证人张某甲作的第一次《讯问笔录》第27卷第56页~第60页；参见证据10：N市TR中医门诊童某“患者”病历第26卷第28页）

5. 2015年年底，TD公司工商登记的股东变更为被告人方某乙（51%）和被告人陈某甲（49%），被告人方某乙、方某甲主要负责经营管理公司，被告人陈某甲主要负责公司技术工作和网上推广。TD公司成立后设有电销部，雇请多名业务员在网上以专家、老师的名义推销男科、丰胸、减肥等类别的保健品和中药。2016年10月，被告人方某乙、方某甲、陈某甲等人成立TR公司，法定代表人为方某丙。随后将TD公司电销部、质检部、行政部等部门搬到TR公司办公地点，继续在网上以专家、老师名义推销保健品和中药等产品。2017年2月，被告人方某乙、方某戊、陈某甲等人称投资成立TD堂中医馆和TR中医门诊，并陆续聘请数名中医师在上述两个医馆坐诊。〔参见证据11：2019年6月19日，G省Z市人民检察院（Z检诉刑诉［2019］36号）《起诉书》〕

6. 问：你（甘某）在N市TR公司内的职责？答：我在该公司的三部担任业务员，就是负责跟女性患者聊天，询问有关妇科病的问题，例如月经不调、带下病、不孕不育等，然后根据患者的情况，写在一张病历上，然后交给部门经理朱某，朱某再传送给老板司机胡某，由他将病历送往TD堂中医馆或者TR中医门诊去配药。问：你这个助理的身份是谁给的？答：公司交代我们使用肖某主任助理的身份。问：那肖某主任有亲口承认你是其助理吗？答：有。我们在公司的带领下来到TR中医门诊向在里面坐诊的肖某主任拜师，还写了拜师帖，肖某主任也亲口说了你们就是我的助理，以后要仔细认真地搜集患者的病情，以便诊断。问：肖某主任是什么人？答：是一名女医生，从南大一附医院里退休的。问：你怎么知道她是一名医生呢？答：因为公司向我们介绍了她是一名医生。问：她是否授权你用她助理的名义去跟那些客户聊天并推销中药？答：没有。这个身份是公司给我们的。（参见证据12：2018年6月20日15时28分至17时19分，Z市公安局N分局环城派出所给被告人甘某作的第三次讯问笔录第12卷第19页~第21页）

7. 问：你们公司三个部门的员工是以什么身份和客户交流的？答：是以TR中医门诊医生助理的身份和客户交流的。问：你们公司三个部门的员工是否都是TR中医门诊医生的助理？答：都是，他们都拜TR中医门诊医生为师，每个员工都要去TR中医门诊培训一个星期，如果不合格还要继续培训，直到合格才可以拜中医门诊里的医生为师，所以他们都算是中医门诊里的医生助理。问：培训的内容是什么？答：教员工怎样回答客户的问题。问：那中医馆里的医生是否有证明你们电销部的员工是他们的助理？答：只有拜师帖。问：这些药是何人配制的？答：都是TR中医门诊里面的五位医生配制的。问：药品的药价是怎样定的你知道吗？药品的成本价多少你是否清楚？答：都是医生定的，价格由2000元至20 000元不等。成本价格我不清楚。（参见证据13：2018年6月14日04时02分至05时19分，N市公安局G技术开发区分局公共信息网络安全监察大队给被告人王某作的第一次《讯问笔录》第12卷第12页、第13页）

8. 问：你们公司的业务员是以什么身份给患者客户推销产品？答：她们都是以中医师助理的身份去跟客户沟通的。问：业务员跟客户沟通的话术是谁做的？答：有一些是一线部门发给我们的，有一些是我们的员工自己做的，然后发出来给大家分享。问：你们电销部的员工是根据这些话术跟客户沟通吗？答：是的，他们会学习这些话术。问：业务员所做的病历送去哪个医馆配药？

答：都是统一送去 TR 中医门诊。问：负责配药的中医师有谁？答：江某丙、蓝某 、张某甲、肖某和李某丁。张某甲和肖某是在 TD 堂中医馆坐诊的。(参见证据 14：2018 年 6 月 21 日 15 时 23 分至 17 时 06 分，Z 市公安局 N 分局给被告人王某作的第三次《讯问笔录》第 12 卷第 18 页、第 19 页)

（四）为了适应新的经营模式，TR 公司的主要股东方某乙与 TD 堂中医馆、TR 中医门诊合作经营中医互联网创新模式过程中，聘用的客服人员（“医助”）在互联网（微信平台）解答客户、患者咨询时，因缺乏相应规范指导，而不当夸大产品性能、误导客户和患者，性质上属于行业违规，与以非法占有为目的，用虚构事实或者隐瞒真相的方法，骗取财物的诈骗犯罪行为，有本质区别。按照近日（2019 年 10 月）国务院第 66 次常务会议通过的《优化营商环境条例》，上述违规行为是企业探索新的经营模式引发的风险，即便按照行业规则或行政法规处罚，也应给予免责或者减轻责任。

1. 录音材料问：你好，我是欧阳老师，是你本人需要瘦身吗？答：欧阳老师你好！是我本人，我目前体重是 64 公斤，有点儿胖。问：先提供一下你的性别、年龄、身高。答：45 岁，身高 162，女。问：维持目前体重多长时间了？是逐年递增的体重还是胖了之后就是这个体重保持着？答：我的肉很紧，吃过减肥产品没效果，我姐吃了效果很好，我没减下来。问：现在市面上大部分的减肥产品都是大批量生产的，针对大众体质的，而我们每个人的遗传基因、生活饮食习惯都不一样，发胖的原因部位也是不一样的，必须针对个人体质来减，才会有效果的。现在脂肪主要堆积在哪个部位比较多？是松弛还是紧致的？答：是紧的，主要是腰腹部。问：平时会运动吗？工作性质是什么样的，是不是坐的时间比较长？老师给你最低价，最后三个名额，你瘦下来给老师介绍三个人。同意请回复 1（名额有限制的，以定金为准）；有疑虑要问回复 2；不想减了回复 3；三到七天见效，4 月给自己一个蜕变的机会。答：1。问：好的，现在定制方案，把你的收货地址、姓名、电话发给我，我帮你建立档案。你这边是倾向哪个方案？野生那种。原价 2560 元，现在是 2360 元。答：2000 元可以不？问：好吧，你爽快，老师也不多说，希望你瘦下去可以多多宣传。就给你算 2000 元。（参见证据 16：2018 年 8 月 3 日，被害人谭某《微信聊天记录》截屏打印件第 36 卷第 85 页～第 92 页）

2. 问：公司如何对你们进行培训的？如何培训？答：公司对我进行过两次培训，培训在公司旁边的一个地方，培训是一个张某甲医生培训，内容就是如何服用中药、注意事项、服用后的反应。（参见证据 17：2018 年 6 月 15 日 10 时 50 分至 11 时 29 分，Z 市公安局 X 分局 Q 派出所讯问被告人刘某的第二次《讯问笔录》，第二次退回补充的张某丁、黄某丙、刘某笔录及辨认卷第 64 页、第 65 页）

3. 问：你（江某甲）向客人所推销的治疗方案，每个方案的具体药物配方和价格是否事先由公司统一制定？答：价格是公司统一定好的，但药物的配方是根据患者的具体情况来制定的。问：TR 公司一共制定了多少个价格方案？答：我忘记了。问：客人选好了价格方案后，你们就按照公司给的药物配方参考表去勾选药物吗？答：选药是医生负责的，不归我们管。问：每个药物搭配的方案，是否都已经事先定好了用法用量？答：不是的，医生会根据每个客人的具体情况来制定药物的具体用法用量。（参见证据 18：2018 年 12 月 28 日 15 时 07 分至 15 时 21 分，Z 市公安局 X 分局 S 派出所讯问被告人江某甲的《补充讯问笔录》，第一次退回补充材料第 1 卷第 72 页）

4. 问：你（张某甲）知道用你的照片作为微信头像做网上问诊的医助有多少个吗？答：大概有十几个。问：医助在网上问诊过程中，要做些什么？答：按照我的要求，他们只需要在网上跟病人做问诊，了解病人的病情，然后形成病历给我看。问：医助是否能够给病人诊断病情和定药吗？答：这个是绝对不可以的。问：你是否有书面上委托医助代表你在网上问诊吗？答：医助都是经过我的培训以后再开展网上问诊工作，但是没有形成书面的委托书。问：就网上医疗来说，你说说大概的流程和你日常接诊开具药方的数量多少？答：是这样的，网上医疗这一块的工作主要是在TR中医门诊进行，我是星期一到星期五全天都在TR中医门诊坐诊，医助在网上问诊形成病历以后，就拿到医馆给我看，我看了以后，经过分析论证，再给病人断症并且拟定处方，接着由医馆的医助誊写处方笺，我确认以后就签名，然后就给医馆的药房抓药，我每天开具的处方笺的数量，我就不记得了。（参见证据19：2019年3月5日12时07分至12时34分，Z市公安局N分局讯问证人张某甲的《补充讯问笔录》，第二次退回补充材料第1卷第35页）

5. 问：医助在网上问诊过程中，要做些什么？答：据我了解，他们就是在网上跟病人做问诊，了解病人的病情，然后形成病历给我们医师看。问：医助是否能够给病人断症和定药呢？答：这个绝对不可以的。问：就网上医疗来说，你说说具体的流程和接诊开具药方的数量？答：是这样的，网上医疗这一块的工作主要是在TR中医门诊进行，我一个星期大概在TR中医门诊坐诊2天~3天，医助在网上问诊形成病历以后，就拿到医馆给我看，我看了以后，经过辨证论治，给病人断症并且拟定处方笺，然后由医馆的医助帮忙预写处方，我确认以后就签名，然后就给医馆的药房抓药。我每天开具的处方笺有时候有十几张，最多也就二三十张。问：你是否有书面上委托医助代表你在网上问诊吗？答：没有书面的委托，这是公司安排的。（参见证据20：2019年3月5日10时40分至11时15分，Z市公安局N分局讯问证人肖某的《补充讯问笔录》，第二次退回补充材料第1卷第38页）

6. 问：你（江某丙）知道用你的照片作为微信头像做网上问诊的医助有多少个吗？答：大概有十几个。问：医助在网上问诊过程中，要做些什么？答：按照我的要求，他们只需要在网上跟病人做会诊，了解病人的病情，然后形成病历给我看。问：医助是否能够给病人断症和定药呢？答：这个是绝对不可以的。问：就网上医疗来说，你说说大概的流程和你日常接诊开具药方的数量？答：是这样的，网上医疗这一块的工作主要是在TR中医门诊进行，我星期一到星期五全天都在TR中医门诊坐诊。医助在网上问诊形成病历以后，就拿到医馆给我看，我看了以后，经过分析论证，再给病人断症并且拟定处方，接着由医馆的医助预写处方笺，我确认以后就签名，然后就给医馆的药房抓药，我每天开具的处方笺数量，我都不记得了。问：你是否有书面上委托医助代表你在网上问诊吗？答：医助都是公司统一招聘回来的，经过我的培训以后再开展网上问诊工作，但是没有形成书面的委托书。（参见证据21：2019年3月5日11时19分至11时49分，Z市公安局N分局讯问证人江某丙的《补充讯问笔录》，第二次退回补充材料第1卷第41页）

7. 2019年10月，国务院第66次常务会议通过的《优化营商环境条例》第7条第3款规定，国家鼓励和支持各地区、各部门结合实际情况，在法治框架内积极探索原创性、差异化的优化营商环境具体措施；对探索中出现失误或者偏差，符合规定条件的，可以予以免责或者减轻责任。

（五）TD公司获准的经营范围包括：中医科专业、内科专业、妇产科专业、健康咨询、保健品等业务，提供国内广告的设计、制作、发布及代理，软件开发。陈某甲作为该公司股东，为TR公司提供网络广告服务和技术服务，属于正常业务行为。陈某甲并非TR公司股东，该公司客服人员（“医助”）的不当解答咨询行为与陈某甲没有法律关系，不应让其承担法律责任。

1. TD公司经营范围：中医科专业；内科专业；针灸专业；推拿科专业；妇产科专业；皮肤科专业；骨伤科专业；医学影像科；医学检验科；健康咨询；化妆品；保健品；预包装食品的批发及零售；国内广告的设计、制作、发布及代理；软件开发；国内其他贸易；家居服饰的设计；自营及代理各类商品及技术的进出口服务（依法须经批准的项目，经有关部门批准后方可开展经营活动)。营业期限：2014 年 1 月 24 日至长期。(参见证据 22：2017 年 2 月 13 日，N 市市场和质量监督管理局颁发的 TD 公司《营业执照》副本)

2. TD 公司成立时间：2014 年 1 月 24 日；股份构成：2014 年 1 月 24 日 ~ 2015 年 9 月 11 日：方某甲占股 51%，陈某甲占股 49%；2015 年 9 月 11 日，方某乙 51%，陈某甲 49%；方某乙为法定代表人、执行董事、总经理，陈某甲为监事。(参见证据 23：国家企业信用信息公示系统《TD 公司信息》，访问日期 2019 年 11 月 9 日)

3. 由被告人陈某甲在网上做推广、打广告，广告包括公司业务员的微信号。被告人陈某甲除了负责网上推广，还负责上述“Y3 系统”的技术维护。〔参见证据 10：2019 年 6 月 19 日，G 省 Z 市人民检察院（Z 检诉刑诉［2019］36 号)《起诉书》〕

4. TR 公司成立时间：2016 年 10 月 27 日；股份构成：方某丙占股 99%，陈某占股 1%；方某丙为法定代表人、董事、总经理，陈某为监事。(参见证据 24：国家企业信用信息公示系统《TR 公司》信息，访问日期 2019 年 11 月 9 日)

5. TD 堂中医公司成立时间：2017 年 2 月 13 日；股份构成：TD 公司占股 100%；方某乙为法定代表人、董事、总经理，陈某戊为监事。TD 堂中医公司《一人有限责任公司章程（不设董事会）》第四章公司注册资本，出资人的权利和义务，第 7 条规定公司出资人方某乙，出资方式为货币。(参见证据 25：国家企业信用信息公示系统《TD 堂中医公司信息》，访问日期 2019 年 11 月 9 日；TD 堂中医公司《一人有限责任公司章程》第 28 卷第 19 页)

6. 问：陈某甲跟 TR 公司是什么关系？答：他是负责帮我的公司在网上打广告推广公司产品的，我支付给他广告费。问：TR 公司为谁做线上问诊？答：TR 公司是帮 TR 中医门诊和 TD 堂中医馆做线上问诊的。问：TR 公司经营的范围是什么？答：我现在做的是网上推销男科、妇科、减肥类的中药。问：你说说 TR 公司在线上问诊的流程？答：是这样的，首先，由陈某甲在网上帮公司打广告推广，有需要的患者客户就会加我们公司的微信。加了微信以后，就由我们公司的医助跟患者沟通、了解病情。了解完病情后，就会填写一份病历。然后，病历就会送去TD堂中医馆和TR中医门诊给中医师看，中医师看了以后再开出处方，接着，由两个中医馆专门的药剂师去配药，最后，中药就从医馆发货给患者……问：疗效跟踪部与客户沟通的医助是否有接受过培训？答：有的，他们都接受过中医馆中医师的培训，中医师会教他们中医师的知识和问诊的要点。问：疗效跟踪部的员工是以谁的身份跟客户沟通？答：他们都是以中医师的医助身份跟客户沟通问诊的，这是我在公司明确规定的。问：公司除了让老中医给医助培训以外，是否还要教他们如何推销公司的产品？答：也有的，这方面由王某跟他们讲。主要就是讲销售方面的知识。问：你们公司在推销中药产品过程中是否夸大药品的功效？答：我规定是不允许的。问：TR中医门诊和TD堂中医馆有哪些中医师？答：TR中医门诊有江某丙、蓝某，他们两个都是负责看男科的。TD堂中医馆肖某（妇科），张某甲（减肥），李某丁（肝病），还有几个中医师，我不记得名字了……问：负责网上问诊的医助是否可以帮患者客户判断症状和确定药方？答：不可以的。问：线上问诊后配给患者客户的中药是中医师配的吗？答：由中医师开具处方，由中药剂师配药。（参见证据26：2018年6月25日17时25分至19时03分，Z市公安局N分局给被告人方某乙作的第一次《讯问笔录》第1卷第10页~第13页）

7. 问：TD公司是否也在网上卖过中药或者保健品？答：没有。问：陈某甲负责帮公司在网上打广告，你给他多少钱？答：今年以来，我给过他两百多万。问：公司在网上问诊以来，有给股东和陈某甲利润分红吗？答：没有。（参见证据27：2018年9月14日10时49分至11时22分，Z市公安局N分局给被告人方某乙作的第五次《讯问笔录）第1卷第35页~第37页）

8. 问：TR公司在做网上问诊的服务吗？答：是的，而且TD

公司也做，两个公司旗下都开了中医馆，我二哥方某乙就开始在网上问诊，大概的流程就是中医馆聘请中医师回来坐诊，公司负责在网上打广告，请一些业务员回来负责在线上帮中医师收集病情，然后形成病历交给老中医看，最后，由老中医给患者配药。后来，我觉得这个理念挺好的，于是，我就把TD堂中医馆线上问诊的业务给我二哥做，主要做妇科这方面的。问：TR中医门诊和TD堂中医馆有哪些中医师？答：我们请的中医师都是为这两个中医馆服务的，有江某丙、肖某、张某甲、李某丁，还有三四个，我叫不出名字。问：负责网上问诊的业务员是否具备相关专业知识？答：老中医会跟他们讲中医的知识和问诊的要点，培训一个星期左右，然后才可以上岗工作。中医师助理只是负责在网上帮老中医收集病历，他们不具备医师行医资格。问：业务员是否可以为客户开药？答：不可以的。问：业务员在网上给客户问诊，都是以中医师助理的身份去跟客户问诊吗？答：是的。问：线上问诊后配给患者客户的中药是中医师配的吗？答：由中医师开具处方，由中药剂师配药。问：陈某甲是负责做什么工作的？答：他负责帮这两家中医馆在网上打广告。（参见证据28：2018年6月22日15时12分至16时39分，Z市公安局N分局给被告人方某甲作的第三次《讯问笔录》第2卷第18页~第20页）

9. 问：你（陈某甲）在TD堂中医馆具体负责什么工作？答：我负责在网上打广告帮公司做推广。问：你们的广告内容是什么？答：大概就是讲一些成功的案例，介绍我们中医馆有专业的医师，治疗效果比较好，同时，广告也会附上微信二维码，有需要的患者客户就可以加微信了解我们的中医药。问：客户加了微信以后，由谁来负责跟客户沟通？答：是公司的医助。问：你说说你所在公司的人员架构？答：公司的老板是方某乙，我是负责推广的，其他的部门我不清楚。问：你知道公司是如何销售中药的吗？答：我不太了解，我只知道客户加了微信以后，由医师助理跟客户沟通，至于他们具体怎么沟通的，我就不清楚了。中药是TD堂中医馆的中医师负责配制的。（参见证据29：2018年6月14日04时

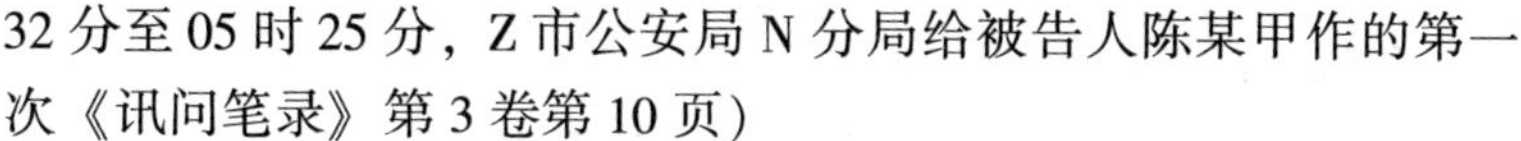

32 分至 05 时 25 分，Z 市公安局 N 分局给被告人陈某甲作的第一次《讯问笔录》第 3 卷第 10 页）

四、专家论证结论

（一）TD 公司、TR 公司、TD 堂中医馆、TR 中医门诊在其申请获准的经营范围内，按照 2015 年 7 月国务院发布的《关于积极推进“互联网+”行动的指导意见》、2016 年 2 月国务院发布的《中医药发展战略规划纲要 2016—2030 年》等相关规范性文件要求，积极探索尝试中医在线咨询、诊断与配售保健品与中药制剂的互联网经营模式。2018 年 4 月，该经营模式进一步被国务院办公厅发布的《关于促进“互联网+医疗健康”发展的意见》确认，属于互联网创新企业经营。

（二）TR 公司聘用的客服人员（“医助”）在互联网（微信平台）解答客户咨询时，因缺乏相应规范指导，而不当夸大产品性能、误导客户和患者，性质上属于行业违规，与以非法占有为目的，用虚构事实或者隐瞒真相的方法，骗取财物的诈骗犯罪行为，有本质区别。按照近日（2019 年 10 月）国务院第 66 次常务会议通过的《优化营商环境条例》的规定，上述违规行为是企业探索新的经营模式引发的风险，即便按照行业规则或行政法规处罚，也应给予免责或者减轻责任。

（三）TD 公司获准的经营范围包括：中医科专业、内科专业、妇产科专业、健康咨询、保健品等业务；提供国内广告的设计、制作、发布及代理，软件开发。陈某甲作为该公司股东，为 TR 公司提供网络广告和网络技术服务，属于正当、合法业务行为。TR 公司客服人员（“医助”）的不当经营行为，与陈某甲没有法律关系，不应让其承担责任。

争议焦点与评述

争议焦点	
事实问题	TD 公司、TR 公司、TD 堂中医馆和 TR 中医门诊经营模式是合法还是非法？
专家意见	TD 公司、TR 公司、TD 堂中医馆、TR 中医门诊在其申请获准的经营范围内，按照国务院《关于积极推进“互联网+”行动的指导意见》和《中医药发展战略规划纲要 2016—2030 年》等相关规范性文件要求，积极探索尝试中医在线咨询、诊断与配售保健品与中药制剂的互联网经营模式。2018 年 4 月，该经营模式进一步被国务院办公厅发布的《关于促进“互联网+医疗健康”发展的意见》确认，属于互联网创新企业经营。 公司在解答客户、患者咨询时，因缺乏相应规范指导，而不当夸大产品性能、误导客户和患者，性质上属于行业违规，与以非法占有为目的，用虚构事实或者隐瞒真相的方法，骗取财物的诈骗犯罪行为，有本质区别。上述违规行为是企业探索新的经营模式引发的风险，即便按照行业规则或行政法规处罚，也应给予免责或者减轻责任。
评述	改革开放 40 多年来的实践，其实就是摸着石头过河与顶层设计相结合的过程。发展社会主义市场经济，只能通过实践、认识、再实践、再认识的反复过程，逐步取得规律性认识。TD 公司、TR 公司、TD 堂中医馆、TR 中医门诊按照国务院相关文件的要求，发展“互联网+”医疗服务，申请获准相关营业执照和许可证。从主体的资格来看，其从业符合相关规定。但是，其在发展过程中，既无相应的规范予以规制，也无相关的部门给予指导，导致其行为违规。
事实问题	陈某甲的行为如何定性？
专家意见	TD 公司获准的经营范围包括：中医科专业、内科专业、妇产科专业、健康咨询、保健品等业务；提供国内广告的设计、制作、发布及代理，软件开发。陈某甲作为该公司股东，为 TR 公司提供网络广告和网络技术服务，属于正当、合法业务行为。TR 公司客服人员的不当经营行为，与陈某甲没有法律关系，不应让其承担责任。

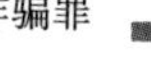

续表

争议焦点	
评述	对于公司的行业违规行为，法定代表人应当承担相应的责任。陈某甲作为公司的股东只提供技术上的支持，其不是公司的法定代表人。但如果有证据证明陈某甲明知其提供的技术能帮助 TR 公司进行不当的经营行为，则陈某甲的提供行为应当认定为非法。

第二编
职务犯罪类疑难案件论证

论证案件一

吴某等人涉嫌贿赂、高利转贷等犯罪

一、咨询会参考的有关证据材料

（一）吴某发给沙某的对账邮件（付款明细表与收款明细表），以及相关法律公证书；

（二）吴某 HS 银行 AQ 支行个人账户明细；

（三）DL 公司 HS 银行账户明细；

（四）吴某亲笔记录大量涉嫌犯罪行为内容的笔记本；

（五）吴某手机（1 * 96 * 1 ** 9 * 8）发给举报人杨某手机（13 ** 5 * 08 *** 1）的短信；

（六）杨某支付吴某高利转贷利息的电汇凭条；

（七）DL 公司，于 2011 年 10 月 4 日，出具的有关吴某高利转贷事实的书面证明；

（八）ARQ 公司有关账户明细；

（九）AGW 公司 1 ** 1 * 0 ** 2 ** 00 ** 1 ** 89 号银行账户明细，以及该公司 2012 年 6 月 30 日出具的《说明》；

（十）AXF 公司 HS 银行 AQ 支行账户明细。

二、背景资料

本案举报人杨某介绍：作为 A 省林业产业化龙头企业 ARQ 公司（以下称“ARQ 公司”）法定代表人及 A 省 RS 公司（以下称

"RS公司"）的大股东，为了响应大力发展林业产业的号召，改造、扩大原有林地规模，自2008年年底开始，她向HS银行H分行申请贷款。经朋友介绍认识了该行AQ支行原行长吴某。吴某谎称准备给公司综合授信，安排银行信贷员黎某，对举报人的家庭、公司资产及经营状况，进行了详细调查。调查结果：举报人在H拥有8套别墅，多个商铺，两个公司。名下有将近40 000 000平方米林地的林权证，资产状况良好，完全具备偿债能力。但直至2010年10月前，吴某均以举报人所在公司不符合该行风险评估标准，以及领导不同意等理由，拖延公司的贷款申请。此间，吴某主动向举报人提出：一边为其继续申请贷款，一边由他借款给举报人，但需要支付月息3%~4%。无奈，举报人只能听从吴某的安排，吴某用这种方式，在2009年4月至2010年年底间，共向杨某转贷款3800多万元，非法获取高额"利息"400余万元。

三、专家意见

根据现有证据、举报人及其委托律师对案件背景的介绍，专家对吴某等人行为，所涉及的定罪与量刑方面充分讨论后，形成如下意见。

（一）有关定罪的法律意见

1. 吴某涉及犯罪时的主体身份及罪名

【主体身份】

本案中，吴某涉及的犯罪行为，均在其担任HS银行AQ支行行长期间发生。吴某当时的身份，直接影响其涉嫌犯罪的罪名认定。HS银行是近年银行改制过程中新成立的地方性银行。

最高人民法院、最高人民检察院《关于办理国家出资企业中职务犯罪案件具体应用法律若干问题的意见》（法发〔2010〕49号）第6条规定，经国家机关、国有公司、企业、事业单位提名、推荐、任命、批准等，在国有控股、参股公司及其分支机构中从事公务的人员，应当认定为国家工作人员。具体的任命机构和程序，不影响国家工作人员的认定。经国家出资企业中负有管理、监督国有资产职责的组织批准或者研究决定，代表其在国有控股、参股公司及其分支机构中从事组织、领导、监督、经营、管理工作的人员，应当认定为国家工作人员。国家出资企业中的国家工作人员，在国家出资企业中持有个人股份或者同时接受非国有股东委托的，不影响其国家工作人员身份的认定。

根据上述规定，确定吴某是否为国家工作人员的首要问题是，其所在的银行是否属于国家控股或参股（银行）公司的分支机构。另一问题是，吴某担任 HS 银行 AQ 支行行长职务，是否经过“负有管理、监督国有资产职责的组织”（银行监督管理局，以下简称银监局）批准或决定。

如果 HS 银行是国有控股或参股的非国有金融机构，且吴某担任支行行长是经过银监局批准或决定的，则吴某的身份为“国家工作人员”；如果 HS 银行不是国有控股或参股的非国有金融机构，或吴某担任支行行长并未经过银监局批准或决定。那么，吴某在其担任支行行长期间涉及犯罪的主体身份，均非国家工作人员。

【罪名】

吴某在其担任支行行长期间，其行为一旦违反《刑法》第 184 条第 1 款（银行或者其他金融机构的工作人员在金融业务活动中索取他人财物或者非法收受他人财物，为他人谋取利益的，或者违反国家规定，收受各种名义的回扣、手续费，归个人所有），所涉及的罪名就应依其身份而进一步确定：（1）如果其身份为非国家工作人员，则应依照《刑法》第 163 条规定（公司、企业或者其他单位的工作人员，利用职务上的便利，索取他人财物或者非法收受他人财物，为他人谋取利益），认定为非国家工作人员受贿罪。（2）如果其身份为国家工作人员，则符合第 184 条第 2 款规定，国有金融机构委派到非国有金融机构（HS 银行 AQ 支行）从事公务的人员，依照《刑法》第 385 条、第 386 条的规定，按照国家工作人员受贿罪处罚。

专家建议，为了准确把握吴某涉嫌犯罪时的主体身份，需解决两个问题：（1）调取吴某原先所属的 HS 银行有关登记资料，核实该金融机构是否为国有控股、参股银行，或国家出资银行。(2) 调取吴某被任命为 HS 银行 AQ 支行行长的批准文件，核实吴某担任 HS 银行 AQ 支行行长职务时，是否事先经过 A 省银监局批准或决定。

2. 吴某涉及的犯罪行为及其罪名

（1）涉及 200 万元贷款的犯罪行为及其罪名

【犯罪行为】

吴某利用 HS 银行 AQ 支行行长职务之便，为其表姐缪某任法人代表的 AGW 公司（以下称“AGW 公司”），提供该支行贷款 200 万元（期限自 2009 年 3 月 21 日至 2010 年 3 月 20 日）。2009 年 4 月 2 日，缪某从 200 万元贷款扣除 12 万元算作利息后，将剩下的 188 万元，高利转贷给举报人所在的 A 省 RS 公司 2 个月。(参见 AGW 公司 1 ** 1 * 0 ** 2 ** 00 ** 1 ** 89 号银行账户，2009 年 3 月 31 日、4 月 2 日，明细记录；2012 年 2 月 1 日，经 H 公证处公证的，吴某发给杨某会计沙某对账邮件中的《付款明细表》《收款明细表》正数第一行)

2009 年 4 月 9 日，缪某将 40 万元转账至吴某个人账户。(参见 AGW 公司在 HS 银行 AQ 支行账户明细；吴某 HS 银行 AQ 支行卡号为 6 ** 87 ** 0 ** 000 ** 7 ** 2 工资卡账户明细)

2009 年 6 月 2 日，杨某按照吴某要求，将 200 万元支付给缪某。(参见上述《收款明细表》正数第一行；AGW 公司 2012 年 6 月 30 日出具的《说明》)

【罪名】

其一，（非国家工作人员）受贿罪、行贿（非国家工作人员）罪。吴某作为银行工作人员，在（贷款、资金转账等）金融业务活动中，索取财物或者非法收受（缪某）财物（40 万元），为缪某谋取两项利益：一是，为缪某的 AGW 公司发放为期一年（2009 年 3 月 21 日至 2010 年 3 月 20 日）的 200 万元贷款；二是，为缪某 AGW 公司物色高利转贷对象（RS 公司），帮助缪某非法获取 ARQ 公司 12 万元高额利息。吴某索取或者非法收受缪某财物的情形是：为了回报吴某，缪某于 2009 年 4 月 9 日，将 40 万元转至吴某个人账户。其中，包含了吴某让缪某预先从 200 万元贷款中扣除的 12 万元利息，该利息是吴某承诺帮助缪某从 ARQ 公司获取的非法利益。

吴某的上述行为已经符合《刑法》第 184 条规定的犯罪特征，即银行或者其他金融机构的工作人员在金融业务活动中索取他人财物或者非法收受他人财物，为他人谋取利益的，或者违反国家规定，收受各种名义的回扣、手续费，归个人所有，应当依据第 163 条或第 385 条，认定为“非国家工作人员受贿罪”或“受贿罪”。

最高人民法院《关于办理违反公司法受贿、侵占、挪用等刑事案件适用法律若干问题的解释》规定，索取或者收受贿赂 5000 元至 20 000 元以上的，属于“数额较大”；索取或者收受贿赂 100 000 元以上的，属于“数额巨大”。可见，即便吴某为非国家工作人员，因其收受贿赂 40 万元，属于“数额巨大”，完全满足《刑法》第 163 条所要求的“数额较大”条件。

缪某及其 AGW 公司非法谋取（12 万元）不正当利益后，行贿吴某的犯罪行为，已经触犯《刑法》第 164 条或第 389 条的规定，为谋取不正当利益（高额转贷获得的 12 万元利息），给予国家工作人员（或非国家工作人员）吴某（40 万元）财物，构成（单位与个人）行贿罪（或行贿非国家工作人员罪）。

值得注意的是，缪某向吴某行贿 40 万元的时间，是 2009 年 4 月 9 日；杨某支付缪某 200 万元（本金 188 万元、利息 12 万元）的时间，是 2009 年 6 月 2 日。吴某收受 40 万元后，双方的贿赂行为已经完成。缪某于 2009 年 4 月 2 日从 200 万元贷款中扣除的 12 万元，即便被其认为是高利转贷给杨某而预收的利息，因该 12 万元所有权一直为缪某拥有，没有发生变化，故 40 万元贿赂款中的 12 万元与另外 28 万元性质上是一样的，即缪某 AGW 公司的财产。

其二，高利转贷罪。缪某的 AGW 公司获取银行 200 万元贷款后，违背申请贷款用途，在吴某的唆使下，非法将其中的 188 万元，转贷给杨某的 ARQ 公司 2 个月，非法谋取 12 万元高额利息。吴某与缪某及其 AGW 公司的行为已经符合《刑法》第 175 条“高利转贷罪”特征：以转贷（188 万元）牟利（12 万元）为目的，套取金融机构（200 万元）信贷资金后，高利转贷给 RS 公司。由于吴某具有教唆缪某与其共同实施高利转贷的犯罪行为，根据《刑法》第 25 条、第 26 条、第 29 条规定，吴某、缪某及其 AGW 公司构成高利转贷共同犯罪行为特征。其中，因吴某具有教唆缪某实施高利转贷的行为，故应当认定吴某为主犯；缪某及其 AGW 公司为从犯。

专家建议：指控吴某非法收受缪某的 AGW 公司 40 万元，为国家或非国家工作人员受贿罪；指控缪某及其 AGW 公司行贿吴某 40 万元为行贿（国家或非国家工作人员）罪；指控吴某、缪某及其 AGW 公司为高利转贷（188 万元，违法所得 12 万元）共同犯罪，且吴某为主犯。

（2）涉及 170 万元贷款的犯罪行为及其罪名

【犯罪行为】

2010 年 9 月 14 日，吴某利用其行长职权，批准 AXF 公司从该行取得 500 万元贷款（期限为 2010 年 9 月 14 日至 2011 年 8 月 22 日）。2010 年 9 月 14 日，HS 银行放款中心向 AXF 公司投放 500 万元贷款之前，AXF 公司在该行放款账户上的存款仅为 30 078. 74 元。贷款 500 万元后，该账户余款为 5 030 078. 74 元。(参见 AXF 公司 HS 银行账号为 1 ** 1 ** 1 ** 1 ** 01 ** 872 账户活期明细第 126 页倒数第 9 笔、第 12 笔)

2010 年 9 月 17 日，受吴某唆使，AXF 公司将贷款中的 170 万元，转至 DL 公司 AQ 支行账户。此前，DL 公司该账户上仅存 294 034 元。接受“AXF 公司” 170 万元贷款后，该账户款项为 1 994 034 元。（参见 DL 公司 HS 银行账号为 1 ** 1 ** 1021 ** 02

** 258 账户活期明细第 4 页正数第 9 笔、第 10 笔）

2010 年 9 月 17 日，DL 公司将上述账户上的 181 万元（包括 170 万元贷款，以及多向吴某支付的 11 万元），转账给吴某 HS 银行工资卡账户（余款 382 758. 5 万元）后，吴某该账户上共计存款 2 192 785. 5 元。当日，吴某从该账户上分四次，将上述 170 万元贷款，支付给缪某账户（参见吴某 HS 银行工资卡账户明细第 34 页、第 35 页）。

2010 年 9 月 19 日，缪某分两笔（181. 24 万元、20 万元）共计 201. 24 万元（包括上述 170 万元贷款，以及多向吴某支付的 31. 24 万元），转账到吴某的 HS 银行工资卡中。此时，吴某该账户上存款为 2 273 730. 5 元（包括上述 170 万元贷款）。当日，吴某分三笔将其中 150 万元（截留下 20 万元贷款），汇入田某 6 ** 87 ** 91 ** 0 ** 8 ** 86 账户。同日，吴某向杨某声称：替她偿还了之前欠田某的 150 万元借款，并要求杨某于 3 个月后支付其 18 万元的高额利息。（参见吴某 HS 银行工资卡账户明细第 34 页、第 35 页；吴某手机 13 ** 5 ** 6 ** 8，分别于 2010 年 12 月 17 日、20 日、21 日，发给杨某手机 13 ** 5 ** 8 ** 1 的四条短信记录）

2010 年 12 月 21 日，杨某通过 HS 银行 H 分行营业部，向吴某电汇两笔共计 18 万元利息。（参见 2012 年 2 月 1 日，经 H 公证处公证的，吴某发给杨某会计沙某对账邮件中的《收款明细表》第 34 页、第 35 页，倒数第 4 笔、第 5 笔记录；杨某电汇吴某的银行凭条 2 份。）

【罪名】

其一，高利转贷罪。吴某利用职权，唆使 AXF 公司套取其所在 HS 银行 500 万元贷款后，将其中的 170 万元贷款，分别转账至 DL 公司、缪某、吴某以及田某等账户后，截留其中 20 万元贷款，最终将 150 万贷款高利转贷给杨某。3 个月后，吴某非法索取了杨某高额利息 18 万元。

吴某的上述行为已经符合《刑法》第 175 条高利转贷罪的行

为特征，即以转贷牟利（18 万元）为目的，套取金融机构（170 万元）信贷资金高利转贷（ARQ 公司）他人。同时，吴某还教唆 AXF 公司、DL 公司、缪某、田某等单位、个人，共同参与其策划的高利转贷行为，符合《刑法》第 25 条、第 26 条、第 29 条规定的共同犯罪行为特征。其中，吴某为主犯，实施了（教唆型）高利转贷罪的主要犯罪行为，其他单位或个人为从犯，在吴某的唆使下，实施了高利转贷次要犯罪行为。

其二，（非国家工作人员）受贿罪、行贿（非国家工作人员）罪。从客观方面看，吴某利用银行职权便利，为 AXF 公司谋取了两项利益：一是提供了 500 万元贷款（期限自 2010 年 9 月 14 日至 2011 年 8 月 22 日）；二是将其中 170 万元抽取出来，通过多次转账方式躲避监管，最终将其中的 150 万元，短期（3 个月）转贷给 ARQ 公司，获取 18 万元高额利息。作为回报，AXF 公司除了默许或授意吴某，从 170 万元贷款中截留 20 万元，还将剩下的 150 万元高利转贷 3 个月后的 18 万元利息，“拱手相让”给吴某。可见，吴某在发放 AXF 公司 500 万元贷款过程中，共计从 AXF 公司获得 38 万元（20 万元贷款以及 18 万元利息）。

170 万元贷款的所有人是陈某的 AXF 公司。吴某截留 20 万元后，将 150 万元贷款转给田某，转贷给杨某，不能改变 AXF 公司对 18 万元利息的拥有权（即便是后来被认定为非法的）。因此，吴某收受 18 万元后，应当及时转交给陈某，否则便相当于变相从 AXF 公司索取“好处费”。吴某的笔记本上已清楚表明：将陈某 170 万元中 150 万元贷款转贷给杨某 3 个月，将 18 万元利息据为己有。其行为已经触犯了《刑法》第 184 条、第 385 条、第 386 条有关规定，构成（非国家工作人员）受贿罪。

同样，陈某及其 AXF 公司涉及向吴某行贿 38 万元（20 万元贷款以及 18 万元利息），其行为符合《刑法》第 164 条或第 389 条规定，为谋取不正当利益（500 万元贷款以及 18 万元利息），给予国家工作人员或非国家工作人员吴某（38 万元）以财物，构成（单位及个人）行贿（非国家工作人员）罪。

其三，受贿罪、行贿罪以及高利转贷罪。上述 DL 公司以及缪某，在为吴某转账过程中，还分别额外向吴某个人账户上多支付了 11 万元、31.24 万元（共计 42.24 万元）。吴某收受的 42.24 万元，因其来源不同而涉及不同罪名：

吴某收受的 42.24 万元，如果是其利用职权为 DL 公司和缪某的 AGW 公司办理贷款业务的“好处费”，则构成（国家或非国家工作人员）受贿罪；DL 公司以及缪某如果谋取了不正当利益，则构成对非国家人员行贿罪。

吴某收受的 42.24 万元，如果是高利转贷款后的非法利息，那么，除了吴某涉及（非国家工作人员）受贿罪，DL 公司与 AGW 公司及其法定代表人涉及行贿（非国家工作人员）罪，吴某、DL 公司与 AGW 公司及其法定代表人，还涉及高利转贷共同犯罪。具体理由，参见上述吴某伙同缪某的 AGW 公司共同高利转贷 188 万元，以及 170 万元高利转贷后，吴某收受 AXF 公司的贿赂。

（3）涉及 230 万元高利转借的犯罪行为及罪名

【犯罪行为】

2010 年 9 月 8 日，吴某唆使 DL 公司高利转借给杨某的 ARQ 公司 230 万元后，于 2010 年 12 月 9 日，向 ARQ 公司索取高额利息 27.6 万元。（参见 DL 公司 HS 银行账号为 10 ** 70 ** 2 ** 00 ** 4 ** 8 账户明细第 3 页；DL 公司 2011 年 10 月 14 日出具的《证明》；吴某 HS 银行 AQ 支行卡号为 6 ** 87 ** 01 ** 0 ** 7 ** 12 工资卡账户明细倒数第 4 笔；吴某发给杨某催要 230 万元利息 27.6 万元的短信照片；杨某支付 27.6 万元利息的银行凭证；吴某发给杨某会计沙某的对账邮件中的《付款明细表》《收款明细表》）

【罪名】

其一，（非国家工作人员）受贿罪、行贿（非国家工作人员）罪。目前证据虽然不能直接证明 230 万元借款，来源于吴某利用职权，帮助陈某取得的贷款，但是，吴某的笔记本十分清楚地将其记录在AXF公司陈某名下，且与前述170万元贷款，记录在同一处。由此，可间接证明230万元也是贷款。

故吴某所收取的27.6万元利息，系陈某AXF公司的贿赂款。吴某无论是主动索取，还是被动接受上述高额利息，都符合《刑法》第184条的规定，在金融业务活动中索取他人财物或者非法收受他人财物，为他人谋取利益的，或者违反国家规定，收受各种名义的回扣、手续费，归个人所有的行为特征，构成（非国家工作人员）受贿罪。

同样，陈某及其AXF公司也可能涉及行贿（非国家工作人员）罪。根据《刑法》第389条规定，AXF公司及陈某，如果是被吴某勒索后不得不让其收取利息，且没有谋取非法利益，则不构成行贿罪；如果是主动授意或默许吴某收取利息的话，则应当追究其行贿罪责任。

其二，高利转贷罪。如果230万元款项源于贷款，则吴某、陈某及其AXF公司涉及高利转贷共同犯罪。具体理由同前。

专家建议：进一步调查，吴某通过多次转账（过账）方式，转借给杨某230万元款项的准确来源，进一步落实这一重要线索；进一步调查DL公司以及缪某支付给吴某的上述两笔款项（11万元、31.24万元），与其利用职权的关系，以及与银行贷款的关系。

(4) 涉及其他类似款项犯罪行为及其罪名

举报人杨某提交给H市G区公安分局，由吴某亲笔书写的笔记本，吴某发给沙某对账明细邮件、吴某工资账单、多家公司账单明细等，均记录了与上述高利转贷、贿赂等犯罪行为十分类似的大量内容。据此，专家一致认为：上述证据材料是证明吴某多起犯罪行为非常关键的证据，办案机关有必要以此为线索，进一步收集吴某的其他犯罪行为。

在吴某亲笔记录的笔记本上可以看出：自2008年以来，吴某利用其职务之便，将多笔贷款以高利转贷形式，非法谋取巨额利益；同时，以收取高额利息形式，隐蔽其大量收受贿赂的犯罪行为。

现有证据表明：吴某HS银行AQ支行的工资卡，显示其收入、支出明显超过合法收入，且差额巨大。根据《刑法》第395条，如果能够确定吴某身份为国家工作人员，则可以责令吴某说明其巨额财产来源，不能说明来源的，差额部分以非法所得论，追究巨额财产来源不明罪。

总体上看，吴某主要以如下四种方式收受贿赂：方式一，先受贿，再转贷款谋取高额利息（如，收取缪某40万元）；方式二，先转贷款非法获利，再以非法占有或收取转贷后的高额利息，不转交（如，收取AXF公司陈某的18万、27.6万元利息）；方式三，在多次转账过程中，接受对方附加的款项（如，DL公司与缪某分别多转账11万元、31.24万元）；方式四，本人参与转账的过程中截留款项（如，截留170万元贷款中的20万元）。

（二）有关量刑的法律意见

吴某如果能被确认为金融机构的国家工作人员，利用职权，组织、教唆多人、多次实施数额巨大的高利转贷，以及贿赂犯罪行为，为了躲避银行监管，以多次转账方式掩盖其犯罪行为。其行为严重扰乱国家金融秩序，损害国家工作人员的职务廉洁，主观恶性极大，应当从重处罚。同时，还应当进一步查清吴某涉及的其他受贿、高利转贷、巨额财产来源不明等罪行，依法数罪并罚。

（三）有关本案的程序性法律问题

鉴于吴某涉及多起犯罪行为，且均与其牟取非法利益有关，根据《刑事诉讼法》有关规定，专家建议：1. 继续羁押吴某，不应解除或变更逮捕强制措施；2. 尽快采取搜查、扣押、查封、查询、冻结等措施，收集、保全证据，防止其转移赃款赃物。

附：《高利转贷过程中贿赂应如何定性?》

高利转贷过程中实施贿赂应如何定性?〔1〕

案情简介

2008年年底，某生态林业公司（以下称“林业公司”）向某商业银行支行（以下称“商业支行”）申请贷款时，该商业支行行长吴某向林业公司提出，一边为其继续申请贷款，一边由他从其他途径借款给杨某，但需要支付3%~4%月息。林业公司只好听从吴某的安排。

2009年3月，吴某利用职务之便，安排某园林商贸有限公司（以下称园林公司），在该支行贷款200万元，期限为2009年3月21日至2010年3月20日。2009年4月2日，园林公司将200万元贷款中的188万元，转给林业公司。2009年4月9日，园林公司将40万元转账至吴某个人账户。2009年6月2日，林业公司按照吴某要求，将200万元（包括188万元本金与12万元利息）支付给园林公司。

分歧意见

在审查起诉过程中，对于吴某与园林公司犯罪行为的认定，有以下四种不同意见。

第一种意见认为，吴某与园林公司共同构成高利转贷罪，其中，吴某为高利转贷罪的主犯，园林公司为高利转贷罪的从犯。理由是吴某伙同园林公司，以转贷牟利为目的，套取金融机构信贷资金，高利转贷他人，违法所得数额较大，触犯了《刑法》第175条的规定。在高利转贷过程中，吴某起主要作用，园林公司

〔1〕参见张品泽、孔萌萌：《高利转贷过程中实施贿赂应如何定性》，载《人民检察》2013年第5期。

起次要作用。

第二种意见认为，吴某构成非国家工作人员受贿罪，理由是吴某作为商业银行工作人员，在（贷款、资金转账等）金融业务活动中，索取财物或者非法收受园林公司的财物，为其谋取贷款及高额利息利益。触犯了《刑法》第 184 条的规定，据此，应按照第 163 条定为非国家工作人员受贿罪。园林公司则构成对非国家工作人员行贿罪。理由是园林公司为谋取贷款及高额利息的不正当利益，给予非国家工作人员吴某巨额财物，触犯了《刑法》第 164 条的规定，构成“对非国家工作人员行贿”的单位犯罪。

第三种意见认为，吴某既构成高利转贷罪，也构成非国家工作人员受贿罪，属于想象竞合犯，应当按照“从一重罪重处”。理由是，吴某的行为不仅触犯了《刑法》第 175 条，构成高利转贷罪，还触犯了《刑法》第 163 条，构成非国家工作人员受贿罪，但是，鉴于吴某构成上述两罪的行为是同一的，因此，应当按照想象竞合犯定罪处罚。园林公司一方面与吴某构成高利转贷罪共犯，另一方面，又构成对非国家工作人员行贿罪，但是，也应当按照想象竞合犯定罪处罚。理由是，园林公司虽然触犯了两项罪名，但也均出于同一犯罪行为，属于想象竞合犯。

第四种意见认为，首先，应当确定吴某的身份，如果为非国家工作人员，吴某构非国家工作人员受贿罪，园林公司构成对非国家工作人员行贿罪；如果为国家工作人员，吴某构成受贿罪，园林公司构成行贿罪。其次，吴某与园林公司构成高利转贷共同犯罪。最后，对吴某与园林公司应当实行数罪并罚。理由是，吴某利用银行行长职务之便，为园林公司谋取利益，非法收受园林公司财物的行为，同其参与园林公司共同实施的高利转贷行为是相互独立的；同样，园林公司为了谋取高利转贷不正当利益，行贿吴某的行为，同其参与实施高利转贷的行为也是相互独立的。

评析

笔者同意第四种意见，理由如下：

1. 吴某的身份及其对罪名的影响。本案中，吴某涉及的犯罪行为，在其担任商业支行行长期间。吴某当时的身份，直接影响其涉嫌犯罪的罪名认定。最高人民法院、最高人民检察院《关于办理国家出资企业中职务犯罪案件具体应用法律若干问题的意见》，（法发〔2010〕49号）第6条规定，经国家机关、国有公司、企业、事业单位提名、推荐、任命、批准等，在国有控股、参股公司及其分支机构中从事公务的人员，应当认定为国家工作人员。具体的任命机构和程序，不影响国家工作人员的认定。经国家出资企业中负有管理、监督国有资产职责的组织批准或者研究决定，代表其在国有控股、参股公司及其分支机构中从事组织、领导、监督、经营、管理工作的人员，应当认定为国家工作人员。国家出资企业中的国家工作人员，在国家出资企业中持有个人股份或者同时接受非国有股东委托的，不影响其国家工作人员身份的认定。据此规定，确定吴某是否为国家工作人员的首要问题是，其所在的银行是否属于国家控股或参股（银行）公司的分支机构。另一问题是，吴某担任某商业支行行长职务，是否经过"负有管理、监督国有资产职责的组织"（如，银监局）批准或决定。

如果某商业支行是国有控股或参股的非国有金融机构，且吴某担任支行行长是经过银监局批准或决定的，则吴某的身份为"国家工作人员"；如果某商业支行不是国有控股或参股的非国有金融机构，或吴某担任支行行长并未经过银监局批准或决定，那么，吴某在其担任支行行长期间涉及犯罪的主体身份，均非国家工作人员。

吴某在其担任支行行长期间，其行为一旦违反《刑法》第184条第1款（银行或者其他金融机构的工作人员在金融业务活动中索取他人财物或者非法收受他人财物，为他人谋取利益的，或者违反国家规定，收受各种名义的回扣、手续费，归个人所有)，所涉及的罪名就应依其身份而进一步确定：其一，如果其身份为非国家工作人员，则应依照《刑法》第163条的规定（公司、企业或者其他单位的工作人员，利用职务上的便利，索取他人财物或者非法收受他人财物，为他人谋取利益)，认定为非国家工作人员受贿罪。其二，如果吴某的身份为国家工作人员，则其行为符合第184条第2款的规定，国有金融机构委派到非国有金融机构（某“商业支行”）从事公务的人员，依照《刑法》第385条、第386条，按照国家工作人员受贿罪处罚。同样，园林公司行贿吴某的行为，也应随吴某上述身份不同，而分别认定为“对非国家工作人员行贿罪”或“行贿罪”。

为了准确把握吴某涉嫌犯罪时的主体身份，需解决两个问题：一是调取吴某原先所属的商业银行有关登记资料，核实该金融机构是否为国有控股、参股银行，或国家出资银行。二是调取吴某被任命为某商业支行行长的批准文件，核实吴某担任该商业支行行长职务时，是否事先经过所属银监局批准或决定。

2.“非国家工作人员受贿罪”或“受贿罪”。吴某作为银行工作人员，在（贷款、资金转账等）金融业务活动中，索取或非法收受（园林公司）财物（40万元)，为园林公司谋取两项利益：一是，为园林公司发放为期一年（2009年3月21日至2010年3月20日）的200万元贷款；二是，为园林公司物色高利转贷对象（林业公司)，并且帮助其非法获取林业公司12万元高额利息。吴某的上述行为已经触犯《刑法》第184条规定，应当依据《刑法》第163条或第385条，认定为“非国家工作人员受贿罪”或“受贿罪”。

最高人民法院《关于办理违反公司法受贿、侵占、挪用等刑事案件适用法律若干问题的解释》规定，索取或者收受贿赂5000元至20 000元以上的，属于“数额较大”。索取或者收受贿赂10万元以上的，属于“数额巨大”。可见，即便吴某为非国家工作人员，因其收受贿赂40万元，属于数额巨大，完全满足《刑法》第

163条所要求的“数额较大”条件。

3.“对非国家工作人员行贿罪”或“行贿罪”。园林公司在吴某的帮助下，获取200万元贷款后，支付吴某40万元，又转贷给林业公司，非法谋取（12万元利息）不正当利益，其行为已经触犯《刑法》第164条或第389条规定，为谋取不正当利益（12万元利息），给予国家工作人员（或非国家工作人员）吴某（40万元）财物，构成对非国家工作人员行贿罪或行贿罪。

值得注意的是，园林公司向吴某行贿40万元的时间，是2009年4月9日；林业公司支付园林公司200万元（本金188万元、利息12万元）的时间，是2009年6月2日。即便园林公司支付吴某40万元时尚未实际获取12万元非法利益，但是，该非法利益于2009年4月2日（行贿之前）转贷林业公司时，已经是可预期的，因而，园林公司行贿吴某时牟取非法利益的目的是成立的。

4.“高利转贷罪”。吴某伙同园林公司从其所在银行获取200万元贷款后，违背贷款用途，在吴某的授意下，园林公司将其中的188万元，转贷给林业公司2个月，园林公司非法获取林业公司12万元高额利息。吴某与园林公司的行为已经触犯《刑法》第175条，以转贷（188万元）牟利（12万元）为目的，套取金融机构（200万元）信贷资金后，高利转贷给林业公司。由于吴某不仅安排了园林公司从其所在银行获取200万元贷款，事先为园林公司物色林业公司为高利转贷的对象，而且还要求林业公司按期向园林公司支付12万元利息。在高利转贷过程中，吴某的主导作用十分明显。园林公司是在吴某的授意和安排下实施高利转贷行为的，根据《刑法》第25条、第26条、第29条的规定，吴某与园林公司构成高利转贷共同犯罪。尽管吴某没有直接获取林业公司支付的12万元利息，但是，吴某以获取“12万元利息”以及“一年期200万元贷款”为诱饵，怂恿、利诱园林公司参与实施高利转贷的行为特征，也十分明显，符合共同犯罪中教唆犯特征，且起主要作用，应认定为主犯；园林公司虽然获取了林业公司的12万元利息，但是，无论从犯罪意图上，还是具体行为安排上，均起次要作用，为被教唆者，是从犯，又因是单位犯罪，故应分别追究其单位及负责人的刑事责任。

5. 想象竞合犯不成立。传统的刑法原理认为，想象竞合是指行为人出于一个犯意，实施了一个犯罪行为，而同时触犯了两个以上罪名的罪数形态。〔1〕一方面，吴某的具有两个独立的犯罪意图，一是非法收受园林公司财物的意图，二是教唆园林公司参与实施高利转贷的意图。另一方面，吴某实施了两种不同的犯罪行为，一是非法收受了园林公司贿赂的行为，二是策划、教唆园林公司实施高利转贷。同样，园林公司不仅具有牟取不正当利益的意图，还具有牟利目的；不仅实施了贿赂吴某的犯罪行为，还参与实施了高利转贷的行为。因此，吴某与园林公司各自实施的两种犯罪行为均是独立的，不符合想象竞合犯特征。

此外，吴某收受园林公司40万元，远远超出园林公司从林业公司牟取的12万元利息，就此而言，吴某受贿行为、园林公司行贿行为，与二者共同实施的高利转贷行为，并不具有“同一性”。然而，刑法理论无一例外地将行为的“同一性”作为想象竞合犯成立的一个必要条件，〔2〕故本案不构成想象竞合犯。

争议焦点与评述

争议焦点	
事实问题	吴某犯罪时的主体身份及罪名。

〔1〕 参见赵秉志主编：《外国刑法原理（大陆法系）》，中国人民大学出版社2000年版，第235页。

〔2〕 参见王明辉、唐煜枫：《想象竞合犯之“同一行为”判断》，载《中国刑事法杂志》2009年第12期。

续表

争议焦点	
专家意见	【主体身份】 吴某的犯罪行为，均在其担任 HS 银行 AQ 支行行长期间。吴某当时的身份，直接影响其涉嫌犯罪的罪名认定。HS 银行是近年银行改制过程中新成立的地方性银行。确定吴某是否为国家工作人员的首要问题是，其所在的银行是否属于国家控股或参股（银行）公司的分支机构。另一问题是，吴某担任 HS 银行 AQ 支行行长职务，是否经过“负有管理、监督国有资产职责的组织”批准或决定。 如果 HS 银行是国有控股或参股的非国有金融机构，且吴某担任支行行长是经过银监局批准或决定的，则吴某的身份为“国家工作人员”；如果 HS 银行不是国有控股或参股的非国有金融机构，或吴某担任支行行长并未经过银监局批准或决定，那么，吴某在其担任支行行长期间涉及犯罪的主体身份，均为非国家工作人员。 【罪名】 （1）吴某在其担任支行行长期间，其行为一旦违反《刑法》第 184 条第 1 款（银行或者其他金融机构的工作人员在金融业务活动中索取他人财物或者非法收受他人财物，为他人谋取利益的，或者违反国家规定，收受各种名义的回扣、手续费，归个人所有），所涉及的罪名就应依其身份而进一步确定：①如果其身份为非国家工作人员，则应依照《刑法》第 163 条规定（公司、企业或者其他单位的工作人员利用职务上的便利，索取他人财物或者非法收受他人财物，为他人谋取利益），认定为非国家工作人员受贿罪。 ②如果其身份为国家工作人员，则符合第 184 条第 2 款，国有金融机构（银监局）委派到非国有金融机构（HS 银行 AQ 支行）从事公务的人员，依照《刑法》第 385 条、第 386 条，按照国家工作人员受贿罪处罚。 专家建议，为了准确把握吴某涉嫌犯罪时的主体身份，需解决两个问题：①调取吴某原先所属的 HS 银行有关登记资料，核实该金融机构是否为国有控股、参股银行，或国家出资银行。②调取吴某被任命为原 HS 银行 AQ 支行行长的批准文件，核实吴某担任 HS 银行 AQ 支行行长职务时，是否事先经过 A 省银监局批准或决定。

续表

争议焦点	
评述	最高人民法院、最高人民检察院《关于办理国家出资企业中职务犯罪案件具体应用法律若干问题的意见》第6条规定，经国家机关、国有公司、企业、事业单位提名、推荐、任命、批准等，在国有控股、参股公司及其分支机构中从事公务的人员，应当认定为国家工作人员。具体的任命机构和程序，不影响国家工作人员的认定。经国家出资企业中负有管理、监督国有资产职责的组织批准或者研究决定，代表其在国有控股、参股公司及其分支机构中从事组织、领导、监督、经营、管理工作的人员，应当认定为国家工作人员。国家出资企业中的国家工作人员，在国家出资企业中持有个人股份或者同时接受非国有股东委托的，不影响其国家工作人员身份的认定。如果能够证明吴某担任HS银行AQ支行行长是国有控股、参股银行、国家出资银行或经过A省银监局批准或决定，则吴某是国家工作人员，其行为符合贪污罪主体的构成要件。
事实问题	吴某涉及200万元贷款的罪名。
专家意见	其一，（非国家工作人员）受贿罪、行贿（非国家工作人员）罪。 缪某及其AGW公司非法谋取不正当利益后，行贿吴某的犯罪行为，已经触犯《刑法》第164条或第389条规定，为谋取不正当利益，给予国家工作人员吴某财物，构成行贿罪。 其二，高利转贷罪。缪某的AGW公司获取银行200万元贷款后，违背申请贷款用途，在吴某的唆使下，非法将其中的188万元，转贷给杨某的ARQ公司2个月，非法谋取12万元高额利息。吴某与缪某及其AGW公司的行为已经符合《刑法》第175条规定的“高利转贷罪”特征。 专家建议：指控吴某非法收受缪某的AGW公司40万元，为国家或非国家工作人员受贿罪；指控缪某及其AGW公司行贿吴某40万元为行贿罪；指控吴某、缪某及其AGW公司为高利转贷共同犯罪，且吴某为主犯，缪某及其AGW公司为从犯。

续表

争议焦点	
评述	其一，吴某作为银行工作人员，在贷款、资金转账活动中，非法收受缪某40万元，为缪某谋取两项利益：一是为缪某的AGW公司发放为期一年的200万元贷款；二是为缪某AGW公司物色高利转贷对象，帮助缪某非法获取12万元高额利息。 吴某索取或者非法收受缪某财物的情形：为了回报吴某，缪某于2009年4月9日，将40万元转至吴某个人账户。其中，包含了吴某让缪某预先从200万元贷款中扣除的12万元利息，该利息是吴某承诺帮助缪某从ARQ公司获取的非法利益。 吴某的上述行为已经符合《刑法》第184条规定的犯罪特征，即银行或者其他金融机构的工作人员在金融业务活动中索取他人财物或者非法收受他人财物，为他人谋取利益的，或者违反国家规定，收受各种名义的回扣、手续费，归个人所有，应当依据第163条或第385条，认定为"非国家工作人员受贿罪"或"受贿罪"。 最高人民法院《关于办理违反公司法受贿、侵占、挪用等刑事案件适用法律若干问题的解释》规定，索取或者收受贿赂5000元至20 000元以上的，属于"数额较大"。索取或者收受贿赂10万元以上的，属于"数额巨大"。可见，即便吴某为非国家工作人员，因其收受贿赂40万元，属于数额巨大，完全满足《刑法》第163条所要求的"数额较大"条件。 其二，吴某以转贷188万元谋取12万元为目的，套取金融机构200万元信贷资金后，高利转贷给杨某的ARQ公司。由于吴某具有教唆缪某与其共同实施高利转贷的犯罪行为，根据《刑法》第25条、第26条、第29条规定，吴某、缪某及其AGW公司构成高利转贷共同犯罪行为特征。
事实问题	吴某涉及170万元贷款的罪名。
专家意见	其一，高利转贷罪。吴某利用职权，唆使AXF公司套取其所在HS银行500万元贷款后，将其中的170万元贷款，分别转账至DL公司、缪某、吴某以及田某等账户后，截留其中20万元贷款，最终将150万贷款高利转贷给杨某。3个月后，吴某非法索取了杨某高额利息18万元。

续表

争议焦点	
	其二，（非国家工作人员）受贿罪、行贿（非国家工作人员）罪。从客观方面看，吴某利用银行职权便利，为AXF公司牟取了两项利益：一是提供了500万元贷款；二是将其中170万元抽取出来，通过多次转账方式躲避监管，将150万元短期转贷给ARQ公司，获取18万元高额利息。作为回报，AXF公司除了默许或授意吴某，从170万元贷款中截留20万元，还将剩下的150万元高利转贷3个月后的18万元利息，“拱手相让”给吴某。 其三，受贿罪、行贿罪以及高利转贷罪。DL公司以及缪某，在为吴某转账过程中，还分别额外向吴某个人账户上多支付了11万元、31.24万元。吴某收受的42.24万元，因其来源不同而涉及不同罪名： 吴某收受的42.24万元，如果是其利用职权为DL公司和缪某的AGW公司办理贷款业务的“好处费”，则构成（非国家工作人员）受贿罪；DL公司以及缪某如果谋取了不正当利益，则构成行贿（非国家工作人员）罪。 吴某收受的42.24万元，如果是高利转贷款后的非法利息，那么，除了吴某涉及（非国家工作人员）受贿罪，DL公司与AGW公司及其法定代表人涉及行贿（非国家工作人员）罪，吴某、DL公司与AGW公司及其法定代表人，还涉及高利转贷共同犯罪。具体理由，参见上述吴某伙同缪某的AGW公司共同高利转贷188万元，以及170万元高利转贷后，吴某收受AXF公司的贿赂。
评述	1. 吴某的行为已经符合《刑法》第175条高利转贷罪的行为特征，即以转贷牟利18万元为目的，套取金融机构170万元信贷资金高利转贷ARQ公司。同时，吴某还教唆AXF公司、DL公司、缪某、田某等单位、个人，共同参与其策划的高利转贷行为，符合《刑法》第25条、第26条、第29条规定的共同犯罪行为特征。其中，吴某为主犯，实施了教唆型高利转贷罪的主要犯罪行为，其他单位或个人为从犯，在吴某的唆使下，实施了高利转贷次要犯罪行为。 2. 吴某在发放AXF公司170万元贷款过程中，从AXF公司获

续表

争议焦点	
	得 38 万元，170 万元贷款的所有人是陈某的 AXF 公司。吴某截留 20 万元后，将 150 万元贷款转账给田某，转贷给杨某，不能改变 AXF 公司对 18 万元利息的拥有权。因此，吴某收受 18 万元后，应当及时转交给陈某，否则便相当于变相从 AXF 公司索取“好处费”。吴某的笔记本上已清楚表明：将陈某 170 万元中 150 万元贷款转贷给杨某 3 个月，将 18 万元利息据为己有。其行为已经触犯了《刑法》第 184 条、第 385 条、第 386 条有关规定，构成（非国家工作人员）受贿罪。同样，陈某及其 AXF 公司涉及向吴某行贿 38 万元，其行为符合《刑法》第 164 条或第 389 条规定，为牟取 170 万元贷款以及 18 万元利息的不正当利益，给予国家工作人员（或非国家工作人员）吴某 38 万元财物，构成行贿（非国家工作人员）罪。
事实问题	吴某涉及 230 万元高利转借的罪名。
专家意见	其一，（非国家）国家工作人员受贿罪、行贿（或非国家工作人员）罪。目前证据虽然不能直接证明 230 万元借款，来源于吴某利用职权，帮助陈某取得的贷款，但是，吴某的笔记本十分清楚地将其记录在 AXF 公司陈某名下，且与前述 170 万元贷款，记录在同一处。由此，可间接证明 230 万元也是贷款。 其二，高利转贷罪。如果 230 万元款项源于贷款，则吴某、陈某及其 AXF 公司涉及高利转贷共同犯罪。具体理由同前。 专家建议：进一步调查，吴某通过多次转账（过账）方式，转借给杨某 230 万元款项的准确来源，进一步落实这一重要线索；进一步调查 DL 公司以及缪某支付给吴某的上述两笔款项（11 万元、31.24 万元），与其利用职权的关系，以及与银行贷款的关系。
评述	2010 年 9 月 8 日，吴某唆使 DL 公司高利转借给杨某的 ARQ 公司 230 万元后，于 2010 年 12 月 9 日，向 ARQ 公司索取高额利息 27.6 万元。吴某所收取的 27.6 万元利息，系陈某 AXF 公司的贿赂款。吴某无论是主动索取，还是被动接受上述

续表

争议焦点	
	高额利息，都符合《刑法》第 184 条、第 385 条的规定，在金融业务活动中索取他人财物或者非法收受他人财物，为他人谋取利益的，或者违反国家规定，收受各种名义的回扣、手续费，归个人所有的行为特征，构成（非国家工作人员）受贿罪。陈某及其 AXF 公司也可能涉及行贿（非国家工作人员）罪。根据《刑法》第 389 条规定，“AXF 公司”及陈某，如果是被吴某勒索后不得不让其收取利息，且没有牟取非法利益，则不构成行贿罪；如果是主动授意或默许吴某收取利息的话，则应当追究其行贿罪责任。
事实问题	吴某涉及其他类似款项的罪名。
专家意见	举报人杨某提交给 H 市 G 区公安分局，由吴某亲笔书写的笔记本，吴某发给沙某对账明细邮件、吴某工资账单、多家公司账单明细等，均记录了与上述高利转贷、贿赂等犯罪行为十分类似的大量内容。据此，专家一致认为：上述证据材料是证明吴某多起犯罪行为非常关键的证据，办案机关有必要以此为线索，进一步收集吴某的其他犯罪行为。 在吴某亲笔记录的笔记本上可以看出：自 2008 年以来，吴某利用其职务之便，将多笔贷款，以高利转贷形式，非法牟取巨额利益；同时，以收取高额利息形式，隐蔽其大量收受贿赂的犯罪行为。 现有证据表明：吴某 HS 银行 AQ 支行的工资卡，显示其收入、支出明显超过合法收入，且差额巨大。根据《刑法》第 395 条的规定，如果能够确定吴某身份为国家工作人员，则可以责令吴某说明其巨额财产来源，不能说明来源的，差额部分以非法所得论，追究巨额财产来源不明罪。
评述	总体上看，吴某主要以如下四种方式收受贿赂： 1. 先受贿，再转贷款谋取高额利息（收取缪某 40 万元）； 2. 先转贷款非法获利，再以非法占有或收取转贷后的高额利息，不转交（收取 AXF 公司陈某的 18 万元、27.6 万元利息）； 3. 在多次转账过程中，接受对方附加的款项（DL 公司与缪某分别多转账 11 万元、31.24 万元）； 4. 本人参与转账的过程中截留款项。

论证案件二

ZJJ有限公司A分公司单位行贿案

一、论证会参考的有关案件材料

（一）A省H市B区人民检察院［B检刑追诉（2010）72号］［B检刑追诉（2012）01号］起诉书。

（二）A省H市B区人民法院［（2011）B刑初字第00001号］［（2012）B刑初字第00026号］刑事判决书。

（三）A省H市中级人民法院［（2011）H刑终字第00042号］刑事裁定书、［（2011）H刑初字第00038号］刑事判决书。

（四）A省H市B区人民检察院讯问犯罪嫌疑人Z某甲、W某甲、K某甲等人的讯问笔录。

（五）H矿业集团旧（危）房改造建设领导小组办公室与ZJJ有限公司分别于2004年12月18日、2005年8月20日签订的H市L村住宅楼工程第一、二、三期《建设工程施工合同》。

（六）Z某甲与ZJJ有限公司D建设公司分别于2003年3月20日、2005年3月8日签订的《劳动合同书》。

（七）Z某甲与ZJJ有限公司A建设公司于2005年3月8日签订的《企业工程项目承包合同》。

（八）有关书证等。

二、有关法律文书认定的案件事实

（一）起诉书指控的案件事实

1. 2010年11月17日，A省H市B区人民检察院起诉书［B检刑追诉（2010）72号］指控的案件事实如下：2003年年底，ZJJ有限公司A分公司项目经理Z某甲与H矿业集团旧改办主任W某甲在考察中相识。后H矿业集团发布L村一期住宅楼工程建设项目，ZJJ有限公司A分公司为了能承建此工程，其项目经理Z某甲多次联系W某甲，双方商议由ZJJ有限公司A分公司承建，但为了符合招标的合法化形式，ZJJ有限公司A分公司又找来几家单位进行围标、陪标。2004年年底，ZJJ有限公司A分公司为感谢W某甲，其项目经理Z某甲送给W某甲10万元人民币。其后，ZJJ有限公司A分公司在承建L村住宅工程中，为了与W某甲处好关系，其项目经理Z某甲向W某甲送了下列财物——2005年2月，Z某甲送给W某甲一个生肖鸡纪念金条，重量50多克，经H市价格认证中心评定，价格为6773元；2007年上半年，Z某甲得知W某甲要买房，送给W某甲10万元人民币；2008年，Z某甲到N市买了一个尼康照相机，同时买了两个照相机镜头；当年年底，Z某甲到W某甲办公室把照相机和镜头送给了W某甲，W某甲当时收下后，过了2个月左右的时间，W某甲把照相机和镜头退给了Z某甲，经评估尼康相机为3.2万元，两个镜头共2.4万元。由此认为：ZJJ有限公司A分公司为了谋取不正当利益，通过其项目经理Z某甲向国家工作人员贿赂20万元及物品，非法获利8 753 458.83元，应当以单位行贿罪追究ZJJ有限公司A分公司及其直接责任人Z某甲的刑事责任。

2. 2012年4月1日，A省H市B区人民检察院起诉书［B检刑追诉（2012）01号］指控的案件事实如下：2009年H矿业集团地产公司开发在H市的HS小区，为了承接此工程项目，被告人Z某甲于2009年7、8月份的一天，到K某甲（原H地产公司董事长）办公室送给其10万元人民币。后被告人Z某甲以ZJJ有限公司的名义承接了此标段项目。由此认为：被告单位 ZJJ 有限公司 A 分公司为谋取不正当利益，通过其项目经理 Z 某甲向国家工作人员行贿 10 万元，应当以单位行贿罪追究其刑事责任。

（二）裁判书认定的案件事实

1. 2010 年 12 月 30 日，A 省 H 市 B 区人民法院刑事判决书［（2011）B 刑初字第 00001 号］认定案件事实如下：2003 年年底，ZJJ 有限公司 A 分公司项目经理 Z 某甲与 H 矿业集团旧改办主任 W 某甲在考察中相识。后 H 矿业集团发布 L 村一期住宅楼工程建设项目，ZJJ 有限公司 A 分公司为能承建此工程，其项目经理 Z 某甲多次联系 W 某甲，双方商议由 ZJJ 有限公司 A 分公司承建，但为了符合招标的合法化形式，ZJJ 有限公司 A 分公司又找来几家单位进行围标、陪标。2004 年年底，ZJJ 有限公司 A 分公司为感谢 W 某甲，其项目经理 Z 某甲送给 W 某甲 10 万元人民币。其后，ZJJ 有限公司 A 分公司在承建 L 村住宅工程中，为了与 W 某甲处好关系，2005 年 2 月，Z 某甲送给 W 某甲一个生肖鸡纪念金条，重量 50 多克，经 H 市价格认证中心评定，价格为 6773 元；2007 年上半年，Z 某甲得知 W 某甲要买房，送给 W 某甲 10 万元人民币。由此认为：被告单位 ZJJ 有限公司 A 分公司为了谋取不正当利益，通过其项目经理 Z 某甲向国家工作人员贿赂 20 万元及物品，非法获利 8 753 458. 83 元，被告单位及其直接责任人 Z 某甲均已经构成单位行贿罪。

2. 2011 年 6 月 1 日，A 省 H 市中级人民法院刑事裁定书［（2011）H 刑终字第 00042 号］认定案件事实如下：原审法院在开庭审理时，未依法通知被告单位的法定代表人 L 某甲出庭，剥夺或限制了其法定诉讼权利，可能影响案件公正审判，违反了法律规定的诉讼程序。

3. 2011 年 12 月 12 日，A 省 H 市中级人民法院刑事判决书［（2011）H 刑初字第 00038 号］认定案件事实如下：2004 年 12 月至 2005 年 8 月，ZJJ 有限公司 A 分公司与 H 矿业集团签订了 L 村建设工程施工合同，并承建相关工程。为感谢被告人 W 某甲在工程签订方面提供的帮助以及能够继续得到W某甲的关照，该公司项目经理Z某甲于2004年年底，在自己的车上送给W某甲人民币10万元；2005年春节后，Z某甲在W某甲办公室送给W某甲生肖鸡纪念金条一根。经估价：价值人民币6773元；2006年上半年，Z某甲在W某甲办公室送给W某甲画《暗香》一幅；2007年上半年，Z某甲在自己的车上送给W某甲人民币10万元。

4. 2012年8月22日，A省H市B区人民法院刑事判决书［（2012）B刑初字第00026号］认定案件事实如下：

（1）被告单位ZJJ有限公司A分公司通过被告人Z某甲向W某甲行贿的事实。2003年年底，Z某甲与H矿业（集团）有限公司（以下简称“H矿业集团”）旧（危）房改造建设领导小组办公室（以下简称“旧改办”）主任W某甲在考察中相识。2004年至2005年8月，ZJJ有限公司A分公司与H矿业集团旧改办签订了L村建设工程施工合同，并承建相关工程。为感谢W某甲在工程签订方面提供帮助以及能够继续得到W某甲的关照，Z某甲于2004年年底，送给W某甲10万元；2007年上半年，Z某甲又送给W某甲10万元。经鉴定，L村一、二、三期及扩建工程中Z某甲所施工工程收益金额为8 753 458. 83元，上交管理费6 198 541. 41元。案发后，ZJJ有限公司A分公司向侦查机关退回赃款100万元。另查明，Z某甲在ZJJ有限公司A分公司承建的H市L村住宅楼工程中担任项目经理。

（2）被告单位ZJJ有限公司A分公司通过被告人Z某甲向K某甲行贿的事实。2009年HD有限责任公司在H市开发HS小区，为了承接此工程项目，被告人Z某甲通过时任H矿业集团党委副书记、公司董事的K某甲给HD有限责任公司副经理Z某乙打招呼，希望给予被告人Z某甲关照。后ZJJ有限公司A分公司中标，被告人Z某甲承接了此标段项目。2009年7、8月份的一天，被告人Z某甲到K某甲办公室送给K某甲10万元，以感谢K某甲对ZJJ有限公司A分公司的关照。

（3）该法院认为：被告单位ZJJ有限公司A分公司在招投标

活动中为谋取不正当利益，通过其项目经理Z某甲向国家工作人员行贿钱款20万元，数额较大；同时被告单位ZJJ有限公司A分公司违反国家规定，通过其项目经理Z某甲向国家工作人员行贿钱款10万元。被告单位ZJJ有限公司A分公司及其直接责任人被告人Z某甲的行为均已构成单位行贿罪。通过行贿行为而获利8 753 458.83元系违法所得。

除了H市中级人民法院刑事裁定书，上述法律文书共同认定的案件事实有：其一，Z某甲分别于2004年年底，送给W某甲10万元；2007年上半年，又送给W某甲10万元。其二，ZJJ有限公司A分公司为了谋取不正当利益，通过其H市L村住宅楼工程项目经理Z某甲行贿。此外，B区人民法院［（2012）B刑初字第00026号］刑事判决书认为：ZJJ有限公司A分公司通过其项目经理Z某甲，于2009年7、8月份向K某甲行贿10万元；B区人民检察院［B检刑追诉（2010）72号］起诉书、B区人民法院［（2011）B刑初字第00001号］以及［（2012）B刑初字第00026号］刑事判决书，还认为ZJJ有限公司A分公司非法获利8 753 458.83元。

三、专家论证意见

（一）Z某甲为ZJJ有限公司A分公司“项目经理”法定身份不成立。

1.2004年12月4日，A省招标中心制作的H市L村住宅楼《中标通知书》上，明确记载了该工程的项目经理是具有一级资质的L某乙；2005年8月2日，A省招标中心制作的H市L村住宅楼第二、三期工程的《中标通知》上明确记载了该工程的项目经理是具有一级资质的C某甲。H矿业集团旧改办与ZJJ有限公司A分公司分别于2004年12月18日、2005年8月20日签订的H市L村住宅楼工程第一、二、三期《建设工程施工合同》第6条明确规定，组成本合同的文件包括：（1）本合同协议书；（2）中标通知书；（3）投标书及其附件……

2. 根据2002年5月1日起实施的《建设工程项目管理规范》（GB/T50326-2001）（以下简称《项目规范》），以及2004年10月19日起实施的《建设工程项目经理职业标准（试行）》（以下简称《项目经理执业标准》），担任项目经理，必须同时符合以下法定条件：

其一，取得“建设工程施工项目经理资格证书”；其二，由法定代表人签发建设工程项目经理聘任书；其三，签订“项目管理目标责任书”，明确项目经理的责任、权力和利益；其四，只宜担任一个施工项目的管理工作，当其负责管理的施工项目临近竣工阶段且经建设单位同意，可以兼任一项工程的项目管理工作。（参见《项目规范》第5.1.2条、第5.2.2条、第5.2.3条，《项目经理职业标准》第4.1条）。

本案中，A省H市B区人民检察院［B检刑追诉（2010）72号］［B检刑追诉（2012）01号］起诉书，A省H市B区人民法院［（2011）B刑初字第00001号］［（2012）B刑初字第00026号］刑事判决书，A省H市中级人民法院［（2011）H刑终字第00042号］刑事裁定书、［（2011）H刑初字第00038号］刑事裁决书，均未能提供证据分别证明：Z某甲同时符合“项目经理”的上述四个法定条件。

3. A省H市B区人民法院刑事判决书［（2012）B刑初字第00026号］第6页认定，承包合同、劳动合同书及ZJJ有限公司A分公司于2010年8月30日出具的证明，证实：Z某甲在ZJJ有限公司A分公司承建的H市L村住宅楼工程中担任项目经理。在法律上是不成立的。

其一，这里所谓的“承包合同”显然是指Z某甲与ZJJ有限公司D建设公司于2005年3月8日签订的《企业工程项目承包合同》。该承包合同所确立的是Z某甲与ZJJ有限公司D建设公司之间自负盈亏性质的承包经营法律关系。因为该承包合同在权利义务条款中明确约定，乙方（Z某甲）在本工程中所造成的一切债务由乙方承担。乙方不得以公司、分公司或项目部名义对外借款、提供担保或抵押。乙方也不得以项目部名义签订各类合同。乙方不得设立与项目或公司有关的银行账户。该工程乙方须达到质量目标为舜耕杯。若乙方达到以上目标并全面完成建设单位的各项指标，则乙方按工程总造价的4%上交管理费。建设单位对工程的违约罚款或奖励原则上由乙方承担和享受。发现乙方有严重违法或严重损害甲方利益或乙方无能力履行本合同，甲方有权终止合同，更换承包人。(参见 2005 年 3 月 8 日《企业工程项目承包合同》第 3 条第 9 项、第 14 项、第 15 项，第 4 条第 1 项，第 5 条第 1 项、第 2 项)。

上述承包合同所确立的法律关系与项目经理所要求的企业内部经营管理法律关系相去甚远。因为:“项目经理应根据企业法定代表人授权的范围、时间和内容，对施工项目自开工准备至竣工验收，实施全过程、全面管理。”“项目经理应履行下列职责：……在授权范围内负责与企业管理层，劳务作业层，各协作单位，发包人，分包人和监理工程师等协调，解决项目中出现的问题。”“项目经理应享有以下利益：1. 获得基本工资，岗位工资和绩效工资。2. 除按‘管理目标责任书’获得物质奖励外，还可以获得表彰、记功、优秀项目经理等荣誉称号。”（参见《项目规范》第 5. 2. 1 条，第 5. 3. 1 条第 6 项，第 5. 3. 4 条)

其二，这里所谓的“劳动合同书”显然是指 Z 某甲与 ZJJ 有限公司 D 建设公司分别于 2003 年 3 月 20 日、2005 年 3 月 8 日签订的《劳动合同书》。根据《中华人民共和国劳动法》(以下简称《劳动法》) 第 16 条规定，劳动合同是劳动者与用人单位确立劳动关系、明确双方权利和义务的协议。建立劳动关系应当订立劳动合同。如上所述，项目经理岗位所确立的企业内部管理法律关系，与劳动合同所确立的人事劳动关系截然不同。因此，即便这两份《劳动合同书》分别在第 2 条就“工作内容”约定：乙方 (Z 某甲) 同意按甲方工作需要，在项目经理岗位工作，完成该岗位所承担的各项工作内容，并协助配合其他同事完成相关的其他工作。乙方同意按甲方工作需要，在 H 市 L 村住宅楼工程项目任项目负责人，完成该岗位所承担的各项工作内容，乙方同意甲方可根据需要调整工作内容。但是，由于这两份《劳动合同》均明显违反了《劳动法》与《项目规范》。按照《中华人民共和国劳动合同法》（以下简称《劳动合同法》）第26条规定，该两份劳动合同属于无效合同，不能作为Z某甲取得项目经理的法律依据。

其三，这里所谓的“ZJJ有限公司A分公司于2010年8月30日出具的证明”是指应办案机关要求，ZJJ有限公司A分公司在一张白纸上打印的一份“情况说明”，其内容为：我公司于2004年至2008年期间承建了H市L村住宅楼工程，Z某甲为该工程的一、二、三期的项目经理。”就法律效力而言，这是一份以非法定形式追认Z某甲“项目经理”身份的无效证据。一方面，《项目规范》与《项目经理职业标准》均不允许事后追认“项目经理”；另一方面，即便允许事后追认“项目经理”，其形式也不符合上述规范性文件所要求的法定条件。

（二）由于Z某甲不具有ZJJ有限公司A分公司“项目经理”身份，其所从事行为的法律效力，不应以“项目经理”为依据视为“代表ZJJ有限公司A分公司”的行为，也不应以此为依据，将Z某甲的行为目的、动机断定“为ZJJ有限公司A分公司牟取不正当利益”，更不应以此为依据，将ZJJ有限公司A分公司依法履行H矿业集团旧改办与ZJJ有限公司，分别于2004年12月18日、2005年8月20日签订的H市L村住宅楼工程第一、二、三期《建设工程施工合同》而获得的合法收入8 753 458.83元，视为非法获利。

（三）退一步说，即使Z某甲是ZJJ有限公司A分公司项目经理，其行为也并不当然代表ZJJ有限公司A分公司，公诉机关没有提供任何有效证据证明ZJJ有限公司A分公司存在行贿意志、行贿行为，或提供了行贿资金，或获取了非法利益，ZJJ有限公司A分公司根本不具备单位行贿罪的构成要件。

争议焦点与评述

争议焦点	
事实问题	Z某甲是否具备ZJJ有限公司A分公司"项目经理"的法定身份?
专家意见	2004年12月4日，A省招标中心制作的H市L村住宅楼《中标通知书》上，明确记载了该工程的项目经理是具有一级资质的L某乙；2005年8月2日，A省招标中心制作的H市L村住宅楼第二、三期工程的《中标通知》上明确记载了该工程的项目经理是具有一级资质的C某甲。均未记载Z某甲为工程的项目经理。 所有起诉书、判决书、裁定书均未能提供证据分别证明Z某甲同时符合"项目经理"所应具备的《项目规范》和《项目经理职业标准》中的四个法定条件。 A省H市B区人民法院刑事判决书认定：承包合同、劳动合同书及ZJJ有限公司A分公司于2010年8月30日出具的证明，证实：Z某甲在ZJJ有限公司A分公司承建的H市L村住宅楼工程中担任项目经理。在法律上是不成立的。首先，承包合同所确立的法律关系与项目经理所要求的企业内部经营管理法律关系相去甚远；其次，项目经理岗位所确立的企业内部管理法律关系，与劳动合同所确立的人事劳动关系截然不同；最后，对于出具的证明，就其法律效力而言，是一份以非法定形式追认Z某甲"项目经理"身份的无效证据。
评述	Z某甲是否具有项目经理这一法定身份，是认定其是否构成行贿罪的前提，而这一身份的认定，内容和形式必须合法，仅仅在承包合同、劳动合同和证明中赋予Z某甲项目经理的身份，不符合《项目规范》《项目经理职业标准》等相关法律法规的规定，不具有相应的法律效力，因而Z某甲不具备ZJJ有限公司A分公司"项目经理"的法定身份。
事实问题	ZJJ有限公司A分公司及其直接责任人Z某甲是否构成单位行贿罪?

续表

争议焦点	
专家意见	由于Z某甲不具有ZJJ有限公司A分公司“项目经理”身份，其所从事行为的法律效力，不应以“项目经理”为依据，视为“代表ZJJ有限公司A分公司”的行为，也不应以此为依据，将Z某甲的行为目的、动机断定“为ZJJ有限公司A分公司谋取不正当利益”，更不应以此为依据，将ZJJ有限公司A分公司依法履行H矿业集团旧改办与ZJJ有限公司，分别于2004年12月18日、2005年8月20日签订的H市L村住宅楼工程第一、二、三期《建设工程施工合同》而获得的合法收入8 753 458.83元，视为非法获利。 退一步说，即使Z某甲是ZJJ有限公司A分公司项目经理，其行为也并不当然代表ZJJ有限公司A分公司，公诉机关没有提供任何有效证据证明ZJJ有限公司A分公司存在行贿意志、行贿行为，或提供了行贿资金，或获取了非法利益，ZJJ有限公司A分公司根本不具备单位行贿罪的构成要件。
评述	根据《刑法》第393条的规定，单位行贿罪是指单位为谋取不正当利益而行贿，或者违反国家规定，给予国家工作人员以回扣、手续费，情节严重的行为。事实查明Z某甲给予国家工作人员钱款的行为并不当然代表ZJJ有限公司A分公司，甚至没有代表的法定身份，也没有证据证明ZJJ有限公司A分公司具有谋取不正当利益的意图和行为，因而不应认定ZJJ有限公司A分公司及其直接责任人Z某甲构成单位行贿罪。

论证案件三

H甲被判“贪污罪”

一、论证会参考的主要案件材料

（一）《J省L市中级人民法院刑事判决书》［（2012）L刑二初字第10号］。

（二）《J省高级人民法院刑事裁定书》［（2013）J刑经终字第12号］。

（三）《J省L市中级人民法院刑事判决书》［（2013）L刑重初字第5号］。

（四）《J省高级人民法院刑事裁定书》［（2014）J刑经终字第18号］。

（五）本案有关卷宗材料。

二、诉讼文书认定的案件事实和适用的法律

（一）《J省L市中级人民法院刑事判决书》［（2012）L刑二初字第10号］认定的案件事实和适用的法律

被告人H甲于2005年12月到JD中心任副主任，并负责2007年G部春晚工作。为给G部春晚拉赞助，其找到时任B市G局装财处政委的C某宝（另案处理），C某宝将AT公司中国总代表H某戊介绍给被告人H甲。H甲联系了H某戊并与H某戊具体商谈赞助事宜后，AT公司与JD中心签订了G部春晚赞

助协议，为 2007 年 G 部春晚独家赞助 800 万元。2007 年 7 月至 8 月，被告人 H 甲为提取赞助提成款，依据 JD 中心制定的《2007 年 G 部春晚招商奖励办法》的相关规定，采取签订虚假协议的方式，由 JD 中心将 2007 年 G 部春晚赞助提成款 355.4561 万元转至 B 东方 YG 有限公司账下，再由 B 东方 YG 有限公司分几次将赞助提成款 355.4561 万元转到自己名下的银行账户上，据为己有。

2006 年，被告人 H 甲在联系 AT 公司赞助 G 部春晚事宜过程中，通过 C 某宝认识了 ZY 办公厅主任 S 某甲。H 甲与 S 某甲具体商谈了赞助 2007 年 G 部春晚的相关事宜。后 G 部 Z 部应 ZY 要求，给 ZY 发了相关赞助事宜的函，ZY 同意赞助 2007 年 G 部春晚 800 万元。后该笔赞助事宜因其他原因未能实际履行。2007 年 G 部春晚结束后，2008 年 G 部春晚工作继续由被告人 H 甲负责。后经领导研究决定，重新启用 ZY 的 2007 年 G 部春晚赞助，并由 H 甲负责与 ZY 联系。经 H 甲与 S 某甲商谈后，G 部 Z 部应 ZY 要求，再次致函 ZY，ZY 向 G 部 2008 年春晚赞助 800 万元。2008 年 3 月，为感谢 S 某甲的帮助，被告人 H 甲从 JD 影视文化中心 2008 年 G 部春晚赞助提成款中以文化用品的名义支出 5.36 万元，购买了两幅《FY 图》，因体积大而未送给 S 某甲；后 H 甲又支出 8 万元，购买了 BL 手表一块，送给 S 某甲，S 某甲未要。被告人 H 甲遂将《FY 图》和 BL 手表私自留下，放在其公寓内。

2008 年 3 月至 8 月期间，被告人 H 甲依据 JD 影响文化中心《2007 年 G 部春晚招商奖励办法》和《JD 影视文化中心赞助活动和赞助收入管理暂行规定》，采取签订虚假协议的方式，将提取赞助提成款 346.64 万元分四次打到 WJ 酒店账上，后 WJ 酒店扣除 6%税费后，又将 325.8416 万元转到被告人 H 甲名下账户。2009 年 7 月，该笔提成款经审计署审计，认为存在国有资产流失问题。2009 年 12 月，被告人 H 甲通过 WJ 酒店将赞助提成款返还 JD 中心。

被告人H甲作为JD中心副主任，其工作职责包括负责G部春晚的赞助工作。其与C某宝系情人关系，故C某宝基于这一特殊关系，帮助被告人H甲介绍、引荐相关赞助单位，而被告人H甲自己具体联系了赞助单位，承办了有关赞助等相关事宜，C某宝未有任何实质行为参与其中，其起到的仅是基于特殊关系而帮忙的作用，而非实际上的联系人。并且，赞助单位赞助G部春晚并非针对个人，而是注重市场和工作上的支持等因素。同时，G部JD影视文化中心2006年3月10日研究制定的《2007年G部春晚招商奖励办法》中规定，“中心领导不享受奖励待遇，招商奖励资金按奖励标准由财务室全额划入中心主任基金，用于奖励员工、项目和投放公益事业”；2007年8月制定的《JD影视文化中心赞助活动和赞助收入管理暂行规定》第25条规定，“(中心) 任何单位和个人均不得从赞助收入中获取提成或回扣。对在开展赞助活动中获取提成或回扣者，视同贪污论处。”根据以上JD中心的规定，G部春晚赞助提成款应属于JD中心，属公款。被告人H甲作为JD中心领导之一，将赞助提成款通过签订虚假协议的手段转出，据为已有，其明显具备占有赞助提成款的主观故意。

被告人H甲从应属JD中心公款的2008年G部春晚赞助提成款中支出13.36万元购买了两幅《FY图》和BL手表欲送给S某甲，因S某甲拒绝，被告人H甲便将《FY图》和手表私自留下放在自己的公寓内，予以侵吞。以上事实有相关证据予以佐证，可见其主观非法占有公共财物的意图明确。

被告人H甲身为国家工作人员，利用职务上的便利，侵吞公共财物，数额特别巨大，其行为已构成贪污罪。

(二)《J省高级人民法院刑事裁定书》[(2013) J刑经终字第12号] 认定的案件事实和适用的法律

原判决认定的部分事实不清。依照《刑诉法》第225条第1款第(三)项规定，裁定如下：

1. 撤销J省L市中级人民法院(2012) L刑二初字第10号刑

事判决。

2. 发回 J 省 L 市中级人民法院重新审判。

（三）《J 省 L 市中级人民法院刑事判决书》［（2013）L 刑重初字第 5 号］认定的案件事实和适用的法律

被告人 H 甲任 JD 中心副主任并负责 2007 年、2008 年 G 部春晚工作。为解决春晚经费不足问题，2006 年 3 月 10 日，JD 中心制定了《2007 年 G 部春晚招商奖励办法》，鼓励本单位员工及社会人士参与招商活动，并对切实做出贡献的单位或个人给予奖励，其中联系独家赞助或其他形式的经费支持，金额达到 800 万元的，奖励 45%，同时特别强调指出，中心领导不享受奖励待遇，招商奖励资金按奖励标准由财务室全额划入中心主任基金，用于奖励员工、项目和投放公益事业。

为了能够拉到赞助，H 甲求助于其情人 C 某宝（另案处理、时任 B 市 G 局装财处政委）。C 某宝遂将 AT 公司中国总代表 H 某戊、ZY 办公厅副主任 S 某甲分别介绍给 H 甲。H 甲和 H 某戊联系并具体商谈了赞助事宜，2006 年 10 月 27 日，AT 公司与 JD 中心签订协议，向 G 部春晚独家赞助人民币 800 万元，扣除汇兑差额费后，中心实际收到 795.4561 万元。2007 年 7 月至 8 月，H 甲为提取赞助提成款，采取签订虚假协议的方式，通过 JD 中心将 2007 年 G 部春晚赞助提成款 355.4561 万元转至 B 东方 YG 有限公司账下，再由 B 东方 YG 有限公司将该款转入自己名下的银行账户，据为己有。

2006 年 H 甲在联系 2007 年 G 部春晚赞助过程中，通过 C 某宝认识了 ZY 办公厅副主任 S 某甲。H 甲与 S 某甲具体商谈了赞助 2007 年 G 部春晚的相关事宜。后 G 部 Z 部应 ZY 要求，给 ZY 发了相关赞助事宜的函，ZY 同意赞助 2007 年 G 部春晚 800 万元。后该笔赞助事宜因其他原因未能实际履行。2007 年 G 部春晚结束后，2008 年 G 部春晚工作继续由被告人 H 甲负责。H 甲提出去年 ZY 赞助因故搁置，能否继续联系。

后经领导研究，决定重新启用 ZY 的 2007 年 G 部春晚赞助，并由H甲负责与ZY联系。经H甲与S某甲商谈后，G部Z部应ZY要求，再次致函ZY，ZY向G部2008年春晚提供赞助款800万元。2008年3月，为感谢S某甲的帮助，H甲以文化用品的名义从JD中心支出5.36万元，购买了两幅《FY图》，后因体积大而未送给S某甲；H甲又以文化用品的名义从单位支出8万元，购买BL手表一块，送给S某甲，S某甲未要。H甲将《FY图》和BL手表私自留下，据为己有。

2008年3月至8月期间，被告人H甲比照JD中心《2007年G部春晚招商奖励办法》将赞助提成款346.64万元分四次转入WJ酒店账户，WJ酒店在扣除6%税费后，将325.8416万元转到H甲名下账户。2009年7月，该笔提成款经审计署审计，认为存在国有资产流失问题。本案案发前，2009年12月，H甲通过WJ酒店返还JD中心赞助提成款327.5748万元。

综上，被告人H甲贪污款物合计368.8161万元（2007年G部春晚赞助提成款355.4561万元，以文化用品、办公用品名义支出13.36万元购买《FY图》两幅和BL手表一只）。

H甲作为JD中心副主任，C某宝仅起到引荐、介绍、打招呼的作用，拉赞助的具体事宜均由H甲与赞助商详细洽谈和磋商，因此，应当认定H甲为赞助联系人。H甲的辩解实际上恰好反向说明了中心领导拉来赞助不能享受提成这一规定的合理性和必要性。H甲作为中心副主任，参与了《2007年G部春晚招商奖励办法》的制定，按照规定，不是不允许中心领导拉赞助，只是强调拉来赞助，不能享受提成，提成款将转作单位的主任基金，即作为公款来使用。对此，H甲是明知的。

H某戊证实是H甲给她打来电话联系赞助2007年G部春晚，接着C某宝打电话向H某戊介绍H甲，帮助H甲联系赞助，之后H某戊与H甲直接具体商谈赞助事宜，C某宝除打电话介绍H甲外，具体没有参与。S某甲证实C某宝向其介绍H甲，想让ZY赞助G部春晚，具体商谈赞助事宜时，C某宝没有参与，也没有任何第三方单位参与，联系赞助均由G部Z部和ZY办公厅正式函件往来进行。C 某宝证实自己是在 H 甲向其求助的情况下帮助 H 甲联系了 AT 公司和 ZY 两家赞助商，知道有提成，但没在意，主要是为了帮助 H 甲工作。C 某宝在证言中证实他没有看过文件，不知道 H 甲作为领导不能享受提成。因此，C 某宝不是赞助联系人，只是帮助 H 甲拉赞助的人，处于被利用的地位，起到工具的作用。为确保提成款落到自己手里，H 甲在具体办理提成款时始终没有让 C 某宝参与其中。C 某宝帮 H 甲从 AT 公司拉来赞助之后，H 甲与东方 YG 有限公司倒签虚假委托协议，安排本单位工作人员办理相关财务手续，并与东方 YG 有限公司负责人联系，将奖励提成款直接转至自己名下，整个提成奖励款的过程均由 H 甲掌控。如此运作的结果，所谓提成款只能被 H 甲实际控制。H 甲的行为实为规避本单位有关规定。

H 甲身为国家工作人员，利用职务之便，将公共财物据为己有，其行为构成贪污罪。

鉴于 H 甲在审计署发现 JD 中心赞助款涉嫌国有资产流失，移送 G 部纪委查处，单位领导找其谈话要求返还后，已将 2008 年 G 部春晚赞助提成款 346.64 万元退回本单位（扣除转款税费，实际退回 327.5748 万元），该笔款项可不以犯罪论处。

（四）《J 省高级人民法院刑事裁定书》［（2014）J 刑经终字第 18 号］认定的案件事实和适用的法律

上诉人 H 甲利用职务之便，非法占有公共财物合计人民币 368.8161 万元的事实清楚。

本院审理期间，上诉人、辩护人及检察员均未提供新证据，本院对一审判决所列证据予以确认。

本院认为，上诉人 H 甲身为国家工作人员，利用职务上的便利，非法占有公共财物的行为构成贪污罪，依法应予惩处。

一审法院根据 H 甲犯罪的事实、性质及对社会的危害程度依法所作判决，事实清楚，证据确实、充分，定罪准确，量刑适当，审判程序合法，应予以维持。J 省人民检察院的出庭意见正确。依据《刑诉法》第 225 条第 1 款第（一）项规定，裁定如下：

驳回上诉，维持原判。

三、专家论证意见与理由

（一）指控方伪造关键证据——C某宝的证言和《JD影视文化中心赞助活动和赞助收入管理暂行规定》书证，只能表明：判决书认定H甲贪污“公款”的事实缺乏证据。

1. 伪造关键证据——C某宝的证言。

证人C某宝的视频证词总共只有8分零7秒，中间没有间断。但J省L市人民检察院提交给法庭的书面讯问笔录，所记载的讯问时间却长达3小时零5分钟。显然，该讯问被L市检察院从中间分开，伪造成三份书面笔录。（参见2012年6月8日11时至12时25分，12时30分至13时25分，13时40分至14时25分，J省L市人民检察院W某军在BS看守所讯问证人C某宝的笔录。）

C某宝视频证言与讯问笔录证言对比一览表

办案人员提问	C某宝视频证言原话	伪造后的C某宝讯问笔录	伪造的结果
1.“你说一下帮H甲从AT公司拉赞助的事。”	“H甲找到我，说她工作压力很大，问我能不能帮她拉赞助。这样我就联系了AT直升机公司，因为这个公司跟我们市G局有过业务往来，我给她联系了。”	“H甲找到我，说她工作压力很大，问我能不能帮她拉赞助。这样我就联系了AT直升机公司。”	删掉了AT与C某宝之间的特殊关系，淡化了C某宝在AT赞助中的重要作用。

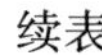

续表

办案人员提问	C 某宝视频证言原话	伪造后的 C 某宝讯问笔录	伪造的结果
2. “你是如何帮 H 甲联系 AT 公司 H 某戊的？”	“就是我给 H 某戊打的电话，G 部春晚问他能不能赞助，他说他要跟总部请示一下，后来他们请示完了他们和 H 甲联系的。”	“我就是给 H 甲 AT 公司 H 某戊的电话。”	把 C 某宝“给 H 某戊打电话联系赞助”，改成了 C 某宝“只是把 H 某戊的电话给了 H 甲”，再一次严重淡化了 C 某宝的联系人作用。
3. “H 甲与 H 某戊商谈赞助的过程中，你具体参与了吗？”	“我就是努力起到穿针引线的作用。”	“我没有参与。”	“穿针引线”被改成了“没有参与”，C 某宝的联系人作用再次被人为抹去。
4. “H 甲有没有向你明确说明拉赞助提成的比例是多少？”	“她跟我说赞助有提成，但我没具体问。”	“H 甲没有明确跟我说，就是和我说她们中心有奖励，但具体奖励多少，我不清楚，也没在意。我就是看着 H 甲工作压力大，帮她联系联系企业。”	“说了有提成”改为“没有明确说”，后半部分则完全人为添加，编造 H 甲瞒着 C 某宝将提成奖励款据为己有的“犯罪事实”。
5. “你为什么要帮 H 甲拉赞助？”	“因为 H 甲在 JD 影视中心工作的时候她想出成绩，办晚会经费紧张，我就为了帮她忙。”	“我就是看着 H 甲的工作压力大，为了帮助 H 甲的工作。”	删除了“办晚会经费紧张”这一 H 甲请 C 某宝拉赞助的事件背景，增加了 H 甲所谓贪污的主观故意性。

续表

办案人员提问	C 某宝视频证言原话	伪造后的 C 某宝讯问笔录	伪造的结果
6. “你帮 H 甲拉赞助是为了得到赞助提成款吗?”	“不是，主要还是为了帮助她工作，给她工作上的支持。”	“我就是为了帮助 H 甲工作，根本没想得提成款。”	“主要不是为了提成”改为“根本没想得提成”，性质完全改变，再次撇清了 C 某宝与赞助提成奖励款的关系。
7. “后来转款的时候是怎么转的?”	“H 甲说她们单位的赞助提成款需要一家第三方公司给走手续，这样我给联系了 Z 某成的公司给转的手续。”	“H 甲说她们中心需要一家第三方公司走个账，具体为什么走账我也没问。我找到了 Z 某成，问可不可以用他的公司走账，Z 某成就答应了。我把 Z 某成的电话给了 H 甲。后来，H 甲和 Z 某成怎么联系，怎么走的账我就不清楚了。”	把 C 某宝“知道是转赞助提成款”改为“不知道是为什么走账”，再次编造了 H 甲瞒着 C 某宝将奖励款私自转出的“犯罪事实”。
8. “H 甲让你转款时是否向你说明是赞助提成款?”	“我确实记不住了她有没有跟我说过，反正她说让我转款，好像跟我说过有提成款的内容。”	C 某宝答：“H 甲跟我说要帮她们中心转提成款，但具体转多少，转给谁不清楚。”	继续编造了 H 甲瞒着 C 某宝将奖励款私自转出的“犯罪事实”。

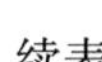

续表

办案人员提问	C 某宝视频证言原话	伪造后的 C 某宝讯问笔录	伪造的结果
9. “在 Z 某成给 H 甲转完款以后，H 甲向你说过要把提成款给你吗？”	“H 甲跟我说要把提成款给我，但我没要。我说留在你那里，你拿着花，自己花或者办晚会都可以。”	C 某宝答：“没有。H 甲说要给我点好处，但没有明确表示要将提成奖励款给我。我帮 H 甲就是为了帮助 H 甲的工作，一点想得好处的意思都没有，她和我提这事的时候，我也没在意。”	把 H 甲“要把提成款给 C 某宝，陈不要”改成了 H 甲“没有明确表示要把提成款给 C 某宝”，再一次编造了 H 甲隐瞒 C 某宝将奖励款据为己有的“犯罪事实”。

（以上参见 2012 年 6 月 8 日 11 时至 12 时 25 分，J 省 L 市人民检察院 W 某军 M 某乙，在 BS 看守所讯问犯罪嫌疑人 C 某宝的笔录；2012 年 6 月 8 日，W 某军、M 某乙在 BS 看守所讯问 C 某宝的讯问录像视频。）

伪造该讯问笔录的目的是：证明 H 甲在请 C 某宝为 G 部春晚拉赞助前，没跟 C 某宝说过 JD 中心有奖励政策；在赞助提成奖励款提取出来后，H 甲也没有告知 C 某宝，而是瞒着 C 某宝将赞助奖励提成款据为己有。

2. 伪造关键书证：《JD 影视文化中心赞助活动和赞助收入管理暂行规定》。

《JD 影视文化中心赞助活动和赞助收入管理暂行规定》第 25 条规定，（中心）任何单位和个人均不得从赞助收入中获取提成或回扣，对在开展赞助活动中获取提成或回扣者，视同贪污论处。该书证在本案被 J 省高级人民法院发回重审后排除。〔参见 J 省 L 市中级人民法院《刑事判决书》［（2012）L 刑二初字第 10 号］第 13 页、第 18 页〕

（二）H 甲提取的 368.8161 万元，是 C 某宝接受 H 甲“求助”后，为“JD 中心”“拉赞助”获得的奖励款，该款项不是“公款”，而是 C 某宝的“私人合法财产”

1. H 甲依据《2007 年 G 部春晚招商奖励办法》“求助”C 某宝“拉赞助”。

经审理查明，被告人 H 甲在任 JD 中心副主任并负责 2007 年、2008 年 G 部春晚工作期间。为解决春晚经费不足问题，2006 年 3 月 10 日，JD 中心制定了《2007 年 G 部春晚招商奖励办法》鼓励本单位员工及社会人士参与招商活动，并对切实做出贡献的单位或个人给予奖励，其中联系独家赞助或其他形式的经费支持，金额达到 800 万元的，奖励 45%，不附带任何回报条件的，无偿赞助款项的，一律按 50%奖励。〔参见《J 省 L 市中级人民法院刑事判决书》（2013）L 刑重初字第 5 号第 6 页〕

2. H 甲求助 C 某宝“拉赞助”的原因：C 某宝当时的职务，对某些单位有较大影响力，同时，H 甲与 C 某宝有特殊关系。

（1）为了能够拉到赞助，H 甲求助于其情人 C 某宝（另案处理、时任 B 市 G 局装财处政委）。〔参见《J 省 L 市中级人民法院刑事判决书》［（2013）L 刑重初字第 5 号］第 4 页；《J 省高级人民法院刑事裁定书》［（2014）J 刑经终字第 18 号］第 2 页〕

（2）2006 年我们 AT 公司向 B 市 G 局销售飞机，在快要签订合同的时候，我们见过 C 某宝，他给我们压价，并说了很多理由……后期谈得比较困难或要紧的时候，他（C 某宝）出面几次。（参见 2012 年 11 月 21 日 15 时 50 分至 16 时 30 分，J 省 L 市人民检察院 Z 乙、Y 某强在 BRJ 酒店讯问 H 某戊笔录第 2 页）

（3）我（C 某宝）记得我在 HD 任副局长时，S 某甲是 ZY 维稳办主任，ZY 经常有群众上访，通过工作我认识了 S 某甲。（参见 2012 年 6 月 8 日 13 时 40 分至 14 时 25 分，J 省 L 市人民检察院 Y 某强、W 某军在 BS 看守所讯问犯罪嫌疑人 C 某宝的笔录第 3 页）

3. H 甲求助 C 某宝“拉赞助”的过程：C 某宝选择了与其有

重要业务来往和工作关系的 AT 和 ZY，并以“打电话”“约请吃饭”“引荐 H 甲”等方式，同赞助单位商谈。

（1）2006 年的 7、8 月份，具体时间我（H 甲）记不清了，在一次吃饭的过程中，我跟 C 某宝说了我们中心目前拉赞助的情况，让他帮助联系找赞助单位，C 某宝说帮我问问。（参见 2012 年 6 月 5 日 8 时 20 分至 9 时 25 分，J 省 L 市人民检察院 Y 某强在 G 部 J 局 B 直属总队讯问 H 甲的笔录第 4 页、第 5 页）

（2）H 甲调 JD 影视中心工作之后，筹办 G 部的晚会。因为 G 部的晚会资金不是全额保障，有缺口，H 甲找过我（C 某宝），说她工作压力大，要求让我能不能帮她拉一下赞助，国内的企业，因为她们 G 部也有过先例，办晚会可以向社会的企业拉赞助。（参见 2012 年 6 月 8 日 J 省 L 市人民检察院 W 某军、M 某乙在 BS 看守所讯问 C 某宝的讯问录像，第 1 分 10 秒处）

（3）C 某宝遂将 AT 公司中国总代表 H 某戊、ZY 办公厅副主任 S 某甲分别介绍给 H 甲。2006 年 H 甲在联系 2007 年 G 部春晚赞助过程中，通过 C 某宝认识了 ZY 办公厅副主任 S 某甲。〔参见 J 省 L 市中级人民法院《刑事判决书》（2013）L 刑重初字第 5 号第 4 页；J 省高级人民法院《刑事裁定书》（2014）J 刑经终字第 18 号第 2 页〕

（4）这样我就给联系了 AT 这个直升机公司，因为这个公司过去曾经跟我们市 G 局有过业务往来，我就联系了。那么后来我把他们 AT 驻 B 办事处的工作人员的电话、H 某戊的电话给了 H 甲。（参见 2012 年 6 月 8 日，J 省 L 市人民检察院 W 某军、M 某乙在 BS 看守所讯问 C 某宝的讯问录像，第 1 分钟处）

（5）我们买直升机与 AT 公司比较熟悉。我找他们的 H 某戊说了拉赞助这个事，赞助 G 部春晚相当于做广告了，得赞助 800 万。他就跟 YL 总部联系请示，后来就有意向，就约了 H 甲与 AT 谈。他们有一次见面我参加了，当时 H 某戊和 YL 的副总参加了，印象中还跟 YL 总公司联系过。（参见 2013 年 6 月 21 日 14 时 50 分至 15 时 30 分，J 省高级人民法院 Z 某尧、L 某航，在 TB 监狱，

对C某宝的《J省高级人民法院调查笔录》第2页)

(6) 2006年我们AT公司向B市G局销售飞机，在快要签订合同的时候，我们见过C某宝，他给我们压价，并说了很多理由。2006年6月，我们与B市G局签完销售飞机的合同后不久，G部JD影视文化中心一个叫H甲的女同志给我（H某戊）打电话，她自我介绍了一下……过了几天，C某宝又给我打电话，向我介绍H甲，说她是G部JD影视文化中心的，会写诗，很厉害……之后，我就跟H甲要了一些资料，包括G部春晚的收视率，办了多少年，G部内部如何组织收看这个节目的。我（H某戊）依据这些内容，给总部打了报告，总部就同意了。(参见2012年11月21日15时50分至16时30分，J省L市人民检察院Z乙、Y某强，在BRJ酒店讯问H某戊笔录第2页)

(7) C某宝打电话给我（H某戊）说他有一个朋友叫H甲，是G部JD影视文化中心的副主任，是2007年G部春晚的总制片人，是G部的人，问我们AT公司能不能赞助2007年G部春晚。当时，我听到这个消息觉得这是我们公司在国内发展业务的机会，而且我们公司业务在G系统很多。这样，我马上向公司做了汇报，公司向YL驻中国大使做了汇报。大使说赞助2007年G部春晚是向中国G介绍我们公司的最好形式，也是对中国G部的支持，对以后公司业务的开展有好处。之后，我们公司同意赞助2007年G部春晚。这样，H甲直接找到我，与我具体商谈赞助2007年G部春晚的事宜。(参见2012年5月18日19时20分至20时35分，J省L市人民检察院Y某强，在BRJ酒店讯问H某戊笔录第2页)

(8) G部春晚需要拉赞助，我（C某宝）给她联系的ZY。因为ZY他们跟我过去有业务往来，完了我跟他们的维稳办主任（S某甲）说，我说G部春晚需要社会上赞助，需要公司赞助，你们能不能赞助？(参见2012年6月8日L市人民检察院W某军、M某乙，在BS看守所对C某宝的讯问录像，第5分钟)

(9) 我（S某甲）记得2006年时，我在ZY办公厅任副主任时，有一次C某宝给我打电话，说他有一个朋友叫H甲，是G部

JD 影视文化中心的副主任，是 2007 年 G 部春晚的总制片人，想让 ZY 给 2007 年 G 部春晚赞助。我一听是给 G 部赞助春晚就表示问题不大，并向领导请示，因为 G 部每年对 ZY 的支持都非常大。而且 ZY 作为国企非常愿意支持 G 部工作。在此期间，H 甲直接找到我与我具体商谈赞助 2007 年 G 部春晚的事宜，我让 H 甲给我们 ZY 出具相关赞助事宜的函，这样 G 部 Z 部给我们 ZY 发了函，我经过向领导请示，我们 ZY 同意赞助 2007 年 G 部春晚。之后，我要求 H 甲，让 G 部给我们 ZY 发一份汇款单位、账户的函，但是，后来 G 部没有给我们出函，这件事就搁置了。（参见 2012 年 5 月 17 日 16 时至 17 时 35 分，J 省 L 市人民检察院 Y 某强，在 G 部纪委办公室讯问 S 某甲的笔录第 2 页）

（10）我（H 甲）记得直到 2007 年 10 月，全中心没有拉到一笔赞助，2008 年春晚工作倒计时了，经费缺口一直没有着落，我就让 C 某宝打电话问问 ZY 的 S 某甲，看看 ZY 答应赞助 2007 年春晚的钱还能不能给，C 某宝说找 S 某甲出来吃饭商谈。（参见 2012 年 5 月 20 日 9 时至 11 时 25 分，J 省 L 市人民检察院 Y 某强，在 G 部 J 局 B 直属总队讯问 H 甲的笔录第 3 页、第 4 页）

（11）证人 C 某宝证言：2007 年下半年，H 甲让 C 某宝问 S 某甲，ZY 能否赞助 2008 年 G 部春晚。C 某宝和 H 甲约 S 某甲一起吃饭，那天 S 某甲喝醉了，只是大略地说了一下，没有具体商谈。第二天 C 某宝给 S 某甲打了电话，S 某甲表示要向领导请示。C 某宝让 H 甲直接与 S 某甲联系。〔参见《J 省 L 市中级人民法院刑事判决书》（2013）L 刑重初字第 5 号第 15 页、第 16 页〕

（12）2007 年的时候，具体什么时间我记不清了，C 某宝给我打电话说一起出来吃个饭，说个事。这样，我们晚上一起吃的饭，吃饭的时候 C 某宝和 H 甲一起去的，在吃饭过程中，他们俩问我 ZY 赞助 2007 年 G 部春晚没成，能不能赞助 2008 年 G 部春晚。因为在 2006 年时 ZY 就有意向赞助 2007 年 G 部春晚，这样我就表示说问题不大。之后，我向领导请示，领导也同意赞助，要求 G 部出相关赞助事宜的函，我与 H 甲多次具体商谈赞助事宜，后G部Z部X局来函，最终ZY赞助2008年G部春晚800万元。(参见2012年5月17日16时至17时35分，J省L市人民检察院Y某强在G部纪委办公室讯问S某甲的笔录第4页)

4. H甲“求助”C某宝“拉赞助”的结果是：AT公司和ZY，分别赞助了G部2007年、2008年春晚800万元。按照JD中心规定，C某宝有权获得相应奖励款。

(1) 2006年10月27日，AT公司与JD中心签订协议，向G部春晚独家赞助人民币800万元，扣除汇兑差额费后，中心实际收到795.4561万元。〔参见《J省L市中级人民法院刑事判决书》(2013) L刑重初字第5号第4页〕

(2) 书证G部2008年春节电视文艺晚会赞助协议，内容为：甲方ZY作为赞助单位同意向乙方JD中心赞助人民币800万元，作为乙方承办G部2008年春晚经费，并于2007年12月31日前就将赞助款划至乙方账号。乙方JD中心W丙签名，时间2007年12月21日。(参见《J省L市中级人民法院刑事判决书》(2013) L刑重初字第5号第7页)

(3) 书证《2007年G部春晚招商奖励办法》，证实JD中心鼓励本单位员工及社会人士参与招商活动，并对切实做出贡献的单位或个人给予奖励，其中联系独家赞助或其他形式的经费支持，金额达到800万元的，奖励45%，不附带任何回报条件的，无偿赞助款项的，一律按50%奖励。〔参见J省L市中级人民法院《刑事判决书》(2013) L刑重初字第5号第6页〕

(4) 问：《2007年G部春节晚会招商奖励办法》第二部分“奖励办法”中规定，对切实做出贡献的单位或个人给予奖励，这里的“切实做出贡献”指的是什么。答：首先，“联系人”必须直接联系到赞助单位，并且与赞助单位谈定了赞助意向和金额，最终促使赞助单位和我们中心签订合同。(参见2012年11月21日9时25分至11时30分，J省L市人民检察院Z乙、Y某强，在G部纪委办公室讯问S某中的笔录第3页)

5. H甲参与“拉赞助”的具体商谈，是其职责的必然要求。

不应以此认定 H 甲是“拉赞助”的“实际联系人”，更不应以此取代 C 某宝的“联系人”角色。

（1）JD 中心出具的 H 甲简历及任职职责说明、G 部任免通知、JD 中心党委会议纪要，关于中心领导成员分工的决定，证实 H 甲于 2005 年 12 月调入 JD 中心任副主任，直接介入 2006 年 G 部春晚工作，任 2007 年 G 部春晚总制片人，负责春晚的筹备、赞助等工作。任 2007 年分管文化活动部、春晚办公室，2008 年 8 月分管财务管理、春晚办、广告发行部、并协管办公室。〔参见《J 省 L 市中级人民法院刑事判决书》（2013）L 刑重初字第 5 号第 5 页〕

（2）H 甲参与拉赞助的具体商谈是在 C 某宝的“牵头”联系之后。否则，H 甲既不认识，也无法联系到 AT 公司的 H 某戌和 ZY 的 S 某甲。显然，C 某宝的“联系人”作用是不可缺少、不可替代的；没有 C 某宝的介绍和推荐，H 甲无法独立促使两公司提供的（2007 年、2008 年 G 部春晚）“赞助”。

问：你（C 某宝）在 G 部举办 07 年春晚过程中联系赞助上起到了什么作用？答：H 甲调到 JD 任副主任办春晚，晚会款项不是全额拨款，G 部有政策，可以拉赞助。给拉赞助的人有提成。她问我（C 某宝）能拉赞助不，还有提成。我为了支持她（H 甲）工作，也为了提成，我就联系了几家。我们买直升机与 AT 公司比较熟悉。我找他们的 H 某戌（系负责人）说了拉赞助这个事，赞助 G 部春晚相当于作广告了，得赞助 800 万。他就跟 YL 总部联系请示。后来就有意向，就约了 H 甲与 AT 公司谈，这个具体我没参与。06 年底我调 XC 分局当政委，AT 公司找我就问晚会是什么范围。后来他们谈成了，具体赞助数额应该不低于 800 万，但具体我也没问。我（C 某宝）的作用就是联系促成的。我要不联系，他们都不可能认识。再就赞助 800 万任何一个企业也不可能拿，我给讲解，谈成起到了积极作用。问：联系 ZY 赞助过程你起什么作用？答：ZY 的办公室主任 S 主任也是我认识联系的。问：还起到什么作用了？答：我把（带）H 甲请 S 主任吃饭，在饭桌上说的这个事。(参见2013年6月21日14时50分至15时30分，J省高级人民法院审判人员Z某尧、L某航，讯问证人C某宝笔录)

(三) 在多份证据证明368.8161万元是C某宝应得奖励款的情况下，H甲在C某宝“授权”后，委托第三方公司（B东方YG有限公司和WJ酒店）为C某宝提取“拉赞助”奖励款，是迫于“JD中心”相关规定的要求，不应以此认定H甲以“虚假协议”将“公款”据为己有。

1. C某宝“授权”H甲为其提取“拉赞助”奖励款。

(1) 2007年春节以后，具体时间我记不清了。H甲找到我（C某宝）对我说，她们中心需要一家第三方公司给走个账，具体为什么走账我也没问，我（C某宝）就找了Z某成，问他可不可以用他公司走账，Z某成答应了。我把Z某成的电话给了H甲。(参见2012年6月8日11时至12时25分，J省L市人民检察院W某军，在BS看守所讯问犯罪嫌疑人C某宝的笔录第4页)

(2) 2007年7月份，具体时间我（H甲）记不清了，在我们中心完成所有对AT公司的协议条款以后，我（H甲）找到C某宝说可以办理提成了，但中心有规定转款不对个人，需要找一家第三方公司走账，C某宝就给我介绍了他朋友Z某成，让我与Z某成直接联系。我与Z某成电话沟通好以后，由我草拟了中心委托Z某成的B东方YG有限公司募集G部2007年春晚赞助的协议……到账后我（H甲）告诉C某宝钱到我账上了，并告诉他Z某成贴的税。(参见2012年6月5日8时20分至9时25分，J省L市人民检察院Y某强，在G部J局B直属总队讯问H甲的笔录第5页、第6页)

(3) 2008年3月份，H甲找到我（C某宝）对我说，他们中心需要一家第三方公司给走个账，让我帮忙找一家公司，我说今年再找Z某成不太合适。(参见2012年6月8日13时40分至14时25分，J省L市人民检察院Y某强、W某军，在BS看守所讯问犯罪嫌疑人C某宝的笔录第4页)

(4) 2008年春晚结束以后，大概是3月份，具体时间我记不清了，我（H 甲）和 C 某宝在一起时，对 C 某宝说可以办理提成了，需要找一家第三方公司走账，C 某宝说也不合适找 Z 某成了。之后，我就找到了我在 ZK 院研究生院读书时的同学 Z 某明（现为 WJ 酒店的董事长），说我的朋友（C 某宝）帮助联系了 G 部春晚赞助，我们中心规定赞助奖励不能对个人，需要从他们公司转账，请他帮忙把钱转出来。他就同意了。（参见 2012 年 5 月 20 日 9 时至 11 时 25 分，J 省 L 市人民检察院 Y 某强，在 G 部 J 局 B 直属总队讯问 H 甲的笔录第 5 页）

（5）后来 H 甲跟我说，办理提成款、提成赞助款需要一个第三方公司出手续，需要出这么一个手续，这样我给联系了 Z 某成的公司给转的手续。（参见 2012 年 6 月 8 日 11 时至 12 时 25 分，J 省 L 市人民检察院 W 某军，在 BS 看守所讯问犯罪嫌疑人 C 某宝的讯问录像第 3 分 50 秒）

（6）我与 Z 某成电话沟通好以后，由我草拟了中心委托 Z 某成的 B 东方 YG 有限公司募集 G 部 2007 年春晚赞助的协议……到账后我（H 甲）告诉 C 某宝钱到我账上了，并告诉他 Z 某成贴的税。（参见 2012 年 6 月 5 日 8 时 20 分至 9 时 25 分，J 省 L 市人民检察院 Y 某强，在 G 部 J 局 B 直属总队讯问 H 甲的笔录第 5 页、第 6 页）

2. C 某宝“授权”H 甲以“虚假协议”提取“拉赞助”奖励款，是迫于“JD 中心”相关规定的要求。

（1）我们（JD）中心多次开会强调要依据《2007 年 G 部春节晚会招商奖励办法》奖励提成款不能给个人，只能奖励中介公司。（参见 2012 年 5 月 17 日 11 时至 12 时 25 分，J 省 L 市人民检察院 Y 某强，在 G 部纪委办公室讯问 S 某中的笔录第 3 页）

（2）因 JD 影视文化中心内部规定，赞助提成款不对个人，必须通过中介公司。经 C 某宝介绍，H 甲认识了 BQT 有限公司总经理 Z 某成，并与 Z 某成下属企业 B 东方 YG 有限公司签订了虚假的委托协议。〔参见 J 省 L 市人民检察院“提请立案报告”［JL 检反贪字（2012）第 * 号］第 1 页；J 省 L 市人民检察院“立案决定书”［JL 检反贪立字（2012）第＊号］第1页；J 省 L 市人民检察院“逮捕犯罪嫌疑人意见书”［JL 检反贪逮捕字（2012）第＊号］第2页；J 省 L 市人民检察院“报请逮捕书”［JL 检反贪报捕字（2012）第＊号］第1页；J 省 L 市人民检察院“侦查终结报告”［JL 检反贪侦结字（2012）第＊号］第2页；J 省 L 市人民检察院“移送审查起诉意见书”［JL 检反贪移诉字（2012）第＊号］第2页］

（3）问：你们中心领导是否知道这份协议是虚假协议，签这份协议就是为了将春晚提成款的转出？答：我们中心领导知道这份协议是为了给联系人提赞助款，B 东方 YG 有限公司是代表联系人提款的公司。问：你（H 甲）在办理给联系人提赞助款的过程中向中心领导提及过联系人是谁吗？答：没有，领导没问。问：你草拟了中心委托 B 东方 YG 有限公司募集 G 部 2007 年春晚赞助的协议，B 东方 YG 有限公司给 G 部 2007 年春晚拉赞助了吗？答：没有，这份协议是虚假的，签这份协议就是为了按照中心的要求帮联系人将提成款转出来。（参见 2012 年 6 月 5 日 8 时 20 分至 9 时 25 分，J 省 L 市人民检察院 Y 某强，在 G 部 J 局 B 直属总队讯问 H 甲的笔录第 6 页、第 7 页）

（4）被告人 H 甲供述：S 某中代表中心签的字，并把协议的时间倒签到 2006 年 9 月。中心领导知道这份协议是为了给联系人提赞助款。〔参见《J 省 L 市中级人民法院刑事判决书》（2013）L 刑重初字第 5 号，第 18 页〕

（5）被告人 H 甲供述：我草拟了中心委托 WJ 酒店募集赞助的协议，对领导说要给联系人提赞助提成，S 某中代表中心签字，协议时间倒签到 2007 年 6 月。〔参见 J 省 L 市中级人民法院《刑事判决书》（2013）L 刑重初字第 5 号，第 19 页〕

（四）C 某宝不仅“知悉”“拉赞助”能获得奖励，而且还明确“转赠”给 H 甲。

1. C 某宝知悉“拉赞助”有奖励。

（1）问：H 甲找你（C 某宝）拉赞助的时候，跟你明确地说过赞助比例是多少吗？说过这事没？（C 某宝）答：赞助是独家赞助 800 万。问：我说赞助提成款的比例。答：她跟我说赞助有提成，但是我没具体问。（参见 2012 年 6 月 8 日，J 省 L 市人民检察院 W 某军、M 某乙，在 BS 看守所讯问 C 某宝的讯问录像第 1 分钟）

（2）问：就是在第二次 H 甲找你（C 某宝）拉赞助的时候，跟你说过没说过赞助提成比例是多少？答：她好像跟我说过，但我没印象，因为在这上面我没在意。（参见 2012 年 6 月 8 日，J 省 L 市人民检察院 W 某军、M 某乙在 BS 看守所讯问 C 某宝的讯问录像，第 1 分钟、第 3 分钟）

（3）H 甲调到 JD 任副主任办春晚，晚会不是全额拨款，G 部有政策，可以拉赞助，给拉赞助人有提成。她问我能拉赞助不，还有提成。我为了支持她工作，也为了提成，就联系了几家。（参见 2013 年 6 月 21 日，J 省高级人民法院 Z 某尧、L 某航，在 TB 监狱对 C 某宝的《J 省高级人民法院调查笔录》，第 2 页）

2. C 某宝明确“转赠”奖励款给 H 甲

（1）问：关于赞助（AT 公司赞助）提成的事 H 甲怎么说的？答：她说 G 部有文件，提成好像 30% 给我。问：具体提多少？答：大概 300 万，她说过我没记。她后来要给我，我没要。问：H 甲把钱提出来后又说给你没？答：说了，说给我了，我没要。问：H 甲明确说这个钱是提成了吗？答：说了，明确说了。（参见 2013 年 6 月 21 日 14 时 50 分至 15 时 30 分，J 省高级人民法院审判人员 Z 某尧、L 某航，讯问证人 C 某宝笔录）

（2）我打算转完款以后把钱提取出来交给他，所以到账后我告诉 C 某宝钱到我账上了，并告诉他 Z 某成贴的税。（参见 2012 年 6 月 5 日 8 时 20 分至 9 时 25 分，J 省 L 市人民检察院 Y 某强，在 G 部 J 局 B 直属总队讯问 H 甲的笔录第 5 页）

（3）问：这个（ZY）提成她跟你说了吗？答：这个也有提成要给我，我没要。问：H 甲到底说没说有提成？具体多少？答：说过有提成，她说过 300 万左右，我没要，给你留着花吧。问：

你原来供过H甲没有明确告诉你有提成？答：那不准确。说过。问：你认为这两笔提成款应该归谁？答：应该归我。她明确说的，我没看过G部的文，但这一直都是。问：你拉这两个赞助什么目的？答：一是支持H甲工作，二是有提成。（参见2013年6月21日14时50分至15时30分，J省高级人民法院审判人员Z某尧、L某航，讯问证人C某宝笔录）

（4）WJ酒店扣除税款后，把现金通过我们单位出纳L某霞交给我。我跟C某宝说，钱到了，想给他，他说："这钱给你了，你愿意怎么花就怎么花。"这钱我存起来一部分，还有一部分放在JQ公寓了（C某宝有钥匙）。后来，C某宝儿子做生意，需要投资，我们商量把这笔奖励提成给他儿子，C某宝说："这钱都给你了，要用的话，算我借。"我说："本来就是你的钱，什么借不借的，就给你儿子用吧。"就给他拿了500万元。审计署审计结束后，我（H甲）告诉C某宝，ZY这笔赞助奖励有问题，C某宝很生气，说这是你们单位政策规定，历史上也都是这么做的，还请示领导了，现在又让退，这样做不合情理。后来，他给我拿回300万，我又拿了26万，凑成326万返还给WJ酒店的。我（H甲）觉得这笔钱是我们（JD影视文化中心）给C某宝的奖励款，他把这笔钱留给了我。（参见2012年11月29日10时30分至14时30分，J省L市人民检察院Z乙、F某乙，在CC市第三看守所讯问H甲的笔录第6页、第7页）

（五）购置《FY图》和BL手表的费用，均从C某宝"拉赞助"奖励款中扣除，是C某宝委托H甲"预先支出"奖励款的消费行为，不是非法侵占公共财物行为。

1. C某宝委托H甲购买《FY图》和BL手表的目的是：感谢"赞助方"联络人S某甲。

（1）我（H甲）和C某宝商量，请S主任（S某甲）吃饭表示感谢，C某宝就和S主任定了日子。为了感谢S主任，我从《参考消息》上看到《FY图》的广告，就订了四幅，后来东西拿到以后，我觉得图太大，不合适送人，我只留了两幅，花了5.36

万，放在我的 JQ 公寓了。这样我又问 C 某宝买什么东西给 S 某甲好，C 某宝说买表吧，金表就行，不用是大牌子的。这样我就在中心领了支票，我跟中心领导说为答谢 ZY 赞助，给人家买礼品用，然后我在 BS 购物中心花 8 万元买了一块 BL 手表，后来跟 S 某甲一起吃饭时，给 S 某甲，他没要。表就放在我 JQ 公寓了，JQ 公寓就我和 C 某宝有钥匙。（参见 2012 年 11 月 29 日 10 时 30 分至 14 时 30 分，J 省 L 市人民检察院 Z 乙、F 某乙，在 CC 市第三看守所讯问 H 甲的笔录第 5 页）

（2）2008 年春晚结束以后，具体时间我（C 某宝）记不清了，H 甲找到我对我说要请 S 某甲吃饭，为了感谢 ZY 赞助 G 部春晚过程 S 某甲的帮忙。问我给 S 某甲买点什么礼物好，我就说买块表吧。第二天，我、H 甲和 S 某甲在中轴路附近的 JY 酒店吃的饭，吃完饭后，H 甲将表送给 S 某甲，S 某甲没要。（参见 2012 年 6 月 8 日 12 时 30 分至 13 时 25 分，J 省 L 市人民检察院 Y 某强、W 某军，在 BS 市看守所讯问 C 某宝的笔录第 3 页）

2. 购置《FY 图》和 BL 手表的费用，均从 C 某宝“拉赞助”奖励款中扣除。

（1）2008 年 3 月，为感谢 S 某甲对 2008 年 G 部春晚赞助的帮助，H 甲以文化用品的名义从 JD 影视文化中心 2008 年 G 部春晚赞助提成款中支出 5.36 万元，购买了两幅《FY 图》，到货后发现体积过大，没送给 S 某甲；之后，H 甲又支出 8 万元，购买了 BL 手表一块，送给 S 某甲，被 S 某甲拒绝。〔参见《J 省 L 市中级人民法院刑事判决书》［（2013）L 刑重初字第 5 号］第 2 页〕

（2）后来通过 Z 某明的 WJ 酒店，把提成款转给我了，提成款已经扣除买表和《FY 图》的 13.36 万元，实际从中心转了 346 万元。（参见 2012 年 11 月 29 日 J 省 L 市人民检察院讯问 H 甲的笔录）

（3）书证：JD 中心明细账、记账凭证、中国工商银行转账支票、借款单、中国工商银行转账支票存根、WJ 酒店进账单、发票，证实 JD 中心以付春晚承办费名义支付给 WJ 酒店 346.64 万元。〔参见《J 省 L 市中级人民法院刑事判决书》［（2013）L 刑重

初字第5号]，第2页〕

专家论证意见汇总：

（一）指控方伪造关键证据——C某宝的证言和《JD影视文化中心赞助活动和赞助收入管理暂行规定》书证，只能表明：判决书认定H甲贪污“公款”的事实缺乏证据，不能成立。

（二）H甲提取的368.8161万元，是C某宝接受H甲“求助”后，为JD中心“拉赞助”获得的奖励款，该款项不是“公款”，而是C某宝的“私人合法财产”。

（三）在多份证据证明368.8161万元是C某宝应得奖励款的情况下，H甲在C某宝“授权”后，委托第三方公司（B东方YG有限公司和WJ酒店）为C某宝提取“拉赞助”奖励款，是迫于JD中心相关规定的要求，不应以此认定H甲以“虚假协议”将“公款”据为己有。

（四）C某宝不仅“知悉”“拉赞助”能获得奖励，而且还明确“转赠”给H甲。

（五）购置《FY图》和BL手表的费用，均从C某宝“拉赞助”奖励款中扣除，是C某宝委托H甲“预先支出”奖励款的消费行为，不是非法侵占公共财物行为。

综上，根据《刑诉法》第195条、第242条，本案应重新审判，改判H甲无罪。

争议焦点与评述

争议焦点	
事实问题	H甲是否构成贪污罪？
专家意见	指控方伪造关键证据——C某宝的证言和《JD影视文化中心赞助活动和赞助收入管理暂行规定》书证，只能表明：判决书认定H甲贪污“公款”的事实缺乏证据，不能成立； H甲提取的368.8161万元，是C某宝接受H甲“求助”后，为JD中心“拉赞助”获得的奖励款，该款项不是“公款”，

续表

争议焦点	
	而是 C 某宝的“私人合法财产”； 在多份证据证明 368.8161 万元是 C 某宝应得奖励款的情况下，H 甲在 C 某宝“授权”后，委托第三方公司（B 东方 YG 有限公司和 WJ 酒店）为 C 某宝提取“拉赞助”奖励款，是迫于“JD 中心”相关规定的要求，不应以此认定 H 甲以“虚假协议”将“公款”据为己有； C 某宝不仅“知悉”“拉赞助”能获得奖励，而且还明确“转赠”给 H 甲； 购置《FY 图》和 BL 手表的费用，均从 C 某宝“拉赞助”奖励款中扣除，是 C 某宝委托 H 甲“预先支出”奖励款的消费行为，不是非法侵占公共财物行为。 综上，根据 2012 年修正的《刑诉法》第 195 条、第 242 条，本案应重新审判，改判 H 甲无罪。
评述	本案中，368.8161 万元是否为 C 某宝应得的奖励款是关键，根据《2007 年 G 部春晚招商奖励办法》之规定，可以得出 C 某宝参与了招商活动，并切实作出了贡献，使得赞助款成功到位，因此理应获得奖励。至于 C 某宝之后将奖励款赠予给 H 甲，则为其对私人财产进行民事处分的行为，意思表示真实、合法，所以处分行为有效，H 甲即拥有了赞助款的所有权和处分权。因此，赞助款的获得并非 H 甲利用其国家工作人员的身份和便利，也并非非法占有公共财物，因此 H 甲不构成贪污罪。

论证案件四 许某甲涉嫌职务犯罪

一、专家论证参照的案件材料

（一）2017 年 10 月 16 日，Y 省人民检察院 KM 铁路运输分院《起诉书》（Y 检公诉刑诉［2017］147 号）。

（二）有关证据材料。

二、Y 省人民检察院 KM 铁路运输分院《起诉书》（Y 检公诉刑诉［2017］147 号）认定的案件事实

（一）涉嫌受贿罪的犯罪事实

1. 2007 年 8 月，被告人许某甲利用担任 A 集团有限公司总经理的职务便利，以借为名，向在 A 集团有限公司 N 工程指挥部从事劳务分包的马某某索取人民币 561 755 元。

2. 2007 年至 2012 年期间，被告人许某甲利用担任 A 集团公司董事长兼总经理的职务便利，先后收受了其下属张某甲、武某某等人送予的 20 000 美元和人民币 470 000 元，并在工程任务分配上提供帮助和照顾。

（二）涉嫌贪污罪的犯罪事实

2008 年 12 月至 2009 年春节前，被告人许某甲利用担任 A 集团有限公司总经理的职务便利，向时任 A 集团有限公司 KM 市二环改扩建项目部经理的胡某甲提出 A 集团有限公司投标需要欧元

和美元。胡某甲遂安排有关人员虚列工程套取工程款并兑换成欧元和美元后由其交给了许某甲，许某甲收到50 000欧元和50 000美元“投标”款后，将该款存入以“耿某某”虚假身份办理的银行账户非法占为己有。

（三）涉嫌巨额财产来源不明罪的犯罪事实

侦查中查获被告人许某甲以“耿某某”虚假身份存入银行藏匿的存款共计人民币17 080 432.90元、59 500.06欧元、195 364.59美元。经查证，许某甲受贿、贪污金额共计人民币1 031 755元，70 000美元、50 000欧元。经扣减尚有人民币16 048 677.90元、125 364.59美元、9500.06欧元的巨额财产其不能说明合法来源。

三、专家论证意见与理由

（一）2007年11月5日，Z总公司由国有公司改制为Z有限公司（以下简称“Z公司”）后，性质上已不再是国有企业，A集团有限公司（以下简称“A公司”）作为其投资的下属企业，同样也不再是国有企业。

1. 2007年11月5日，Z总公司改制Z有限公司

（1）2007年11月5日，（转让方）Z公司与（受让方）A公司签订《股权转让协议书》：根据国务院国有资产监督管理委员会《关于设立A公司的批复》（国资改革［2007］1218号）、《关于A公司国有股权管理有关问题的批复》（国资产权［2007］1216号）文件精神，Z公司与A公司就A公司（法人独资）股权达成股权转让协议。①Z公司同意将其持有的A公司（法人独资）的100%股权全部无偿转给A公司；②A公司愿意接收Z公司在A公司的100%股权；③于2007年11月5日正式转让。自转让之日起，转让方对已转让的股权不再享有股东的权利和承担股东的义务，受让方以其受让的股权在企业内享有股东的权利并承担股东的义务。（参见2016年8月17日至2017年4月22日，Y省人民检察院KM铁路运输分院承办许某甲涉嫌受贿、巨额财产来源不明罪侦查卷10，第53页）

（2）2007年11月5日，A公司作出《关于A集团有限公司法人治理结构及修改公司章程的股东决定》，A公司于2007年11月5日取得了国家工商行政管理总局核发的《企业法人营业执照》。根据国务院国有资产监督管理委员会《关于设立A公司的批复》和《关于A公司国有股权管理有关问题的批复》，同意Z公司独家发起设立股份公司，并将Z公司拥有的下属企业的股权投入股份公司作为出资。依照《中华人民共和国公司法》（以下简称《公司法》）和公司章程的有关规定，形成如下股东决定：①同意接受A公司（法人独资）的100%股权；②法人治理结构维持原状，不进行调整；请A公司将股东变更为A公司，同时将公司章程相应条款进行修改，并办理工商变更登记。（参见2016年8月17日至2017年4月22日，Y省人民检察院KM铁路运输分院承办许某甲涉嫌受贿、巨额财产来源不明罪侦查卷10，第54页）

（3）2007年11月5日，Z公司发布《关于将A集团有限公司的全部股权转让给A公司的股东决定》，股份公司于2007年11月5日取得了国家工商行政管理总局核发的《企业法人营业执照》。根据国务院国有资产监督管理委员会《关于设立A公司的批复》和《关于A公司国有股权管理有关问题的批复》，同意Z公司独家发起设立股份公司，并将Z公司拥有的下属企业的股权投入股份公司作为出资。依照《公司法》和公司章程的有关规定，形成如下股东决定：①同意将A公司的100%股权无偿转划给中国铁路股份有限公司；②请A公司按照有关要求办理工商变更登记。（参见2016年8月17日至2017年4月22日，Y省人民检察院KM铁路运输分院承办许某甲涉嫌受贿、巨额财产来源不明罪侦查卷10，第52页）

（4）2007年9月24日，《有限公司变更登记申请书》原登记股东：Z公司；申请变更登记股东：A公司。（参见2016年8月17日至2017年4月22日，Y省人民检察院KM铁路运输分院承办许某甲涉嫌受贿、巨额财产来源不明罪侦查卷10，第29页）

（5）2007年11月19日，《A集团有限公司章程》第6条规定，公司是由A公司投资设立的一人有限责任公司，有独立的法人财产，享有法人财产权，公司以其全部财产对公司的债务承担责任。（参见2016年8月17日至2017年4月22日，Y省人民检察院KM铁路运输分院承办许某甲涉嫌受贿、巨额财产来源不明罪侦查卷10，第30页）

（二）2007年11月5日之后，许某甲在A公司的任职，不再属于国有公司的委派，其主体身份已由原先的国家工作人员转变为非国家工作人员。

1. 2006年8月5日，Z公司发布（中铁建任［2006］85号）《关于A公司法人治理结构有关人选的通知》：经研究决定，A公司股东会、董事会中国有股代表及有关人选调整如下：（1）许某甲为国有股股东代表。（2）许某甲为国有股董事、副董事长人选。（3）经理层人选：总经理许某甲；张汉乙不再担任总经理；副总经理王某甲、陈文秀、金某某。以上人选按《公司法》和《A公司章程》规定的程序办理任免手续。（参见2016年8月17日至2017年4月22日，Y省人民检察院KM铁路运输分院承办许某甲涉嫌受贿、巨额财产来源不明罪侦查卷9，第152页、第153页）

2. 2007年4月24日，Z公司发布（中铁建任［2007］12号）《关于调整A公司董事会、监事会成员的通知》：经研究决定……许某甲为副董事长。（参见2016年8月17日至2017年4月22日，Y省人民检察院KM铁路运输分院承办许某甲涉嫌受贿、巨额财产来源不明罪侦查卷9，第156页）

3. 2009年6月18日，A公司发布（中国铁建任［2009］22号）《关于A公司法人治理结构有关人选的通知》：经研究决定，指定许某甲为A公司董事长……按《公司法》和《A公司章程》规定的程序办理任免手续。（参见2016年8月17日至2017年4月22日，Y省人民检察院KM铁路运输分院承办许某甲涉嫌受贿、巨额财产来源不明罪侦查卷9，第160页）

4. 2010年2月23日，A公司发布（中国铁建任［2010］33

号)《关于A公司董事会、监事会组成人员的通知》: 经研究决定, A公司董事会、监事会组成如下, 董事会: 董事长许某甲……(参见2016年8月17日至2017年4月22日, Y省人民检察院KM铁路运输分院承办许某甲涉嫌受贿、巨额财产来源不明罪侦查卷9, 第162页)

5. 2001年5月23日公布的最高人民法院《关于在国有资本控股、参股的股份有限公司中从事管理工作的人员利用职务便利非法占有本公司财物如何定罪问题的批复》(以下简称《批复》)规定, 在国有资本控股、参股的股份有限公司中从事管理工作的人员, 除受国家机关、国有公司、企业、事业单位委派从事公务的以外, 不属于国家工作人员。

6. 2003年11月13日最高人民法院印发的《全国法院审理经济犯罪案件工作座谈会纪要》(以下简称《纪要》)第1条第2项规定, 国家机关、国有公司、企业、事业单位委派到非国有公司、企业、事业单位、社会团体从事公务的人员的认定。所谓委派, 即委任、派遣, 其形式多种多样, 如任命、指派、提名、批准等。不论被委派的人身份如何, 只要是接受国家机关、国有公司、企业、事业单位委派, 代表国家机关、国有公司、企业、事业单位在非国有公司、企业、事业单位、社会团体中从事组织、领导、监督、管理等工作, 都可以认定为国家机关、国有公司、企业、事业单位委派到非国有公司、企业、事业单位、社会团体从事公务的人员。如国家机关、国有公司、企业、事业单位委派在国有控股或者参股的股份有限公司从事组织、领导、监督、管理等工作的人员, 应当以国家工作人员论。国有公司、企业改制为股份有限公司后, 原国有公司、企业的工作人员和股份有限公司新任命的人员中, 除代表国有投资主体行使监督、管理职权的人外, 不以国家工作人员论。

7. 2005年8月1日公布的最高人民法院《关于如何认定国有控股、参股股份有限公司中的国有公司、企业人员的解释》(以下简称《解释》)。该《解释》规定, 国有公司、企业委派到国有控股、参股公司从事公务的人员, 以国有公司、企业人员论。

8. 2010 年 11 月 26 日公布的最高人民法院、最高人民检察院《关于办理国家出资企业中职务犯罪案件具体应用法律若干问题的意见》（以下简称为《意见》）第 6 条规定，关于国家出资企业中国家工作人员的认定。经国家机关、国有公司、企业、事业单位提名、推荐、任命、批准等，在国有控股、参股公司及其分支机构中从事公务的人员，应当认定为国家工作人员。具体的任命机构和程序，不影响国家工作人员的认定。经国家出资企业中负有管理、监督国有资产职责的组织批准或者研究决定，代表其在国有控股、参股公司及其分支机构中从事组织、领导、监督、经营、管理工作的人员，应当认定为国家工作人员。负有管理、监督国有资产职责的组织，除国家资产监督管理机构，国有公司、企业、事业单位外，主要是指上级或者本级国家出资企业内部的党委、党政联席会。国家出资企业中的董事会、监事会不能认定是适格的委派主体。因为，董事会、监事会对整个国有出资企业的资产负有管理、监督的职责，而不是仅对国有资产负有管理、监督的职责。2001 年 12 月 17 日起施行的最高人民法院、最高人民检察院《关于适用刑事司法解释时间效力问题的规定》（以下简称《规定》）第 1 条明确规定，司法解释是……具有法律效力的解释，自发布或者规定之日起施行，效力适用于法律的施行期间。《意见》既涵盖了之前相关司法解释的部分内容，又与之前相关司法解释的部分条款相矛盾。根据《规定》第 3 条的规定，对于新的司法解释实施前发生的行为，行为时已有相关司法解释，依照行为时的司法解释办理，但适用新的司法解释对犯罪嫌疑人、被告人有利的，适用新的司法解释。因此，《意见》关于国家出资企业国家工作人员的重新界定不具有溯及既往的效力。[1]

---

〔1〕 参见《〈关于办理国家出资企业中职务犯罪案件具体应用法律若干问题的意见〉的理解与适用》，载中华人民共和国最高人民法院刑事审判第一、二、三、四、五庭主办：《刑事审判参考》（总第 77 集），法律出版社 2011 年版，第 138 页。参见陈兴良：《国家出资企业国家工作人员的范围及其认定》，载《法学评论》2015 年第 4 期。

（三）许某甲以自己银行卡账户存入马某某的561 755元，无论是数额，还是形式，均不符合受贿行为特征，更符合“张某某董事长委托其给N市市长的亲属买一台车”的事实要件。

1. 答：在2007年的8月中旬，我准备到N片区现场办公，兼具对外经营投标，并请求N市政府有关委局加快对我局施工已通车的城东干道二、三标工程的审计结算工作。行前在办公室和张某某董事长谈工作时，他跟我说N市市长的亲属买一台车，我们给处理了吧，我们还要在N市投标承揽，并且领导在以前中标城东干道二、三标项目上也帮过忙，我表示同意。问：哪位市长？答：张董事长正好接一个电话，我也就没有再追问，他接着说，在机关不好列支，就在N片区的项目上处理了吧，我表示同意。他说你正好去N市，你具体安排处理吧，并告诉我钱数是56万余元，说到N市后，他们会主动找我的。在N市办公期间，我见到了施工队头头马某某，我跟他讲，我此次来有一个重要任务，就是找N市有关委局跑城东干道二、三标段的结算和审计工作，初步估计要花几十万块钱，今天N指挥部的财务人员不在家，请他先凑一部分钱用用，过后归还。他表示同意。我就把钱数和我的N市兴业银行卡号告诉了他，他回去就存了56万元到我的银行卡上。在N市办公期间，一直没有人找我办这件事。我从N市回到洛阳局机关后，跟张某某董事长谈了此事，他说他们去找我了，结果我还在工地没回宾馆没有办成，下次再办吧，把钱准备好就行，我说我安排过了，钱已提出来在我这里。我就陆陆续续地准备好了这笔钱，放在办公室的铁皮柜里。张某某董事长后来去了一趟N片区，回来后跟我讲，他这次去，已经把事情办过了。我就说那还是在N片区项目上处理，我已经准备好了钱，回头拿给你。第二天我用一个纸袋装着钱，上面放了一幅牡丹画，提到张某某董事长办公室，放到他办公桌旁地板上，但过后，一直没有处理这笔账目，也就没有归还马某某的钱。（参见2016年8月16日，许某甲自书材料第3页~第5页；Y省人民检察院KM铁路运输分院承办许某甲涉嫌受贿、巨额财产来源不明罪侦查卷第2卷，

第29页~第31页）

2. 问：你（许某甲）再把2007年8月你收受A集团有限公司N工程指挥部工程劳务分包的施工队负责人马某某送予的56万多元人民币的经过给说一下。答：2007年8月中旬，我时任A集团有限公司总经理，我到N片区去现场办公及开展对外承揽投标的工作，同时拜访并请求N市有关部门加快对我公司施工并已通车的城东干道二、三标的结算审计工作。到N市开展工作期曾与马某某见面，我向马某某提出办理结算审计工作需要有费用开支，现在A公司N工程指挥部财务人员不在单位，无法借支到公款，请他先借点钱使用，过后还给他，马某某当即表示同意，我跟马某某提出需要五六十万元才够用，马某某说可以，我还开玩笑对马说，你身上有多少钱都拿给我用，之后我将自己兴业银行卡号写给马某某，马某某就带着兴业银行卡号到银行存钱了。（参见2016年8月19日11时25分至12时10分，Y省人民检察院KM铁路运输分院吴某甲、周某甲问许某甲笔录第4页、第5页）

3. 问：（出示中国银行2007年8月20日银行进账单，金额561 577元，对方户名许某甲，对方N兴业银行卡号：4************），你解释一下这是怎么回事？答：这笔钱是许某甲让我想办法给他凑的，我凑好钱后存到他写给我的银行卡账户上。问：你谈一下你给许某甲钱的具体经过？答：我记得2007年许某甲还在N指挥部任指挥长的时候，他们的指挥部在X区L路。8月中旬，许某甲打电话给我说他需要用钱，让我想办法给他准备五六十万元，我告诉许某甲我可能没有那么多钱，许某甲告诉我让我尽量凑，有多少就凑多少，我说好。最后我凑了561 577元，用一个黑色的旅行包装好，拿到许某甲办公室准备交给许某甲。我到了许某甲办公室见到许某甲，我跟他说我准备了56万多元，并准备把装钱的包递给许某甲，许某甲让我把钱直接存到他的银行账户上，并把他在兴业银行的卡号写在一张纸上交给我。我接过许某甲递给我的纸条，离开了许某甲的办公室，之后我开着车在附近找了一家中国银行，按照许某甲给我的卡号，我把钱存到他写给我的兴业银行银行卡上，办好之后，我把存款的凭证交给了许某甲。问：许某甲为什么会找你帮他凑钱？答：因为我当时在许某甲他们项目部干工程，所以他才会让我想办法凑钱。问：许某甲是否告诉你这笔钱他要拿去做什么？答：没说。（参见Y省人民检察院KM铁路运输分院2016年8月16日16时10分至17时50分，李某甲、胡某乙讯问马某某笔录第2页、第3页）

（四）许某甲收取张某甲、武某某等人2万美元和人民币47万元的行为，均发生在2007年11月5日之后，A公司已改制，许某甲身份已经转变为非国家工作人员，不符合受贿罪主体条件。

1. 2014年5月27日，A公司人力资源部发布的《关于A集团有限公司与S公司隶属关系的情况说明》：2007年6月12日我集团公司与ZTB公司签订S铁路CTW200标段的合作协议，为加强项目管理、履行合同承诺，在此基础上于2007年7月31日成立了“A集团有限公司S工程分公司”（以下简称“S公司”）。为进一步拓展海外市场，并对在当地承揽的工程任务进行更好的监管，根据S当地政策规定和法律要求，需要在当地登记注册分支机构方可从事经营承揽、施工生产等活动。鉴于此，2008年3月25日，我集团S公司在利雅得市商业工业部登记注册，注册资金50万里亚尔。S公司是A公司在海外的分支机构，按分公司模式管理。负责我集团公司在S工程项目的施工生产、经营计划、安全质量管理以及各项经济指标的完成，承担在经营活动中发生的法律及经济责任。（参见2016年8月17日至2017年4月22日，Y省人民检察院KM铁路运输分院承办许某甲涉嫌受贿、巨额财产来源不明罪侦查卷11，第3页）

2. 问：你（张某甲）再详细说一下你所检举揭发许某甲涉嫌的犯罪事实？答：好的，我在担任ZTW公司S公司经理期间，于2010年先后两次送给时任ZTW公司董事长的许某甲2万美元现金，每次1万美元。第一次是2010年年初，许某甲到S项目上现场办公，帮助项目解决实际困难，我为了感谢他对S公司的关照，在许某甲回国前夕，我将1万美元（都是100面值的美元）现金用信封装好放在装有化妆品的袋子里，然后把这个袋子在许某甲住的利雅得洲际酒店的房间送给了许某甲。我跟许某甲说，给嫂子（许某甲媳妇）准备了点化妆品。许某甲没说什么就收下了。2010年的下半年，许某甲再次来到S公司的项目上现场办公，我在利雅得洲际酒店的房间里，跟许某甲说，为了感谢许某甲对S公司的关照，把事先用信封包好的1万美元现金（都是100面值的美元）塞给了许某甲，他推辞了一下也就收下。问：你为什么要送给许某甲2万元美元？答：因为许某甲是公司董事长，来S现场办公确实在人力、物力上给了我们S公司很大的支持与关照，也是想为S公司以后能够得到许某甲更多的关照，所以我才给许某甲送了这2万美元，主要是为了S公司。问：你送给许某甲的2万美元，是你个人的钱还是S公司的钱？答：这2万美元是我让公司财务准备的，我跟公司财务人员说过这个钱是要去协调关系，但这些钱公司财务具体是如何处理的，我不清楚。（参见2016年8月23日8时30分至9时20分，Y省人民检察院KM铁路运输分院检察院人员李某甲、周某甲讯问张某甲笔录第1页、第2页）

3. 我（武某某）在徐某某任领导期间，我参与给许某甲送礼金情况如下：2010年7月，徐某某到大西项目检查工地情况，在此期间，我到其住宿宾馆，送礼金2万元。2010年10月底，许某甲再次到大西项目检查施工进度，我到其住宿宾馆送礼金4万元。2011年元月，春节期间，我到徐某某办公室送过节费4万元。2011年8月，许某甲到大西项目检查工地，我到其住宿宾馆送礼金2万元，2012年元月，春节期间。我到徐某某办公室送礼金4万元。2012年9月中秋节期间，我到许某甲办公室送过节费2万元。（参见2016年11月25日，证人武某某出具书面证言第1页、第2页）

4. 问：你（许某甲）具体谈一下武某某过年时送红包给你的情况？答：武某某过年给我送红包的时间是2010年、2011年春，我记不清是年前还是年后了，武某某到我办公室来，先给我汇报了工地的施工情况，说完快要走时递给我一个信封，跟我说给领导拜年了，之后就走了。我打开信封知道装了2万元人民币。问：你具体谈一下武某某在施工现场送你共计8万元的情况？答：武某某2010年至2013年是大西铁路客运专线的常务副指挥长……我记忆中我去武某某管理的大西客专线检查工作的次数不多。估计有两三次，每次去一是检查施工的进展、安全等生产情况；二是听取指挥部的汇报，了解指挥部存在的困难；三是到业主单位或地方政府单位联系……在解决问题的过程中，武某某就到了我住的宾馆，给我一个信封，对我说领导到指挥部来帮我们解决困难，在外面协调办事难免要花钱，这些钱领导先拿着用着。我收下武某某给我的信封后打开看才知道信封里装了4万元人民币，两次共8万元人民币，都是在宾馆里给的。（参见2017年1月24日13时25分至14时20分，Y省人民检察院KM铁路运输分院海某、杨某某讯问许某甲笔录第2页、第3页）

5. 黄某在2008年担任A公司第七工程有限公司董事长后，于2009年、2010年、2011年和2012年的春节期间，曾经四次给我（许某甲）送过红包，每次金额2万元人民币，共计8万元人民币，地点都是每次春节前后到我家里给的。（参见Y省人民检察院KM铁路运输分院承办许某甲涉嫌受贿、巨额财产来源不明罪侦查卷2，第141页；2016年12月23日，许某甲出具自书《情况说明》第1页）

6. 问：你（王某乙）谈一下你在A公司工作期间与A公司原董事长、总经理许某甲之间发生的经济往来的情况？答：我在担任A集团成都公司党委书记期间，在2012年年初集团公司工作会期间，成都公司董事长古某甲与我一起到许某甲办公室，送予许某甲一根金条，具体克数不清楚，金额大概是2万多元。（参见2017年11月3日16时10分至16时53分Y省人民检察院KM铁路运输分院海某、李某甲讯问王某乙笔录第2页）

（五）许某甲既没有参与也没有授意胡某甲用虚列工程方式

套取5万欧元和5万美元工程款，不应认定为贪污行为，且收受该款项的时间为“A公司”改制之后，其身份已转变为非国家工作人员，不符合受贿罪主体条件。

1. 问：你（许某甲）谈一下收受A公司西南指挥部胡某甲款物的事情。答：2010年下半年的时间，我收过A公司西南指挥部胡某甲所送的5万欧元、5万美元。问：胡某甲是在什么地点拿给你5万欧元、5万美元的？答：2010年下半年，当时我在北京公差，我记不清是参加股份公司的会议还是来北京办事了。我在北京公差住的酒店分别是SJ大酒店、YX酒店及CF酒店，我记不清胡某甲拿5万欧元、5万美元是在这几个酒店中的哪家酒店。问：胡某甲拿给你的5万欧元、5万美元是怎么包装的？答：胡某甲是用牛皮纸袋装着给我的。问：这5万欧元、5万美元是什么面值的？答：美元是100元面值的我记得，欧元是100元面值的还是500元面值的记不清楚了。问：胡某甲为什么要拿5万欧元、5万美元给你？答：我回忆胡某甲到酒店找我的时间是中午时间，当时我起床，到房间后，胡某甲拿着5万欧元、5万美元的袋子给我说，你这段时间出国比较多，在外面用外币的机会也比较多。当时是要去股份公司开会还是有人找我一起出去，我就对胡某甲说晚上再说，之后我就出去了。到了晚上我联系胡某甲时，胡某甲已经离京了。（参见2017年1月24日11时20分至13时20分，Y省人民检察院KM铁路运输分院海某、杨某某讯问许某甲笔录第1页、第2页）

2. 问：关于胡某甲送你（许某甲）5万美元、5万欧元的事实，你之前有两种供述，一种供述是你安排胡某甲准备的，一种供述是胡某甲知道你要参与投标自己送来的，哪种供述是真实的？答：胡某甲知道我要参与投标，自己主动将5万美元、5欧元送来给我的。（参见2017年4月18且9时35分至11时30分Y省人民检察院KM铁路运输分院海某、朱某某讯问许某甲笔录第4页）

3. 问：你（胡某甲）谈一下你到KM二环石虎关项目部任职

的情况？答：2008年4月至5月ZTJ公司中标KM二环工程项目，把石虎关立交项目交给ZTW公司，随后成立KM二环石虎关项目部，6、7月份集团公司派我到项目部任项目经理，全面负责项目的工作，我到KM后从集团公司各单位抽调人员组建项目部，该项目于同年8、9月份开工，2009年9月底完工。2009年4、5月份接手任西南指挥部指挥长职务至今。问：你再详细地谈一下你安排刘某甲兑换外币的事情？答：好的。2008年年底前的一天，A公司领导许某甲打电话给我，说公司要投标需要从我们这里安排一点费用，要欧元和美元，美元要500 000元，欧元要63 000元左右。接到许某甲通知以后，我就召集了财务和计价等相关部门，打了一个招呼，告诉他们集团公司投标需要一笔外汇，需要我们协调一下，具体由刘某甲来办理，相关部门配合一下，我把要兑换500 000美元和63 000欧元的要求交代给了刘某甲。之后我又跟施工队负责人马某某也打了一个招呼，告诉他项目部需要用一点钱，从你这里走一下，由刘某甲找你对接。我就让财务上刘某甲去具体办理。据我了解，套钱的具体过程是由计价部门通过虚列项目工程量的方式套取项目工程款，再由财务部将工程款拨付给施工队，施工队收到钱之后，再将钱拿回来给财务部。财务部长刘某甲拿到这笔钱之后，再由他兑换成了美元和欧元。大概有十来天，刘某甲兑换好钱，就把钱送到我位于C指挥部的办公室给了我，当时他点给我看了，63 000欧元，500 000美元，是一沓一沓的。这些钱我一直锁在我的办公室的铁皮柜里保管，没有动过。2009年春节期间，A公司在洛阳总部召开工作会。期间我将准备的这笔钱全部用塑料袋子包装起来，送到了许某甲家里（位于A公司机关大院内单位分的那套房子）交给了许某甲。这些外币美元都是100元面额的，欧元都是500面额的。问：许某甲有没有告诉你他是要投什么标？答：他没有告诉我，他是领导，我也没有问。（参见2016年8月17日11时15分至12时08分，Y省人民检察院KM铁路运输分院：李某、杨某某讯问胡某甲笔录2页、第3页）

（六）许某甲能够说明其以“耿某某”身份存入银行的款项来源，且其身份自“A 公司”改制后，已转变为非国家工作人员，不应认定其构成巨额财产来源不明罪。

1. 问：你（许某甲）谈一下耿某某名下银行卡中资金的来源？答：耿某某名下在中国银行、中国光大银行、中国工商银行、中国建设银行开设了账户。账户的资金来源有五个部分，第一部分是逢年过节收受的红包、礼金；第二部分是与 A 公司职工及外面的朋友打麻将、斗地主赢的钱；第三部分是倒腾古书、古董赚的钱，第四部分是收受张某甲、马某某、胡某甲等人所送的钱，第五部分是当年收过一些名画家所送的字画，后来卖得赚的钱。问：你谈一下倒腾古玩意的情况？答：我家祖上是在 Y 市开私塾的，几代下来留下一些古书、古字画、古玩，这些古书、古字画、古玩留下了两箱，老人去世后这两箱东西都留给了我，这些古玩意到了 90 年代后就越来越值钱，我陆续就将这两箱古玩意都卖了出去，前前后后总共卖了 300 多万元。我在倒腾古玩意过程中就认识了 B 紫光阁画院的刘某乙院长，他先后送给我五六幅字画，我去北京经常住在 SJ 酒店，认识了两个做古玩的福建人，姓林，我称呼他们林总，刘某乙院长送给我的两幅字画就卖给了这两个福建人，卖了 17 万或 18 万元，另外的三四幅字画卖给了 HG 县的刘某丙、方某某，卖了 30 多万元。问：你卖给福建林总的两幅字画的时间是什么时候？答：2010 年下半年的秋天，在北京 SJ 酒店卖给他们的，他们付的是现金，卖的钱我存入了耿某某账户。问：你卖给 HG 县的刘某丙、方某某的三四幅字画的时间是什么时候？答：2012 年年底，在洛阳他们付的现金给我，卖的钱我存入了耿某某账户。问：你谈一下与 A 公司职工及外面的朋友打麻将、斗地主的情况？答：这些年来我担任局领导后，与 A 公司职工及外面的朋友打麻将、斗地主赢的钱大约有 400 多万元。这 400 多万元大部分是与朋友打牌赢的钱，少部分是与单位职工打牌赢的钱。（参见 2016 年 11 月 1 日 10 时 25 分至 14 时 30 分，Y 省人民检察院 KM 铁路运输分院海某、周某甲问许某甲笔录第 1 页、第 3 页～

第5页)

2. 问：你（许某甲）谈一下耿某某身份银行卡名下资金的来源？答：耿某某身份银行卡下的资金来源有四部分，第一部分就是我上述说到的收受张某甲、马某某、胡某甲三人的贿赂款和收受黄某、李某乙、李某丙、武某某他们红包礼金的钱；第二部分是打牌打麻将赢的；第三部分是卖古玩字画得到的钱；第四部分是我的奖金；第五部分是我祖父传给我部分清朝晚期和民国期间人士的字画及部分古玩，我后来卖掉了。问：你打牌打麻将赢了多少钱？答：二三十年间，我一共赢了四五百万。问：古玩字画卖了多少钱？答：四百万左右。问：你的古玩字画是哪里来的？答：一部分是我自己买来收藏的，一部分是名人画家送给我的，还有一部分是我祖上留下来的。(参见2017年4月18且9时35分至11时30分Y省人民检察院KM铁路运输分院海某、朱某某讯问许某甲笔录第5页)

3. 问：许某甲是否认识画院的画家？答：大约在2012年的一天，有一次在一起吃饭，有人坐着辆名车（记忆中是劳斯莱斯）来吃饭，当时在场的有许某甲、周某乙（ZTW公司副总经理）和坐劳斯莱斯的人，我和开劳斯莱斯的司机一起在另外房间吃饭时，问起是什么人，司机跟我说是B紫光阁画院的画家，是很有名的人。我感觉这个画院的画家是许某甲通过下面的指挥长或其他领导介绍认识的，是不是周某乙介绍认识的我不清楚。问：这个B紫光阁画院的画家与许某甲关系怎么样？答：我感觉一般。(参见2017年9月7日19时35分至20时35分，Y省人民检察院KM铁路运输分院海某、李某甲讯问张某乙笔录第5页)

4. 问：你（许某乙）去你哥哥家的时候，是否看到家庭有这方面（古董、古玩、古画、古书）的收藏？答：我看到家中有点艺术品放着，有点像瓷器，我不懂，不知道是否属于古董这类的东西。(参见2017年9月8日20时50分至21时15分，Y省人民检察院KM铁路运输分院海某、李某甲讯问许某乙笔录第2页、

第 3 页）

5. 问：你（吴某乙）是 X 美院毕业的，对于艺术是比较了解的，那你在与许某甲接触过程中，是否发现他有喜爱古书、古董、古画、古玩的爱好？答：许某甲的爷爷是晚清的秀才，父亲是 ZZ 一中的校长，他们家应该是书香门第，家里可能有些古董、古玩的东西，但是否卖了我没有见到不太清楚。但是他去市场倒腾古书、古董、古玩、古画是不可能的，许某甲这个人有文人气，不可能做这种事，许某甲平时喜欢写诗，写的是古体诗，还出了一本诗集。问：你在许某甲家里是否见过古董、古玩、古画的东西？答：我在许某甲家里见过几幅字画、古玩，我看了有几幅是 HY 当地晚清秀才的画作，其他还见过一点案头的小把玩物。（参见：2017 年 9 月 10 日 16 时 40 分至 17 时 50 分，Y 省人民检察院 KM 铁路运输分院海某、李某甲讯问吴某乙笔录第 2 页、第 3 页）

6. 问：耿某某工商银行账户（账号 0200 **** 0102952 ** 46 卡号：6217 **** 0000 *** 6879）显示，2012 年 3 月 28 日孙某某工行账户（卡号：6220 **** 3001 *** 340）网络转账存入 1 373 600 元，你（许某甲）谈一下这 1 373 600 元的情况？答：我不认识孙某某这个人，我回忆在 2012 年 3 月 28 日这个时段我在 D，我当时带 20 万元港币到的 D，在 D 赌场赢了 100 多万港币，因为无法带 100 多万港币入境，我就到赌场旁边的小店，我告诉小店的人我要汇钱到境内耿某某的账户，小店的人员先根据我要汇钱的港币金额按照他们定的汇率折算成人民币的金额，我同意后他们就将我给他们的港币折算成人民币后汇到耿某某账户，并带我到隔壁的 ATM 机上查询是否到账。经查询耿某某账户在几分钟前确实存入一笔 100 多万元人民币，我看钱已经到账就走了。我不清楚小店是通过什么方式将钱存入到耿某某账户的。（参见：2016 年 11 月 10 日 10 时 25 分至 14 时 30 分，Y 省人民检察院 KM 铁路运输分院海某、明某讯问许某甲笔录第 4 页）

四、专家论证结论

（一）2007年11月5日，Z公司由国有公司改制后，性质上已不再是国有企业，A公司作为其投资的下属企业，同样也不再是国有企业，许某甲在“A公司”的任职，不再属于国有公司的委派，其主体身份已由国家工作人员转变为非国家工作人员。

（二）许某甲以自己银行卡账户存入马某某的561 755元，无论是数额还是形式，均不符合受贿行为特征，更符合“张某某董事长委托其给N市市长的亲属买一台车”的事实要件；许某甲与马某某之间的银行记录不应作为其受贿证据，以此认定许某甲收受该笔贿赂款，证据不足。

（三）许某甲收取张某甲、武某某等人2万美元和47万元人民币的行为均发生在2007年11月5日之后，A公司已改制，许某甲身份已经转变为非国家工作人员，不符合受贿罪主体条件；除了具有利害关系言辞证据之外，没有任何（银行记录）书证证明许某甲接受上述款项，以此认定许某甲收受该笔贿赂款，证据不足。

（四）许某甲既没有参与也没有授意胡某甲用虚列工程方式套取5万欧元和5万美元工程款，不应认定为贪污行为；具有利害关系的胡某甲证言没有其他证据印证，仅以此认定许某甲接受该笔款项，证据不足；此外，许某甲收受该款项的时间为A公司改制之后，其身份已转变为非国家工作人员，不符合受贿罪主体条件。

（五）许某甲能够说明其以“耿某某”身份存入银行的款项来源，其身份自A公司改制后，已转变为非国家工作人员，不应认定其构成巨额财产来源不明罪。

争议焦点与评述

争议焦点	
事实问题	许某甲是否属于国家工作人员？
专家意见	Z公司改制后性质上已不再是国有企业，A公司作为其投资的下属企业，同样也不再是国有企业，许某甲在“A公司”的任职，不再属于国有公司的委派，其主体身份已由国家工作人员转变为非国家工作人员。
评述	国家工作人员，是指一切国家机关、国有企业、事业单位和其他依照法律从事公务的公职人员。Z公司改制后性质在转变也从侧面导致公司相关工作人员身份的转变，许某甲不再属于国有公司委派，其身份已更改为非国家工作人员。
事实问题	许某甲与马某某在银行记录是否构成为受贿？
专家意见	1. 许某甲以自己银行卡账户存入马某某的561 755元，无论是数额，还是形式，均不符合受贿行为特征，更符合“张某某董事长委托其给N市市长的亲属买一台车”的事实要件； 2. 许某甲与马某某之间的银行记录不应作为其受贿证据，以此认定许某甲收受该笔贿赂款，证据不足。
评述	受贿罪，是指国家工作人员，利用职务上的便利，索取他人财物，或者非法收受他人财物并为他人谋取利益的行为。本案中许某甲以自己银行卡账户存入马某某的561 755元，无论是数额，还是形式，均不符合受贿行为特征，不能认定其获取了非法利益，将其作为贿赂款，明显证据不足，不可认定。
事实问题	许某甲收取张某甲、武某某的金钱是否构成受贿？
专家意见	1. 许某甲收取张某甲、武某某等人2万美元和47万元人民币的行为，均发生在2007年11月5日之后，A公司已改制，许某甲身份已经转变为非国家工作人员，不符合受贿罪主体条件； 2. 除了具有利害关系言辞证据之外，没有任何（银行记录）书证证明许某甲接受上述款项，以此认定许某甲收受该笔贿赂款，证据不足。

续表

争议焦点	
评述	受贿罪，是指国家工作人员，利用职务上的便利，索取他人财物，或者非法收受他人财物并为他人谋取利益的行为。受贿罪在主体条件为国家工作人员，而在收取张某甲、武某某等人金钱时已非国家工作人员，不符合受贿罪的成立条件。在其他方面也没有相关的书证予以佐证，明显证据不足，不构成受贿。
事实问题	许某甲与胡某甲之间是否构成受贿?
专家意见	1. 许某甲既没有参与也没有授意胡某甲用虚列工程方式套取5万欧元和5万美元工程款，不应认定为贪污行为; 2. 具有利害关系的胡某甲证言没有其他证据印证，仅以此认定许某甲接受该笔款项，证据不足; 3. 许某甲收受该款项的时间为A公司改制之后，其身份已转变为非国家工作人员，不符合受贿罪主体条件。
评述	本案中许某甲属于非国家工作人员，不符合受贿罪的主体条件，也没有相应的贪污行为。对于有利害关系的证人证言且没有其他的证人证言可以相互印证，其证明力比较弱。故可以认定许某甲不构成受贿罪。
事实问题	许某甲以“耿某某”身份存入银行的款项是否构成巨额财产来源不明罪?
专家意见	许某甲能够说明其以“耿某某”身份存入银行的款项来源，其身份自A公司改制后，已转变为非国家工作人员，不应认定其构成巨额财产来源不明罪。
评述	《刑法》第395条第1款规定，国家工作人员的财产、支出明显超过合法收入，差额巨大的，可以责令该国家工作人员说明来源，不能说明来源的，差额部分以非法所得论，处5年以下有期徒刑或者拘役；差额特别巨大的，处5年以上10年以下有期徒刑……本案中许某甲能够说明其财产来源，并且许某甲属于非国家工作人员，因此不能认定其构成巨额财产来源不明罪。

论证案件五 宁某甲涉嫌受贿案

一、专家论证依据的案件材料

（一）2018年9月6日，B市人民检察院（B检公诉二刑诉［2018］10号）《起诉书》。

（二）有关证据材料。

二、B市人民检察院（B检公诉二刑诉［2018］10号）《起诉书》认定的案件事实与适用的法律

（一）《起诉书》认定的案件事实

2006年上半年，被告人宁某甲在担任B市卫生局党组成员、副局长期间，通过其他国家工作人员，为BA公司、X省B公司法定代表人王某甲在B市G区建厂划批土地一事中谋取不正当利益，并先后于2007年5、6月份一天，在其位于B市中心血站家属楼的家中收受王某甲所送现金人民币10万元；于2013年秋季的一天，在B市G区收受王某甲所送现金人民币10万元；于2014年5月22日，收受王某甲出资购买的位于B市G区四路城市公馆8栋1单元2101号房产一套及地下车库一个，价值人民币908 971元；于2016年春节前一天，在B市行政中心广场收受王某甲以拜年为由所送现金人民币2万元；于2016年4月份一天，在其位于城市公馆的家中收受王某甲以宁某甲女儿结婚为由所送

现金人民币 5 万元；于 2018 年春节前的一天，在其位于城市公馆的家中收受王某甲以拜年为由所送现金人民币 2 万元。

2012 年至 2018 年，被告人宁某甲在先后担任 B 市卫生局党组书记、局长，B 市卫生和计划生育局党组书记、局长期间，利用职务上的便利，为他人在职务提拔、调整及安置工作、招投标等方面谋取利益，非法收受他人财物共计人民币 91 万元。

(二)《起诉书》适用的法律

被告人宁某甲身为国家工作人员，利用职务上的便利为他人谋取利益；或利用本人职权或地位形成的便利条件，通过其他国家工作人员职务上的行为，为他人谋取不正当利益，收受他人贿赂共计人民币 2 088 971 元，数额巨大，其行为已触犯《刑法》第 385 条、第 388 条之规定。犯罪事实清楚，证据确实、充分，应当以受贿罪追究其刑事责任。

三、专家论证意见与理由

（一）王某甲为法定代表人的 BA 公司（以下称“A 公司”）在 B 市 G 区获得建厂划批土地，是该市大力招商引资的结果，与《起诉书》指控的“(2006 年上半年) 宁某甲通过其他国家工作人员”帮助，无事实上的因果关系。

1. 2006 年，B 市 G 开发区投资吸引力不大。A 公司决定在 B 市 G 区投资建厂，是 B 市 G 开发区招商引资的重要成果。

（1）2006 年，G 区东区正在开发建设当中，入区企业及项目较少；在 2006 年的时候 G 区开发才刚刚起步，入驻 G 区的企业还比较少，待开发的面积还比较大。（参见 2018 年 6 月 8 日 B 市 G 区管委会《关于对 G 区 G 十一路以东、G 十二路以西入驻企业投资规模的说明》，证据卷 9，第 15 页；2018 年 5 月 21 日《讯问李某甲笔录》，证据卷 6，第 207 页、第 208 页）

（2）G12 路以东太远，入驻的企业太少，许多地方都是荒地。当时 G12 路以西的范围是 G 区第二批招商引资项目，各项基础条件都成熟一些。G12 路以东的范围属于第三批项目，处于计划启动阶段，当时土地还很荒芜，基本没有入驻的企业。王某甲看上的 G12 路以西的位置也空着，还没有比王某甲更适合的大企业入驻。当时王某甲看上的这块地也是空地，没别的企业入驻。（参见 2018 年 5 月 2 日，《讯问王某甲笔录》，证据卷 6，第 65 页；2018 年 5 月 21 日《讯问李某甲笔录》，证据卷 6，第 208 页；2018 年 6 月 11 日《讯问陈某甲笔录》，证据卷 6，第 224 页）

（3）2006 年，B 市 G 区原副主任安某甲（女）带招商部一行 4 人先后来到我司（A 公司）两次，宣传动员招商我司到 B 市 G 区投资。（参见 2018 年 12 月 28 日王某甲《情况说明》，证据卷 6，第 63 页）

（4）B 工业园：召开协调会。①储备项目，包装项目。②落实项目包抓责任制，加大产业项目的力度，招商引资力度要加大，天天督促开工，产业优先。③没有项目就没有 G 区，盯住项目。（参见 2006 年 6 月 17 日李某甲《个人笔记》复印件，证据卷 8，第 2 页；2018 年 5 月 17 日，《讯问李某甲笔录》，证据卷 6，第 202 页）

（5）王某甲的 A 公司作为一个中等规模企业，也属于一个效益比较好的企业，G 区也希望引进；王某甲的企业最早是 G 区管委会时任分管招商副主任安某甲带领招商部有关人员去 F 县招商引资来的；B 富士特项目能够在 G 区投资建厂，作为招商部是十分愿意看到的，也尽可能地希望让王某甲落户 G。（参见 2018 年 5 月 21 日《讯问李某甲笔录》，证据卷 6，第 208 页、第 210 页）

2. 2005 年 12 月至 2006 年 1 月，A 公司在 B 市 G 区建厂划批土地的位置与面积，就已获该市 G 开发区多个部门同意；而《起诉书》指控宁某甲通过其他国家工作人员为王某甲提供帮助，是在 2006 年上半年。显然，从时间上看，前者与后者无关。

（1）专家评估结果摘要：该项目符合 G 区产业发展方向，同意进入 G 区发展，该企业具有一定的投资实力；项目单位用地意向：G 大道以南（紧邻 G 大道）、G11 路以东、G12 路以西；面积为 53 333 平方米左右；招商部意见：G 大道以南（紧邻 G 大道）、G11 路以东、G12 路以西，面积为 53 333 平方米左右，落款“李某甲”，日期为（2005 年）12 月 28 日；规划部意见：同意选址，落款“邓某甲”，日期为（2006 年）元月 5 日；管委会意见：同意调整后的意见，落款“安某甲”，日期为（2006 年）1 月 18 日”。〔参见 2005 年 12 月 14 日 B 市 G 区管委会出具（A 公司投资）《项目用地安排意见表》，证据卷 8，第 15 页〕。

（2）“2006 年上半年，被告人宁某甲在担任 B 市卫生局党组成员、副局长期间，通过其他国家工作人员，为 A 公司、陕西省 B 公司法定代表人王某甲在 B 市 G 区建厂划批土地一事中谋取不正当利益”。〔参见 B 市人民检察院 B 检（公诉二刑诉［2018］10 号）《起诉书》第 1 页、第 2 页〕

（3）最终双方能达成协议是考虑到当时 G 区招商的实际情况，和与王某甲协商的结果，与宁某甲打没打招呼无关；虽然王某甲当时是 B 市卫生局副局长……但是 B 富士特项目能够在 G 区投资建厂，作为招商部是十分愿意看到的，也尽可能地希望让王某甲落户 G 区，所以在具体项目协商和建设过程中，给予关照和帮助是应该的。（参见 2018 年 5 月 21 日《讯问李某甲笔录》，证据卷 6，第 209 页、第 210 页）

（二）A 公司与 B 市开发区管委会多次谈判、讨价还价，才获得与同期同地段其他公司同等（偏高）的土地价格，符合当时的地价政策，未获取任何不正当价格利益。

1. 144 元每平方米的地价，是 A 公司与 B 市开发区管委会多次谈判、讨价还价的结果。

（1）经过一年多时间，最终能以基本符合王某甲意愿达成一致，是双方互相让步博弈的结果，我觉得主要有以下几个原因：一是作为招商部而言，在 2006 年的时候 G 区开发才刚刚起步，入驻 G 区的企业还比较少，待开发的面积还比较大，一方面王某甲看上的 G12 路以西的位置也空着，还没有比 A 公司更适合的大企业入驻，另一方面王某甲的 A 公司作为一个中等规模企业，也属于一个效益比较好的企业，G 区也希望能引进。二是 A 公司最终能以 144 元每平方米在 G 大道边 12 路以西投资建厂，一方面是我代表招商部在一年多的时间里，与王某甲多次协商互相让步的结果，另一方面王某甲也可能多次找过 G 区管委会时任相关领导商量过，领导最终考虑到企业实力和 G 区发展实际最终权衡的结果。因为毕竟是上亿元的投资项目，双方都在不断地讨价还价，双方都想利益最大化，所以谈判过程很艰难。（参见 2018 年 5 月 21 日，《讯问李某甲笔录》，证据卷 6，第 207 页、第 208 页、第 210 页）

（2）最终 G 区与王某甲按照 144 元每平方米在 G 大道路边 12 路以西投资建厂，也基本实现了当时 G 区的招商意图，符合当时 G 区招商的相关要求；最终按照 144 元每平方米的价格成交，当时 G 区管委会各级领导也是同意和认可的；最终定额价格和投资规模基本上能达到落户在 G 区工业用地二期建设的基本要求……所以最终 G 区各级领导还是同意认可了；因为作为商业活动本身就是一个讨价还价的过程，我代表招商部因土地价格多次和王某甲协商过，王某甲也可能找过其他领导砍过价，所以最终按照 144 元每平方米的价格成交，当时 G 区管委会各级领导也是同意认可的。（参见 2018 年 5 月 21 日《讯问李某甲笔录》，证据卷 6，第 210 页；2018 年 5 月 17 日，《讯问李某甲笔录》，证据卷 6，第 204 页、第 205 页）

（3）当时 G 区规定，工业用地价格为：小微工业园每平方米 180 元，中型企业〔指民营投资过亿，注册资本 2000 万元。我司（A 公司）投资 1.3 亿元，注册资本 4000 万〕每平方米 150 元，大型国有企业每平方米 90 元或免费提供。〔参见 2018 年 11 月 28 日，王某甲《情况说明》（附件一），第 1 页〕

2. 与同期同地段其他公司相比，A 公司的地价属于同等偏高。

（1）关于一次性付款至 90%要求优惠 50 万元的问题，鉴于该项目目前所谈地价为 9.6 万元，不含“两金两税”。若加上“两金两税”，综合地价约 11.3 万元，按投资 1.3 亿元的规模考虑，若一次性付款至90%，可从总价款中给予50万元优惠。（参见2006年7月6日，B市G区管委会《关于A公司有关问题的处理建议》第2条，证据卷8，第4页）

（2）鉴于该项目目前所谈地价为9.6万元，不含“两金两税”。若加上“两金两税”，综合地价约11.3万元，按投资1.3亿元的规模计算，地价较高，可考虑给优惠50万元。（参见2006年7月6日，B市G区管委会《会议纪要》第3条，证据卷8，第19页）

（3）A公司与同期同地段投资公司地价同等待遇一览表：

项目合同名称投资额、注册资本项目用地面积、位置优惠后总价、单价签约日期。

B市开发区管委会（甲方）与西安DT科技股份有限公司（乙方）BG技术产业开发区《项目入区投资建设合同》（合同编号：WZ2006001）投资1亿元34 666平方米；G大道以南，G11路至G12路之间。优惠后总价500万元，实际土地单价144元每平方米。2006年9月29日。

B市开发区管委会（甲方）与陕西DH工具有限公司（乙方）BG技术产业开发区《项目入区投资建设合同》（合同编号：WZ2006004）投资4500万元，注册资本1200万元；14 667平方米，G11路至G12路之间，神功钛业公司以南，区间路以西。优惠后总价209万元，实际土地单价142元每平方米。2006年11月30日。

B市开发区管委会（甲方）与A公司（乙方）BG技术产业开发区《项目入区投资建设合同》（合同编号：WZ2006005）投资1.3亿元，注册资本4000万元；44 000平方米（36 667平方米转让，7333平方米代征道路），G大道以南，G11路至G12路之间。优惠后总价633.6万元，实际土地单价元144每平方米。2006年8月2日。

（参见证据卷9，第40页~第49页；第93页~第99页；证据卷8，第8页~第14页）

（三）（乙方）A公司不仅无地价额外优惠，而且在按期履行合同支付全部款项的情形下，（甲方）B市G区管委会竟不履行合同约定的“四通一平”义务，迫使A公司多付出300多万元基建用电费用。

1. 甲方（B市G区管委会）确保项目入区投资建设合同签订生效后半年内将生产用电、用水、天然气、供暖配套通到乙方（A公司）围墙外五米内，并能保障生产正常使用。(参见2006年6月30日，B市G区管委会《入区合同再议的几点要约》第2条，证据卷8，第17页)

2. 甲方（B市G区管委会）为乙方（A公司）提供该宗土地的最终优惠价格约为壹佰肆拾肆元整人民币/平方米（144元人民币/平方米)，其地价包括：土地征用费、复耕费、新增建设用地有偿使用费、征地管理费和“四通一平”（基建临时道路通、基建用电通、基建用水通、基建排水通和场地自然平）配套费。〔参见2006年8月2日B市开发区管委会（甲方）与A公司（乙方）BG技术产业开发区《项目入区投资建设合同》（合同编号：WZ2006005）第2条第2项，证据卷8，第8页~第14页〕

3. 郭某某主任讲，你公司（A公司）属于中型企业，按规定150元每平方米，工业用地定价，不讲价不商量，一次交清全款优惠20万元，四通一平，免费给我司通电，双方按此条件签订了投资协议［参见2018年11月28日，王某甲《情况说明》（附件一)，第2页］

4. 在建设中，郭某某主任叫我过去并说，你公司（A公司）办电花费近500万元，G区有困难，让我们自己解决。后来我司与B先行电力（集团）有限责任公司电缆工程公司签订了115万元的10KV安装工程合同，我司自行采购了电力设施、材料，建设了专线供电系统设施。〔参见2018年11月28日，王某甲《情况说明》(附件一)，第2页〕

5. 2007年3月至2008年8月间，A公司与7家电力设备制造、供应、安装公司签订10份采购、供货、施工合同进行通电建设。其中，9份合同明确总价款，金额共计：3 796 406.00元，1份合同以实际使用确定金额进行结算。〔参见（附件二），第1页~第42页〕

（四）2006年上半年，宁某甲给陈某甲打招呼，与李某甲吃饭，仅是要求尽快落实招商引资政策，防止A公司投资的项目被拖延。既没有要求其违反法律、法规、规章、政策、行业规范的规定为王某甲谋取不正当利益；也没有要求其违反有关规定，为王某甲提供帮助或者方便条件；更没有违背公平、公正原则，在经济、组织人事管理等活动中，谋取竞争优势。不能满足《刑法》及有关司法解释有关受贿罪的法定条件。

1. 我（陈某甲）给时任G区管委会主任郭某甲打电话说了一下……我给郭某甲说G大道旁边的地（也就是王某甲看中的）也空着呢，这块地给谁都一样……宁某甲和王某甲找我之后，我只是给时任G区管委会的主任郭某甲打了个电话，当时王某甲看上的这块地也是空地，没有别的企业入驻，也不违反什么原则和政策。（参见2018年6月11日，《讯问陈某甲笔录》，证据卷6，第222页~第224页）

2. 经多次当面详细汇报F县企业的情况，终于争取到了G区主要领导的支持……此项目当年还被认为市政府重点项目，当时的包抓领导是时任政协主席陈某甲，我们还给陈主席专门汇报并得到支持，使企业建设进展顺利。（参见2018年4月26日，《宁某甲交代材料》，证据卷6，第20页）

3. 当时我还带着王某甲去过时任市政协主席陈某甲的办公室，通过陈某甲主席给郭某甲打了招呼，希望G区加快用地审批。（参见2018年4月28日，《讯问宁某甲笔录》，证据卷6，第6页）

4. 王某甲叫我和G区招商部长李某甲吃饭，我在饭桌上给李某甲说过，王某甲是我表哥，是亲戚，希望他能在办手续过程中多关照，希望让项目尽快落地。（参见2018年5月18日，《讯问宁某甲笔录》，证据卷6，第166页）

5. 国家工作人员利用本人职权或者地位形成的便利条件，通过其他国家工作人员职务上的行为，为请托人谋取不正当利益，索取请托人财物或者收受请托人财物的，以受贿论处。“谋取不正当利益”是指谋取违反法律、法规、国家政策和国务院各部门规章规定的利益，以及要求国家工作人员或者有关单位提供违反法律、法规、国家政策和国务院各部门规章规定的帮助或者方便条件。在行贿犯罪中，“谋取不正当利益”，是指行贿人谋取违反法律、法规、规章或者政策规定的利益，或者要求对方违反法律、法规、规章、政策、行业规范的规定提供帮助或者方便条件。在招标投标、政府采购等商业活动中，违背公平原则，给予相关人员财物以谋取竞争优势的，属于“谋取不正当利益”。行贿犯罪中的“谋取不正当利益”，是指行贿人谋取的利益违反法律、法规、规章、政策规定，或者要求国家工作人员违反法律、法规、规章、政策、行业规范的规定，为自己提供帮助或者方便条件。违背公平、公正原则，在经济、组织人事管理等活动中，谋取竞争优势的，应当认定为“谋取不正当利益”。（参见《刑法》第388条；最高人民法院、最高人民检察院《关于在办理受贿犯罪大要案的同时要严肃查处严重行贿犯罪分子的通知》第2条；最高人民法院、最高人民检察院《关于办理商业贿赂刑事案件适用法律若干问题的意见》的通知第9条；最高人民法院、最高人民检察院《关于办理行贿刑事案件具体应用法律若干问题的解释》第12条）

（五）宁某甲与王某甲为同村亲戚（表兄弟）、自幼相识，且多方面帮助王某甲公司经营发展，已被视为公司管理者。宁某甲2014年5月获赠住宅，有证据表明缘于此事实，具有合理性。很难认定与8年前（2006年上半年）宁某甲为王某甲在B市开发区建厂划批土地过程中提供帮助有关。

1. 宁某甲与王某甲为同村亲戚（表兄弟）、自幼相识，关系密切。

（1）宁某甲，男，身份证号61 *** 2196 *** 180513，出生并成长于F县T镇寺头村三组；王某甲，男，身份证号61 *** 2195

*** 101614，出生并成长于 F 县 T 镇寺头村四组，二人为表兄弟关系。宁某甲的祖母宁某乙老太君和王某甲的祖父王老大人为堂兄妹关系，即宁某甲的祖母是王某甲父亲的姑母，王某甲的姑奶。另外，王某甲的伯母宁某丙与宁某甲的父亲宁某丁又为堂姐弟关系，王某甲的堂兄王某乙、王某丙是宁家外甥，王某甲随其堂兄称呼宁某甲父亲为舅舅。1978 年前，王某甲与宁某甲共同在我村生活、就学、劳动，从小时候就经常在一起玩耍。1976 年至 1978 年期间，宁某甲回乡在大队团支部工作，王某甲当时在大队任副大队长兼大队会计，二人经常一起工作。改革开放后，王某甲发展民营企业，宁某甲成为国家工作人员，二人一起为村上修路、修自来水、修建医疗站，重修寺头小学等公益事业，多方争取筹措资金，并个人带头捐款，共同为村上做了很大贡献。〔参见 2018 年 7 月 9 日 F 县 T 村村民委员会《证明》，（附件三），第 1 页〕

(2) 我（王某甲）和宁某甲都是 F 县 T 镇寺头村人，我在四组，宁某甲在三组，宁某甲的父亲是我表舅，我小时候经常去他家玩，我们从小就认识，我年龄比宁某甲大 10 岁……我们之间关系很好，他家有什么事情我经常出面参与，能帮忙就帮忙，我们两个家庭之间也经常走动。(参见 2018 年 5 月 2 日，《讯问王某甲笔录》，证据卷 6，第 64 页)

2. 王某甲以公司福利形式把 20 套住宅赠送给公司多名管理人员。宁某甲多次帮助王某甲公司经营管理，已被视为公司管理人员。认定宁某甲获王某甲赠送住宅属于王某甲对公司管理人员的奖励，具有合理性。

(1) ……建设了一栋家属楼，共计有 20 套房子，刚开始家属楼租给厂内管理层使用，2013 年我（王某甲）将这 20 套房子都送给厂里的管理层了；是我送给宁某甲的。在我的企业发展过程中，宁某甲给我帮了不少忙，这套房子是我出于对宁某甲的感谢送给他的。(参见 2018 年 5 月 2 日《询问王某甲笔录》，证据卷 6，第 62 页、第 70 页)

（2）在王某甲企业发展过程中，我（宁某甲）给协调各种关系帮助企业发展，尤其在企业发展的关键时刻，我都给他提供了帮助，在我的帮助下，他的企业发展得很好，经济效益也很好，所以他才给我买的房子，王某甲在之前F县城开发的房子给企业的管理人员一人送了一套。我给他的企业提供了帮助，他一直想买房子送给我，所以在我看中城市公馆这套房子后，他就主动提出来，由他给我购买，让我只负责装修。（参见2018年4月26日，《宁某甲交代材料》，证据卷6，第10页）

（3）我（宁某甲）的想法是：在我表哥（王某甲）FG区两处企业发展中，特别是一些关键时期，20多年来我一直给操心帮忙，两处企业发展得也很顺利，效益也好，况且F企业已给管理层20多名工作人员各赠送了一套住房。2008年，在G3路田丰园给我表哥考察选购别墅房子时，他也曾提出给我买的问题，当时不管是真话还是玩笑话，我都拒绝了。此后他也曾几次表示过要给我买一套房子的事，所以当他提出连房带车位由他的企业出资买城市公馆的时候我也就欣然接受了。我总以为，在我表哥的企业发展过程中，我也算是做出重要贡献的人，现在把原来承诺买房的事兑现了，作为企业对我的赠送也就有点理所当然了。还有我和他也曾多次说过我退居二线或退休后去他的企业帮忙，他年纪大了（长我10岁），让我帮助他儿子把企业打理打理等事实，这样将来我也算是一名企业管理人员了，所有这一系列想法，促使了我接受了我表哥王某甲给我买房赠送的行为。（参见2018年4月26日，《宁某甲交代材料》，证据卷6，第16页、第17页）

（4）我（王某甲）的企业在发展过程中遇到什么事，我也找宁某甲出面协调帮忙，我们之间关系一直很好，每年我都会邀请我们村在外面工作的人一起坐一坐吃个饭，宁某甲也都参与；我的企业在发展过程中遇到问题，我会找他咨询，有些问题我也会找他出面协调关系，给企业发展提供帮助；我的企业在发展过程中遇到的问题，我也会与宁某甲商量……我和宁某甲也一起到G

区进行过实地考察；平时我的企业有什么事情我就给他说一说，聊一聊，咨询一些政策方面的事情，再没有让他给我帮过什么忙。(参见 2018 年 5 月 2 日《讯问王某甲笔录》，证据卷 6，第 64 页、第 65 页、第 68 页)

(5) 王某甲认为自己企业在发展过程中，宁某甲起到了关键作用，为了对宁某甲表示感谢，才给我们送了一套房子。(参见 2018 年 5 月 4 日，《讯问刘某某笔录》，证据卷 6，第 40 页)

(6) 我（宁某甲）从小就很崇拜王某甲，和他关系一直很好。多年来在春节前后，王某甲都会邀请我们同村在外面工作的人一起吃饭坐一会，他企业经营的有些情况也会给我说，企业在经营发展过程中我也多次给他出谋划策，在具体问题上我也出面给协调解决，我们有时候无话不谈，近几年因为我们都居住在 G 区，晚上我们会在一起散步聊天，我和他关系一直很融洽……当时房子在四楼，没带电梯，再一个房子临近路边，晚上有点吵。居住过一段时间以后，我和我爱人商量着想在 G 区买一套带电梯的高层住宅……看完这套房子之后我请王某甲给我参谋参谋，因为王某甲在城市公馆也有房子……现场看完之后王某甲给我和我爱人说就买这套房子吧，房钱他给我出，就算企业对我的回报，我自己的钱就留着装修……我和王某甲从小认识，我很敬慕他，我们互相之间很熟悉，我和他的关系就像亲兄弟一样，所以我对他没有设立门槛也没有设立防线，我给他的企业的确帮了不少忙，他的企业经营状况也很好。当时自己心里也有一些理所当然的心态，所以在他提出给我买房时我没有拒绝。(参见 2018 年 4 月 28 日，《讯问宁某甲笔录》，证据卷 6，第 3 页、第 7 页、第 8 页；2018 年 5 月 9 日，《讯问宁某甲笔录》，证据卷 6，第 137 页)

3.《起诉书》指控：2006 年上半年，宁某甲为王某甲在 B 市开发区建厂划批土地过程中提供帮助；2014 年 5 月，宁某甲获王某甲赠送的住宅。二者时间上相距 8 年，其关联性很难成立。

(1) 2006 年上半年，被告人宁某甲在担任 B 市卫生局党组成员、副局长期间，通过其他国家工作人员，为A公司、S省B公司法定代表人王某甲在B市G区建厂划拨土地一事中谋取不正当利益。〔参见B市人民检察院B检（公诉二刑诉［2018］10号）《起诉书》第1页、第2页〕

（2）于2014年5月22日，收受王某甲出资购买的位于B市G四路城市公馆8栋1单元2101号房产一套及地下车库一个，价值人民币908 971元。〔参见B市人民检察院B检（公诉二刑诉［2018］10号）《起诉书》第2页〕

（六）2007年~2018年十多年间，王某甲出于与宁某甲同村表兄弟关系，在多种特定事由下，赠送宁某甲总计29万元款项，具有亲戚间馈赠的明显特征。

1. 第一次（10万元）是2007年5月左右……我（王某甲）考虑到宁某甲刚买了房子，宁某甲的女儿宁某戊上大学，家庭开支比较大。第二次（10万元）我记得是2013年秋季……原厂址在土地变性后准备搞商业开发。在这过程中宁某甲给我帮忙协调了土地性质变更的事情，为了对宁某甲表示感谢……我对宁某甲说："一点心意，把这个拿上"……我对宁某甲说："你给我帮忙了，这是感谢你的"……第四次是2016年春节前……并给他说："哥给你2万元，你安顿一下年事，再不要收别人钱"……第五次（5万元）是2016年4月左右……并对宁某甲夫妻俩说："把这个拿上，你们给女儿添点嫁妆"……我说："给娃添点嫁妆，拿着"……第六次（2万元）是2018年春节前，我记得是腊月二十八的晚上，……并对宁某甲、刘某某说："你们安顿一下年事，准备过年"。（参见2018年5月8日，《讯问王某甲笔录》，证据卷6，第153页~第156页）

2. 我（刘某某）记得第一次大约是2007年6月份……王某甲说："宁某戊在上大学，你们也刚搬了家，我给你拿点钱，把家里补贴一下。""第二次大约2012或2013年的秋季……第四次是2016年4月份……王某甲说：'宁某戊要结婚了，我给娃上个礼，你们看着给娃添点嫁妆。'第五次是2016年春节前的一个晚上，宁某甲回家后给我说：‘启录哥拿了2万元，让咱们办年货哩。’第六次是2018年春节前的一个晚上，他给宁某甲说：‘你们安顿一下过年的事，准备过新年’。”（参见2018年5月9日，《讯问刘某某笔录》，证据卷6，第143页、第145页~第147页）

3. 大概在2007年5、6月份……王某甲来到我（宁某甲）的新家表示祝贺……并说我们刚搬了家，我女儿宁某戊还在上大学，他给我们拿点钱补贴一下家用，我们聊了一会儿。大概在2012年……他给我说企业现在运行正常，F的原厂址也拿到了地皮准备进行开发，我给他的企业帮了大忙，是企业的有功之臣，这是10万元，对我的奖励……答：当时王某甲是这样说的，说这是企业对我的奖励，也是企业这几年发展的一个总结，让我拿上。在王某甲企业发展的过程中，我给王某甲确实也帮了忙，所以他才给我10万元感谢我……2016年4月份左右，我女儿宁某戊结婚前的一天晚上……王某甲给我和刘某某说娃要结婚了，他给准备了点“陪房”（嫁妆）……我们在一起讨论了一下女儿结婚的事情……2016年春节前的一天……他说也没有啥事，快过年了，给我点年货钱……今年春节前，也就是2018年2月份……我们坐着聊了一会……说快过年了，让我们看着安排一下过年。他还问我女儿和外孙的情况。（参见2018年5月9日，《讯问宁某甲笔录》，证据卷6，第131页~第133页、第135页、第136页）

四、专家论证结论

（一）王某甲为法定代表人的A公司在B市G区获得建厂划批土地是该市大力招商引资的结果，与《起诉书》指控的“（2006年上半年）宁某甲通过其他国家工作人员帮助”无事实上的因果关系。

（二）A公司与B市开发区管委会多次谈判、讨价还价，才获得与同期同地段其他公司同等（偏高）的土地价格，符合当时的地价政策，未获取任何不正当价格利益。

（三）（乙方）A公司不仅无地价额外优惠，而且在按期履行合同支付全部款项的情形下，（甲方）B 市 G 区管委会竟不履行合同约定的“四通一平”义务，迫使 A 公司多付出 300 多万元基建用电费用。

（四）2006 年上半年，宁某甲给陈某甲打招呼，与李某甲吃饭，仅是要求尽快落实招商引资政策，防止 A 公司投资的项目被拖延。既没有要求其违反法律、法规、规章、政策、行业规范的规定为王某甲谋取不正当利益；也没有要求其违反有关规定，为王某甲提供帮助或者方便条件；更没有违背公平、公正原则，在经济、组织人事管理等活动中，谋取竞争优势。

（五）宁某甲与王某甲为同村亲戚（表兄弟）、自幼相识，且多方面帮助王某甲公司经营发展，已被视为公司管理者。宁某甲 2014 年 5 月获赠住宅，有证据表明缘于此事实，具有合理性；很难认定与 8 年前（2006 年上半年）宁某甲为王某甲在 B 市开发区建厂划拨土地过程中提供帮助有关。

（六）2007 年~2018 年十多年间，王某甲出于与宁某甲同村表兄弟关系，在多种特定事由下，赠送宁某甲共 29 万元礼金，具有亲戚间馈赠的明显特征。

总之，为了让 B 市开发区招商引资的 A 公司，在投资建厂过程中不被拖延，宁某甲于 2006 年上半年分别让陈某甲、李某甲在不违反有关规定情形下提供帮助或便利。结果，A 公司在地价和地段上均未获取任何不正当利益。十多年间，出于亲情、乡情以及宁某甲长期为王某甲企业经营管理提供帮助等特定原因，宁某甲接受王某甲赠送的一套住宅（车库）及 29 万元礼金，符合馈赠特征，不应认定为收受贿赂行为。

争议焦点与评述

争议焦点	
事实问题	宁某甲是否涉嫌受贿案？

续表

争议焦点	
专家意见	为了让B市开发区招商引资的A公司，在投资建厂过程中不被拖延，宁某甲于2006年上半年分别让陈某甲、李某甲在不违反有关规定情形下提供帮助或便利。结果，A公司在地价和地段上均未获取任何不正当利益。 十多年间，出于亲情、乡情以及宁某甲长期为王某甲企业经营管理提供帮助等特定原因，宁某甲接受王某甲赠送的一套住宅（车库）及29万元礼金，符合馈赠特征，不应认定为收受贿赂行为。
评述	在本案中，首先，A公司在B市G区获得建厂划批土地，是该市大力招商引资的结果，与《起诉书》指控的内容无事实上的因果关系。其次，A公司获得与同期同地段其他公司同等（偏高）的土地价格，符合当时的地价政策，未获取任何不正当价格利益。再其次，宁某甲给陈某甲打招呼，与李某甲吃饭，仅是要求尽快落实招商引资政策，防止A公司投资的项目被拖延。既没有要求其违反法律、法规、规章、政策、行业规范的规定为王某甲谋取不正当利益；也没有要求其违反有关规定，为王某甲提供帮助或者方便条件；更没有违背公平、公正原则，在经济、组织人事管理等活动中，谋取竞争优势。最后，王某甲出于与宁某甲同村表兄弟关系，在多种特定事由下，赠送宁某甲共29万元礼金，具有亲戚间馈赠的明显特征。综上所述，宁某甲不涉嫌受贿案。

第三编
其他类犯罪疑难案件论证

论证案件一 李某甲等涉嫌制造、贩卖毒品罪

一、专家论证依据的案件材料

1. H省Q市人民检察院起诉书（Q检刑诉［2013］48号）。

2. H省Q市人民检察院量刑建议书（2013年7月3日）。

3. 本案有关证据材料。

二、H省Q市人民检察院起诉书（Q检刑诉［2013］48号）指控的案件事实

2011年3月至2012年5月间，被告人廖某甲、李某甲、罗某某预谋合伙制造冰毒贩卖牟利，并最终确定由廖某甲提供麻黄素等制毒原料，李某甲负责制毒技术，罗某某负责制毒设备和辅料等，三人共同销售。先后催化脱氧麻黄素并结晶冰毒6次，制造冰毒113千克，全部予以贩卖，并利用所谓的冰毒半成品提纯冰毒60余千克，部分予以贩卖。具体犯罪事实如下：

1. 2011年4月左右的一天，被告人廖某甲、李某甲、罗某某携带由廖某甲提供的15余千克的麻黄素，在S省S县X镇罗某某姐姐罗某甲家屋后竹林空地催化脱氧麻黄素后，在罗某某租住的C市G区G小区6栋1单元8楼41室内结晶制造冰毒13余千克。冰毒被三被告人贩卖。

2. 2011年5月左右的一天，被告人廖某甲、李某甲、罗某某

携带由廖某甲提供的20余千克的麻黄素，在S省S县X镇罗某某姐姐罗某甲家屋后竹林空地催化脱氧麻黄素后，在罗某某租住的C市G区G小区6栋1单元8楼41室内结晶制造冰毒20余千克。冰毒被三被告人贩卖。

3. 2011年9月左右的一天，被告人廖某甲、李某甲、罗某某携带由廖某甲提供的20余千克的麻黄素，在S省R县F乡W村罗某某家院内催化脱氧麻黄素后，在廖某甲租住的C市G区H镇远大四期45栋1904室结晶制造冰毒15余千克。冰毒被三被告人贩卖。

4. 2011年9月左右的一天，被告人廖某甲、李某甲、罗某某携带由廖某甲提供的30余千克的麻黄素，在S省R县F乡W村罗某某家院内催化脱氧麻黄素后，在廖某甲租住的C市G区H镇远大四期45栋1904室结晶制造冰毒30余千克。冰毒被三被告人贩卖。

5. 2011年10月左右的一天，被告人廖某甲、李某甲、罗某某携带由廖某甲提供的20余千克的麻黄素，在S省S县S镇一果园内催化脱氧麻黄素后，在廖某甲租住的C市G区H镇远大四期45栋1904室结晶制造冰毒15余千克。冰毒被三被告人贩卖。

6. 2011年11月左右的一天，被告人廖某甲、李某甲、罗某某携带由廖某甲提供的30余千克的麻黄素，在S省S县S镇一果园内催化脱氧麻黄素后，在廖某甲租住的C市G区H镇远大四期45栋1904室、1906室结晶制造冰毒20余千克。冰毒被三被告人贩卖。

7. 2011年12月左右的一天，被告人廖某甲、李某甲、罗某某在C市G区H镇远大四期45栋1904室、1906室，利用从被告人伍某某处购买的冰毒提纯60余千克。被告人廖某甲被抓获后，公安机关从其住处、租房处收缴白色晶体18大袋，净重90.33千克；白色晶体12袋，净重10.83千克；淡黄色晶体3袋，净重633克；红色片剂1袋，净重14.72克。经鉴定：白色晶体中检出甲基丙苯胺，含量分别为72.8%、76.7%；淡黄色晶体中检出甲基丙苯胺，含量为72.1%；红色片剂中检出甲基丙苯胺、咖啡因。

8. 2010 年 5 月至 2011 年 12 月间，被告人廖某甲从伍某某处先后购买麻黄素 300 余千克，除 150 余千克被用于制造毒品外，其余大部分麻黄素被贩卖，其中，通过被告人李某甲贩卖麻黄素 50 余千克。

综上，被告人李某甲参与贩卖、制造冰毒 173 余千克，非法买卖麻黄素 20 余千克。

被告人李某甲在共同犯罪中系主犯；被告人李某甲 2003 年 10 月 27 日因犯抢劫罪被 C 市 Q 区人民法院判处有期徒刑 5 年 6 个月，2007 年 4 月 23 日刑满释放，系累犯。

三、H 省 Q 市人民检察院有关李某甲的“量刑建议”

根据《刑法》，最高人民法院《关于审理毒品案件定罪量刑标准有关问题的解释》，《全国部分法院审理毒品犯罪案件工作座谈会纪要》，最高人民法院、最高人民检察院、公安部《办理毒品犯罪案件适用法律若干问题的意见》之规定认为：

被告人李某甲的行为已触犯了《刑法》第 347 条第 2 款第（一）项、第 350 条之规定，应当以贩卖、制造毒品罪、非法买卖制毒物品罪追究其刑事责任，其贩卖、制造毒品，法定刑为 15 年有期徒刑、无期徒刑或者死刑，并处没收财产，因其贩卖制造毒品数量大，且属累犯，建议判处死刑，剥夺政治权利终身，并处没收财产；其非法买卖毒品罪，法定刑为 3 年以上 7 年以下有期徒刑，并处罚金，建议判处 6 年至 8 年有期徒刑；数罪并罚，建议判处被告人李某甲死刑，剥夺政治权利终身，并处没收财产。

四、专家论证意见

（一）检察院指控李某甲 8 次涉嫌制造、贩卖毒品，其中，指控李某甲前 7 次制造、贩卖毒品的证据材料，均为李某甲及其同案犯廖某甲和罗某某的口供。该口供有关李某甲制造、贩卖毒品的次数、时间、地点、人员、行为、重量等方面，均有不同程度的矛盾。具体参见下列四份表格：

检察院起诉书指控李某甲涉嫌、制造贩卖毒品情况统计（表一）

次数	时间	地点	人员	制造行为	贩卖行为	重量	证据及其来源
1	2011年4月	S县X镇罗某某姐姐罗某甲家屋后竹林空地；C市G区G小区6栋1单元8楼41室	李某甲、廖某甲、罗某某	催化脱氧、结晶	被三被告人贩卖	13余千克冰毒	不明
2	2011年5月	同上	同上	同上	同上	15余千克冰毒	不明
3	2011年9月	R县F乡W村罗某某家院内；C市G区H镇远大四期45栋1904室	同上	同上	同上	15余千克冰毒	不明
4	2011年9月	同上	同上	同上	同上	30余千克冰毒	不明
5	2011年10月	S县S镇一果园内；C市G区H镇远大四期45栋1904室	同上	同上	同上	15余千克冰毒	不明
6	2011年11月	S县S镇一果园；C市G区H镇远大四期45栋1904室、1906室	同上	同上	同上	20余千克冰毒	不明
7	2011年12月	G区H镇远大四期45栋1904室、1906室	同上	冰毒提纯	无	60余千克冰毒	不明
		廖某甲住处、租房处	廖某甲	无	无	白色晶体18大袋，净重	公安机关搜查、扣押笔

续表

次数	时间	地点	人员	制造行为	贩卖行为	重量	证据及其来源
7	2011 年 12 月					90. 33 千克；白色晶体 12 袋，净重 10. 83 千克；淡黄色晶体 3 袋，净重 633 克；红色片剂 1 袋，净重 14. 72 克。经鉴定：白色晶体中检出甲基丙苯胺，含量分别为 72. 8%、76. 7%；淡黄色晶体中检出甲基丙苯胺，含量为 72. 1%；红色片剂中检出甲基丙苯胺、咖啡因。	录、鉴定意见
8	2010 年 5 月至 2011 年 12 月间	不明	李某甲	无	贩卖	50 余千克麻黄素	不明

李某甲口供笔录中，有关其参与制造、贩卖毒品的情况（表二）

次数	时间	地点	人员	制造行为	贩卖行为	重量	证据及其来源
1	2011年4月底	远大四期45栋1902室	我（李某甲）、廖某甲、罗某某	实验提纯、结晶	自己、朋友吸食	16克冰毒	2012年7月13日13时30分，K县公安局刑事警察大队侦查员于某开始讯问李某甲笔录。
2	2011年4月底过了四五天	X镇罗某某的亲属家院里	罗某某、廖某甲、锋哥、李某甲	锋哥演示制作、提纯	锋哥拿走了	不到9千克麻黄素油	K县公安局刑事警察大队侦查员于某、吴某甲、孙某某分别于2012年7月13日13时30分、2012年8月6日12时30分、2012年8月19日8时10分、2012年10月11日13时13分开始讯问李某甲的笔录。
3	2011年6月	果园附近；远大四期45栋1902室	廖某甲、罗某某、李某甲	提纯、结晶	被廖某甲和罗某某卖	约6千克冰毒	K县公安局刑事警察大队侦查员于某分别于2012年7月13日13时30分、2012

续表

次数	时间	地点	人员	制造行为	贩卖行为	重量	证据及其来源
							年8月19日8时10分开始讯问李某甲笔录。
4	2011年8月	同上	同上	同上	同上	约7千克冰毒	K县公安局刑事警察大队侦查员于某、杨某甲、吴某甲、孙某某分别于2012年7月13日13时30分、2012年7月14日9时、2012年7月20日13时32分、2012年8月6日12时30分、2012年8月19日8时10分、2012年10月11日13时13分开始讯问李某甲的笔录。
5	2011年10月	R县罗某某的大哥家；院里远大四期	同上	同上	我和廖某甲、罗某某卖了	15千克冰毒	K县公安局刑事警察大队侦查员杨某甲、吴某甲、于某、孙

续表

次数	时间	地点	人员	制造行为	贩卖行为	重量	证据及其来源
		45栋1902室					某某分别于2012年7月13日13时30分、2012年7月20日13时32分、2012年8月6日12时30分、2012年8月19日8时10分、2012年10月11日13时13开始讯问李某甲的笔录。
6	2011年12月初	罗某某的大哥家、廖某甲租的19楼1606房间	廖某甲、罗某某、小胖（未参加结晶）还有我	同上（着火）	廖某甲和罗某某把这些冰毒卖了	18千克冰毒	K县公安局刑事警察大队侦查员于某、杨某甲、吴某甲、孙某某分别于2012年7月13日13时30分、2012年7月14日9时、2012年7月20日13时32分、2012年8月6日12时30

续表

次数	时间	地点	人员	制造行为	贩卖行为	重量	证据及其来源
							分、2012年8月19日8时10分、2012年10月11日13时13分开始讯问李某甲的笔录。

廖某甲口供笔录中，有关李某甲涉嫌制造、贩卖毒品情况（表三）

次数	时间	地点	人员	制造行为	贩卖行为	重量	证据来源
1	2011年3月	X镇罗某某家的亲属的一个空房子；G小区小罗租的1单元8楼41室	廖某甲、罗某某、李某甲	反应、结晶	未提及	约12、13千克冰毒。	2012年7月13日10时56分，K县公安局刑事警察大队侦查员蒋某某，讯问廖某甲笔录。2012年8月19日8时12分，K县公安局刑事警察大队侦查员李某乙，讯问廖某甲笔录。

续表

次数	时间	地点	人员	制造行为	贩卖行为	重量	证据来源
2	2011年5月份	R县罗某某的老家；远大四期45栋1单元1902室或1904室	同上	同上	未提及	15千克冰毒	K县公安局刑事警察大队侦查员王某甲、李某乙分别于2012年8月2日9时27分、2012年8月19日8时12分开始讯问廖某甲笔录（基本相同，结晶地点为1904室。）
3	2011年7月	罗某某老家的房子、廖某甲租的1902室	廖某甲、罗某某、李某甲、罗某某大哥、李某甲的朋友胖子	同上	未提及	30多千克冰毒	K县公安局刑事警察大队侦查员王某甲、李某乙分别于2012年8月2日9时27分，8月19日8时12分，讯问廖某甲笔录（基本相同，仅结晶地点为1904室，时间为2011年8、9月份。）

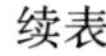

续表

次数	时间	地点	人员	制造行为	贩卖行为	重量	证据来源
4	2011年10月	S镇果园里；廖某甲租的1902室	廖某甲、罗某某、李某甲	同上	未提及	15千克冰毒	K县公安局刑事警察大队侦查员王某甲、李某乙分别于2012年8月2日9时27分、8月19日8时12分，讯问廖某甲笔录（基本相同，仅结晶地点为1904室。）
5	2011年11月	S镇果园里；廖某甲租的1902室、1906室	廖某甲、李某甲、廖某乙部分参与	同上	未提及	20多千克冰毒	K县公安局刑事警察大队侦查员王某甲、李某乙分别于2012年8月2日9时27分、8月19日8时12分，讯问廖某甲笔录（基本相同，仅结晶地点为1904室。）

罗某某口供笔录中，有关李某甲涉嫌制造、贩卖毒品情况（表四）

次数	时间	地点	人员	制造行为	贩卖行为	重量	证据及其来源
1	2011年3、4月	S县X镇离我住的空房子一个偏僻的野地；罗某某租的G小区6栋1单元41室里	廖某甲、罗某某、李某甲	反应、结晶	未提及	16千克冰毒。	2012年7月12日8时22分，K县公安局刑事警察大队侦查员吴某甲，讯问罗某某笔录。
2	未提及	S县X镇找了一个偏僻的空地；罗某某租的G小区6栋1单元41室里	同上	同上	卖了；廖某甲用卖冰毒的钱给罗某某买奥迪A5	20千克冰毒	2012年7月12日8时22分，K县公安局刑事警察大队侦查员吴某甲，讯问罗某某笔录。
3	未提及	R县F乡W村一组的罗某某老家的房子；S县H镇远大小区一个19楼4号房间	同上	同上	未提及	40千克的冰毒	同上
4	2012年春节后的一天	19楼进行的提纯结晶	廖某甲、李某甲以及另二人参	同上	未提及	未提及	同上

续表

次数	时间	地点	人员	制造行为	贩卖行为	重量	证据及其来源
			与提炼，罗某某参与结晶				

论证意见小结：2008 年 12 月《全国部分法院审理毒品犯罪案件工作座谈会纪要》第 2 条规定，毒品数量达到实际掌握的死刑数量标准，具有特殊情形的，可以不判处被告人死刑立即执行；有些毒品犯罪案件，往往由于毒品、毒资等证据已不存在，导致审查证据和认定事实困难。在处理这类案件时，只有被告人的口供与同案其他被告人供述吻合，并且完全排除诱供、逼供、串供等情形，被告人的口供与同案被告人的供述才可以作为定案的证据。仅有被告人口供与同案被告人供述作为定案证据的，对被告人判处死刑立即执行要特别慎重。

如上所述，一方面，有关李某甲涉嫌制造、贩卖的毒品，以及大部分毒资均已不存在；另一方面，指控李某甲涉嫌犯罪的绝大部分证据，仅为李某甲及其同案犯的口供笔录，且各个口供笔录之间存在多处明显矛盾，如果仅凭此口供，判处李某甲死刑立即执行，显然违背了《全国部分法院审理毒品犯罪案件工作座谈会纪要》。

（二）李某甲等人涉嫌制造、贩卖的“冰毒”的质量不可高估，指控机关未经鉴定，直接认定李某甲制造、贩卖的“冰毒”，属于“合格”毒品，存在以下合理怀疑：

1. 李某甲等人模仿互联网上提供的方法尝试制造冰毒，并未成功。

（1）我（李某甲）是去年（2011 年）二、三月份的时候通过一个朋友认识的廖某甲……在吸收冰毒的时候，廖某甲就说他能弄到麻黄素，我们自己研究研究制作冰毒，我们挣点钱，当时我和罗某某就都同意了。之后我在互联网上搜索制作冰毒的方法。(参见 2012 年 7 月 13 日 13 时 30 分，K 县公安局刑事警察大队侦查员于某，讯问李某甲笔录第 3 页；2012 年 7 月 14 日 9 时，K 县公安局刑事警察大队侦查员于某，讯问李某甲笔录第 2 页)

(2) 2011 年 4 月底的时候，我（李某甲）和廖某甲、罗某某我们三个在 C 远大四期 45 栋 1902 室，这栋楼是廖某甲租的，我们三个就在这栋楼里实验了一次……制作出了 16 克冰毒……我们吸食之后感觉味道不纯，也就是含量不够，之后廖某甲就把我们制作出来的 16 克冰毒给朋友吸食。我们实验完后，我和廖某甲觉得产量太少了，还不到四成，纯度还不够……（参见 2012 年 7 月 13 日 13 时 30 分，K 县公安局刑事警察大队侦查员于某，讯问李某甲笔录第 3 页)

2. 讯问笔录显示，按照互联网上方法制造冰毒失败后，李某甲等人再次制造冰毒的方法，源于锋哥的一次现场演示；然而，经公安机关多方查找，并未发现此人，无从印证该口供笔录的客观性。

(1) 当时我（李某甲）问过一个叫锋哥的 C 市 X 镇的人……锋哥说他会弄，他说我们沸腾的时间太长了，锋哥还说他教我怎么做。之后，我就和廖某甲还有罗某某说，我有个朋友能现场教我们制作冰毒，他俩也同意了。大约过了四、五天，廖某甲、罗某某、锋哥还有我，我们四个人就开着一台商务车到 X 镇罗某某的亲属家院里……锋哥就在罗某某的亲属家的院里给我们演示制作冰毒……大约提纯了不到 9 公斤的麻黄素油……等我们到 C 市之后，锋哥就把提纯好的麻黄素油拿走了。(参见 2012 年 7 月 13 日 13 时 30 分，K 县公安局刑事警察大队侦查员于某，讯问李某甲笔录第 3 页)

(2) K 县公安局在侦查廖某甲、李某甲、罗某某等人制造、贩卖毒品案件中，涉案的吴某、眼睛、罗某丙、廖某雪、老谢、小胖、峰哥、伟哥、东哥、地主、二姐、阿华、四哥、张哥、敏娃、胖子、阿良、胖娃、吴江、阿东、刚娃等人，经K县公安局刑侦大队多方查找未果。特此说明。（参见2013年4月7日K县公安局刑事警察大队工作人员吴某丙、于某出具的《说明》）

（3）李某甲制造、贩卖毒品涉及的人员小胖、峰哥、伟哥、东哥，公安机关工作人员多方查找未果，无法进行调查取证。特此说明。廖某甲制造、贩卖毒品涉及的人员吴某、眼镜、罗某丙、廖东雪、老谢，经公安机关工作人员多方查找未果，无法进行调查取证。特此说明。罗某某贩卖毒品涉及的人员地主、二姐、阿华、四哥、张哥、敏娃、胖子、阿良、胖娃、吴江、阿东、刚娃，经公安机关工作人员多方查找未果，无法进行调查取证。特此说明。（参见2012年10月10日，K县公安局刑事警察大队工作人员吴某丙、黄某出具的《说明》）

3. 指控李某甲等人模仿锋哥演示方法制造的冰毒，既无任何毒品实物证据，也无从鉴定；同时，讯问李某甲等人笔录中所提及的制造冰毒方法，能否制造出冰毒，也无法鉴定。

关于本案中的制造毒品原料麻黄草、麻黄素形成冰毒的比例，经我局向Q市公安局技术鉴定部门提出鉴定请求，市局技术鉴定部门无法做出此类鉴定，随后向省公安厅技术鉴定部门请求鉴定笔录省公安厅技术鉴定部门也无法做出此类鉴定。特此说明。（参见2013年4月8日K县公安局刑事警察大队工作人员吴某丙、于某出具的《说明》）

4. 讯问笔录显示：李某甲等人在制造冰毒过程中，曾经起火，表明该制造方法或操作方法，存在明显错误。

我和廖某甲、罗某某我们三个人就回到廖某甲租的19楼去结晶，在我们提炼结晶时候还着火了。我们把反应的麻黄素油拿回1902室进行加工结晶时，李兄（李某甲）把麻黄素油弄着了，把厨房也烧坏了。（参见2012年7月14日9时，K县公安局刑事警察大队侦查员于某，讯问李某甲笔录第2页；2012年7月13日10时56分，K县公安局刑事警察大队侦查员蒋某某，讯问廖某甲笔录第4页；2012年8月2日9时27分，K县公安局刑事警察大队侦查员王某甲，讯问廖某甲笔录第 6 页：基本相同，仅结晶地点为 1904 室；2012 年 8 月 19 日 8 时 12 分，K 县公安局刑事警察大队侦查员李某乙，讯问廖某甲笔录第 7 页：基本相同，仅结晶地点为 1904 室；2012 年 7 月 12 日 8 时 22 分，K 县公安局刑事警察大队侦查员吴某甲，讯问罗某某笔录第 2 页；2012 年 7 月 13 日 10 时 3 分，K 县公安局刑事警察大队侦查员吴某甲，讯问罗某某笔录第 7 页；2012 年 8 月 3 日 14 时 30 分，K 县公安局刑事警察大队侦查员吴某甲，讯问罗某某笔录第 7 页、第 8 页；2012 年 8 月 18 日 12 时 10 分，K 县公安局刑事警察大队侦查员于某，讯问罗某某笔录第 3 页、第 7 页、第 8 页；2012 年 10 月 11 日 10 时 32 分，K 县公安局刑事警察大队侦查员孙某某，讯问罗某某笔录第 8 页、第 10 页）

5. 被告人李某甲等人文化程度极低，仅凭互联网提供的方法或锋哥（查无此人）的一次演示，难以制造出冰毒。

（1）李某甲为初中文化水平，被告人廖某甲为文盲，被告人罗某某为小学文化水平；〔参见 Q 市人民检察院起诉书（Q 检刑诉［2013］48 号）第 1 页、第 2 页〕

（2）因为质量不好，买的人少，我就卖出三、四条。（参见 2012 年 7 月 13 日 10 时 3 分，K 县公安局刑事警察大队侦查员吴某甲，讯问罗某某笔录第 9 页；2012 年 8 月 3 日 14 时 30 分，K 县公安局刑事警察大队侦查员吴某甲，讯问罗某某笔录第 10 页；2012 年 10 月 11 日 10 时 32 分，K 县公安局刑事警察大队侦查员孙某某，讯问罗某某笔录第 11 页）

（3）没几天，廖某甲给我打电话说这货不行，会出人命，要把这笔冰毒溶液退给我，我当时才明白我卖给廖某甲的货里含有左旋麻黄素、右旋麻黄素两种货，两种混合制造不出冰毒，后来蒋某某也告诉我左旋麻黄素、右旋麻黄素混合制造不出冰毒。（参见 2012 年 11 月 22 日 8 时 40 分，K 县公安局刑事警察大队侦查员杨某甲，讯问伍某某笔录第 12 页、第 13 页）

（4）他们二人（廖某甲、李某甲）不会弄，这次出来的麻黄素油纯度不好。(参见2012年7月13日10时3分，K县公安局刑事警察大队侦查员吴某甲，讯问罗某某笔录第8页；2012年8月3日14时30分，K县公安局刑事警察大队侦查员吴某甲，讯问罗某某笔录第9页；2012年8月18日12时10分，K县公安局刑事警察大队侦查员于某，讯问罗某某笔录第8页)

论证意见小结：

2007年，最高人民法院、最高人民检察院、公安部制定了《办理毒品犯罪案件适用法律若干问题的意见》第4条规定，可能判处死刑的毒品犯罪案件，毒品鉴定结论中应有含量鉴定的结论。《全国部分法院审理毒品犯罪案件工作座谈会纪要》第5条规定，毒品含量鉴定和混合型、新类型毒品案件处理问题。鉴于大量掺假毒品和成分复杂的新类型毒品不断出现，为做到罪刑相当、罚当其罪，保证毒品案件的审判质量，并考虑目前毒品鉴定的条件和现状，对可能判处被告人死刑的毒品犯罪案件，应当根据最高人民法院、最高人民检察院、公安部2007年12月发布的《办理毒品犯罪案件适用法律若干问题的意见》，作出毒品含量鉴定；对涉案毒品可能大量掺假或者系成分复杂的新类型毒品的，亦应当作出毒品含量鉴定。因条件限制不能确定的，可以参考涉案毒品非法交易的价格因素等，决定对被告人适用的刑罚，但一般不宜判处死刑立即执行。

如上所述，李某甲等人自身文化水平极低，知识能力有限，仅凭模仿互联网以及无法确定的他人（锋哥）使用的制造毒品方法，制造冰毒，不仅出现“火灾”、“无法卖出”和“退货”等情形，而且侦控机关无法对指控的“冰毒”成分进行鉴定，按照上述《办理毒品犯罪案件适用法律若干问题的意见》和《全国部分法院审理毒品犯罪案件工作座谈会纪要》有关规定，不宜对李某甲判处死刑立即执行。

（三）廖某甲、李某甲、罗某某等人涉嫌共同制造、贩卖毒品过程中，购买毒品原料的出资者，制造毒品场地的提供者，制成后毒品的占有者，以及毒品贩卖后赃款的支配者，均为廖某甲，而非李某甲；雇佣、指使罗某某的人，也是廖某甲，而非李某甲。因此，符合毒品共同犯罪中主犯法律特征也是廖某甲，而非李某甲。

1. 李某甲等人涉嫌共同制造、贩卖毒品过程中，廖某甲始终是购买毒品原料的唯一出资者。

（1）问：你（伍某某）把制造麻黄素的详细经过交代一下？答：2009年1月份左右，廖某甲来我开的沙厂找我说，现在用康泰克药物中提炼麻黄素能赚钱，因为我当时很缺钱，我就同意了，我们俩在廖某甲家研究提炼方法，没有成功。2009年底，用麻黄草提炼麻黄素的实验成功了，成功以后，罗某乙和秦某某在P县的一个开发区工业园租了一个车间，当时我投资了四十多万元，因为没有那么多现金，我找廖某甲入伙，他投了2万元钱。农历腊月二十七生产出大约4千克的麻黄素，第二天生产出来的麻黄素都让廖某甲拿去卖了，当时是一千克4万元卖的，卖了16万元，廖某甲分了4万元。这次完事之后，廖某甲跟我就分开了，他说我生产的麻黄素他以后都要。（参见2012年8月26日10时42分，K县公安局刑事警察大队侦查员杨某甲，讯问伍某某笔录第3页；2012年11月22日8时40分，K县公安局刑事警察大队侦查员杨某甲，讯问伍某某笔录第3页。）

（2）问：制造冰毒的原料及工具都是哪来的？答：麻黄素是我（廖某甲）联系买的。（参见2012年6月30日2时56分，K县公安局刑事警察大队侦查员吴某甲，讯问廖某甲笔录第4页）。

（3）问：每次交易的时候双方都谁去交易？答：每次交易的时候都是老廖（廖某甲）先和我（伍某某）联系，然后他开着他的车来到H镇，罗某乙负责给他拿货。（参见2012年8月26日10时42分，K县公安局刑事警察大队侦查员杨某甲，讯问伍某某笔录第3页）

（4）问：这次制作冰毒的原料是谁提供的？答：廖某甲提供的，廖某甲提供了10公斤麻黄素，其他原料都是成比例的。（参见2012年7月13日13时30分，K县公安局刑事警察大队侦查员

于某，讯问李某甲笔录第 3 页）

（5）问：这次制作冰毒的原料是谁拿的？答：廖某甲拿了 26 千克麻黄素以及相应比例的其他原料，小胖（侦查机关多方查找未果）拿了 20 千克麻黄素。（参见 2012 年 7 月 14 日 9 时，K 县公安局刑事警察大队侦查员于某，讯问李某甲笔录第 2 页）

（6）问：你（廖某甲）买这辆奔驰车都干什么用了？答：平时自己开，购买麻黄素和冰毒的时候我就开着这辆车去运麻黄素。问：麻黄素是谁贩卖的？答：是我自己卖的，卖麻黄素挣的钱我不给他俩分。（参见 2012 年 7 月 13 日 10 时 56 分，K 县公安局刑事警察大队侦查员蒋某某，讯问廖某甲笔录第 16 页、第 17 页。）

2. 李某甲等人涉嫌共同制造、贩卖毒品过程中，廖某甲始终是制成后毒品的占有者或持有者。

（1）问：你们生产完的冰毒放在哪里保管？答：放在我（廖某甲）租的 H 镇远大四期 45 栋 1 单元 1606 室房子内保管。问：生产完成的冰毒由谁保管？答：都由我保管，李兄和小罗卖冰毒都到我这取。问：你租 H 镇远大四期 45 栋 1 单元 1606 室和 1902 室要干什么用？答：就是想用来做加工冰毒的场地。（参见 2012 年 7 月 2 日 13 时 36 分，K 县公安局刑事警察大队侦查员吴某甲，讯问廖某甲笔录第 3 页；2012 年 7 月 13 日 10 时 56 分，K 县公安局刑事警察大队侦查员蒋某某，讯问廖某甲笔录第 11 页。）

（2）问：这些冰毒和原料在什么地方？答：我（廖某甲）住的 46 栋 1 单元 602 室有半成品的冰毒八袋，其他的半成品及原料都在 1606 室内。（参见 2012 年 6 月 30 日 2 时 56 分，K 县公安局刑事警察大队侦查员吴某甲，讯问廖某甲笔录第 4 页；2012 年 7 月 1 日 14 时 47 分，K 县公安局刑事警察大队侦查员吴某甲，讯问廖某甲笔录）

3. 李某甲等人涉嫌共同制造、贩卖毒品过程中，廖某甲对制造毒品场地，拥有决定权。

（1）问：你们三人是在什么地方制造冰毒的？答：我（廖某甲）在 C 市 G 区远大四期 45 栋 1 单元 1902 室和 1606 室租的房

子，我们在那里加工制造冰毒，开始时我们在 X 镇的空地上进行化学反应，然后再到租的房子里进一步加工。（参见 2012 年 7 月 11 日 18 时 56 分，K 县公安局刑事警察大队侦查员蒋某某、王某乙，讯问廖某甲笔录第 2 页。）

（2）问：你们三人（罗某某、廖某甲、李某甲）在什么地方制造冰毒的？答：在廖某甲租的楼里，他租的楼在 S 县 H 镇远大小区的一栋楼的 16 楼。（参见 2012 年 6 月 29 日 19 时 56 分，K 县公安局刑事警察大队侦查员吴某甲，讯问罗某某笔录第 2 页。）

（3）问：你们是在什么地方制造冰毒的？答：我们在 C 市 H 镇 X 乡的一个园子里，廖某甲找的果园和罗某某的老家反应过麻黄素，还有在廖某甲租的 X 四期 45 栋 1606 室、1902 室里结晶冰毒了。（参见 2012 年 7 月 14 日 9 时，K 县公安局刑事警察大队侦查员于某，讯问李某甲笔录第 2 页）

（4）问：你（廖某甲）为什么租房子？答：为了制造冰毒更隐蔽，害怕被人抓到。（参见 2012 年 6 月 30 日 2 时 56 分，K 县公安局刑事警察大队侦查员吴某甲，讯问廖某甲笔录第 4 页；2012 年 7 月 1 日 14 时 47 分，K 县公安局刑事警察大队侦查员吴某甲，讯问廖某甲笔录）。

（5）问：你们反应麻黄素的果园是谁的？答：我（李某甲）不知道，是廖某甲找的。问：远大四期 45 栋 1902 室是谁的？答：是廖某甲租的，租这个房子就是为了制作冰毒用的。（参见 2012 年 7 月 20 日 13 时 32 分，K 县公安局刑事警察大队侦查员杨某甲，讯问李某甲笔录第 2 页）

（6）问：你们是在什么地方制造冰毒的？答：在 C 市 H 镇 X 乡的一个园子里，廖某甲找的果园，还有在罗某某的老家反应，提纯麻黄素油，在廖某甲租的远大四期 45 栋 1606 室、1902 室里结晶过冰毒。（参见 2012 年 7 月 20 日 13 时 32 分，K 县公安局刑事警察大队侦查员杨某甲，讯问李某甲笔录第 2 页）

（7）问：廖某甲为什么租 1904 室？答：就是为了制造冰毒用。（参见 2012 年 8 月 6 日 12 时 30 分，K 县公安局刑事警察大队

侦查员吴某甲，讯问李某甲笔录第 2 页）

4. 李某甲等人涉嫌共同制造、贩卖毒品过程中，廖某甲对贩卖毒品赃款的分配，拥有决定权。

（1）问：你们这次制作冰毒的成本是多少？答：我（李某甲）不知道，成本都是廖某甲自己算的。问：你们这次卖冰毒的钱是怎么处理的？答：没分，都放在廖某甲家了（参见 2012 年 7 月 13 日 13 时 30 分，K 县公安局刑事警察大队侦查员于某，讯问李某甲笔录第 3 页）

（2）这些冰毒都让我们卖了，卖完这些冰毒，廖某甲给我买的奥迪 A5 轿车。（参见 2012 年 7 月 12 日 8 时 22 分，K 县公安局刑事警察大队侦查员吴某甲，讯问罗某某笔录第 2 页。）

（3）问：你们这次卖冰毒的钱是怎么处理的？答：没分，都放在廖某甲家里了。问：这次冰毒你是否参与贩卖？答：没有。（参见 2012 年 7 月 20 日 13 时 32 分，K 县公安局刑事警察大队侦查员杨某甲，讯问李某甲笔录第 2 页）

（4）问：你（罗某某）、廖某甲、李某甲你们是怎么分这些钱的？答：我（罗某某）卖冰毒的钱都放在廖某甲那，由廖某甲负责分配。廖某甲花 50 万元给我买了一台奥迪 A5 车给我，我平时缺钱就去找廖某甲，他每次都给我两三万。卖完冰毒的钱都放在廖某甲那里，廖某甲用卖冰毒的钱给我（罗某某）买的白色奥迪 A5 轿车。卖了三百多万元，卖的钱都给廖某甲了。（参见 2012 年 8 月 3 日 14 时 30 分，K 县公安局刑事警察大队侦查员吴某甲，讯问罗某某笔录第 5 页、第 8 页、第 11 页）

5. 李某甲等人涉嫌共同制造、贩卖毒品过程中，廖某甲产生制造毒品的意图后，再雇佣李某甲负责技术、指使罗某某干零活。

（1）问：是谁提出来制造、贩卖冰毒的？答：是廖某甲提出来的。问：廖某甲是怎么提制造贩卖冰毒的？答：廖某甲、罗某某和我三个人在一起，廖某甲能弄到麻黄素，廖某甲说要自己制造冰毒，我和罗某某就同意了，之后我就到网上搜索配方开始制造冰毒。（参见 2012 年 8 月 6 日 12 时 30 分，K 县公安局刑事警察大队侦查员吴某甲，讯问李某甲笔录第2页；2012年7月20日13时32分，K县公安局刑事警察大队侦查员杨某甲，讯问李某甲笔录第2页）

（2）问：你们是怎么分工的？答：廖某甲负责提供麻黄素，买的制毒工具，李某甲负责提供制造冰毒技术，我（罗某某）负责运这些制毒工具，买制毒用的红磷、碘、甲苯、丙酮、酒精等物品，我们三个人都负责卖制造出来的冰毒，卖冰毒得到的钱都交到廖某甲那里，他统一给我们分钱。（参见2012年8月18日12时10分，K县公安局刑事警察大队侦查员于某，讯问罗某某笔录第1页、第2页）

（3）问：你们三人都负责什么？答：廖某甲负责买麻黄素和联系买酒精、丙酮、甲苯的人，李哥（李某甲）负责提炼冰毒，我（罗某某）负责取酒精、丙酮、甲苯，还负责给他们俩干零活，提炼出的冰毒廖某甲负责联系买家，我负责送冰毒收钱，收完钱给廖某甲。（参见2012年6月29日19时56分，K县公安局刑事警察大队侦查员吴某甲，讯问罗某某笔录第3页；2012年7月1日14时36分，K县公安局刑事警察大队侦查员杨某甲，讯问罗某某笔录第3页。）

（4）问：你们制作冰毒是怎么分工的？答：廖某甲负责提供原料，罗某某负责提供工具，我（李某甲）负责往塑料器具里面倒入麻黄素，廖某甲倒入碘，罗某某倒入红磷，罗某某还负责过滤，我还负责沉淀和分离麻黄素油。（参见2012年7月20日13时32分，K县公安局刑事警察大队侦查员杨某甲，讯问李某甲笔录第2页）

（5）问：你（廖某甲）和李兄（李某甲）谁提出来让小罗（罗某某）加入制造贩卖冰毒的，你们为什么找小罗加入？答：是我（廖某甲）向小罗提出来让人加入的，因为小罗认识的人多，能推销冰毒。（参见2012年6月30日2时56分，K县公安局刑事警察大队侦查员吴某甲，讯问廖某甲笔录第4页）。

（6）问：你们的加工厂谁是头？答：廖某甲是头。问：你（罗某某）把你们制造、贩卖冰毒的详细经过谈一下？答：今年

（2012 年）春节前，廖某甲在 S 县 H 镇远大小区租了一个 16 楼，然后他把我找到他家说他和李哥想提炼冰毒，让我给跑腿，缺钱就找他，我同意了。今年（2012 年）春节过后，廖某甲买了四五个瓷盆，50 升瓷桶一个，小瓷桶两三个，一个装水塑料桶，一个电子秤，一个分离瓶，还有两三根玻璃棒，把这些东西都放在了 16 楼，廖某甲买的麻黄素，然而他联系的卖酒精、丙酮、甲苯的人，约会了交易地点，我开我的白色奥迪 A5 去 H 洞农场的公路上接的。我取完东西直接把东西运回 16 楼，李哥负责提炼冰毒。（参见 2012 年 6 月 29 日 19 时 56 分，K 县公安局刑事警察大队侦查员吴某甲，讯问罗某某笔录第 3 页、第 7 页。）

论证意见小结：

《全国部分法院审理毒品犯罪案件工作座谈会纪要》第 9 条中有关“毒品案件的共同犯罪问题”中规定，一是要正确区分主犯和从犯。区分主犯和从犯，应当以各共同犯罪人在毒品共同犯罪中的地位和作用为根据。要从犯意提起、具体行为分工、出资和实际分得毒赃多少以及共犯之间相互关系等方面，比较各个共同犯罪人在共同犯罪中的地位和作用。在毒品共同犯罪中，为主出资者、毒品所有者或者起意、策划、纠集、组织、雇佣、指使他人参与犯罪以及其他起主要作用的是主犯……共同犯罪中能分清主从犯的，不能因为涉案的毒品数量特别巨大，就不分主从犯而一律将被告人认定为主犯或者实际上都按主犯处罚，一律判处重刑甚至死刑。

上述证据材料表明：李某甲并非起诉书指控的制造、贩卖毒品的主要出资者和毒品占有者或持有者。在起意、策划、纠集、组织、雇佣、指使他人参与制造、贩卖毒品过程中，李某甲没有起主要作用。因而，不符合制造、贩卖毒品共同犯罪中主犯的法律特征。

（四）起诉书指控李某甲是累犯，证据不足。

2013 年 4 月 9 日，我大队到 C 市 Q 区法院提取李某甲的前科，经查找，未找到该人在 2003 年因抢劫罪被判处有期徒刑的法院判决书。（参见 2013 年 4 月 8 日 K 县公安局刑侦大队《关于调

取李某甲前科资料的情况说明》)

论证结论:

1. 起诉书指控李某甲涉嫌多次制造、贩卖毒品罪的主要证据，为李某甲、廖某甲、罗某某等三名被告人的口供，该口供在证明李某甲实施制造、贩卖冰毒的次数、时间、地点、人员、重量、行为等多处，存在不相吻合现象。

2. 李某甲、廖某甲、罗某某等人在制造毒品过程，因文化知识较低、技术不可靠，以及操作方法错误等因素，制造出的“冰毒”质量低劣，且出现“卖不出去”和“退货”情形。

3. 除了从廖某甲租住处收缴的毒品之外，侦控机关并未对李某甲涉嫌制造、贩卖的“冰毒”进行鉴定，认定其属于毒品，存在合理怀疑。

4. 毒品原料的出资者、毒品的占有者、贩卖毒品的赃款支配者均为廖某甲，而非李某甲；在起意、策划、纠集、组织、雇佣、指使他人，参与制造、贩卖毒品过程中，廖某甲起主要作用，李某甲起次要作用。因而，廖某甲是本案的主犯，李某甲是从犯。

5. 指控李某甲是累犯的证据不足。

综上，根据《全国部分法院审理毒品犯罪案件工作座谈会纪要》和《办理毒品犯罪案件适用法律若干问题的意见》的有关规定，李某甲不应被判处死刑立即执行。

争议焦点与评述

争议焦点	
事实问题	指控李某甲前7次制造、贩卖毒品的证据材料、口供均存在不同程度的矛盾。
专家意见	检察院指控李某甲8次涉嫌制造、贩卖毒品，其中，指控李某甲前7次制造、贩卖毒品的证据材料，均为李某甲及其同案犯廖某甲和罗某某的口供。该口供有关李某甲制造、贩卖毒品的次数、时间、地点、人员、行为、重量等方面，均有不同程度的矛盾。

续表

争议焦点	
评述	2008年9月的《全国部分法院审理毒品犯罪案件工作座谈会纪要》第2条规定，毒品数量达到实际掌握的死刑数量标准，具有特殊情形之一的，可以不判处被告人死刑立即执行。有些毒品犯罪案件，往往由于毒品、毒资等证据已不存在，导致审查证据和认定事实困难。在处理这类案件时，只有被告人的口供与同案其他被告人供述吻合，并且完全排除诱供、逼供、串供等情形，被告人的口供与同案被告人的供述才可以作为定案的证据。仅有被告人口供与同案被告人供述作为定案证据的，对被告人判处死刑立即执行要特别慎重。从四份表格中可见，一方面，有关李某甲涉嫌制造、贩卖的毒品，以及大部分毒资均已不存在；另一方面，指控李某甲涉嫌犯罪的绝大部分证据，仅为李某甲及其同案犯的口供笔录，且各个口供笔录之间存在多处明显矛盾，如果仅凭此口供，判处李某甲死刑立即执行，显然违背了《全国部分法院审理毒品犯罪案件工作座谈会纪要》。
程序问题	指控机关未经鉴定，直接认定李某甲制造、贩卖的“冰毒”，是否属于“合格”毒品？
专家意见	李某甲等人自身文化水平极低，知识能力有限，仅凭模仿互联网以及无法确定的他人（锋哥）使用的制造毒品方法，制造冰毒，不仅出现“火灾”“无法卖出”和“退货”等情形，而且侦控机关无法对指控的“冰毒”成分进行鉴定，按照有关规定，不宜对李某甲判处死刑立即执行。
评述	2007年，最高人民法院、最高人民检察院、公安部制定了《办理毒品犯罪案件适用法律若干问题的意见》第4条规定，可能判处死刑的毒品犯罪案件，毒品鉴定结论中应有含量鉴定的结论。《全国部分法院审理毒品犯罪案件工作座谈会纪要》第5条规定，毒品含量鉴定和混合型、新类型毒品案件处理问题。鉴于大量掺假毒品和成分复杂的新类型毒品不断出现，为做到罪刑相当、罚当其罪，保证毒品案件的审判质量，并考虑目前毒品鉴定的条件和现状，对可能判处被告人死刑的毒品犯罪案件，应当根据最高人民法院、最高人民检察院、公安部2007年12月颁布的《办理毒品犯罪案件适用法

续表

争议焦点	
	律若干问题的意见》，作出毒品含量鉴定；对涉案毒品可能大量掺假或者系成分复杂的新类型毒品的，亦应当作出毒品含量鉴定。因条件限制不能确定的，可以参考涉案毒品非法交易的价格因素等，决定对被告人适用的刑罚，但一般不宜判处死刑立即执行。本案中指控机关未经鉴定，直接认定为合格毒品违反程序法的相关要求，对于可能判处死刑在毒品犯罪案件，应有含量鉴定的结论，另外，本案中出现条件限制不能确定情况，依据相关法律法规，一般不宜判处死刑立即执行。
事实问题	李某甲是否为符合毒品共同犯罪中的主犯？
专家意见	李某甲并非起诉书指控的制造、贩卖毒品的主要出资者和毒品占有者或持有者。在起意、策划、纠集、组织、雇佣、指使他人参与制造、贩卖毒品过程中，李某甲没有起主要作用。因而，不符合制造、贩卖毒品共同犯罪中主犯的法律特征。
评述	《全国部分法院审理毒品犯罪案件工作座谈会纪要》第9条中有关“毒品案件的共同犯罪问题”中规定，一是要正确区分主犯和从犯。区分主犯和从犯，应当以各共同犯罪人在毒品共同犯罪中的地位和作用为根据。要从犯意提起、具体行为分工、出资和实际分得毒赃多少以及共犯之间相互关系等方面，比较各个共同犯罪人在共同犯罪中的地位和作用。在毒品共同犯罪中，为主出资者、毒品所有者或者起意、策划、纠集、组织、雇佣、指使他人参与犯罪以及其他起主要作用的是主犯……共同犯罪中能分清主从犯的，不能因为涉案的毒品数量特别巨大，就不分主从犯而一律将被告人认定为主犯或者实际上都按主犯处罚，一律判处重刑甚至死刑。本案中李某甲没有起主要作用，不符合制造、贩卖毒品共同犯罪中主犯的法律特征。
事实问题	李某甲是否为累犯？
专家意见	起诉书指控李某甲是累犯，证据不足。

续表

争议焦点	
评述	所谓累犯，是指受过一定的刑罚处罚，刑罚执行完毕或者赦免以后，在法定期限内又犯被判处一定的刑罚之罪的罪犯。2013 年 4 月 9 日，公安局刑侦大队到 C 市 Q 区法院提取李某甲的前科，经查找，未找到该人在 2003 年因抢劫罪被判处有期徒刑的法院判决书。因此起诉书指控李某甲是累犯，属于证据不足，不宜认定其为累犯。

论证案件二

蔡某某“帮助犯罪分子逃避处罚罪”

一、论证会参考的主要案件材料

（一）J省T市人民检察院起诉书（T检诉刑诉字［2012］第401号）。

（二）J省T市H区人民法院刑事判决书〔（2012）T海刑初字第453号〕。

（三）J省T市H区人民法院驳回申诉通知书〔（2014）T海刑监字第0002号〕。

（四）J省T市中级人民法院驳回申诉通知书〔（2014）T中刑监字第0014号〕。

（五）本案有关证据材料。

二、本案诉讼文书认定蔡某某的犯罪事实

（一）J省T市人民检察院起诉书（T检刑诉字［2012］第401号）认定蔡某某的犯罪事实。

2006年3月至2012年间，被告人蔡某某担任T市公安分局C派出所闸西警务室社区民警。其间，其辖区内的空挂户范某甲（已判刑）于2004年10月和顾某等人（均已判刑）轮奸被害人石某后潜逃在外。范某甲的母亲孙某甲（已判刑）试图为范某甲改名让其逃避法律处罚。2007年5、6月间，孙某甲找到被告人蔡某

某，告知被告人蔡某某其子范某甲已经出事，和其一起犯事的其他人都已被抓。同年7月16日，被告人蔡某某明知范某甲可能涉嫌强奸犯罪，仍违规帮助范某甲更名为“范某乙”，帮助犯罪分子范某甲以范某乙的名字长期逃避了法律处罚，直至2012年3月案发被抓获。期间，被告人蔡某某分别接受了卫某的宴请、收受孙某甲所送的超市购物卡和烟酒等物。

（二）J省T市H区人民法院刑事判决书〔（2012）T海刑初字第453号〕认定蔡某某的犯罪事实。

2004年10月，范某甲（已判刑）伙同顾某、刘某某（均已判刑）等人对被害人石某实施轮奸，后在其父母范某丙、孙某甲（均已判刑）的资助下一直潜逃在外。2007年5月、6月间，孙某甲通过T市H区C街道办事处卫某找到时任T市公安局H分局C派出所闸西警务室社区民警的被告人蔡某某，要其帮忙为其子范某甲更改姓名，试图使范某甲逃避法律处罚。被告人蔡某某向孙某甲提出需要本人到场，并讯问孙某甲其子范某甲有无前科劣迹。孙某甲答，其子“2004年出了点事情，跟他一起犯事的几个小孩都被抓走判刑。”被告人蔡某某即上网查询，未发现范某甲的违法犯罪记录及网上在逃信息，便进一步追问。孙某甲遂告知，2004年在城中，其中范某甲和三个朋友把一个女孩“玩”了，后来女孩告他们强奸，那三个朋友都被抓起来了。后孙某甲为顺利办成更名一事，送给被告人蔡某某一些烟酒。同年7月16日，孙某甲找到被告人蔡某某，以同地区重名较多及名字谐音是“范气鬼”为由向其提交了要求更名为“范某乙”的申请。被告人蔡某某再次上网查询，仍未查到犯罪记录及追逃记录。后被告人蔡某某违反相关规定，在范某甲本人未到场以及未到范某甲原居住地调查了解其是否有前科劣迹、是否为在逃犯的情况下，在《户口项目变更更正呈批表》调查情况栏及调查人意见栏中分别签署了“范某甲周围邻居及朋友中叫此名的较多，给学习生活带来诸多不便，情况属实”和“范某甲更名范某乙”的意见。后在审批过程中操作人员仍以申请的“范某乙”为范某甲更名。更名后，被告人蔡某某又收受了孙某甲所送的两张购物卡及烟酒。2009年上半年，已更名为“范某乙”的范某甲返回T市，范某丙、孙某甲帮助范某甲以“范某乙”的身份到T市城管H分局做驾驶员，直至2012年3月，公安机关将范某甲抓获归案。

（三）J省T市H区人民法院驳回申诉通知书〔（2014）T海刑监字第0002号〕认定蔡某某的犯罪事实。

2007年5月、6月间，孙某甲欲为其子范某甲更改姓名，试图使范某甲逃避法律处罚。经人介绍找到蔡某某，蔡某某时任T市公安局H分局C派出所闸西警务室社区民警。蔡某某虽已询问范某甲有无劣迹，孙某甲告诉“其子2004年出了点事情，跟他一起犯事的几个小孩都被抓走判刑”，也曾进行上网查询，未发现范某甲的违法犯罪记录及网上在逃信息，也进行了追问。孙某甲再一次告知蔡某某2004年在城中，其子范某甲和三个朋友把一个女孩“玩”了，后来女孩告他们强奸，那三个朋友都被抓起来了。孙某甲为顺利办成更名一事，先后两次送给被告人蔡某某财物。

（四）J省T市中级人民法院驳回申诉通知书〔（2014）T中刑监字第0014号〕

2007年5、6月间，孙某甲欲为其子范某甲更改姓名，试图使范某甲逃避法律处罚。经人介绍找到你，你时任T市公安局H分局C派出所闸西警务室社区民警。你虽已询问范某甲有无劣迹，孙某甲告诉你其子2004年出了点事情，跟他一起犯事的几个小孩都被抓走判刑，你也曾进行上网查询，在未发现范某甲的违法犯罪记录及网上在逃信息情况下，你也进行了追问。孙某甲再一次告知你，2004年在城中，其子范某甲和三个朋友把一个女孩“玩”了，后来女孩告他们强奸，那三个朋友都被抓起来了。孙某甲为顺利办成更名一事，先后两次送给你财物。

三、蔡某某“帮助犯罪分子逃避处罚罪”论证意见与理由

（一）主观上，蔡某某确信：范某甲不是犯罪嫌疑人。

1. 公安部《关于实行“破案追逃”新机制的通知》（以下简

称《追逃通知》）（公通字〔1999〕91号）第4条规定，对在逃人员要及时上网。以下三种在逃人员必须上网：1999年7月1日以后，已经办理了刑事拘留、逮捕法律手续的在逃人员要在一个月以内上网；看守所、劳改、劳教场所脱逃的在逃人员要随时上网；案情重大、紧急、情况特殊的在逃人员，经地（市）级以上公安机关负责人批准，可先上网，然后补办刑事拘留、逮捕法律手续。在逃人员上网要有简要案情、姓名、性别、照片、体貌特征、身份证号码、法律手续等资料，要逐步提高上网在逃人员资料的质量。逃犯信息上网要经县、区以上（含）公安机关侦查办案部门负责人审批。各级刑侦部门要随时掌握网上在逃人员信息，省级公安机关刑侦部门负责对上网在逃人员情况变化时的删改和抓获核实后的撤销工作。

2. 身为民警的蔡某某十分清楚上述公安部《追逃通知》，当其从范某甲母亲孙某甲口中得知，范某甲曾于“2004年犯了点事”，与三个朋友“‘玩’了女孩”，且其他三人均“被抓了起来”后，曾怀疑范某甲涉嫌犯罪，因而，先后两次上网查询范某甲是否有网上追逃记录。但是，当蔡某某反复在追逃网上没有查询到范某甲涉嫌犯罪的信息后，完全确信：范某甲于2004年曾实施的行为，不构成犯罪。即便能够认定蔡某某对此确信的形成有过失，也不能认定蔡某某对范某甲系犯罪分子有“明知”。

3. 范某甲母亲孙某甲虽然告诉蔡某某：其子范某甲于2004年在H区城中派出所辖区“犯了点事”，但是，如果范某甲是犯罪嫌疑人，其母亲孙某甲是不敢来H区公安局为范某甲办理更名手续的。该常识，蔡某某应当十分清楚。

4. 孙某甲虽曾告诉蔡某某其子范某甲和三个朋友把一个女孩“玩”了，后来女孩告他们强奸，那三个朋友都被抓起来了，但仅从该表述并不必然推论出范某甲的行为构成犯罪。根据该表述，既可以怀疑范某甲是强奸罪的共犯，也可能认为范某甲虽有某种参与行为，但并不构成犯罪，因此未被司法机关追诉。恰恰因为蔡某某先后两次均未查到范某甲的网上追逃信息和犯罪记录，其完全有理由相信范某甲即便有参与行为，也未构成犯罪。

5. 范某甲母亲孙某甲送给蔡某某财物，发生在蔡某某上网未查询到范某甲涉嫌犯罪的信息之后。不应理解为蔡某某明知范某甲涉嫌犯罪，仍然因接受孙某甲送的财物，而故意为其更改姓名。相反，不仅可以理解为：孙某甲感激蔡某某帮助其核实得到具有法律效力的信息：其子范某甲未涉嫌犯罪。还可理解为：孙某甲感谢蔡某某教孙某甲如何写申请（根据蔡某某口述将申请写下来）。也可理解为：蔡某某提出范某甲必须到场才能办理要求后，孙某甲担心其不办理而赠送“财物”表达“心意”。因而，以蔡某某接受孙某甲“财物”，作为认定其“明知范某甲是犯罪分子”的证据，明显不具有排他性。〔参见J省T市H区人民法院刑事判决书［（2012）T海刑初字第453号］第3页、第4页〕

（二）客观上，T市H区公安局严重违反公安部《追逃通知》，是范某甲逃避处罚的主要原因；蔡某某参与实施更改范某甲姓名行为，与其逃避惩罚没有法律上的因果关系。

1. 证人孙某乙的证言，证明2004年下半年，其作为T市H区城中派出所负责钟楼段的段警，曾配合T市公安局H分局刑警大队工作人员至范某甲家中实施抓捕，未能成功。〔参见J省T市H区人民法院刑事判决书［（2012）T海刑初字第453号］第6页〕

2. 按照公安部《追逃通知》第4条规定，以下在逃人员必须上网：1999年7月1日以后，已经办理了刑事拘留、逮捕法律手续的在逃人员要在一个月以内上网。

3. 2014年10月21日，T市H区人民检察院向T市中级人民法院提交的《情况说明》：犯罪嫌疑人范某甲因涉嫌强奸逃跑后，T市公安局H分局未采取网上追逃措施。

4. 如果H区公安局于2004年下半年，对范某甲实施抓捕措施后，没有违反公安部的《追逃通知》要求，在办理抓捕手续后1个月内，上网追逃。那么，蔡某某于2007年5月~7月，两次上网查询追逃信息时，一定能够及时发现范某甲是犯罪嫌疑人。不仅不会给范某甲办理更名手续，而且还会促使办理机关及时将其抓捕。

5. 蔡某某参与办理范某甲更改姓名的多份资料上，均有记载：“范某乙”曾用名“范某甲”，且户籍资料中，其父亲均为“范某丙”；其户籍所在地，也均为“T市H区”。这些户籍信息均足以表明：蔡某某参与办理更改范某甲姓名的行为，不足以导致范某甲逃避处罚，也难以影响H区公安局对范某甲的追逃。〔参见2012年5月4日，H区公安局侦查人员高某甲、蒋某甲收集的《户口项目变更更正呈批表》、2份《常住人口登记表》（2002年、2011年登记）、2012年7月2日收集《常住人口基本信息》、2012年8月15日复印的《登记事项变更和更正记载》、范某乙《身份证复印件》〕

专家论证意见小结：

综上，蔡某某于2007年参与办理更改范某甲姓名行为，主客观上均不符合“帮助犯罪分子逃避处罚罪”的法定条件。主观上，蔡某某并不“明知”范某甲系犯罪分子，不具备该罪的故意。客观上，蔡某某为范某甲更名的行为与范某甲逃避处罚之间并无法律上的因果关系。因此，J省T市H区人民法院刑事判决书（2012）T海刑初字第453号认定蔡某某犯“帮助犯罪分子逃避处罚罪”，应属于“证据明显不足”。

争议焦点与评述

争议焦点	
事实问题	被告人蔡某某明知范某甲可能涉嫌强奸犯罪，仍违规帮助范某甲更名为“范某乙”，帮助犯罪分子范某甲以范某乙的名字长期逃避了法律处罚。
专家意见	蔡某某于2007年参与办理更改范某甲姓名行为，主客观上均不符合“帮助犯罪分子逃避处罚罪”的法定条件。主观上，蔡某某并不“明知”范某甲系犯罪分子，不具备该罪的故意。客观上，蔡某某为范某甲更名的行为与范某甲逃避处罚之间并无法律上的因果关系。

续表

争议焦点	
评述	本案中J省T市H区人民法院刑事判决书（2012）T海刑初字第453号认定蔡某某犯“帮助犯罪分子逃避处罚罪”，应属于“证据明显不足”。主观上，蔡某某确信：范某甲不是犯罪嫌疑人。从追逃通知，其母孙某甲在言语和行为都不能直接认定蔡某某对范某甲系犯罪分子有“明知”；客观上，T市H区公安局严重违反公安部《追逃通知》，是范某甲逃避处罚的主要原因；蔡某某参与实施更改范某甲姓名行为，与其逃避惩罚没有法律上的因果关系。在主客观方面均存在严重证据不足，故认定其为“帮助犯罪分子逃避处罚罪”明显不当。

论证案件三　罗某甲涉嫌“故意伤害罪”

一、论证会参考的主要案件材料

（一）2011 年 7 月 25 日，C 市公安局《立案决定书》（C 公立字［2011］第 5369 号）。

（二）2012 年 7 月 6 日，C 市公安局《起诉意见书》（C 公刑诉字［2012］1728 号）。

（三）2012 年 9 月 19 日，Z 省 C 市人民检察院《起诉书》（C 检刑字［2012］1735 号）。

（四）2013 年 8 月 8 日，Z 省 C 市人民法院《刑事裁定书》〔（2012）YC 刑初字第 2314 号〕。

（五）2013 年 9 月 6 日，Z 省 C 市人民检察院《不起诉决定书》（C 检刑不诉［2013］55 号）。

（六）2014 年 2 月 25 日，Z 省 N 市人民检察院《刑事申诉复查决定书》（Y 检控申复决［2014］1 号）。

（七）2014 年 2 月 27 日，Z 省 C 市人民检察院《刑事申诉复查决定书》（C 检控申复决［2014］1 号）。

（八）2014 年 5 月 8 日，C 市公安局《立案决定书》（C 公立字［2011］第 5369 号）。

（九）2014 年 5 月 22 日，C 市公安局《起诉意见书》（C 公诉字［2014］第694号）。

（十）2014年7月2日，Z省C市人民检察院《起诉书》（C检公诉刑诉［2014］1695号）。

（十一）2014年9月2日，Z省C市人民法院《刑事附带民事判决书》（［2014］YC刑初字第1071号）。

（十二）2014年12月16日，Z省N市人民法院《刑事附带民事判决书》（［2014］ZYC刑二终第585号）。

（十三）2015年11月23日，Z省C市人民检察院《变更起诉书》（C检公诉刑变诉［2015］12号）。

（十四）2016年3月1日，Z省C市人民法院《刑事附带民事判决书》（［2015］YC刑重字第1号）。

（十五）2015年7月3日，C市公安局《立案决定书》（C公立字［2015］第5968号）。

（十六）2015年8月17日，C市公安局《起诉意见书》（C公诉字［2015］第1269号）。

（十七）2015年11月16日，Z省C市人民检察院《起诉书》（C检公诉刑［2015］1812号）。

（十八）2016年3月1日，Z省C市人民法院《刑事附带民事判决书》（［2015］YC刑初字第1987号）。

（十九）本案的有关证据材料。

二、有关法律文书认定的案件事实

（一）2012年10月19日，Z省C市人民检察院《起诉书》（C检刑诉［2012］1735号）认定的案件事实：2011年4月17日16时许，被害人黄某甲等人至C市K镇K街83号T制衣厂结算货款，因货物质量问题与被告人罗某甲发生纠纷，后被告人罗某甲的父亲罗某乙乘被害人黄某甲不备，将黄某甲拉倒在地，被告人罗某甲随即用脚踩踢黄某甲的左小腿，致使其左胫腓骨骨折。经法医鉴定，其伤势为轻伤。

（二）2013年9月6日，Z省C市人民检察院《不起诉决定书》（C检刑不诉［2013］55号）认定的案件事实：2011年4月17日16时许，被害人黄某甲等人至C市K镇K街83号T制衣厂结算货款，因货物质量问题与被不起诉人罗某甲发生纠纷，后被不起诉人罗某甲的父亲罗某乙乘被害人黄某甲不备，将黄某甲拉倒在地，被不起诉人罗某甲随即用脚踩踢黄某甲的左小腿，致使其左胫腓骨骨折。经法医鉴定，其伤势为轻伤。

（三）2014年7月2日，Z省C市人民检察院《起诉书》（C检公诉刑诉［2014］1695号）认定的案件事实：2011年4月17日16时许，黄某甲等人至C市K镇K街83号T制衣厂结算货款，因货物质量问题与罗某甲发生纠纷，后被告人罗某乙（系罗某甲之父）抓住黄某甲衣领将其拉倒在地，致使黄某甲左胫腓骨骨折。经法医鉴定，黄某甲的左胫腓骨骨折符合间接暴力作用所致，直接暴力作用难以形成，其伤势为轻伤。

（四）2014年9月2日，Z省C市人民法院《刑事附带民事判决书》（2014）YC刑初字第1071号认定的案件事实：2011年4月17日16时许，被害人黄某甲与其弟弟黄某乙、丈夫徐某某、营业员邓某某至C市K镇K街83号T制衣厂结算货款，因货物质量问题与罗某甲发生纠纷，后被告人罗某乙（系罗某甲之父）抓住黄某甲衣领将黄某甲拉倒在地，致黄某甲左胫腓骨骨折。后双方人员在扭打过程中，发现被害人黄某甲腿部受伤严重，遂停止发生冲突，并打电话报警。经法医鉴定，被害人黄某甲的左胫腓骨骨折，符合间接暴力作用所致，直接暴力作用难以形成，其伤势为轻伤。

（五）2015年11月16日，Z省C市人民检察院《起诉书》（C检公诉刑［2015］1812号）认定的案件事实：2011年4月17日16时许，黄某甲等人至C市K镇K街83号T制衣厂结算货款。因货物质量问题与罗某甲发生纠纷，后被罗某乙抓住黄某甲衣领将其拉倒在地，被告人罗某甲采用踩、踢等方式，共同殴打黄某甲，致使黄某甲受伤。经法医鉴定，黄某甲外伤致左胫腓骨骨折，其伤势为轻伤。F大法庭科学技术鉴定研究所司法鉴定意见为：黄某甲左腓骨骨折系间接暴力形成的可能性大。

（六）2016 年 3 月 1 日，Z 省 C 市人民法院《刑事附带民事判决书》（［2015］YC 刑初字第 1987 号）认定的案件事实：2011 年 4 月 17 日 16 时左右，黄某甲及其弟弟黄某乙、丈夫徐某某、员工邓某某至 C 市 K 镇 K 街 83 号 T 制衣厂结算货款，被告人罗某甲以货物存在质量问题，需等其丈夫罗某丙回来解决为由拒绝结算货款，双方发生纠纷。黄某甲等人遂在外等候。半小时左右，黄某甲又至 T 制衣厂内，与被告人罗某甲及分案处理的被告人罗某乙（系罗某甲之父）发生争执，在此过程中，被告人罗某甲及罗某乙采用推拉、踩、踢等方式致黄某甲倒地、受伤。后黄某乙、徐某某等人赶至劝阻。经法医鉴定，被害人黄某甲外伤致使左胫腓骨骨折，此伤势构成轻伤。经 F 大法庭科学技术鉴定研究所鉴定，被害人黄某甲的左胫腓骨骨折系间接暴力形成的可能性大。

被告人罗某甲伙同他人故意伤害公民身体，致人轻伤，其行为已构成故意伤害罪。

三、专家论证意见与理由

（一）黄某甲左胫腓骨骨折原因为本案关键事实。卷宗材料中证明该事实的主要证据为下列言词：黄某甲陈述、黄某乙证言、徐某某证言、邓某某证言、刘某某证言、罗某乙供述与辩解、罗某甲供述与辩护。就利害关系而言，形成了被害方（黄某甲、黄某乙、徐某某、邓某某）与被告方（罗某甲、罗某乙、刘某某）相互对立（“一对一”证据特殊形式）的两组言词证据。该两组言词证据仅能表明“黄某甲与罗某乙争吵后倒地腿受伤”，并未就“黄某甲倒地以及腿受伤（骨折）原因”达成共识，需要进一步佐证。

1. 被害人黄某甲与证人黄某乙是同胞姐弟关系，与证人徐某某是夫妻关系，与证人邓某某是雇主与员工关系；被告人罗某乙与被告人罗某甲是父女关系，与证人刘某某是雇主与员工关系。〔参见 2016 年 3 月 1 日，Z 省 C 市人民法院《刑事附带民事判决书》（［2015］YC 刑初字第 1987 号）第 8 页~第 12 页、第 15 页~第 17 页〕

2. 被害方（4人）言词证据证明的关键事实：黄某甲与罗某乙争吵后，被罗某乙从后面抓住其衣领拉倒在地后，罗某甲在其腿上、身上踢、踩了几脚。后来发现其腿断了。

（1）被害人黄某甲陈述：问好之后，黄某甲打算从厂里出去，这时，一个老头在边上说：“你在我厂里喂喂喊什么”，黄某甲没有理他，转身想走了。那老头从后面一把抓住了黄某甲的衣领，使劲一拉，把黄某甲拉倒在地，罗某甲出来在其腿上、身上踢了几脚。当时，黄某乙在门口打电话，徐某某在门口车上打电话，他们看见黄某甲倒在地上后，就过来拉黄某甲。黄某甲站不起来，应该是腿断了。〔参见2016年3月1日，Z省C市人民法院《刑事附带民事判决书》（［2015］YC刑初字第1987号）第9页〕

（2）证人黄某乙证言：黄某乙姐姐打算出来了，没想到老板娘旁边的一个老头一把拉住黄某乙姐姐的领圈，黄某乙姐姐就摔倒在地了，老板娘乘机上前踩黄某乙姐姐的小腿，黄某乙和黄某乙姐夫上前去阻止，但对方还要打，其身上也被抓伤，公安民警到了才停止了。黄某乙姐姐小腿断了。〔参见2016年3月1日，Z省C市人民法院《刑事附带民事判决书》（［2015］YC刑初字第1987号）第10页〕

（3）证人徐某某证言：过了一会儿，徐某某从车窗看见一个老头用双手拉着徐某某老婆的衣服把她推倒在地（证人徐某某在另一份证言笔录中证明徐某某是听黄某甲讲她是被老头子故意拉倒的），老板娘用脚踩徐某某老婆的小腿处，其马上走过去看到底发生什么事情，徐某某走到他们身边时，老板娘正拉着徐某某老婆的头发，那个老头子又上来拉徐某某老婆的衣服。据医生检查，徐某某老婆的左腓骨骨折。〔参见2016年3月1日，Z省C市人民法院《刑事附带民事判决书》（［2015］YC刑初字第1987号）第10页、第11页〕

（4）证人邓某某证言：过了一会儿，邓某某听到厂里很吵了，邓某某看到一个老头子先打了黄某甲一巴掌，把黄某甲的衣服拉破了，还把她推倒在地，对方老板娘冲到老头旁边，用脚在黄某甲身上踩了几下。〔参见 2016 年 3 月 1 日，Z 省 C 市人民法院《刑事附带民事判决书》（［2015］YC 刑初字）第 1987 号第 11 页〕

3. 被告方（3 人）言词证据证明的关键事实：黄某甲与罗某乙争吵，并扭在一起，不知怎么倒地，扭断了脚。没看见罗某甲用脚踢、踩黄某甲。

（1）证人刘某某证言：厂里来了两男两女四个人，他们和老板娘及老板娘的父亲在一楼讲些什么，后刘某某听见他们声音很大了，就转过头看，看见一个男的、一个女的和老板娘的父亲扭在一起，那个女的一下子倒在地上了，腿好像受伤了，她还说“我的脚，我的脚，受伤了，快打 110”，老板娘要上去帮忙，被那个男的推倒在地，他们还要打，其就上去拆劝，双方就分开了。刘某某没有看见老板娘踢那个女人的脚，当时，老板娘就站在她旁边。〔参见 2016 年 3 月 1 日，Z 省 C 市人民法院《刑事附带民事判决书》（［2015］YC 刑初字第 1987 号）第 12 页〕

（2）被告人罗某乙供述与辩解：在楼梯的时候，就听到楼下很吵，到了楼下，罗某乙看见有一男一女在和其女儿罗某甲争吵，其就上前说了几句，然后对方那个女的就上前好像要打罗某乙似的，其就一把抓住那个女的衣服，然后对方男的就上来阻止，其就放开了，但那个女的好像还要打罗某乙的样子，可被她的老公拉住了，然后也不知道是怎么回事，那个女的自己摔倒了，对方两个男的就围了上来，罗某乙让罗某乙女儿报警，但是对方那个女的说她的腿断了，他们就报警了。〔参见 2016 年 3 月 1 日，Z 省 C 市人民法院《刑事附带民事判决书》（［2015］YC 刑初字第 1987 号）第 16 页〕

（3）被告人罗某甲供述与辩解：黄某甲和罗某甲的父亲吵了几句，就朝罗某甲父亲冲了过去，罗某甲没有看见她是怎么摔倒的。后罗某甲被黄某乙推了一下倒在地上，后来的事情罗某甲没有看见。当时，罗某甲父亲在门口位置，罗某甲在里面的楼梯边上，罗某甲离父亲有 4 米左右，罗某甲父亲叫其报警。罗某甲就打电话了，那个女的说，“我的脚断了，快打 110。”〔参见 2016

年3月1日，Z省C市人民法院《刑事附带民事判决书》（[2015]YC刑初字第1987号）第17页]

（二）有关“黄某甲左胫腓骨骨折的致伤方式”多份鉴定书证明该伤为“间接（传导）暴力”形成（作用所致）的可能性大，且“黄某甲左小腿局部（骨折部位）未见皮肤破损。”一方面，佐证了上述被害方言词证据：黄某甲与罗某乙争吵后倒地，（间接暴力）摔、扭断了腿；另一方面，也佐证了上述被告方言词证据：黄某甲倒地后，罗某甲没有以踢、踩（直接暴力）方式致使其左腿骨折。该鉴定意见并不能证明黄某甲左胫腓骨骨折的原因是否为罗某甲或罗某乙所为的关键事实。

1. 2012年12月20日，《Z省人身伤害鉴定委员会法医学活体检验鉴定书》[Z人伤鉴（2012）第77号]（C市人民法院委托）：黄某甲的左胫腓骨骨折，以间接传导暴力作用所致可能性大。

2. 2013年10月29日，《司法鉴定科学技术研究所司法鉴定中心鉴定意见书》[司鉴中心（2013）临鉴字第3169号]（C市公安局委托）：腓骨骨折的致伤机制主要包括直接暴力和间接暴力。直接暴力指暴力直接作用使受伤部位发生骨折。骨折多呈横断型、短型或粉碎性。由于直接暴力需通过皮肤作用于骨骼，因此常合并软组织损伤。间接暴力指暴力通过传导、杠杆、旋转和肌收缩使肢体远处发生骨折。骨折多为螺旋形或长斜形。黄某甲伤后的病史资料显示其左小腿局部（骨折部位）未见皮肤破损，影像资料显示其左腓骨均未螺旋形骨折，螺旋的方向基本一致，腓骨骨折平面高于胫骨骨折，符合间接暴力作用致胫腓骨骨折的特征。被鉴定人黄某甲的左腓骨骨折符合间接暴力作用所致，直接暴力作用难以形成。

3. 2015年5月20日，《F大法庭科学技术鉴定研究所司法鉴定意见书》[F大（2015）医鉴字第589号]（C市人民法院委托）：腓骨骨折可由直接暴力和间接暴力形成。其中，直接暴力（如打击、压砸）往往形成粉碎性或横行骨折，伴有软组织损伤，胫腓骨骨折线等高等表现；间接暴力（如传导、旋转暴力）常形成斜行或螺旋形骨折，胫骨与腓骨折多不在同一平面。依据现有鉴定材料，被鉴定人黄某甲的左胫腓骨骨折系间接暴力形成的可能性大。

（三）没有被撤销、仍具有法律效力的Z省C市人民检察院《不起诉书决定书》（C检刑不诉［2013］55号）认定："罗某甲用脚踩踢黄某甲的左小腿，致使其左胫腓骨骨折"，证据不足。

具有终审裁定法律效力的Z省N市中级人民法院《刑事附带民事判决书》（2014）ZYC刑二终字第585号认定："罗某乙抓住黄某甲衣领将黄某甲拉倒在地，致黄某甲左胫腓骨骨折"，证据尚不够充分。

Z省C市人民法院《刑事附带民事判决书》（［2015］YC刑初字第1987号）认定："罗某甲及罗某乙采用推拉、踩、踢等方式致黄某甲倒地、受伤"，实质上是将上述已被确认为"证据不足的案件事实"叠加合并。从证明机制看，必然恶化其证据基础，增加其成立难度。

1. 没有被撤销、仍有法律效力的Z省C市人民检察院《不起诉决定书》（C检刑不诉［2013］55号）认为"证据发生变化，不符合起诉条件"的案件事实：2011年4月17日16时许，被害人黄某甲等人至C市K镇K街83号T制衣厂结算货款，因货物质量问题与被不起诉人罗某甲发生纠纷，后被不起诉人罗某甲的父亲罗某乙乘被害人黄某甲不备，将黄某甲拉倒在地，被不起诉人罗某甲随即用脚踩踢黄某甲的左小腿，致使其左胫腓骨骨折。经法医鉴定，其伤势为轻伤。

在C市人民法院审理期间，市法院委托Z省人身伤害鉴定委员会重新对被害人黄某甲的伤势成因进行鉴定，该鉴定委员会出具的鉴定意见与本院采纳的N市C鉴定所出具的鉴定意见相悖。根据《人民检察院刑事诉讼规则》（试行）第368条第1项的规定，于2013年8月8日以"证据发生变化，不符合起诉条件"为由向C市人民法院撤回起诉。根据《人民检察院刑事诉讼规则》（试行）第368条的规定，并经本院审判委员会讨论决定，决定对罗某甲不起诉。

2. 具有终审裁定法律效力的Z省N市中级人民法院《刑事附带民事判决书》（（2014）ZYC刑二终字第585号）：本院认为，本案事实尚不清楚，证据尚不够充分。据此，依照《刑诉法》第225条第1款第（三）项之规定，裁定如下：①撤销Z省C市人民法院（［2014］YC刑初字第1071号）刑事附带民事判决；②发回Z省C市人民法院重新审判。本裁定为终审裁定。

3. 已被撤销的Z省C市人民法院《刑事附带民事判决书》（［2014］YC刑初字第1071号）认定的案件事实：2011年4月17日16时许，被害人黄某甲与其弟弟黄某乙、丈夫徐某某、营业员邓某某至C市K镇K街83号T制衣厂结算货款，因货物质量问题与罗某甲发生纠纷，后被告人罗某乙（系罗某甲之父）抓住黄某甲衣领将黄某甲拉倒在地，致黄某甲左胫腓骨骨折。后双方人员在扭打过程中，发现被害人黄某甲腿部受伤严重，遂停止发生冲突，并打电话报警。经法医鉴定，被害人黄某甲的左胫腓骨骨折，符合间接暴力作用所致，直接暴力作用难以形成，其伤势为轻伤。

4. Z省C市人民法院《刑事附带民事判决书》（［2015］YC刑初字第1987号）认定的案件事实：2011年4月17日16时左右，黄某甲及其弟弟黄某乙、丈夫徐某某、员工邓某某至C市K镇K街83号T制衣厂结算货款，被告人罗某甲以货物存在质量问题，需等其丈夫罗某丙回来解决为由拒绝结算货款，双方发生纠纷。黄某甲等人遂在外等候。半小时左右后，黄某甲又至T制衣厂内，与被告人罗某甲及分案处理的被告人罗某乙（系罗某甲之父）发生争执，在此过程中，被告人罗某甲及罗某乙采用推拉、踩、踢等方式致黄某甲倒地、受伤。后黄某乙、徐某某等人赶至劝阻。经法医鉴定，被害人黄某甲外伤致使左胫腓骨骨折，此伤势构成轻伤。经F大法庭科学技术鉴定研究所鉴定，被害人黄某甲的左胫腓骨骨折系间接暴力形成的可能性大。

（四）Z省C市人民检察院《不起诉决定书》（C检刑不诉［2013］55号）没有被撤销的情形下，针对同一对象重新起诉同一事实，严重违反刑事程序法。

1.《人民检察院刑事诉讼规则》（试行）第 388 条规定，人民检察院发现不起诉决定确有错误，符合起诉条件的，应当撤销不起诉决定，提起公诉。

2. 2013 年 9 月 6 日，Z 省 C 市人民检察院《不起诉决定书》（C 检刑不诉［2013］55 号）：2011 年 4 月 17 日 16 时许，被害人黄某甲等人至 C 市 K 镇 K 街 83 号 T 制衣厂结算货款，因货物质量问题与被不起诉人罗某甲发生纠纷，后被不起诉人罗某甲的父亲罗某乙乘被害人黄某甲不备，将黄某甲拉倒在地，被不起诉人罗某甲随即用脚踩踢黄某甲的左小腿，致使其左胫腓骨骨折。经法医鉴定，其伤势为轻伤。根据《人民检察院刑事诉讼规则》（试行）第 368 条的规定，并经本院审判委员会讨论决定，决定对罗某甲不起诉。

3. 2015 年 11 月 16 日，Z 省 C 市人民检察院《起诉书》（C 检公诉刑［2015］1812 号）：2011 年 4 月 17 日 16 时许，黄某甲等人至 C 市 K 镇 K 街 83 号 T 制衣厂结算货款。因货物质量问题与罗某甲发生纠纷，后被罗某乙抓住黄某甲衣领将其拉倒在地，被告人罗某甲采用踩、踢等方式，共同殴打黄某甲，致使黄某甲受伤。经法医鉴定，黄某甲外伤致左胫腓骨骨折，其伤势为轻伤。F 大法庭科学技术鉴定研究所司法鉴定意见为：黄某甲左腓骨骨折系间接暴力形成的可能性大。本院认为，被告人罗某甲伙同他人，故意伤害公民身体，致人轻伤，应当以故意伤害罪追究其刑事责任。根据《刑事诉讼法》第 176 条的规定，提起公诉，请依法判处。

［专家意见总结］

1.《F 大法庭科学技术鉴定研究所司法鉴定意见书》仍然只能证明黄某甲左胫腓骨骨折的致伤方式为“间接暴力作用”，与《司法鉴定科学技术研究所司法鉴定中心鉴定意见书》《Z 省人身伤害鉴定委员会法医学活体检验鉴定书》的证明作用没有发生任何变化，仍然无法证明黄某甲腿部骨折原因为“被告人罗某甲及罗某乙采用推拉、踩、踢等方式致黄某甲倒地、受伤”。因而，该鉴定意见不能成为C市人民检察院对罗某甲作出不起诉决定后再次起诉的新证据。

2. 在没有新证据的情况下，仍具有法律效力的Z省C市人民检察院《不起诉决定书》和Z省N市中级人民法院《刑事附带民事判决书》认定的事实不应被推翻。在“罗某甲用脚踩踢黄某甲的左小腿，致使其左胫腓骨骨折”以及“罗某乙抓住黄某甲衣领将黄某甲拉倒在地，致黄某甲左胫腓骨骨折”，均缺乏足够的证据予以证明的情形下，仅凭原有的证据无法证明“被告人罗某甲及罗某乙采用推拉、踩、踢等方式致黄某甲倒地、受伤”。

3. 唯一证明罗某乙与黄某甲争吵，拉倒黄某甲后，罗某甲踩踢黄某甲的被害方（4人）言词证据，不仅与被告方（3人）言词证据矛盾，缺乏佐证，而且其证明内容仅涉及“黄某甲倒地（受伤）后，罗某甲才过来用脚踩踢”，无法证明指控主张：“被告人罗某甲及罗某乙采用推拉、踩、踢等方式致黄某甲倒地、受伤”。

4. 检察院指控“被告人罗某甲及罗某乙采用推拉、踩、踢等方式致黄某甲倒地、受伤”的诉讼主张，明显缺乏证据证明，达不到法定的“排除合理怀疑”证明标准，应当认定罗某甲、罗某乙无罪。

争议焦点与评述

争议焦点	
事实问题	黄某甲左胫腓骨骨折原因。
专家意见	1. 被告方与被害方的言词证据，只能证明黄某甲在与罗某乙争吵后倒地腿部受伤，对黄某甲倒地以及腿部受伤的原因未能达成共识； 2. 多份鉴定书印证了被告方的言辞证据，即黄某甲倒地后，罗某甲没有以踢、踩方式致其左腿骨折； 3. 55号不起诉决定书认定罗某乙抓住黄某甲衣领将黄某家拉倒再踢，致使黄某家左胫腓骨骨折，证据尚不充分。

续表

争议焦点	
评述	本案由琐事引起，犯罪行为的发生具有偶然性，加之现场缺少合适的监控探头，在事实认定方面需要依靠大量的言词证据，而言词证据又受当事人记忆等因素的影响，因此具有不稳定性。此外，本案中存在鉴定意见，但鉴定意见只能鉴定骨折发生的物理原因，并不能证明骨折是由于他人侵害还是自己大意。而在本案中，公诉机关仅凭鉴定意见中"黄某甲左腓骨骨折系间接暴力形成的可能性大"，就推断罗某甲实施了故意伤害行为，存在论述上的明显飞跃。
事实问题	黄某甲左胫腓骨骨折的致伤方式。
专家意见	多份鉴定书证明黄某甲左胫腓骨骨折为"间接（传导）暴力"形成（作用所致）的可能性大，且"其（黄某甲）左小腿局部（骨折部位）未见皮肤破损。"一方面，佐证了上述被害方言词证据；另一方面，也佐证了上述被告方言词证据。
评述	多份鉴定书佐证了被害方与被告方的言辞证据，因此，成为证明黄某甲左胫腓骨骨折的原因是否为罗某甲或罗某乙所为的关键。
事实问题	仍具有法律效力的Z省C市人民检察院《不起诉决定书》和Z省N市中级人民法院《刑事附带民事判决书》认定的事实是否证据充分。
专家意见	没有被撤销、仍具有法律效力的Z省C市人民检察院《不起诉决定书》（C检刑不诉［2013］55号）认定："罗某甲用脚踩踢黄某甲的左小腿，致使其左胫腓骨骨折"证据不足。 具有终审裁定法律效力的Z省N市中级人民法院《刑事附带民事判决书》(2014) ZYC刑二终字第585号认定："罗某乙抓住黄某甲衣领将黄某甲拉倒在地，致黄某甲左胫腓骨骨折，""证据尚不够充分"。 Z省C市人民法院《刑事附带民事判决书》〔(2015) YC刑初字第1987号〕认定的事实实质上是将上述已被确认为"证据不足的案件事实"叠加合并。

续表

争议焦点	
评述	仍具有法律效力的Z省C市人民检察院《不起诉决定书》和Z省N市中级人民法院《刑事附带民事裁定书》认定的事实，均不能在没有新证据的情况下被推翻。仅凭原有的证据无法证明“被告人罗某甲及罗某乙采用推拉、踩、踢等方式致黄某甲倒地、受伤”。
程序问题	Z省C市检察院在作出不起诉决定后重新起诉是否违法？
专家意见	针对同一对象同一事实，重新起诉，严重违反刑事程序法。本案中所谓的新证据——《F大法庭科学技术鉴定研究所司法鉴定意见书》对案件事实并未发生新的证明作用。
评述	1. 从法律条文层面来看。《人民检察院刑事诉讼规则》（试行）规定，不起诉决定确有错误的，符合起诉条件的，应当撤销不起诉决定，提起公诉。此处明确提出了必须在不起诉决定“确有错误”的情况下，本案中，《F大法庭科学技术鉴定研究所司法鉴定意见书》从内容来看，与之前的鉴定意见书并无明显差别，只是形式上的新证据，而非实质新证据，难以改变原来的案件事实认定。因此，检察机关的重新起诉明显不当。 2. 从法理层面来看。《刑诉法》并未有重新起诉的相关规定，《人民检察院刑事诉讼规则》（试行）在《刑诉法》授权的范围外，扩张了检察机关的权力；一方面，《人民检察院刑事诉讼规则》（试行）与作为上位法《刑事诉讼法》存在明显矛盾；另一方面，从公法的授权方式来看，公权力机关一般是“法无授权即禁止”，《人民检察院刑事诉讼规则》（试行）属于检察机关自我作出的司法解释，属于自己给自己授权，其权力正当性存疑。 3. 从实施效果来看。检察机关不受约束的重新起诉权，实际上给了检察机关无限的试错机会，等于给予检察机关无限开火权。这与无罪推定原则是相违背的，也极大地侵犯了被告人的合法权益。

论证案件四

孙某某涉嫌“以危险方法危害公共安全罪”

一、专家论证会参考的主要案件材料

（一）2016年2月22日，A市公安局直属分局《立案决定书》〔A公直（交）立字［2016］0044号〕。

（二）2016年2月27日，A市公安局直属分局《逮捕申请书》〔A公直（交）提捕字［2016］0013号〕；2016年3月3日，A市W区人民检察院《批准逮捕决定书》（AW检侦监二批捕［2016］16号）。

（三）2016年2月25日，A市公安交通警察支队《道路交通事故认定书》（A公交认字［2016］事故第036号）。

（四）2016年4月14日，A市公安局直属分局《起诉意见书》〔A公直（交）诉字［2016］0105号〕。

（五）2016年5月17日，A市W区人民检察院《补充侦查决定书》（AW检公诉二补侦［2016］11号），以及《关于孙某某交通肇事的补充侦查提纲》；2016年7月17日，A市W区人民检察院《补充侦查决定书》（AW检公诉二补侦［2016］11号），以及《关于孙某某交通肇事的补充侦查提纲》。

（六）2016年6月14日，A市公安局交警支队事故处理大队《关于孙某某交通肇事案补充侦查情况说明》；2016年8月12日，

A市公安局交警支队事故处理大队《孙某某交通肇事所附光盘情况说明》；《孙某某交通肇事案二次补充侦查情况说明》。

（七）2016年9月7日，A市W区人民检察院《起诉书》（W检公诉二刑诉［2016］91号）。

（八）案件有关证据材料。

二、有关法律文书认定案件事实及罪名

（一）2016年2月27日，A市公安局直属分局《逮捕申请书》〔A公直（交）提捕字［2016］0013号〕认定的案件事实及罪名。

2016年2月22日犯罪嫌疑人孙某某因涉嫌交通肇事罪被依法刑事拘留。经依法侦查查明2016年2月21日21时50分许，孙某某驾驶＊EQ＊＊67号小型轿车沿Z路由北向南行驶至H路口时，与罗某驾驶＊EP＊＊31号小型轿车载任某某沿H路由西向东行驶至Z路口由西向北左转弯时发生相撞，造成罗某受伤、任某某经医院抢救无效死亡，车损两辆的交通事故。孙某某负该事故的全部责任。该事故双方尚未达成协议，孙某某未取得死者家属谅解，孙某某涉嫌交通肇事罪，有逮捕必要。认定上述事实的证据现场勘查笔录、现场图、现场照片、讯问笔录、血醇检验报告单、法医学尸体检验鉴定书、涉案车辆鉴定意见书等。

（二）2016年3月3日，A市W区人民检察院《批准逮捕决定书》（AW检侦监二批捕［2016］16号）认定的罪名。

经本院审查认为，该犯罪嫌疑人孙某某的行为涉嫌交通肇事罪。

（三）2016年4月14日，A市公安局直属分局《起诉意见书》〔A公直（交）诉字［2016］0105号〕认定的案件事实及罪名。

2016年2月21日21时50分许，孙某某驾驶＊EQ＊＊67号小型轿车沿Z路由北向南行驶至H路口时，与罗某驾驶＊EP＊＊31号小型轿车载任某某沿H路由西向东行驶至Z路口由西向北左转弯时发生相撞，造成罗某受伤、任某某经医院抢救无效死亡，车

损两辆的交通事故。孙某某负该事故的全部责任。认定上述事实的证据：现场勘查笔录、现场图、现场照片、讯问笔录、血醇检验报告单、法医学尸体检验鉴定书、涉案车辆鉴定意见书等。犯罪嫌疑人孙某某的行为涉嫌交通肇事罪。

（四）2016 年 9 月 7 日，A 市 W 区人民检察院《起诉书》（AW 检公诉二刑诉［2016］91 号）认定的案件事实及罪名。

2016 年 2 月 21 日 21 时 50 分许，被告人孙某某大量饮酒后（经鉴定其血液中乙醇含量 208mg/100mL），暴力抗拒其妻子宋某甲劝阻其酒后驾车、赌气驾驶 * EQ ** 67 号小轿车，沿本市 Z 路开发区段由北向南超速（经鉴定时速为 93km/h）行驶至 Z 路与 H 路交叉口时，强行冲闯交通信号灯，向沿 H 路由西向东按照信号灯正常行驶至该路口的被害人罗某驾驶的 * EP ** 31 号小轿车、许某某驾驶的摩托车撞去，致使被害人罗某驾驶的 * EP ** 31 号小轿车发生相撞，造成罗某受重伤、后排座位其女儿任某某当场死亡（殁年 11 岁），两辆车被撞损；许某某驾驶的摩托车因采取措施避免了被撞的交通事故。经法医鉴定，罗某的损伤构成重伤二级。经道路交通事故认定，孙某某负事故的全部责任。应当以以危险方法危害公共安全罪追究其刑事责任。

三、专家论证意见及理由

（一）在车流量少，行人少路况下，孙某某酒后驾车超速行驶，违反交叉路口交通信号灯指示，引发车辆相撞，主要原因是其“急于回家”。

1. 问：你（许某某）现在想一下当时路面上车流量、人流量的情况？答：当时路面上车流量不多，行人也不多。因为当天是农历正月十四，刚过春节，事发时大约 22 时，天气气温不高，所以路面上的车流量和行人并不是很多。（参见 2016 年 8 月 5 日 8 时 45 分至 9 时 18 分，A 市公安交通警察支队温某某、陈某某讯问证人许某某笔录第 2 页）

2. 问：你（孙某某）喝过酒驾驶机动车，当时你是怎么想的？答：我（孙某某）想着回家。问：你驾驶＊EQ＊＊67号小型轿车行驶至事故路口时，是否看信号灯？答：我没有看信号灯。问：事故发生前，你是怎么想的？答：我想着回家。（参见2016年3月29日10时20分至11时15分，A市公安交通警察支队事故处理大队温某某、宋某乙讯问孙某某笔录第1页、第2页）

3. 道路交通事故证据及事故形成原因分析：经调查该事故取得证据如下：现场勘查笔录、现场图、现场照片、讯问笔录、血醇检验报告、涉案车辆鉴定意见书、法医学尸体检验鉴定书等证据，以上证据取得合法有效，孙某某醉酒后驾驶机动车上路，超速行驶且未按照交通信号指示通行，未确保安全，是引起该事故发生的全部原因。〔参见2016年2月25日，A市公安局交通警察支队出具的《道路交通事故认定书》（A公交认字［2016］事故第036号）〕

4. 问：事故发生前你（孙某某）是否看见对方车辆？答：事故发生前我（孙某某）没有看见对方车辆。问：你驾驶＊EQ＊＊67号小型轿车行驶至事故路口时，你查看该路口是否有交通信号灯？你驾车通过时，你所行驶方向的信号灯是什么信号？答：我驾车行驶至事故路口时我查看该路口是有交通信号灯控制，我所行驶的方向的信号灯是绿灯信号。（参见2016年2月22日0时35分至3时00分，A市公安交通警察支队温某某、宋某乙讯问孙某某笔录第2页、第3页）

5. 问：你（罗某）说一下事故发生的具体经过？答：我（罗某）准备向北转弯回家，我看到信号灯是红灯，我就等了一会儿信号灯，信号灯变绿后我就向前刚起步行驶准备向北转弯，突然就被一辆由北向南行驶的车给撞了。（参见2016年2月22日9时00分至9时30分，A市公安交通警察支队程某某、宋某乙询问被害人罗某笔录第2页）

6. 问：讲一下你（许某某）当时看到情况？答：我就等信号灯，我前面还有一辆红色轿车也在等信号灯，等了几秒，当东西方向的信号灯变成绿灯后，我前面的红车起步，我就跟着它往前，向前行驶了大约五六米，我看到从Z路由北向南行驶过来一辆轿车开着大灯，车速很快，过路口也没有减速，直接闯着信号灯横冲过来，直接撞上我前面红色的车，那个红色的车被撞得转了好几个圈，白色的车撞过之后就停到交叉口西南角，撞得引擎盖都冒烟了。我看到后害怕得不得了，就赶紧掉头不敢再走大路，就沿着中华西侧的非机动车道向北走了。(参见2016年2月22日18时00分至18时30分，A市公安交通警察支队温某某、宋某乙讯问证人许某某笔录第1页、第2页)

7. 问：你（孙某某）为什么没有让你老婆和孩子上车，你自己开车走了？答：因为我和老婆生气吵架，我比较急，我就自己开车走了。问：你当时为什么开车开那么快？答：当时我喝酒了，知道是违法行为并且因为和我老婆吵架，心里着急，想着赶快回家。(参见2016年4月12日10时20分至11时05分，A市公安交通警察支队事故处理大队温某某、李某讯问孙某某笔录第1页)

8. 问：经鉴定，事发前你（孙某某）驾驶的＊EQ＊＊67号小型轿车车速是93km/h，当时你为什么开车开得这么快？答：因为我和老婆吵架，心里堵得慌，赌气开车，所以我开车开得很快，我还想着赶快回家，知道喝了酒开车会被判刑。(参见2016年8月11日14时55分至15时45分，A市公安交通警察支队事故处理大队温某某、程某某讯问孙某某笔录第3页)

9. 问：当时你（宋某甲）和孙某某发生争执的原因是什么？答：孙某某想要开车，我不让他开车，孙某某着急了。(参见2016年3月31日10时10分至11时40分，A市公安交通警察支队温某某、宋某乙讯问证人宋某甲笔录第2页)

（二）孙某某的车辆与罗某的车辆相撞前，没有发现其有违法行为，相撞后也没有继续驾驶该车辆危害公共安全。

1. 关于核实孙某某驾驶＊EQ＊＊67号小型轿车行车轨迹及是否存在其他违法情节。孙某某驾驶＊EQ＊＊67号小型轿车从D街“遇见有喜”出发行驶至案发现场的行车路线，现有证据有孙某某自己供述的行车路线和我单位民警调取的视频监控，发现2016

年 2 月 21 日 21 时 48 分 57 秒＊EQ＊＊67 号小型轿车行经 W 道与 Z 路向北监控区域，其他视频监控未发现＊EQ＊＊67 号小型轿车行车轨迹，未发现有其他违法情节。根据孙某某供述的未取得驾驶证之前曾经在 A 高速无证驾驶，核实孙某某之前是否存在其他违法情节。核实驾驶人的违法行为，须用公安交通管理综合应用平台查询，经 A 市公安交通管理综合应用平台对孙某某驾驶证（驾驶证号 4＊＊5＊＊19＊＊03＊＊37＊＊，档案编号 4＊＊5＊＊5＊＊3＊＊）查询，未发现孙某某有其他违法情节。（参见 2016 年 6 月 14 日，A 市公安局交警支队事故处理大队《关于孙某某交通肇事案补充侦查情况说明》）

2. 用 A 市公安交通管理综合应用平台对孙某某驾驶证（驾驶证号：4＊＊5＊＊19＊＊03＊＊37＊＊，档案编号：4＊＊5＊＊5＊＊3＊＊）进行查询，未发现孙某某有饮酒驾驶的记录，孙某某自己供述也无饮酒后驾驶的行为。现有证据为调取的 Z 路段的视频监控，最早发现 2016 年 2 月 21 日 21 时 48 分 57 秒＊EQ＊＊67 号小型轿车行经 W 道与 Z 路向北监控区域，其他视频监控未发现＊EQ＊＊67 号小型轿车的行车轨迹，无法查证孙某某有无其他违法行为。案发路口视频监控显示孙某某的车辆是被交通事故抢险拖车拖离现场的，已不能正常行驶。（参见 2016 年 8 月 12 日，A 市公安局交警支队事故处理大队《孙某某交通肇事案二次补充侦查情况说明》）

（三）孙某某没有伤害许某某的客观行为，也没有伤害许某某的主观故意，更没有在其与罗某车辆相撞后，再次故意驾车撞击许某某的摩托车，未对公共安全造成任何危害。

1. 问：讲一下你（许某某）当时看到情况？答：我就等信号灯，我前面还有一辆红色轿车也在等信号灯，等了几秒，当东西方向的信号灯变成绿灯后，我前面的红车起步，我就跟着它往前，向前行驶了大约五六米，我看到从 Z 路由北向南行驶过来一辆轿车开着大灯，车速很快，过路口也没有减速，直接闯着信号灯横冲过来，直接撞上我前面红色的车，那个红色的车被撞得转了好几个圈，白色的车撞过之后就停到交叉口西南角，撞得引擎盖都冒烟了。我看到后害怕得不得了，就赶紧掉头不敢再走大路，就沿着Z路西侧的非机动车道向北走了。(参见2016年2月22日18时00分至18时30分，A市公安交通警察支队温某某、宋某乙讯问证人许某某笔录第1页、第2页)

2. 等路口东西方向的信号灯变成绿灯时，我（许某某）前边的红色轿车由西向北转弯行驶了，我骑着摩托车也向北转弯，我看到那辆白色轿车与红色轿车相撞了，相撞后我心里害怕，没有在事故现场停留就离开了。(参见2016年8月5日8时45分至9时18分，A市公安交通警察支队温某某、陈某某讯问证人许某某笔录第1页)

(四) 办案人员涉嫌以诱导、暗示的方式讯问许某某。

问：从事发时路口监控视频显示，那两辆车相撞后，险些撞到你，这事是否对你造成影响构成威胁？答：对我（许某某）造成影响构成威胁了。(参见2016年8月5日8时45分至9时18分，A市公安交通警察支队温某某、陈某某讯问证人许某某笔录第2页)

专家论证结论：

1. 系列证据表明：孙某某因“急于回家”，而酒后驾车超速行驶，不遵守路口信号灯指示，结果导致其与罗某的车辆相撞。

2. 在车辆相撞前，孙某某驾车没有违法记录，相撞后，也没有对公共安全造成危害。“车毁人亡”既非孙某某希望发生的结果，也非其放任的结果，不符合“以危险方法危害公共安全罪”主客观要件。

3. 孙某某对撞车后造成的危害应承担过失责任，其行为符合交通肇事罪法律特征。

争议焦点与评述

争议焦点	
事实问题	引发车辆相撞的主要原因。
专家意见	在车流量少，行人少的路况下，孙某某酒后驾车超速行驶，违反交叉路口交通信号灯指示，引发车辆相撞，主要原因是其“急于回家”。
评述	孙某某由于喝酒了，其本人也知道是酒驾是违法行为，另外跟其配偶吵架导致心里着急，想着赶快回家，最终导致了车祸的发生。
事实问题	孙某某是否具有驾驶车辆危害公共安全的行为？
专家意见	关于核实孙某某驾驶车辆的行车轨迹，未发现有其他违法情节。 案发路口视频监控显示孙某某的车辆是被交通事故抢险拖车拖离现场的，已不能正常行驶，因此相撞后也没有继续驾驶该车辆危害公共安全。
评述	根据案发后的调查核实，孙某某在车祸发生前并没有违法行为，在车辆相撞后也并没有继续驾驶该车辆危害公共安全。因此，孙某某并不希望危害结果的发生，也没有放任危害结果的发生，不符合“以危险方法危害公共安全罪”主客观要件。
事实问题	孙某某对许某某是否具有伤害的故意？
专家意见	孙某某没有伤害许某某的客观行为，也没有伤害许某某的主观故意，更没有在其与罗某车辆相撞后，再次故意驾车撞击许某某的摩托车，未对公共安全造成任何危害。
评述	许某某看到白色轿车与红色轿车相撞后心里害怕，没有在事故现场停留就离开了。孙某某不具有伤害许某某的客观行为与主观故意。

论证案件五 王某甲涉嫌组织、领导传销罪

一、专家论证会参考的主要案件材料

（一）G省S县公安局《起诉意见书》（S公刑诉字［2016］174号）。

（二）案件有关材料。

二、G省S县公安局《起诉意见书》（S公刑诉字［2016］174号）认定的案件事实

1. 2015年3月犯罪嫌疑人郑某某与李某甲（在逃）、袁某甲（在逃）、黄某甲（在逃）利用犯罪嫌疑人袁某丙注册的一家L集团公司所使用的“H系统”（网站域名：http://www.x***.com）以“**清丹”“**宁”妇科用品为载体，以网络为依托，伙同犯罪嫌疑人尹某某、袁某乙、程某乙、聂某某等人肆意夸大“**宁”的功效，且以高额回报为诱饵，并设置了4030元人民币的高额入会门槛，通过“发展下线”“拉人头”层层盘剥返点的营销模式，引诱他人加入该系统成为会员，且在该系统内设立了精英组、领导组、领袖组、董事、一星董事组、二星董事组、三星董事组、四星董事组、荣誉董事九个等级，并对应每个等级晋级所获得的奖励为精英组4000元人民币，领导组40 000元人民币、领袖组40 000元人民币，董事无资金奖励但会获得一辆价值10万元

的轿车。一星董事将得到其伞下（推荐关系）业绩收入的1%，二星董事将得到其伞下（推荐关系）业绩收入的2%，三星董事将得到其伞下（推荐关系）业绩收入的3%，四星董事将得到其伞下（推荐关系）业绩收入的5%，荣誉董事将得到其伞下（推荐关系）业绩收入的7%，在从一星到四星的升级过程中该董事还会获得一辆价值20万元的驾车，当该董事晋升为荣誉董事后获得别墅一套，星级董事奖励，按级差原则分配，上级需扣减下级所得，遇平级时，可得5代0.5%。该传销组织以“上七下八”的模式晋级，会员人数呈几何倍数增长。

2. 2015年年底该传销组织经刘某甲和徐某甲介绍与犯罪嫌疑人王某甲认识并达成合作共识。犯罪嫌疑人王某甲遂将犯罪嫌疑人王某己的身份证交给犯罪嫌疑人韩某某并指使韩某某于2016年1月19日在B市S区工商分局处注册了T生物科技有限公司，并由H投资管理有限公司注入启动资金100余万元，T生物科技有限公司主要用于吸收、接纳以犯罪嫌疑人郑某某、李某甲、袁某甲、黄某甲为首的传销组织，该公司继续使用原网络平台（网站域名为：http://www. x *** com）和“ ** 宁”产品载体，从事传销活动，并将原网络平台进行升级（升级后的网站域名变更为：http://www. ta ** ai ** h. com）。

（1）犯罪嫌疑人王某甲系T生物科技有限公司股东会成员，负责对T生物科技有限公司前期启动资金投入，负责网络传销资金的收取，转移提供公司账户和个人账户（个人账户包含犯罪嫌疑人王某甲的父母王某戊、赵某某，王某甲的岳父母邵某乙、庞某某等与王某甲关系密切的人员账户），同时负责为T生物工程有限公司，办理直销手续，为T生物科技有限公司的传销行为合法化作为铺垫。到2016年7月，王某甲通过提现的方式获得2000万元。

（2）犯罪嫌疑人郑某某是T发展委员会的执行理事长、T战略委员会成员，系传销活动的组织者，与李某甲、袁某甲、黄某甲负责L公司与T生物科技有限公司合并后，公司的管理工作，与T生物科技有限公司签订相关《合作协议》，与李某甲、袁某甲、黄某甲按照T公司销售额的5%、税后利润的20%、年度利润的8%进行分红获利。

（3）犯罪嫌疑人袁某丙是L集团的原始注册人，从2015年年初开始，与郑某某、李某甲、袁某甲、黄某甲四人利用自己在网上注册所使用的“H系统”（网站域名：http://www.x***.com）以“**清丹”“**宁”的妇科用品为载体，以网络为依托，肆意夸大“**宁”的功效，且以高额回报为诱饵，并设置了4030元人民币的高额入会门槛，通过“发展下线”“拉人头”层层盘剥返点的营销模式，引诱他人加入该系统成为会员，从事传销活动，并将原网络平台进行升级（升级后的网站域名变更为：http://www.ta**ai**h.com），为传销组织提供平台。

（4）犯罪嫌疑人童某某系T公司副总裁，负责管理公司的客服部、市场部、业务部、对公司员工进行培训，对公司的发展营销模式进行宣传，并按公司每月税后净利润的1%进行分红。

（5）犯罪嫌疑人付某某自2013年3月13日加入该传销组织后在Y省、G省、S省积极组织传销活动，发展人数达10 750余人，发展人数层级达33层，非法经营额为33 053 515元，从中非法获利200万余元，是该传销组织的组织者。

（6）犯罪嫌疑人罗某某自2015年6月4日加入该传销组织后在S县积极组织传销活动，发展人数达100余人，发展人数层级达11层，非法经营额160万余元，从中非法获利16余万元。

3. 该组织分别按比例参与分配传销非法所得资金：

发展委员会分得业绩的5%；利润的20%分给郑某某、袁某甲、李某甲、黄某甲；公司利润除去L公司四位股东的20%，剩下的利润徐某甲和童某某分5%，其中徐某甲占80%，童某某占20%；然后所有员工分享剩余部分公司利润5%的分红，其中（程某甲10%、韩某某10%、王某庚5%、聂某某5%、王某丁3%、贾某某3%），付某某为三星董事，他将获得其伞下业绩量3%的返点，罗某某为领袖组，其获得了第一次晋级奖4000元和第三次

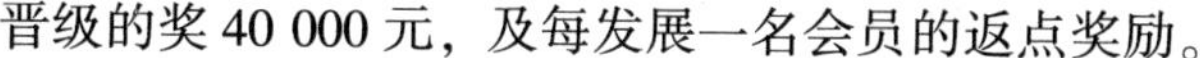

晋级的奖 40 000 元，及每发展一名会员的返点奖励。

三、专家论证意见与理由

（一）“ ** 宁”是“L 氏圈疗推广中心”（以下简称“L 氏公司”）及“K 工贸有限责任公司”（以下简称“K 工贸公司”）法定代表人刘某丙家族祖传的秘方产品，不仅有注册商标和生产许可证，而且符合国家相关规定与检验检测标准。L 生物科技有限公司（以下简称“L 公司”）与 T 生物科技有限公司（以下简称“T 公司”）合作的目的，是推广“ ** 宁”等产品销售。

1. L 氏公司及 K 工贸公司法定代表人刘某丙家族祖传的秘方产品，不仅有注册商标和生产许可证，而且符合国家相关检验检测标准。

（1）问：你（刘某丙）上面说到“ ** 宁”产品是你们家族祖传的秘方，是否还有其他人在生产“ ** 宁”产品？答：我们家族还有其他人在生产成分与“ ** 宁”一样的这类药丸，但是生产的产品不是叫“ ** 宁”，具体叫什么名字我不知道。问：你所生产的“ ** 宁药丸”“ ** 宁药粉”需要哪些程序才能进行生产？答：生产“ ** 宁”产品要有生产许可证的厂家，还有卫生生物转化检测报告，我负责保健药的配方、药材的原材料转化成“ ** 宁”药物原理，是由我自己的 K 中药饮片有限公司进行加工，我再将“ ** 宁”原料产品发给 L 公司及 T 公司。问：是否还需要其他相关监督管理部门的行政审批程序？答：没有了。（参见侦查卷宗证据材料第 40 卷，2016 年 8 月 20 日 15 时 38 分至 19 时 12 分，G 省 S 县公安局李某乙、舒某讯问刘某丙笔录第 3 页、第 4 页）

（2）问：你们家“ ** 宁”这个保健产品是经过商标注册了吗？答：“ ** 宁”是名字，我们注册的是 J 这个名字。问：针对“ ** 宁”产品你是否与其他公司有合作往来？答：我们的“ ** 宁”品牌与 L 公司及 B 市 T 公司合作过，我自己也进行“ ** 宁”产品生产销售，是我自己的公司 K 中药饮片有限公司出药粉原料给D产业有限公司给我代加工成J牌抑菌圆片。问：你们加工成J牌“**宁”抑菌圆片是按照相应的生产程序吗？答：我们生产的药粉原料及D产业生产的圆片都是有相关行政部门的生产许可和批号，有相关安全卫生出厂程序。（参见侦查卷宗证据材料第40卷，2016年8月22日17时41分至18时42分，G省S县公安局李某乙、舒某询问刘某丙笔录第10页）

(3) 2011年1月1日，X省食品药品监督管理局颁发给刘某丙为法定代表人的K中药饮片有限公司《药品生产许可证》（编号：X20110169）。（参见侦查卷宗证据材料第40卷，第19页）

(4) 2015年7月20日，L氏公司研究所委托X大学毒理研究所实验中心、X生物转化检测有限公司《检验报告》（消检字第2015第143号）证明：J牌“**宁”抑菌圆片，符合有关规范标准。（参见侦查卷宗证据材料第40卷，第26页~第31页）

(5) 2015年4月3日，K工贸公司提出申请注册“J”商标（注册号16**15**），2016年6月28日注册公告获得批准。（参见标库网 http://www.tmkoo.com/detail/0a141944155 5ce78967541ee3bb13223/5/）

(6) 2016年3月18日，K工贸公司（甲方）与L公司（乙方）、T公司（丙方）签订《商标使用授权书》，允许乙方、丙方使用其注册的“J”商标（注册号16**15**），并允许委托第三方定制该品牌系列产品。（参见侦查卷宗证据材料第47卷，第11页）

2. L公司与T公司合作的目的，是推广“**宁”等产品销售。

问：针对“**宁”产品你（刘某丙）是否与其他公司有合作往来？答：我们的“**宁”品牌与L公司及T公司合作过。问：说说你们的合作方式及过程？答：我们“**宁”与L公司合作是2015年2、3月份开始的，我自己注册有一个“L氏公司”及“K工贸公司”，当时就是L公司的袁某甲、郑某某来西安找到我，说是在网络上看见我的“**宁”产品，知道是我们家发明的，市场上有些假货，L 公司想跟我合作进行“ ** 宁”推广，我也想要“ ** 宁”推广出去，我们就进行“ ** 宁”合作洽谈，一直谈到 2015 年 5 月份的时候，郑某某与李某甲一起来的那次，我们就把“ ** 宁”合作方向基本谈好了，我们就达成了一个合作协议，由我负责给 L 公司进行“ ** 宁”供货，我刚开始负责的“ ** 宁药丸”半成品供货，“ ** 宁药丸”大多通过物流或客车发到 A 省 H 市的生产基地，觉得环境还可以，回来后就放心进行供货合作，在 2015 年 7、8 月份的时候，我的 L 氏公司给 L 公司供应不上“ ** 宁药丸”了，然后 L 公司老总李某甲就通过电话联系我说，以后“ ** 宁”供货直接供应药粉，在 A 省 H 市生产药丸方便点，我同意后就去 A 省 H 市帮助教他们“ ** 宁药丸”的制作技术，就开始供应“ ** 宁药粉”了，我供应给 L 公司的“ ** 宁药丸”是两块钱一粒（一克），后来供应的“ ** 宁药粉”是 1800 元一公斤，具体提供了多少数量的“ ** 宁药丸”和药粉我记不得了，具体价格记得不是很清楚。2016 年 2 月的时候，L 公司老总李某甲通知我说：“L 公司与 T 公司合作了，需要继续推广‘ ** 宁’”，我也同意了，刚开始也是发到 A 省 H 市，也是 2016 年 4 月份的时候开始往 B 市发“ ** 宁药粉”的，具体时间记不起了，具体数量我要回去查一下，因为我是 L 公司延续利用我们“ ** 宁”的品牌效应就与 B 市进行“ ** 宁药粉”供货，当时就没有与 T 公司签订协议，具体的“ ** 宁”产品供应价格及供货合作条件与 L 公司是一样的，只是由于原材料涨价，价格上调了一点。我第一次去 B 市是 2016 年 3 月份的时候，当时我去 B 市办自己的事正好碰到 T 公司在开什么年会，我就顺便参与了一下，在会上看见了 T 公司总经理徐某甲，当时是徐某甲接待我的，就是谈了一下准备把我与 L 公司的“ ** 宁”原料供货合同转移到与 T 公司合作上来的事情，就见了一下面。第二天我就离开了，第二次去 B 市 T 公司是 2016 年 7 月份的时候，是去推广我们 L 氏圈疗法，又与徐某甲见了一面，当时负责接待我的是聂某某。（参见侦查卷宗证据材料第 40 卷，2016 年 8 月 20 日 15 时 38 分至 19

时12分，G省S县公安局李某乙、舒某讯问刘某丙笔录第2页、第3页）

（二）“**宁”产品效果良好，深受众多客户欢迎，具有较好的市场前景。为了满足市场大量需求，T公司不仅与L公司合作销售“**宁”产品，还与K工贸公司合作生产加工“**宁”产品，且设立了专门的客服部门，负责产品质量及退换货，获得客户好评，与法律禁止的传销活动中的“道具”产品销售有本质区别。

1.“**宁”产品效果良好，深受众多客户欢迎，具有较好的市场前景。为了满足市场大量需求，T公司不仅与L公司合作销售的“**宁”产品，还与K工贸公司合作生产加工“**宁”产品。

（1）问：你（付某某）现在在（T）公司担任什么职务？答：是G省、S省的片区经理，是三星董事。问：你是怎样进入这个“T公司”的？答：是我的朋友郑某某给我介绍的，他给我讲这个产品好，开始还不是叫“**宁”，是叫“**清丹”，然后我就拿给我老婆用，我老婆说效果可以，对妇科病很有帮助。开始是郑某某免费拿了1盒“**清丹”给我老婆用，后来我又花4000元从网站上买了10盒，给我的老婆，我的老婆就拿去给我们的亲戚用了，大家反映效果好，所以我才发现这是个商机，所以就想做这个生意，就到G省R市请我朋友黄某乙帮我注册了一家叫“G商贸有限公司”的网店，就开始卖“**清丹”，后来就根据公司的安排，才转为卖“**宁”“凝胶”“法*化妆品”这些了。（参见侦查卷宗证据材料第5卷，2016年8月17日11时32分至15时24分，S县公安局周某丙、李某乙讯问付某某笔录第2页）

（2）问：你与L公司的合作因为什么由“**宁药丸”转向“**宁药粉”供应？答：当时就是L公司告诉我市场需求太大了，我这边又供不上货，要不就供“**宁药粉”，他们自己负责加工，我劝过L公司，慢慢推广市场不能急，后来我由于经济原因也答应他们只提供“**宁药粉”原料，其他的由L公司自己负责加工成品。问：你去A省H市进行“**宁”原材料加工生产是由谁对你进行接待的？答：是由张某丁负责接待我的，我就是给他们讲了一下加工的注意事项，也没有说其他的。问：你的“**宁”半成品在L公司、T公司的收货地址是什么地方？答：L公司的收货地址是A省H市，T公司收货地址是B市的一个地方，我记不起来了。问：L公司、T公司分别是谁与你联系负责收发“**宁”产品？答：L公司是聂某某与我进行收发货（“**宁”原料）及结算货款，T公司开始也是聂某某与我对接收发货（“**宁”原料），后来是王某丁负责与我对接收发货（“**宁”原料）及结算货款。（参见侦查卷宗证据材料第40卷，2016年8月20日15时38分至19时12分，G省S县公安局李某乙、舒某讯问刘某丙笔录第6页）

（3）问：L公司、T公司具体是谁负责与你进行业务对接？答：L公司前期是郑某某、袁某甲、李某甲与我进行合作洽谈过，后期就是主要与聂某某进行“**宁”产品生产对接，T公司主要就是聂某某、王某丁与我联系过，平时T公司称呼王某丁就是喊王总，王某丁在2016年4、5月左右打电话问我“**宁”产品生产技术上的事。问：说说你对L公司、T公司的了解？答：我对L公司的了解不多，我只知道他们公司在Z市，认识的人就有郑某某、李某甲、袁某甲、聂某某，我提供的“**宁”原料生产加工地在A省H市，只知道他们在做我的“**宁”产品，其他的不了解，我对T公司的了解是，他们公司在B市S区K镇一个园区里，我知道在他们公司在申请做直销，公司在做一肽的产品和什么化妆品，公司具体情况我不清楚，我认识的人就有徐某甲、王某丁，其他人我不清楚。问：你是否记得给T公司的“**宁”供货次数、数量有多少？答：我给T公司开始供应“**宁”原料的时间是2016年4月份，具体“**宁”原料供货数量是在3000千克左右，发货次数我记不起来了，支付给我的总货款大概就是600万，具体数额我也记不起来了。问：你所供应“**宁”产品的成本是多少？答：我前期给L公司提供的“**宁药丸”是2000元一千克就是两块钱一克。第一批供的是药丸。供了 20 千克左右。后来就改供药粉了。问：请你继续说？答：前期提供的药丸是两块一粒（一克）即 2000 元一千克，后期提供的“ ** 宁药粉”价格就是 2300 元一千克，其他的物流、包装、运营成本我不负责，这只是我提供“ ** 宁”半成品的供货价格。（参见侦查卷宗证据材料第 40 卷，2016 年 8 月 20 日 15 时 38 分至 19 时 12 分，G 省 S 县公安局李某乙、舒某讯问刘某丙笔录第 4 页、第 5 页）

（4）2016 年 1 月 28 日，T 公司与 K 工贸公司的刘某丙，就独家销售 J 牌“ ** 宁”产品，签订《战略合作协议》。2016 年 6 月 3 日，T 公司与 K 工贸公司，就（“ ** 宁”）丸子粉，签订了《购销合同》。（参见侦查卷宗证据材料第 40 卷，第 14 页、第 15 页）

（5）问：“ ** 宁”产品如何销售？答：刚开始是在 A 省 H 市生产，合作过后在 B 市 T 区也有生产点，生产这一块由聂某某负责。（参见 2016 年 8 月 9 日 10 时 02 分至 14 时 59 分，J 自治县公安局刑侦大队讯问王某庚笔录第 7 页）

（6）问：公司原材料供应商有哪些？答：一共七八个公司，但是具体公司名字我记不得了，但是我账目上有资料的，每个月大概支付原材料的费用在 2000 万，有账目可查。（参见侦查卷宗证据材料第 4 卷，2016 年 8 月 10 日 10 时 37 分至 16 时 27 分，S 县公安局民警舒某、包某某讯问王某庚笔录第 120 页）

（7）问：Y 公司给 L 公司及 B 市 T 公司提供凝胶、“ ** 宁”产品的情况？答：“凝胶”原料 2015 年 10 月份以前就是 Y 公司生产提供，2016 年 3 月份左右开始给 B 市 T 公司提供“ ** 宁药丸”加工，没有加工包装了，还有就是提供“凝胶”原液，一直到 2016 年 7 月份，中间就是 6 月份没有提供过原料。（参见侦查卷宗证据材料第 7 卷第 38 页，2016 年 8 月 17 日 17 时 24 分至 23 时 16 分，S 县公安局民警李某戊、舒某讯问张某丁笔录）

2. T 公司设立了专门的客服部门，负责产品质量及退换货与法律禁止的传销活动中的“道具”产品销售有本质区别。

（1）问：你（T 公司童某某）主要负责什么方面业务？答：

三个方面，一是客服，回答客户对产品的疑问，产品的质量，退换货的方面。二是市场部，做产品手册，企业宣传，企划方面的工作。三是业务部，一直没有正式成立。“ ** 宁”先在亳州，后来在 B 市有生产基地。(T 公司)“战略委员会”花了很多时间处理产品质量的问题，主要是“凝胶”产品。“战略委员会”谈论最多的问题先是“ ** 宁”的知识产权，后来是“凝胶”的产品质量问题。该公司的销售的产品主要包括：“ ** 宁”“凝胶”“面膜”“化妆品”。(参见侦查卷宗证据材料第 4 卷，2016 年 8 月 18 日 11 时 35 分至 16 时 54 分，S 县公安局讯问童某某笔录第 2 页、第 5 页、第 6 页；侦查卷宗证据材料第 4 卷，2016 年 8 月 23 日 15 时 21 分至 16 时 54 分，S 县公安局吴某某、T 市公安局周某丙讯问童某某笔录第 2 页)

（2）尹某某的权限应该超过程某甲，一般如果市场产品出现问题，或者需要补偿产品消费者，那么黄某甲会告诉我，我就直接指令程某甲和尹某某。一般如果产品出现了问题，使用者受到了损失，那么市场会反馈给 L 公司四位股东，那么几个股东就会给我一个指令，这个指令包含两个信息，一个是金额，一个是区域经理名字，然后我告诉程某甲，程某甲会让尹某某给这位区域经理拨付虚拟货币。一般都是区域经理先出钱处理好了，然后再拨付虚拟币。L 公司在和 T 公司合作之前按照这样的方式运行了 3 年多，而且合作过后也一直延续。（参见侦查卷宗证据材料第 4 卷，2016 年 8 月 25 日 15 时 14 分至 17 时 44 分，S 县公安局经侦大队讯问童某某笔录第 6 页）

（3）2014 年 3 月我（聂某某）刚进 T 公司，公司就安排我到 A 省 H 市 Y 公司是做产品监督，这个公司是生产“ ** 宁”和“凝胶”产品的，我在那里上班期间，有人去工厂参观。问：A 省 H 市 Y 公司与 T 公司是什么关系？答：2014 年到 2015 年期间 A 省 H 市 Y 公司为 T 公司代生产产品，2016 年产品就在 B 市生产，到底是公司自己的生产线还是找公司代生产我不太清楚，这个工作主要是王某丁在负责。只是产品有质量问题王某丁才会向我咨询。

我（聂某某）在做产品监督的时候，是定期抽检产品；回B市公司后，客服部对外有一个客服微信号和电话，客户通过微信或电话反映问题，然后有员工整理后通过企业邮箱发给我和邵某甲，我和邵某甲处理反馈给程某甲。一般反映的问题都有空管、空瓶、数量不够。（参见侦查卷宗证据材料第5卷，2016年7月31日2时53分至8时07分S县公安局讯问聂某某笔录第3页、第5页、第6页）

（三）L公司与T公司合作，以微商、开店和个人销售等多种形式在互联网平台，除了销售“**宁”之外，还有“系列基因解码”“法*面膜”“法*套盒”“光*能量保健鞋垫”“蜜*高纯活化凝胶”等多个商品种类，与法律禁止的传销活动仅销售“道具”产品，有显著区别。该网络平台上销售的各种商品业绩均被作为团队计酬的依据。除了以注册会员身份购买商品外，还可以微信（临时）会员身份直接向T公司购买商品；不同等级会员或网店除了享有奖励之外，再次购买商品还享受不同折扣。

1. L公司与T公司合作，以微商、开店和个人销售等多种形式在互联网平台，除了销售“**宁”之外，还有“系列基因解码”“法*面膜”“法*套盒”“光*能量保健鞋垫”“蜜*高纯活化凝胶”等多个商品种类，与法律禁止的传销活动仅销售“道具”产品，有显著区别。该网络平台上多种商品销售业绩均被作为团队计酬的依据。

（1）问：T公司主要是做什么？答：主要产品销售有“化妆品”“面膜”“**宁”“凝胶”“基因检测”这些产品。（参见侦查卷宗证据材料第4卷，2016年8月27日15时20分至17时31分；S县公安局黄某丙、周某丙讯问郑某某笔录第47页）

（2）问：你（王某庚）承担T公司财务经理工作职责的详细情况是什么？答：公司的营业收入、费用支出、报税、财务报表、利润结算、利润报表都是我负责管理。问：公司主营业务收入是什么？答：我们公司主要是经营“**宁”丸剂、“凝胶”“法*护肤品”“法*面膜”“鞋垫”“基因检测”；主要是17个代理商把货款打到公司的各个私人卡里，然后再把资金转到公司的对公账户，有的代理商也直接打到公司的对公账户，但主要是打到私人账户。(参见侦查卷宗证据材料第 4 卷，2016 年 8 月 20 日 15 时 10 分至 19 时 54 分，S 县公安局周某丙、吴某某讯问王某庚笔录第 123 页、第 124 页)

（3）2016 年 6 月 29 日，T 公（网安）勘（2016）022 号《远程勘验笔录》截图证明：以注册会员号 ic *** rld（尹某某）登录 T 公司网站（16 ** t ** . com）后页面截图显示，其出售的“儿童全系列基因解码”“法 * 面膜”“法 * 套盒”“成人全系列基因解码”“光 * 能量保健鞋垫”“蜜 * 高纯活化凝胶”“ ** 宁”等产品，均为计算业绩商品。具体内容如下：“儿童全系列基因解码”库存99 968个，需购物币 22 000 元或注册币 22 000 元购买，计入销售业绩；“法 * 面膜”，库存 90 349 个，需购物币 400 元或注册币 400 元或重复销币 400 元购买，计入销售业绩；“法 * 套盒”库存 91 270 个，需购物币 2000 元或注册币 2000 元或重复销币 2000 元购买，计入销售业绩；“成人全系列基因解码”库存 999 754 个，需购物币 22 000 元或注册币 22 000 元购买，计入销售业绩；“光 * 能量保健鞋垫”，库存 88 737 个，需购物币 22 000 元或注册币 22 000 元或重复销币 100 购买，计入销售业绩；“蜜 * 纯活化凝胶”库存 3 238 179 个，需购物币 500 元或注册币 500 元或重复销币 500 元购买，计入销售业绩；“ ** 宁”库存 42 748 个，需购物币 400 元或注册币 400 元或重复销币 400 元购买，计入销售业绩。(参见侦查卷宗证据材料第 78 卷，第 13 页、第 14 页)

（4）以注册会员号 ic *** rld（尹某某）登录 T 公司网站（16 ** t ** . com）后页面截图显示：会员账号 fqj18（付某某）奖金详细列表：重复消费奖 600 元、购物奖 792 元、组长奖 111 000 元、晋级奖 1000 元、新增业绩 0 元奖金，累计 113 392 元。以上奖金均为团队计酬奖项。付某某货币交易明细（会员编号 667799)：收入货币类型分别为注册币、复销保留币、现金币等；交易类型分别为转账、平级奖、辅导奖等；交易人分别为：wdm18、 dy188、tl24、lhly888、wy27 xz20、jian115、xz16 等；以上奖金均为会员已下订单并完成销售后给予的团队计酬奖励。(参见侦查卷宗证据材料第 67 卷，第 131 页、133 页；第 56 卷，第 9 页~第 216 页；第 68 卷；第 70 卷；第 71 卷)

（5）以注册会员号 ic *** rld（尹某某）登录 T 公司网站（16 ** t ** . com）后页面截图显示，会员账号 h ** w（陈某某）奖金详细列表：重复消费奖 564 000 元、购物奖 6620 元、组长奖 86 000 元、共享奖 81 660 元、晋级奖28 000元、管理奖 25 000 元，以上奖金均为团队计酬奖项。货币增减明细表，货币类型分别为复销保留币、现金币、注册币。交易类型分别为直接拨币、间接扣币。备注分别为补发领导组组长奖，订单取消复销币多退一次，市场补贴，市场补贴等。以上可证明收入及奖金均来自产品销售和订单完成后产生奖金。货币交易明细。收入货币类型分别为注册币、现金币、复销币等；交易类型分别为平级奖、辅导奖等；交易人分别为 1ky、typ39、yp988、hxg68、zmx88884 等；以上奖金均为会员已下定单并完成销售后给予的团队计酬奖励。(参见侦查卷宗证据材料第 72 卷，第 28 页~第 53 页、第 9 页；第 73 卷~第 77 卷第 1 页~第 156 页)

（6）以注册会员号 ic *** rld（尹某某）登录 T 公司网站（16 ** t ** . com）后页面截图显示：罗某某（会员账号 lf *** 88）奖金详细列表。重复消费奖 600 元、组长奖 11 000 元、共享奖 36 480 元、晋级奖 23 000 元、管理奖 23 000 元。以上奖金均为团队计酬奖项。(参见侦查卷宗证据材料第 50 卷，第 80 页、第 85 页)

（7）以注册会员号 ic *** rld（尹某某）登录 T 公司网站（16 ** t ** . com）后页面截图显示：T 公司商城管理模块，订单号，会员号，订单状态，收货人，收货地址，送货电话，物流公司，物流单号，下单时间等；证明货物及时发出并可查询动态。网站参数设置分别注明：精英组组长奖 1000 元；领导组组长奖10 000 元；晋级奖 1000 元；管理奖 1000 元；新增业绩奖、平级奖、二次购物七折等级奖项；均为团队计酬奖励。报单费用、赠送购物币、推荐奖第一代、第二代、第三代、二次购物、一星店、二星店、三星店、四星店标准等。(参见侦查卷宗证据材料第78卷第9页~第11页、第41页、第42页)

(8) 问：你们（袁某丙）公司都有哪些什么产品？答：“**宁”“法*面膜”，这两款产品都是女性使用的。问：产品的价格是怎样的？答：“**宁”和“法*面膜”，我下面的三级代理在公司拿货都是400元一盒，每一盒“**宁”里面有十个小盒的包装，每个小盒里面有一粒药丸，“法*面膜”一盒分别有十片和七片包装的。问：你的收入来自哪里？答：我自己销售的产品，T公司就按比例返8%给我，我下面发展的第一级卖出去的产品，公司返10%给我，我下面一级在发展的下一级卖出去，我得到5%，再下面一级卖出去的产品，我得3%。问：你下面发展的成员销售什么产品是否需要经过你的同意？答：只要是T公司的产品都是可以销售的，但是他们销售的我都是有提成的。(参见侦查卷宗证据材料4卷，2016年7月29日2时30分至6时00分，S县公安局龙某某、张某戊讯问袁某丙笔录第79页、第80页)

(9) 问：一般会员注册后是怎么晋级的？答：主要是看你的销售业绩来定，我（付某某）每个月有几十万的下单量，市场反应好，所以我为了更好地赚钱就去了R市开了一个网店，这样才经营起来的。问：你每次是怎么返利的？答：是按转款金额的1%提成，但是系统上有0.5%，具体是怎么的我不知道，然后公司会将这1%的返利转换成币发给我，如果别人要购货，我就用公司返给我的币拨给下面的会员，这样他们就可以订货了。问：如果有人向你打款后你会给对方什么物品？答：我会从系统上拨等量的注册币给他，然后这个人就可以用注册币在系统上购货，如果我自己的账号有就直接拨，没有就要向公司购买，公司给我的也是注册币，只有1%的奖励才是现金币。问：那你下面的会员以什么方式赚钱？答：可以卖产品，每盒以400元进价卖出去。问：你们每次进货有什么优惠没有？答：一次性购货4万元的货就按5折计算，相当于200元每盒。问：如果要成为你们的会员需要多少钱？答：要交4030元，其中30元是资料费用，4000元才是货款，我收到4000元货款就拨4000元注册币。问：4030元可以买多少物品？答：10盒“**宁”或者8盒“凝胶”，也可以自己搭配，“**宁”的会员价是400元每盒，凝胶是500元每盒。（参见侦查卷宗证据材料第5卷，2016年8月9日13时01分至16时53分，李某乙、徐某乙讯问付某某笔录第50页）

（10）问：你（袁某丙）是怎么开始销售T公司的产品的？答：2015年12月的样子，我在网上通过微信联系上找到了T公司的客服，客服的电话是多少我记不得了，好像是400开头的，我就用我当时的电话（号码18*39*31*88）联系了客服电话，我就问对方“**宁”这个产品怎么样，对方和我说可以的，然后我就叫对方先发一盒产品给我，拿到我这里来试一下，看效果如何，当时对方和我讲了，统一的价格400元一盒，当时好像是过了三天的样子，T公司通过S快递，将产品给我寄了一盒过来，我拿到货后，我就在我的朋友圈里面发了广告，发微商，开始销售，做广告的时候也在微信里讲了，可以加入公司一起做，同时讲拿提成的情况，同时他们也可以去发展新的成员，这样我的第一盒产品都是送给别人用的，实验一下，用的人都讲用着可以，我就开始向T公司订货，2016年的1月份我就开始向公司定了一盒，转了4000元钱给公司，同时发展下面的成员，然后就这样一直发展到现在。（参见侦查卷宗证据材料4卷，2016年7月29日2时30分至6时00分，S县公安局龙某某、张某戊讯问袁某丙笔录第79页）

（11）问：你们（袁某丙）是否对加入的成员进行培训？答：我们没有将所有的人召集到一个地方进行培训，具体要怎么做都是在微信上发广告和一些资料，进行培训的。问：你们的这里销售网络是谁建立的？答：主要是我建立的。问：你是通过谁加入这个网络的？答：具体没有谁，我就是通过公司的客服加入公司里的。问：加入的时候公司是怎么和你讲的？答：就是和我讲，我来发展销售的成员，以金字塔的形式发展，我就是拿我下面三级人的提成，依次按照10%、5%、3%的提成，然后我再发展下面成员的时候，也是这样和他们这样讲。问：你进入到该销售网络以后发展了哪些人？答：我就只知道我下面的三个人，也负责管理他们，其他的我不清楚。问：T公司的负责人是谁？和他有什么关系？答：我不知道是谁，我和他没有什么关系？问：你在T公司具体和谁接触？是什么关系？答：就是和公司的客服接触，和他们没有什么关系。问：你们是通过谁获得物流的派送信息？答：我们主要是通过打客服电话或者自己在T公司的订货平台上订货，然后公司通过快递，发到我们这里，快递员送到我们这里。问：你们的日常工作向谁汇报？答：没有向谁汇报。不需要汇报，每个月公司对我这边的所有销售业绩进行统计后，直接将钱返到我这里。问：你的上一级是谁？答：没有上一级。问：加入你这个销售网络的成员是否需要缴纳其他的费用？答：不用。（参见侦查卷宗证据材料4卷，2016年7月29日2时30分至6时00分，S县公安局龙某某、张某戊讯问袁某丙笔录第80页、第81页）

2. 除了以注册会员身份购买商品外，还可以微信（临时）会员身份购买商品，且可直接向T公司购买商品。不同等级会员或网店除了享有奖励、市场补贴之外，再次购买商品还享受不同折扣。

（1）2016年6月29日，T公（网安）勘（2016）022号《远程勘验笔录》截图证明：注册会员号ic *** rld（尹某某）登录T公司网站（16 ** t ** . com）后页面截图显示，客户除了以注册会员购买商品之外，还可以微信（临时）会员身份购买商品。（参见侦查卷宗证据材料第78卷，第32页）

（2）问：你们发货的流程？答：都是打客服的电话，然后把钱转到T公司，他们通过快递发货过来，然后哪里需要货，把钱转给我们，我们再把货通过快递或者物流发出去。（参见侦查卷宗证据材料第4卷，2016年7月29日11时17分至12时58分；S县公安局民警龙某某、张某戊讯问袁某丙笔录第84页）

（3）问：你（付某某）是如何发展会员的？答：我就是在卖产品的时候，如果谁觉得效果好就会来问，我可以做个生意不，我就会给他介绍注册会员可以便宜点，我就会给他们讲我们有4万元的代理店，可以拿到会员价的5折，就会有8万元钱的货，还有种就是30 000万元的会员代理，我没有推广这种店我记不清楚了，还有一种是16 000元的代理店，就只有会员价了。问：你们S省那边有直接把产品拿到市场上去卖的情况吗？答：有的，不介绍人就直接卖产品，一套1260元（“凝胶”680元+“**宁”580元），一套就可以赚810元，我听说有的人一天能卖10来套。我也卖这个产品的，有的人就问可以加盟这个产品吗？我说可以，然后就加盟了，也有不加盟直接购买产品的。（参见侦查卷宗证据材料第92卷，2016年11月30日15时15分至16时41分，张某甲、汤某某讯问付某某笔录第49页）

（4）问：你（程某甲）在T公司任什么职位？答：公司的叫法叫营运总监，还有一个叫法是IT总监，具体负责物流发货，还有向下与尹工对接后台数据，向上向刘总、徐总提供后台数据，也给其他部门提供会员资料信息等。（参见侦查卷宗证据材料第5卷，2016年7月29日4时52分至10时24分，S县公安局民警彭某、王某乙讯问程某甲笔录第109页）

（5）问：你（程某甲）在T公司任何职位？答：我在公司任运营总监，具体负责物流发货，把尹某某给我的数据制成表，然后给财务经理王某庚和生产负责人王某丁，让他们知道公司的成本、销量以及营业额。给王某庚的表是每个月给一次，给王某丁的表是每周给一次。（参见侦查卷宗证据材料第5卷，2016年7月30日20时10分至21时10分；S县公安局民警彭某、王某乙讯问程某甲笔录第120页）

（6）问：你（程某甲）是否知道你们公司所采购产品（“**宁”“凝胶”）的来源？答：就是我把需要的每周计划数量报给王某丁，他就直接送货到仓库，仓库就会打电话给我说到货了，就按订单地址发货出去了，我前期听说在A省H市有生产商，具体是在哪生产的我不知道。（参见侦查卷宗证据材料第5卷，2016年8月12日18时39分至19时16分，S县公安局民警李某乙、

舒某讯问程某甲笔录第 128 页）

（7）问：你（袁某丙）的职业？答：我在公司不担任职务，我只负责销售公司的产品，我在 H 省 Z 市这边负责。问：以什么样的方式进行销售？答：我们是以微信的方式进行营销的，在我们的公司里面分三个等级，T 公司就是一级代理，我们就是二级代理，我下面又发展了三个人，他们称为三级代理，然后以此类推，这样向下发展，现在我们在这里发展的销售代理人可能有一百多（具体人数没有统计过）人。问：微信以什么样的方式进行发展下一个代理商的？答：就是公司的每一个人通过在微信朋友圈里做广告宣传产品，如果有人需要我们公司的产品，就转 4000 元钱到 T 公司的对公账户上，然后通过微信或是在网页登录我们公司的网站，选择产品。（参见侦查卷宗证据材料 4 卷，2016 年 7 月 29 日 2 时 30 分至 6 时 00 分，S 县公安局龙某某、张某戊讯问袁某丙笔录第 76 页）

（8）2016 年 6 月 29 日，T 公（网安）勘（2016）022 号《远程勘验笔录》截图证明：注册会员号 ic *** rld（尹某某）登录 T 公司网站（16 ** t ** . com）后页面截图显示，注册会员购买商品，能分别获得 5200 元、3100 元、0 元不等的市场补贴。（参见侦查卷宗证据材料第 78 卷，第 17 页）

（9）2016 年 6 月 29 日，T 公（网安）勘（2016）022 号《远程勘验笔录》截图证明：注册会员号 ic *** rld（尹某某）登录 T 公司网站（16 ** t ** . com）后页面截图显示，以普通会员、一星店、二星店、三星店、四星店身份第二次购买商品，能分别获得 7 折、5 折、5 折、5 折、5 折的优惠。（参见侦查卷宗证据材料第 78 卷，第 42 页）

（10）问：你（罗某某）是怎么赚钱的？答：就是把我直接买来的产品在 S 县卖成钱，我老公的账号当时是交了 40 000 元成了 4 星店，然后拿货就变成了 5 折，“ ** 宁”是 200 元一盒，“凝胶”是 250 元，一盒“ ** 宁”和一盒“凝胶”就是一个疗程了，我们从公司拿来就是 450 元一个疗程，在 S 县我们卖了 1260 元一个疗程。就可以赚810元，这个钱直接就是我的了。（参见侦查卷宗证据材料第6卷，2016年8月10日10时31分至14时30分，徐某丙、张某甲讯问罗某某笔录第99页）

（11）问：介绍一下“T公司”。答：我所知道的T公司的销售模式是三种销售模式，四种店。三种销售模式分为微商、店中店、个人销售；四种店：分为第一次进货一万、两万、三万、四万，分别享受8折、7折、6折、5折，然后终身进货享受5折。销售做得比较好的与T公司签订了产品代理合同，这些人中我知道凡是“T发展委员会”的人都有。（参见侦查卷宗证据材料第4卷，2016年8月9日10时02分至14时59分，舒某、记某某讯问童某某笔录第145页）

（12）问：怎么成为会员？答：就是拉你入会的人会在会员网站上注册一个会员账号给你，然后你交4030元后你的账号里面就有4030注册币，当你激活后你的注册币就会变成购物币，这样就可以购买10盒“**宁”产品了。你的会员也可以继续使用了，如果要继续购物就充值换取注册币。问：如果要成为你们的会员需要多少钱？答：要交4030元，其中30元是资料费用，4000元才是货款，我收到4000货款就拨4000注册币。问：4030元可以买多少物品？答：10盒“**宁”或者8盒“凝胶”。也可以自己搭配，“**宁”的会员价是400元每盒，“凝胶”是500元每盒。（参见侦查卷宗证据材料第5卷，2016年7月29日17时10分至20时10分，S县公安局讯问尹某某笔录第6页、第8页）

（13）问：在T公司，你们IT部有哪些员工？他们都具体负责什么工作？答：总监是程某甲，负责IT部全面工作，我（尹某某）是系统维护方面的主管；袁某乙负责系统纠错工作；倪某某是物流主管；杨某某协助倪某某发货（“**宁”“凝胶”）；苏某负责发基因检测。问：你们IT部与T公司哪些部门有业务联系？答：与财务部有联系，我们的系统数据财务要拿出来做账；客服部有联系，会员发现错误（会员晋级分组出错、奖金分错、资格出错等）后，客服部通知我们纠错。问：你开始进入系统时要什么条件？答：其中4000元货款可以买5盒“**宁”或10盒“凝胶”，也可以单独订购，会员价“**宁”是400元每盒，“凝胶”会员价是500元每盒，另外30元是资料费。公司给你配4000购货币后你就可以在系统上选择货物，然后就在网上下单，对方就会把货给你寄回来。（参见侦查卷宗证据材料第5卷，2016年8月20日15时26分至18时8分，周某乙、黄某某讯问尹某某笔录第37页）

（14）问：你（付某某）开始买的10盒“**清丹”是通过什么方式买的？答：就是在L公司的网站上购买的，网址是多少我忘记了，然后就在网上注册自己的身份证号、电话号码、姓名、收货地址，就给我生成了一个账号，就是我现在的账号：“66**99”，然后注册了对方才给我发货过来的。问：你购货的网站是谁告诉你的？答：是郑某某。问：开始你买的这10盒“**清丹”是卖给谁的？答：是我老婆拿去给她的朋友和亲戚试用了，后来如果有人要买就必须要买10盒，才能成为会员，就是4000元，如果单买就是580元每盒，一盒“**清丹”可以用到两个月至两个半月。问：其他人进网站去进货要填写说明资料？答：要填写身份证号、电话号码、姓名、收货地址，还有最重要的一点就是要有推荐编号，就是我的编号，这样就可以到网站上订购了。问：其他人通过你的推荐进入网站注册后你会得到说明奖励没有？答：通过我推荐的，公司就会通过网站上返1%的现金币给我，1%是我下面的人打款给我。问：你最新发展的人员有哪些？答：我最新开始是通过微信上发展的，人员我记不得了。问：那你是怎么成为片区经理的？答：我不清楚，是郑某某给我讲的，还说我成为片区经理就有1%的提成。问：你作为片区经理的职责是什么？答：负责周转购币款，然后通过我把钱打给公司。我负责把这个款转为注册币，如果我自己的账号有就直接拨，没有就要向公司购买。一个注册币相当于就是一元人民币。但是注册币不能提现，我只知道现金币可以转换为注册币。问：如果有人向你打款后你会给对方什么物品？答：我会从系统上拨等量的注册币给他，然后这个人就可以用注册币在系统上购货，如果我自己的账号有就直接拨，没有就要向公司购买，公司给我的也是注册币，只有1%的奖励才是现金币。（参见2016年8月17日11时32分至15时24分，S县公安局周某丙、李某乙讯问付某某笔录第3页、第4页）

（四）王某甲既不是T公司的股东，也不是其管理人员；没有参加L公司与T公司合作洽谈、协议签订，也没有参与二者合作销售“**宁”产品等活动，更没有组织、领导该合作销售活动。

1. 王某甲不是T公司的股东，也不是管理人员。

（1）2016年1月5日制定的《T公司章程》第7条明确规定，公司股东仅王某己一人。（参见侦查卷宗证据材料第42卷，第20页）

（2）问：你（聂某某）讲一下T公司的基本情况？答：公司在B市S区Z工业园Z街19号，经营女性保健品，产品有“**宁”和“凝胶”，还有一种产品是刚上的新品，我不太清楚；公司董事长叫徐某甲，37岁，电话13**18**000、13**11**265；童某某任公司的副总裁（负责业务部工作），电话13**53**769；黄某丁任公司发展委员会的理事长（负责市场工作，平时不在公司），电话15**30**708；郑某某任执行理事长（负责市场工作，平时不在公司），电话13**07**555；李某丙任市场部经理，电话13**01**062；李某丁任行政部经理，电话13**01**375；李某甲任商学院院长（教练技术），电话15**19**005；客服部另外一个副经理邵某甲，电话18**19**615，因为他是董事长徐某甲的人，所以他有实权；程某甲负责公司的一些系统工作，电话15**11**111；王某丁负责产品生产工作，电话13**02**893；王某庚负责财务工作，袁某丙之前在总公司做财务，现在干什么不太清楚，电话13**38**788、18**93**088、18**90**625。韩某某董事长助理；张某丙任外事部经理；张某乙任外事部经理；公司总共有六十多名员工。问：你们公司有叫王某甲的吗？答：我认识一个叫王某甲，但不知道他是不是公司的。(参见侦查卷宗证据材料第 5 卷，2016 年 7 月 31 日 2 时 53 分至 8 时 07 分 S 县公安局讯问聂某某笔录第 4 页)

(3) 问：你（程某甲）讲一下 T 公司的具体架构？答：徐某甲是董事长兼总裁，下面就是“战略发展委员会”，由徐某甲、刘某甲、童某某、郑某某、黄某戊、袁某甲、李某甲，商学院是童某某负责。(参见侦查卷宗证据材料第 5 卷，2016 年 8 月 9 日 17 时 23 分至 21 时 11 分，S 县公安局黄某丙讯问程某甲笔录第 122 页)

(4) 问：你（周某甲）讲一下 T 公司的基本情况？答：T 公司是 2016 年成立的，董事长是徐某甲，董事长助理是韩某某，副总经理是童某某，人事总监是李某丁，市场部总监是李某丙，产品部总监是刘某丁，财务总监是王某庚。问：T 公司的员工使用什么手机交流软件？答：微信，我们建了一个微信群。问：微信群里有王某甲吗？答：没有。问：微信群里都有哪些人？答：除了王某甲，其他人都有。（参见侦查卷宗证据材料第 7 卷，2016 年 8 月 3 日 16 时 28 分至 18 时 20 分 S 县公安局黎某某、T 市公安局孟某讯问周某甲笔录第 68 页)

(5) 问：什么是“战略委员会”？答：“战略委员会”的成员有徐某甲、童某某、李某甲、郑某某、黄某戊、袁某甲、刘某甲，我（邵某甲）认为这个“战略委员会”就是公司重大决策机构、促销活动、新品上市由“战略委员会”决定。（参见侦查卷宗证据材料第 7 卷，2016 年 8 月 12 日 11 时 06 分至 16 时 13 分，G 省 S 县公安局孟某讯问邵某甲笔录第 117 页)

(6) 问：你们公司领导层情况？答：公司董事长徐某甲，董事长助理韩某某，市场部总监李某丙，人事部经理李某丁，童某某是总裁助理。问：王某甲平时到公司上班吗？答：没看见过。问：王某甲是否参与召开员工大会？答：他没有参加。(参见侦查卷宗证据材料第 8 卷，2016 年 8 月 5 日 10 时 10 分至 11 时 56 分，S 县公安局柳某、余某某讯问李某乙笔录第 107 页)

(7) 问：你（王某甲）在 T 公司是什么角色？答：我没有任何职务，我既不是公司的股东也不是董事长、总经理，我没有参加过公司的任何会议，财务票据、公司任何文件我都没有签过任何字，也没有参加过公司的任何决策。(参见侦查卷宗证据材料第4卷，2016年8月19日15时59分至18时40分，S县公安局王某丙、刘某乙讯问王某甲笔录第13页)

2. 王某甲没有参加L公司与T公司合作洽谈、协议签订。

(1) 问：你（徐某甲）在前几次的供述中提到与Z市L公司合作是你去谈的？答：是的。问：在B市的D宾馆你代表T公司跟郑某某、黄某甲、袁某甲、李某甲4人说了合作细节，当时他们4人提出了合作要求是什么？答：要求就是第一要保证L公司原有的工作体系，能够完全地保留下来，一点不能更改；第二要有业绩提成，销售业绩的5%；第三要有利润分成，利润的20%；第四是T公司申请直牌后他们要有8%股份；第五原来L公司核心员工在体系内不能流失，我记得就这些了。问：是谁与Z市L公司黄某甲、李某甲、袁某甲、郑某某签的协议？答：是我（徐某甲）代表T公司跟Z市L公司黄某甲、李某甲、袁某甲、郑某某签的。(参见侦查卷宗证据材料第86卷，2016年10月25日15时15分至17时28分、2016年10月28日10时42分至13时36分，G省S县公安局王某丙、刘某乙讯问徐某甲笔录第27页、第31页)

(2) 问：D会议内容是什么？有哪些人参加？答：参加会议的有“战略委员会”7个人和“市场发展委”的十几个人。问：这次D会议王某甲是否参加？答：没有参加（参见侦查卷宗证据材料第5卷，2016年8月17日15时28分至19时52分，G省S县公安局黄某丙、周某乙讯问韩某某笔录第90页；第5卷，2016年8月23日12时51分至15时55分，S县公安局黄某丙、龙某某讯问韩某某笔录第102页)

(3) 通过徐某甲介绍，我了解到一个叫L的公司，这个公司以前是做“ ** 宁”凝胶市场的，然后徐某甲和韩某某主要负责和L的团队洽谈合作的事，对面来谈判的四个人分别是郑某某、黄某甲、李某甲、袁某甲，他们四个人代表L公司。(参见侦查卷

宗证据材料第4卷，2016年8月9日10时02分至14时59分，S县公安局舒某、包某某讯问童某某笔录第148页）

（4）问：T公司是什么时候去注册的？是谁安排你去注册的？答：T公司是在2016年1月初的时候徐某甲安排我去注册的。问：徐某甲考察完后与L公司是怎么合作的？答：L公司的郑某某、黄某甲、李某甲、袁某甲，与徐某甲、刘某甲在S公司的会议室，当时王某甲不在公司，徐某甲与L公司的4个老总签订了合作协议。问：徐某甲与L公司签订协议时王某甲是否参与？答：当时王某甲不在公司，徐某甲为T公司董事长全权负责，由徐某甲签订协议。（参见侦查卷宗证据材料第5卷，2016年8月10日10时33分至14时35分，2016年8月17日15时28分至19时52分，S县公安局黄某丙、周某乙讯问韩某某笔录第90页、第95页）

（5）问：你们（郑某某）L公司与T公司是什么时候合作的？答：2016年2月，我（郑某某）受公司总经理李某甲委托代表与李某甲、黄某甲、袁某甲四人代表与T公司代表徐某甲签订合作协议。（参见侦查卷宗证据材料15卷，2016年9月29日11时10分至15时01分，S县公安局黄某丙、余某某讯问郑某某笔录第68页）

3. 王某甲没有参加L公司与T公司合作销售“**宁”等产品活动，更没有组织、领导该合作销售活动。

（1）问：为什么T公司要用你（王某甲）亲属的银行卡来收取资金？答：这是徐某甲让我给他找几个人身份证，他用来为公司办理车辆保险、车辆摇号的事。我当时也没有注意这个问题，就把我亲属的身份证给他了。（参见侦查卷宗证据材料第15卷，2016年8月30日16时14分至17时14分，S县公安局王某丙、李某乙讯问王某甲笔录第38页）

（2）问：为什么要取2000万的现金？答：这是徐某甲的意思，他的意思是账上资金太多了不好，就把钱取出来由我们两个保管。如果公司以后要用资金再拿出来用。所以我（王某甲）保管的现金是一分钱没有用。（参见侦查卷宗证据材料第15卷，

2016年8月30日16时14分至17时14分，S县公安局王某丙、李某乙讯问王某甲笔录第38页）

（3）问：你（王某甲）一共交给徐某甲多少现金？答：一共是1000多万，我记得一次在B市银行J路支行门口给了他300万左右，当时我朋友开车送我到的银行门口，我在银行门口等他；还有一次在F区我公司的地下车库给了徐某甲360万元；还有一次我给徐某甲100多万元，他存在H银行的银行账户上了；还有一次是徐某甲跟公司财务到银行取了400万，我没有去。问：你交给徐某甲的现金是怎么回事？答：我交给徐某甲的这些现金和徐某甲去取的400万，是公司年底奖励优秀经销商的，是徐某甲代为公司保管的，是公司决定的。问：T生物工程有限公司和T公司成立后，你一共取了多少资金？答：我没有得到利益，我在B银行Y支行保险柜里的1040万元和在M银行W支行保险柜里280万元是我代公司保管的，其中在M银行W支行保险柜里的280万元中，有160万元是我的卖房款，H银行的100万元是我的个人资产。年末用于支付公司核心高管奖金，和挖人支付的违约金。问：为什么T生物工程有限公司和T公司的钱给你和徐某甲代为保管？答：是公司决定的，当时是徐某甲通知我的，说是年末的时候再拿出来支出需要现金，年末再去取，取不出来那么多。没有我俩一分钱。（参见侦查卷宗证据材料第92卷，2016年10月27日15时13分至17时21分，S县公安局王某丙、李某己讯问王某甲笔录第24页）

（4）问：王某甲为什么要将资金交给你代为保管？答：当时王某甲跟我说年底的时候用于公司员工和经销商的奖励，他自己留下的钱用于公司原材料的采购，其他的我就不清楚了。（参见侦查卷宗证据材料第86卷，2016年11月8日15时50分至17时54分G省S县公安局王某丙、刘某乙讯问徐某甲笔录第41页）

专家论证结论：

1. L公司与T公司合作的目的是扩大销售“**宁”等商品。

该类商品拥有注册商标和生产许可证，符合国家相关规定与检验检测标准，满足市场需要，深受客户欢迎，与非法传销活动中的“道具”产品有本质区别。

2. L公司与T公司合作之后，除了销售“ ** 宁”产品之外，还销售“系列基因解码”“法 * 面膜”“法 * 套盒”“光 * 能量保健鞋垫”“蜜 * 高纯活化凝胶”等多种商品，且均是以团队销售业绩作为员工的计酬依据，符合“团队计酬”法律特征。

3. 根据2013年11月14日最高人民法院、最高人民检察院、公安部《关于办理组织领导传销活动刑事案件适用法律若干问题的意见》（公通字〔2013〕37号）第5条第2款，L公司与T公司合作，以“团队计酬”方式销售“ ** 宁”等产品的行为，应当不作为犯罪处理。

4. G省S县公安局《起诉意见书》（S公刑诉字［2016］174号）认定王某甲涉嫌组织领导传销活动，既没有证据基础，也没有法律依据，应当认定王某甲无罪。

争议焦点与评述

争议焦点	
事实问题	L公司与T公司的合作目的是什么？
专家意见	“ ** 宁”是L氏公司及K工贸公司法定代表人刘某丙家族祖传的秘方产品，不仅有注册商标和生产许可证，而且符合国家相关检验检测标准。 L公司与T公司合作的目的是推广“ ** 宁”等产品销售。
评述	该类商品拥有注册商标和生产许可证，符合国家相关规定与检验检测标准，“ ** 宁”品牌与L公司及T公司合作过。L公司想跟刘某丙合作进行“ ** 宁”推广，刘某丙也想将“ ** 宁”推广出去，因此双方就进行“ ** 宁”合作洽谈，这也满足了市场需要，深受客户欢迎。
事实问题	“ ** 宁”等商品是否是法律禁止的传销活动中的“道具”产品？

续表

争议焦点	
专家意见	“ ** 宁”产品效果良好，深受众多客户欢迎，具有较好的市场前景。 T公司设立了专门的客服部门，负责产品质量及退换货与法律禁止的传销活动中的“道具”产品销售有本质区别。 该网络平台上销售的各种商品业绩均被作为团队计酬的依据，以“团队计酬”方式销售“ ** 宁”等产品的行为，不应当作为犯罪处理。
评述	L公司与T公司合作，以微商、开店和个人销售等多种形式在互联网平台，除了销售“ ** 宁”之外，还有“系列基因解码”“法 * 面膜”“法 * 套盒”“光 * 能量保健鞋垫”“蜜 * 高纯活化凝胶”等多个商品种类，不能将“ ** 宁”产品认为是法律禁止的传销活动中的“道具”产品，且均是以团队销售业绩作为员工的计酬依据，符合“团队计酬”法律特征。
事实问题	王某甲是否具有组织、领导有关合作销售活动的行为?
专家意见	王某甲不是T公司的股东，也不是管理人员。 王某甲没有参加L公司与T公司合作洽谈、协议签订。 王某甲没有参加L公司与T公司合作销售“ ** 宁”等产品活动，更没有组织、领导该合作销售活动。
评述	根据调查，王某甲并没有参与L公司与T公司合作销售“ ** 宁”等产品活动，更没有组织、领导该合作销售活动，更谈不上组织、领导传销活动，因此，王某甲的行为并不构成犯罪，而公安机关认定王某甲涉嫌组织、领导传销活动，既缺少有关证据的支持，也没有法律依据。

论证案件六 张某某走私普通货物罪

一、专家论证依据的案件材料

（一）2014 年 8 月 14 日，B 市人民检察院第三分院《起诉书》（J 三分检公诉刑诉［2014］214 号）。

（二）2014 年 12 月 1 日，B 市第三中级人民法院《刑事判决书》［（2014）三中刑初字第 00692 号］。

（三）2015 年 12 月 4 日，B 市高级人民法院《刑事判决书》［（2015）高刑终字第 67 号］。

（四）有关证据材料。

二、有关法律文书认定的案件事实

（一）B 市人民检察院第三分院《起诉书》（J 三分检公诉刑诉［2014］214 号）认定的案件事实。

被告人张某某伙同他人，于 2011 年 1 月至 2013 年 8 月间，在明知进口货物低于实际成交价格的情况下，使用虚假的进口货物发票等报关材料，向 B 市海关低报进口货物价格，逃避海关监管，走私进口比赛用活体信鸽等货物，经 B 市海关关税处计核，偷逃应缴税款共计人民币 3260 万余元。

（二）B 市第三中级人民法院《刑事判决书》［（2014）三中刑初字第 00692 号］认定的案件事实。

被告人张某某在对外提供进口鸽运输服务的过程中，以 B 市 T 贸易有限公司（以下简称“T 公司”）的名义委托 B 市 H 国际货运代理有限公司（以下简称“H 公司”）代理报关进口 B 国产、H 国产比赛用活体信鸽等货物。2011 年 1 月至 2013 年 8 月间，张某某在明知进口货物的申报进口价格低于实际成交价格的情况下，伙同他人逃避海关监管，使用虚假的进口货物发票等报关单据，向 B 市海关低报进口货物价格，申报进口 1.1 万余只比赛用活体信鸽等货物。经 B 市海关关税处计核，逃逸应缴税款共计人民币 3260 万余元。张某某在共同犯罪中起主要作用，系主犯，应对共同犯罪的全部结果承担刑事责任。

（三）B 市高级人民法院《刑事判决书》［（2015）高刑终字第 67 号］认定的案件事实。

2011 年 1 月至 2013 年 8 月间，张某某在对外提供进口鸽运输服务的过程中，以 T 公司的名义委托 H 公司代理报关进口 B 国产、H 国产比赛用活体信鸽等货物。其在明知进口货物的申报进口价格低于实际成交价格的情况下，伙同他人逃避海关监管，使用虚假的进口货物发票等报关单据，向 B 市海关低报进口货物价格，申报进口 1.1 万余只比赛用活体信鸽等货物。经 B 市海关关税处计核，逃逸应缴税款共计人民币 3260 万余元。

三、专家论证意见与理由

（一）多份法律文书认定：2011 年 1 月至 2013 年 8 月间，由 B 市海关进口的 1.1 万余只比赛用活体信鸽等货物，逃避海关监管，逃逸应缴税款共计人民币 3260 万余元，是一起多人参与实施的走私普通货物共同犯罪。

1. 被告人张某某伙同他人，于 2011 年 1 月至 2013 年 8 月间，在明知进口货物低于实际成交价格的情况下，使用虚假的进口货物发票等报关材料，向 B 市海关低报进口货物价格，逃避海关监管，走私进口比赛用活体信鸽等货物，经 B 市海关关税处计核，偷逃应缴税款共计人民币 3260 万余元。〔参见 2014 年 8 月 14 日，

B 市人民检察院第三分院（J 三分检公诉刑诉《起诉书》［2014］214 号）第 1 页、第 2 页〕

2. 2011 年 1 月至 2013 年 8 月间，张某某在明知进口货物的申报进口价格低于实际成交价格的情况下，伙同他人逃避海关监管，使用虚假的进口货物发票等报关单据，向 B 市海关低报进口货物价格，申报进口 1. 1 万余只比赛用活体信鸽等货物。经 B 市海关关税处计核，逃逸应缴税款共计人民币 3260 万余元。〔参见 2014 年 12 月 1 日，B 市第三中级人民法院《刑事判决书》［（2014）三中刑初字第 00692 号］〕

3. 2011 年 1 月至 2013 年 8 月间，张某某在对外提供进口鸽运输服务的过程中，以 T 公司的名义委托 H 公司代理报关进口 B 国产、H 国产比赛用活体信鸽等货物。其在明知进口货物的申报进口价格低于实际成交价格的情况下，伙同他人逃避海关监管，使用虚假的进口货物发票等报关单据，向 B 市海关低报进口货物价格，申报进口 1. 1 万余只比赛用活体信鸽等货物。经 B 市海关关税处计核，逃逸应缴税款共计人民币 3260 万余元。〔参见 2015 年 12 月 4 日，B 市高级人民法院《刑事判决书》［（2015）高刑终字第 67 号］第 3 页、第 4 页〕

（二）上述法律文书均缺乏证据证明张某某在走私普通货物共同犯罪中的地位、作用，认定张某某是主犯，没有证据基础。

1. 一审法院（B 市第三中级人民法院）认定张某某为走私普通货物共同犯罪的主犯，但没有证据证明该犯罪事实。

张某某在共同犯罪中起主要作用，系主犯，应对共同犯罪的全部结果承担刑事责任。〔参见 2014 年 12 月 1 日，B 市第三中级人民法院《刑事判决书》［（2014）三中刑初字第 00692 号］，2015 年 12 月 4 日，B 市高级人民法院《刑事判决书》［（2015）高刑终字第 67 号］第 2 页〕

2. 二审法院（B 市高级人民法院）仅认定张某某为走私普通货物共同犯罪中的一部分，但没有进一步明确认定张某某在共同犯罪中的地位与作用。

（1）本案系共同犯罪，张某某实施走私的行为是买卖、运输、进境等中的一个环节，是走私行为环节中的一部分，张某某应当承担与其相适应的关税追偿责任。〔参见2015年12月4日，B市高级人民法院《刑事判决书》[（2015）高刑终字第67号] 第15页〕

（2）鉴于张某某在二审期间对司法机关调查其他犯罪案件具有协助作用并结合本案偷逃关税的责任人众多，且从张某某处追缴的财产远远超过其非法所得等具体情节，根据罪刑相适应原则，可对其酌定从轻处罚。〔参见2015年12月4日，B市高级人民法院《刑事判决书》[（2015）高刑终字第67号] 第16页〕

（三）信鸽买卖方为了获取非法利益、偷逃关税，把每只鸽子的进口价格确定为23美元。张某某没有进口货物（比赛用活体信鸽等）的定价权，也没有缴纳进口税数额的决定权。不应作为共同犯罪的主犯承担所有法律责任。

1. 每个信鸽的交易价格均是由中外买卖双方在P网站平台上自主协商决定的，张某某既没有参与确定，也没有知晓的权利。

（1）证人Y某（P网中国区客户经理）证言：P网的主要经营模式是由市场销售部门从各地收集鸽子信息或者有人推荐鸽子到网站，再把认为不错的鸽子放到P网上拍卖，起拍价格一般是200欧元，每只鸽子的最后定价都不一样，由买家看中鸽子就给P网付款。〔参见2015年12月4日，B市高级人民法院《刑事判决书》[（2015）高刑终字第67号] 第5页〕

（2）证人Q某（B国H公司老板）证言：其公司通过银行转账的形式直接将运费打给运输公司，并将发票、脚环号清单等相关资料发给T公司。发票中的价格是所有鸽子的总价，单价只有其自己知道。〔参见2015年12月4日，B市高级人民法院《刑事判决书》[（2015）高刑终字第67号] 第6页〕

2. 决定每只信鸽以均价23美元进口报关，是T公司的K某通过电子邮件告诉张某某的，张某某没有参与决定。

张某某的供述：报关用的单据是K某给的，发票价格一般都是比较固定的，在每只23美元至25美元，该价格是运输公司和国外卖鸽子的人商量后得出的一个大概平均价格，给其看过，其觉得没有问题，海关申报可以通过，因为每只鸽子的价格有高有低，进口数量多，如果把每只鸽子的价格都列在发票上面，恐怕得有厚厚一沓，所以就想着用一个笼统的平均价格进行申报。报关用的所有单据都是T公司的K某通过电子邮件提供给其（张某某）的，其再转发到报关公司的邮箱。〔参见2015年12月4日，B市高级人民法院《刑事判决书》[（2015）高刑终字第67号]第14页〕

3. 每只信鸽进口税款缴纳的决定权是信鸽买卖方，而不是张某某。

（1）证人Y某（P网中国区客户经理）证言：买鸽子的人除了向P网交付鸽子款之外，还要另交每只鸽子99欧元的运费。P网代收运费后转给T的B国货运分公司。T公司的B国货运分公司就负责把鸽子从B国运输到B市的张某某手里。99欧元里包含从B国起运到B市机场有人取鸽子为止。其（Y某）通过运输公司了解到在99欧元里，运输公司拿20欧元左右，40欧元给K某，剩下约40欧元给张某某。〔参见2015年12月4日，B市高级人民法院《刑事判决书》[（2015）高刑终字第67号]第5页、第6页〕

（2）张某某的供述：运费从每只50欧元涨到现在的每只80欧元至90多欧元，具体费用包括从国外运到B市鸽友从其手中提货，中间的所有费用，也包括报关、报检的费用。〔参见2015年12月4日，B市高级人民法院《刑事判决书》[（2015）高刑终字第67号]第14页〕

4. 张某某不知道每个鸽子的真实交易价格，只是按照卖方提供的每只23美元的价格申报关税。

（1）我（张某某）只负责运输鸽子，办中国的手续，不参与买卖，真实成交价格是商业秘密，我不方便打听。10美元我不认可，因为我知道国内曾经有一家公司也是从B市口岸进口的鸽子，报10美元，认为价格低，没通过，我就说不行。每批鸽子量大，单个报发票量太大，运输公司不同意，鸽主都是个人，无法提供发票，也有鸽子是来参加展览或拍卖比赛的，无法确定价格。P

公司和H公司从没有给我过真实价格，据我所知也没有给过运输公司真实价格。(参见张某某供述12，第73页~第79页)

(2) 报关发票就是国外卖鸽子的人出具发票之后，交给运输公司，运输公司把发票、合同等单据随箱和鸽子一起发送过来的。我（张某某）一直以来都是使用T公司提供的随机发票报关，每只23美元，拆箱后发现远远高于报关价格的真实成交价格。(参见张某某供述2，第14页~第19页)

(四) 逃避海关监管，偷逃税款，不是张某某积极追求的结果，而是其极力反对的行为。按照鸽子真实成交价格申报关税，并不影响张某某的利润，只会减少其风险。

1. 证人Y（P网中国区客户经理）证言：2012年，P网有一只25万欧元的鸽子卖出，张某某发现这只鸽子是通过他运输的，为此事来B国与P网见面，要求P网不要在鸽子运输箱内标明鸽子的价格。张某某说附写鸽子的价格，他会遇到麻烦。〔参见2015年12月4日，B市高级人民法院《刑事判决书》[（2015）高刑终字第67号] 第6页〕

2. 电子数据鉴定书表述的鉴定意见：张某某通过MSN与K某聊天时提及脚环号为B06-4 ** 27 **的鸽子不能由T公司的B国货运分公司承运，因为每个人都知道这只鸽子非常贵，不想冒险，即使要运也要买家从真实价格中支付10%的保险费和30%的税费。〔参见2015年12月4日，B市高级人民法院《刑事判决书》[（2015）高刑终字第67号] 第12页〕

3. 2013年7月27日申报一批信鸽，用T公司提供的随机发票报关，每只23美元，一共是2000只。后提货，发现部分箱子有P公司标志的信封，有价格的保证书，价格比申报价格高很多，于是把材料留下来，统计了价格，大约150万欧元，总共有大约400只鸽子的材料。通过运输公司联系P公司索要货值25%的税款，和P公司的N某、L某还有一个台湾人和外国人会谈，没有谈拢。2013年8月1日我写了向海关补缴的申请，没收到P公司的税款所以没有递交。(参见张某某供述1，第4页~第13页)

4. 在（2013 年）7 月 27 日由 B 国运往中国的鸽子中我们发现 B 国 P 公司委托我们运输的鸽子中有一部分与其之前的申报货值不符，我们正调查此事并对当事人进行了询问。由于鸽子尚处于 30 天隔离检疫阶段，待检疫结束后我们会将调查结果向海关有关部门如实汇报并依法缴纳关税，接受海关的处理。由于我们工作上的失误给海关造成了麻烦，我们深表歉意。该页是我（张某某）向海关写的补交关税申请，由于我的工作还未完全做完且隔离期未到，海关人员到我家时，我主动交给了海关人员。（参见 2013 年 8 月 1 日，张某某书提交海关的书面《补交关税申请》）

5. 2011 年或 2012 年的时候，听说 P 公司有很贵的鸽子运到中国，通过我（张某某）来运，我要他们先给我这只鸽子的税款，他们不同意，我就不让他们发货，最后没有运。（参见张某某供述 5，第 48 页）

（五）被告人在共同犯罪中的地位、作用是应当运用证据证明的主要案件事实，是定罪量刑不可缺少的部分。本案两级法院均未在充分证据基础上查明张某某在共同犯罪中的地位和作用，属于“据以定罪量刑的证据不确实、不充分”的法定情形，符合启动审判监督程序的法定条件。

1.《刑诉法》第 53 条第 2 款规定，证据确实、充分，应当符合以下条件：①定罪量刑的事实都有证据证明；②据以定案的证据均经法定程序查证属实；③综合全案证据，对所认定事实已排除合理怀疑。

2. 最高人民法院《关于适用〈中华人民共和国刑事诉讼法〉的解释》第 64 条规定，应当运用证据证明的案件事实包括：①被告人、被害人的身份；②被指控的犯罪是否存在；③被指控的犯罪是否为被告人所实施；④被告人有无刑事责任能力，有无罪过，实施犯罪的动机、目的；⑤实施犯罪的时间、地点、手段、后果以及案件起因等；⑥被告人在共同犯罪中的地位、作用；⑦被告人有无从重、从轻、减轻、免除处罚情节；⑧有关附带民事诉讼、涉案财物处理的事实；⑨有关管辖、回避、延期审理等的程序事实；⑩与定罪量刑有关的其他事实。

3.《刑诉法》第 242 条规定，当事人及其法定代理人、近亲属的申诉符合下列情形之一的，人民法院应当重新审判：①有新的证据证明原判决、裁定认定的事实确有错误，可能影响定罪量刑的；②据以定罪量刑的证据不确实、不充分、依法应当予以排除，或者证明案件事实的主要证据之间存在矛盾的；③原判决、裁定适用法律确有错误的；④违反法律规定的诉讼程序，可能影响公正审判的；⑤审判人员在审理该案件的时候，有贪污受贿，徇私舞弊，枉法裁判行为的。

4. 最高人民法院《关于适用〈中华人民共和国刑事诉讼法〉的解释》第 375 条规定，对立案审查的申诉案件，应当在 3 个月以内作出决定，至迟不得超过 6 个月。经审查，具有下列情形之一的，应当根据刑事诉讼法第 242 条的规定，决定重新审判：①有新的证据证明原判决、裁定认定的事实确有错误，可能影响定罪量刑的；②据以定罪量刑的证据不确实、不充分、依法应当排除的；③证明案件事实的主要证据之间存在矛盾的；④主要事实依据被依法变更或者撤销的；⑤认定罪名错误的；⑥量刑明显不当的；⑦违反法律关于溯及力规定的；⑧违反法定诉讼程序，可能影响公正裁判的；⑨审判人员在审理该案件时有贪污受贿、徇私舞弊、枉法裁判行为的。申诉不具有上述情形的，应当说服申诉人撤回申诉；对仍然坚持申诉的，应当书面通知驳回。

四、专家论证结论

（一）2011 年 1 月至 2013 年 8 月间，由 B 市海关进口的 1.1 万余只比赛用活体信鸽等货物，逃避海关监管，逃逸应缴税款共计人民币 3260 万余元，是一起多人参与实施的走私普通货物共同犯罪。

（二）上述法律文书均缺乏证据证明张某某在走私普通货物共同犯罪中的地位、作用，认定张某某是主犯，没有证据基础。

（三）信鸽买卖方为了获取非法利益，偷逃关税，把每只鸽子的进口价格确定为23美元。张某某没有进口货物（比赛用活体信鸽等）的定价权，也没有缴纳进口税数额的决定权，不应作为共同犯罪的主犯承担所有法律责任。

（四）逃避海关监管，偷逃税款，不是张某某积极追求的结果，而是其极力反对的行为。按照鸽子真实成交价格申报关税，并不影响张某某的利润，只会减少其风险。

（五）被告人在共同犯罪中的地位、作用是应当运用证据证明的主要案件事实，是定罪量刑不可缺少的部分。本案两级法院均未在充分证据基础上查明张某某在共同犯罪中的地位和作用，属于“据以定罪量刑的证据不确实、不充分”的法定情形，符合启动审判监督程序的法定条件。

争议焦点与评述

争议焦点	
事实问题	本案是否是一起多人参与实施的走私普通货物共同犯罪？
专家意见	由B市海关进口的1.1万余只比赛用活体信鸽等货物，逃避海关监管，逃逸应缴税款共计人民币3260万余元，是一起多人参与实施的走私普通货物共同犯罪。
评述	被告人张某某伙同他人，在明知进口货物实际成交价格的情况下，使用虚假的进口货物发票等报关材料，向B市海关低报进口货物价格，逃避海关监管，走私进口比赛用活体信鸽等货物，逃避海关监管。
事实问题	能否认定张某某是走私普通货物共同犯罪中的主犯？
专家意见	法律文书均缺乏证据证明张某某在走私普通货物共同犯罪中的地位、作用，认定张某某是主犯，没有证据基础。
评述	一审法院（B市第三中级人民法院）认定张某某为走私普通货物共同犯罪的主犯，但没有证据证明该犯罪事实。二审法院（B市高级人民法院）仅认定张某某为走私普通货物共同犯罪中的一部分，但没有进一步明确认定张某某在共同犯罪中的地位与作用。

续表

争议焦点	
事实问题	张某某是否应作为共同犯罪的主犯承担所有法律责任?
专家意见	每只信鸽的交易价格均是中外买卖双方在 P 网站平台上自主协商决定的，张某某既没有参与确定，也没有知晓的权利。 决定每只信鸽以均价 23 美元进口报关，是 T 公司的 K 某通过电子邮件告诉张某某的，张某某没有参与决定。 每只信鸽进口税款缴纳的决定权是信鸽买卖方，而不是张某某。 张某某不知道每个鸽子的真实交易价格，只是按照卖方提供的每只 23 美元的价格申报关税。
评述	市场销售部门从各地收集鸽子信息或者有人推荐鸽子到网站，再把认为不错的鸽子放到 P 网上拍卖，起拍价格一般是 200 欧元，每只鸽子的最后定价都不一样，由买家看中鸽子就给 P 网付款。张某某只负责运输鸽子，办中国的手续，不参与买卖，真实成交价格是商业秘密，张某某也不知道。报关发票就是国外卖鸽子的人出具发票之后，交给运输公司，运输公司把发票、合同等单据随箱和鸽子一起发送过来的。张某某一直以来都是使用 T 运输公司提供的随机发票报关，每只 23 美元，拆箱后发现远远高于报关价格的真实成交价格。
事实问题	逃避海关监管、偷逃税款是否为张某某积极追求的结果?
专家意见	逃避海关监管，偷逃税款，不是张某某积极追求的结果，而是其极力反对的行为。按照鸽子真实成交价格申报关税，并不影响张某某的利润，只会减少其风险。
评述	张某某通过 MSN 与 K 某聊天时提及脚环号为 B06-4 ** 27 ** 的鸽子不能由 T 公司的 B 国货运分公司承运，因为每个人都知道这只鸽子非常贵，不想冒险，即使要运也要买家从真实价格中支付 10%的保险费和 30%的税费。当 P 公司有很贵的鸽子需要通过张某某运到中国，张某某要求 P 公司先提供这只鸽子的税款，P 公司不同意，张某某就不让他们发货，最后没有运。
程序问题	本案是否符合启动审判监督程序的法定条件?

续表

争议焦点	
专家意见	被告人在共同犯罪中的地位、作用是应当运用证据证明的主要案件事实，是定罪量刑不可缺少的部分。本案两级法院均未在充分证据基础上查明张某某在共同犯罪中的地位和作用，属于“据以定罪量刑的证据不确实、不充分”的法定情形，符合启动审判监督程序的法定条件。
评述	根据《刑事诉讼法》第 242 条规定，当事人及其法定代理人、近亲属的申诉符合下列情形之一的，人民法院应当重新审判：①有新的证据证明原判决、裁定认定的事实确有错误，可能影响定罪量刑的；②据以定罪量刑的证据不确实、不充分、依法应当予以排除，或者证明案件事实的主要证据之间存在矛盾的；③原判决、裁定适用法律确有错误的；④违反法律规定的诉讼程序，可能影响公正审判的；⑤审判人员在审理该案件的时候，有贪污受贿，徇私舞弊，枉法裁判行为的。本案未在充分证据基础上查明张某某在共同犯罪中的地位和作用，因此符合启动审判监督程序的法定条件。

论证案件七 石某甲抢劫案

一、专家论证依据的案件材料

（一）2016 年 5 月 9 日，H 省 Z 市人民检察院《起诉书》（Z 检公一刑诉［2016］33 号）。

（二）2018 年 3 月 23 日，H 省 Z 市中级人民法院《刑事附带民事判决书》［（2016）Y01 刑初 66 号］。

（三）有关证据材料。

二、有关法律文书认定的案件事实

（一）2016 年 5 月 9 日，H 省 Z 市人民检察院《起诉书》（Z 检公一刑诉［2016］33 号）认定的案件事实

1. 抢劫罪

（1）1998 年 9 月 12 日 20 时许，被告人石某甲伙同石某乙、陈某甲、孙某某、李某甲，携自制火药枪、铁锤至 C 区 Z 路与 W 路交叉口的 Z 市城市合作银行 C 支行，对该行 Z 路分理处门口接装营业款的金杯牌防弹运钞车实施抢劫，并朝运钞车挡风玻璃、车门等处开枪。因驾驶员紧急锁住车门，驾车驶离现场，上述被告人抢劫未果后逃离现场。

（2）被告人石某甲、陈某乙经预谋、踩点，计划抢劫 M 市 X 城市信用社 Q 路储蓄所，陈某乙因害怕中途退出。1998 年 11 月

21日13时许，石某甲携自制火药枪至M市X城市信用社Q路储蓄所附近女厕所内，趁该行工作人员杨某甲如厕时，持枪将杨某甲及同在厕所里的李某乙打伤，并抢走杨某甲随身携带的银行营业室钥匙，随后，石某甲用抢得的钥匙打开储蓄所营业室门，持枪威胁储蓄所工作人员赵某乙，抢走营业款135 617元。经鉴定：杨某甲的损伤程度构成重伤一级，李某乙的损伤程度构成轻微伤。

（3）1999年12月5日19时许，被告人石某甲伙同余某某、石某乙、李某丙、陈某乙经预谋分工、踩点后，携自制火药枪、铁锤至Z市C区H路Z市合作银行Z城分理处，被告人石某甲、李某丙、陈某乙持铁锤砸该分理处营业台玻璃，保安全某某上前制止，余某某、石某乙朝全某某头部连开数枪，将全某某打倒，石某甲、李某丙、陈某乙将玻璃砸烂后进入柜台内，石某甲持枪朝营业员白某某背部连开两枪后，将装有2 088 324.26元营业款的三个款包抢走。经鉴定：全某某的损伤程度已构成重伤二级；白某某构成轻微伤。

（4）2004年3月19日10时许，被告人石某甲伙同余某某、石某乙、李某丙、孙某某经预谋分工后，携自制火药枪至K市Y路邮政储蓄所附近，石某乙、孙某某望风，石某甲进入储蓄所尾随从该储蓄所取款出来的赵某甲、罗某某二人至储蓄所门外，余某某、李某丙趁赵某甲、罗某某二人上车之机，持枪威逼抢夺款包，遭赵某甲反抗，余某某朝赵某甲头部开枪，赵某甲躲闪造成面部擦伤，李某丙朝罗某某胳膊开枪，将罗某某打伤，余某某抢走现金47 400元。经鉴定：赵某甲、罗某某的损伤程度均构成轻微伤。

（5）2004年3月30日，被告人石某甲伙同余某某、李某丙携自制火药枪至D市S区D市城市信用社附近，预谋抢劫取款人员，李某丙因害怕中途离开。石某甲、余某某尾随从该银行取款出来的陈某丙至其经营的“M地毯店”门口，伺机抢劫。中午12时许，二人进入“M地毯店”内，余某某趁陈某丙超不备，用胳膊勒住陈某丙的脖子，石某甲搜店内的包，抢走现金6000余元，逃跑时，二人朝陈某丙连开数枪，余某某被当场抓获，其随身携带的枪支被公安机关缴获。经鉴定：送检的自制火药枪以火药为动力，能发射金属弹丸和其他物质，能致人死亡，属公安机关管制枪支；陈某丙的损伤程度构成轻微伤。

2. 非法买卖枪支罪

1998年年初，被告人石某甲伙同石某乙、陈某甲经李某丁介绍，到X市B路W路转盘附近从“小F”（身份不清）处分两次购得自制火药枪4支，后石某甲等人利用枪支实施上述五起抢劫案件。1999年12月5日抢劫案后，石某甲将其中1支手枪扔到M市Y区S镇一机井内。2006年石某甲将剩余的2支手枪拆解后和子弹一同扔到M市Y区S镇一水坑内。2016年1月15日，根据石某甲对扔枪地点的辨认，公安机关在M市Y区S镇Z村N养殖农民合作社院内机井内打捞出三支手枪。经检验：送检的枪形物不具备鉴定条件。

（二）2018年3月23日，H省Z市中级人民法院《刑事附带民事判决书》［（2016）Y01刑初66号］认定的案件事实。

1. 抢劫罪案件事实

（1）被告人石某甲多次踩点后，经与石某乙、陈某甲、孙某某、李某甲预谋分工，由石某甲、石某乙、陈某甲、孙某某各携带自制火药枪1支，李某甲携带铁锤1把，于1998年9月12日20时许，到C区Z路与W路交叉口的Z市城市合作银行C支行（以下简称“C支行”），对在该行Z路分理处门口接装营业款的金杯牌防弹运钞车实施抢劫。在实施抢劫过程中，石某甲等人朝运钞车挡风玻璃、车门处开枪，因驾驶员紧急锁住车门，驾车驶离现场，致使抢劫未得逞。案发时运钞车上装有人民币520万元。

（2）被告人石某甲、陈某乙经预谋、踩点，计划抢劫M市X城市信用社Q路储蓄所，陈某乙因害怕中途退出。1998年11月21日13时许，石某甲携自制火药枪至M市X城市信用社Q路储蓄所附近女厕所内，趁该行工作人员杨某甲如厕时，持枪将杨某甲及同在厕所里的李某乙打伤，并抢走杨某甲随身携带的银行营业室钥匙，随后，石某甲用抢得的钥匙打开储蓄所营业室门，持枪威胁储蓄所工作人员赵某乙，抢走营业款 135 617 元。经鉴定：杨某甲的损伤程度构成重伤一级，李某乙的损伤程度构成轻微伤。

（3）1999 年 12 月 5 日 19 时许，被告人石某甲伙同余某某、石某乙、李某丙、陈某乙经预谋分工、踩点后，携自制火药枪、铁锤至 Z 市 C 区 H 路 Z 市合作银行 Z 城分理处，被告人石某甲、李某丙、陈某乙持铁锤砸该分理处营业台玻璃，保安全某某上前制止，余某某、石某乙朝全某某头部连开数枪，将全某某打倒，石某甲、李某丙、陈某乙将玻璃砸烂后进入柜台内，石某甲持枪朝营业员白某某背部连开两枪后，将装有 2 088 324.26 元营业款的三个款包抢走。经鉴定：全某某的损伤程度已构成重伤二级；白某某构成轻微伤。

（4）2004 年 3 月 19 日 10 时许，被告人石某甲伙同余某某、石某乙、李某丙、孙某某经预谋分工后，携自制火药枪至 K 市 Y 路邮政储蓄所附近，石某乙、孙某某望风，石某甲进入储蓄所尾随从该储蓄所取款出来的赵某甲、罗某某二人至储蓄所门外，示意余某某、李某丙对二人实施抢劫，余某某、李某丙趁赵某甲、罗某某二人上车之机，余某某持枪威逼抢夺款包，遭赵某甲反抗，余某某朝赵某甲头部开枪，赵某甲躲闪造成面部擦伤，李某丙持枪控制罗某某，并开枪将罗某某右上臂打伤，抢走现金 47 400 元，后乘坐孙某某等人拦好的出租车逃离现场。经鉴定：赵某甲、罗某某的损伤程度均构成轻微伤。

（5）2004 年 3 月 30 日，被告人石某甲伙同余某某、李某丙携自制火药枪至 D 市 S 区 D 市城市信用社附近，预谋抢劫取款人员。石某甲、余某某尾随从该银行取款出来的陈某丙至其经营的“M 地毯店”门口，伺机抢劫，李某丙因害怕中途离开。中午 12 时许，二人进入“M 地毯店”内，余某某趁陈某丙不备，持枪控制陈某丙，石某甲寻找财物，二人劫取人民币若干后逃离。逃走时向追赶的陈某丙连开数枪，余某某被当场抓获，其随身携带的枪支被公安机关缴获。经鉴定：送检的自制火药枪以火药为动力，能发射金属弹丸和其他物质，能致人死亡，属公安机关管制枪支；陈某丙的损伤程度构成轻微伤。

2. 非法买卖枪支罪案件事实

1998年年初，被告人石某甲伙同石某乙、陈某甲经李某丁介绍，到X市B路W路转盘附近从“小F”（身份不清）处分两次购得自制火药枪4支，后石某甲等人利用所购的4支枪分别实施了上述五起抢劫案，并先后造成2人重伤、5人受伤、200余万元被抢的后果。1999年12月5日抢劫案后，石某甲将其中一支手枪扔到M市Y区S镇一机井内。2006年石某甲将剩余的两支手枪拆解后和子弹一同扔到该机井附近。2016年1月15日，根据石某甲的辨认，公安机关在其抛弃枪弹的地点打捞出3支手枪及19颗子弹。经检验：送检的枪形物不具备鉴定条件。

三、专家论证意见与理由

（一）石某甲在诉讼过程中始终如实供述自己的罪行，符合从轻、从宽处罚的法定条件。

1. 石某甲在诉讼过程中如实供述自己的所有罪行。

（1）被告人石某甲供述：1998年其在Z市Z路、D路附近发现了两个银行网点，位置比较偏僻，且运钞车的保安人员未配备枪支。经过2个月左右的观察，摸清了运钞车的运行规律，确定对运钞车实施抢劫。其在市区租了两套房子，准备作为抢劫后的躲藏地点，并聚集石某乙、陈某甲、李某甲、孙某某预谋共同实施抢劫。其安排李某甲拿锤子控制司机，事成后用锤子砸运钞车的锁，并携带化肥袋用于装钱。其和石某乙、陈某甲、孙某某四人带枪，其负责控制副驾驶位置的人，孙某某控制运钞车的偏门，石某乙和陈某甲负责控制外围。案发当天下午四五点钟，其和石某乙、陈某甲、孙某某、李某甲到达案发地点，等运钞车到达后，其带人朝运钞车围去，当时运钞车已经完成收款，司机还没有上车，副驾驶位置上坐的有人，几个车门都开着，有一个押款员也已经从运钞车的侧门上了车，车下面还有一个押运员。动手时李某甲因害怕动作较慢，副驾驶座位上的人将车门拉上，孙某某未能拉开车的偏门，其向车玻璃开枪，孙某某向车轮胎开枪。这时，银行冲出六七个人，陈某甲和石某乙朝冲出的人开枪，将这些人吓退。这时运钞车司机驾车驶离。五人按照计划沿着 Z 路向西逃走，并在租房处聚集，将枪交于其后各自离开 Z 市。被告人石某甲归案后对实施该起抢劫时的租房地点及案发现场进行了辨认，有辨认笔录、照片及录像在卷佐证。〔参见 2018 年 3 月 23 日，H 省 Z 市中级人民法院《刑事附带民事判决书》［（2016）Y01 刑初 66 号］第 12 页、第 13 页〕

（2）被告人石某甲供述：1998 年前后，经过多次观察和踩点，其决定抢 M 市 Q 路的信用社，其让陈某乙一起干，陈某乙观察了两天后放弃。案发当天中午，其尾随银行一员工进入女厕所，持枪从该员工身上抢走银行钥匙，并向该员工和另一上厕所女子开枪。其后利用抢到的钥匙进入银行，持枪威胁一女营业员将钱装入其携带的袋子内，并按照事先规划的线路逃离。抢得的钱一部分被其用于归还债务，一部分用于购买中巴车跑运输。〔参见 2018 年 3 月 23 日，H 省 Z 市中级人民法院《刑事附带民事判决书》［（2016）Y01 刑初 66 号］第 17 页〕

（3）被告人石某甲供述：1999 年下半年，其经过半年左右的踩点，并在市区内租赁四套房屋，已备逃跑时使用，案发前十日左右，其纠集余某某、石某乙、李某丙、陈某乙多次进行预谋，并到被抢银行附近察看、规划逃走路线。1999 年 12 月 5 日 19 时许实施抢劫，其带李某丙、陈某乙用事先准备好的锤子砸玻璃。余某某和石某乙负责控制保安和外围，在砸玻璃的过程中听到枪响，玻璃砸开后三人进入柜台，其在进入柜台时小腿被玻璃划伤并流血。进入后其向一女营业员背部开了两枪，打开防盗门，石某乙进入柜台内部后，几人抬起钱袋逃离现场。其在租房处整理钱袋，发现所抢数额为 208 万左右，其将钱袋和少量残钞埋在东风路的河滩内，部分残钞被其在房间内烧掉。将部分抢得款项分给余某某等人。〔参见 2018 年 3 月 23 日，H 省 Z 市中级人民法院

《刑事附带民事判决书》［（2016）Y01 刑初 66 号］第 21 页、第 22 页〕

（4）被告人石某甲供述：2004 年年初，因之前抢的钱已经挥霍完，余某某提议再次实施抢劫，其带领余某某、石某乙、李某丙、孙某某携带枪支乘车去周口找一亲戚赵某丙，并伺机寻找作案目标。次日上午，其将两把枪分别给了余某某和李某丙，确定抢劫 K 市北关一东西街路边银行的储户。其负责选择目标和望风，余某某和李某丙负责动手，石某乙和孙某某在外围配合。其看到一男一女在银行取款较多，等二人出门后其示意余某某、李某丙动手，李某丙持枪控制男子，余某某去抢女子手中钱袋，过程中余某某和李某丙冲二人开枪，后逃离现场。证人赵某丙的证言印证了石某甲的相关供述。〔参见 2018 年 3 月 23 日，H 省 Z 市中级人民法院《刑事附带民事判决书》［（2016）Y01 刑初 66 号］第 27 页、第 28 页〕

（5）被告人石某甲供述：2004 年年初，其带余某某、李某丙携带三把枪到 D 市伺机抢劫，次日其寻找作案目标时，看到一年轻男子从银行走出，便尾随该男子至一地毯店，其让余某某和李某丙进入地毯店抢劫，李某丙因害怕离开。其本人和余某某持枪进入地毯店，余某某用枪控制该男子，其寻找钱物，因该男子反抗，其和余某某逃离，在逃离过程中余某某开枪，其在路边拦了一辆出租车，余某某上车时被追赶的路人抓住，其持枪威逼司机开车逃离现场。余某某因抢劫被判刑后，其和李某丙去探视，在得知余某某供述一同实施抢劫的是李某丙的情况下，又暗示余某某编造系和已死亡的赵某丁一起作案。〔参见 2018 年 3 月 23 日，H 省 Z 市中级人民法院《刑事附带民事判决书》［（2016）Y01 刑初 66 号］第 31 页、第 32 页〕

（6）被告人石某甲供述：1998 年，其和石某乙、陈某甲在 X 市经李某丁介绍先后两次买了 4 把一样的转轮手枪，卖枪的人还给了几十发子弹。其又购买发令枪子弹自己加工、安装了不少钢珠子弹。后来抢劫用的就是这 4 把枪。有的时候用的是铅弹，有的时候用的是钢珠子弹。12·5 案发后，其发现有一把枪管裂了，就将这把枪扔在驻新公路 13 公里附近往 Z 村去的路边的机井里。2006 年李某丙被抓获后，其把剩下的两把枪拆解后和子弹一起扔到上次扔枪地点的水坑里。〔参见 2018 年 3 月 23 日，H 省 Z 市中级人民法院《刑事附带民事判决书》［（2016）Y01 刑初 66 号］第 35 页〕

2. 无论是程序法还是实体法均规定：如实供述自己罪行，可以从轻处罚、从宽处理。

（1）《刑诉法》第 120 条第 2 款规定，侦查人员在讯问犯罪嫌疑人的时候，应当告知犯罪嫌疑人享有的诉讼权利，如实供述自己罪行可以从宽处理和认罪认罚的法律规定。

（2）《刑法》第 67 条规定，犯罪以后自动投案，如实供述自己的罪行的，是自首。对于自首的犯罪分子，可以从轻或者减轻处罚。其中，犯罪较轻的，可以免除处罚。被采取强制措施的犯罪嫌疑人、被告人和正在服刑的罪犯，如实供述司法机关还未掌握的本人其他罪行的，以自首论。犯罪嫌疑人虽不具有前两款规定的自首情节，但是如实供述自己罪行的，可以从轻处罚；因其如实供述自己罪行、避免特别严重的等发生的，可以减轻处罚。

（二）石某甲不仅如实供述自己的罪行（见上），而且委托其配偶孔某某与多名被害人（杨某甲、李某乙、全某某、白某某）达成谅解赔偿协议，支付了赔偿款，获得了被害人谅解（希望对石某甲从轻处罚，不判处死刑）。该情形符合认罪认罚从宽的法定要求，可以依法从宽处理，应当在法定刑的限度以内从轻判处刑罚。

1. 石某甲案件管辖地（Z 市）属于认罪认罚从宽制度试点地区。

最高人民法院、最高人民检察院、公安部、国家安全部、司法部《关于在部分地区开展刑事案件认罪认罚从宽制度试点工作的办法》（以下简称《试点办法》）（法［2016］386 号）规定，本办法在北京、天津、上海、重庆、沈阳、大连、南京、杭州、福州、厦门、济南、青岛、郑州、武汉、长沙、广州、深圳、西安试行。

2.《试点办法》没有排除无期徒刑以上案件不适用该制度，最高人民法院、最高人民检察院已经认同广东省将死刑案件适用该《试点办法》。

(1)《试点办法》第 2 条规定，具有下列情形之一的，不适用认罪认罚从宽制度：①犯罪嫌疑人、被告人是尚未完全丧失辨认或者控制自己行为能力的精神病人的；②未成年犯罪嫌疑人、被告人的法定代理人、辩护人对未成年人认罪认罚有异议的；③犯罪嫌疑人、被告人行为不构成犯罪的；④其他不宜适用的情形。

(2) 2017 年 5 月 18 日上午，广东省广州市中级人民法院第二法庭，一起故意杀人案公开审理并当庭宣判。案件引发多家媒体和广州市人大代表、政协委员的高度关注。故意杀人案件适用认罪认罚从宽制度，这在广东省是首宗，同时也是广州近年来由市中院院长、市检察院检察长同堂办案的首例。鉴于被告人自愿认罪认罚，并同意公诉机关的量刑建议，在法庭辩论阶段，控辩双方重点针对量刑情节进行了辩论。经过休庭合议，合议庭当庭宣判，以故意杀人罪，判处被告人李某有期徒刑 15 年，剥夺政治权利 5 年。〔1〕

(3) 被告人李某一时冲动，采取了极端手段，不仅让孩子失去母亲，也给双方父母带来了不可挽回的伤痛。在此，希望被告人李某通过今天的开庭审理，真诚悔改，早日回归社会，担负起作为儿子对老人赡养的义务，履行好父亲对子女抚养义务。5 月 18 日上午，在一起适用认罪认罚从宽制度的故意杀人案的庭审中，出庭公诉的广东省广州市检察院检察长欧某某在发表公诉意

〔1〕 参见杨晓梅、罗伟雄：《院长主审，检察长主诉——广东广州中院全力推进认罪认罚从宽试点工作》，载《人民法院报》2017 年 5 月 19 日，第 01 版。

见时这样说道。该案是广州市检察机关自去年9月试行认罪认罚从宽制度以来，在重大刑事案件中适用认罪认罚制度起诉的首宗开庭审判的案件。更引人注目的是，本案由该市检察院检察长欧某某出庭支持公诉，法院院长王某担任本案审判长。“两院”院长、检察长同堂办案，在广州尚属首次，为该市全面落实司法责任制改革起到了很好的示范和推动作用。庭前，该案就引起了众多媒体和广州市人大代表、政协委员的广泛关注，开庭当日法庭更是座无虚席。最后，法庭采纳了检察院的量刑建议，依法对被告人李某判处有期徒刑15年，剥夺政治权利5年。〔1〕

3. 石某甲委托其配偶孔某某与多名被害人（杨某甲、李某乙、全某某、白某某）达成谅解赔偿协议，支付了赔偿款，均获得了被害人谅解，希望对石某甲从轻处罚，不判处死刑。

（1）石某甲委托其配偶孔某某代理其与向所有受害人进行赔偿。

委托人石某甲因抢劫一案，授权委托妻子孔某某全权代理我对涉案受害人遭受的损失进行全面妥善的赔偿，并代我向他们表示赔礼道歉，向他们真诚谢罪！（参见2017年6月13日，石某甲授权孔某某《委托书》）

（2）石某甲认罪悔罪，委托其配偶孔某某与杨某甲达成谅解赔偿协议，已向该被害人支付了赔偿款（145万元），获得了被害人的谅解。被害人希望办案机关对石某甲从轻处罚，不判处死刑。

问：你（杨某甲）向法院提供谅解书、撤诉书对石某甲表示谅解，是不是你本人真实的意思表示。答：是的。问：赔偿款是否收到？答：收到。问：你向法院提出撤诉，是否清楚撤诉的后果。答：明白。问：其他还有需要说的吗？答：没有了，请求对石某甲从轻处理。（参见2017年6月29日，Z市中级人民法院常

〔1〕参见《广州首宗适用认罪认罚从宽制度的重大刑事案件开庭审理》，载 http://www.jcrb.com/procuratorate/jcpd/201705/t20170518_4784965.html，最后访问日期：2018年8月27日。

某、宁某讯问杨某甲《讯问笔录》)

石某甲抢劫一案给被害人杨某甲（甲方）造成了严重的伤害，石某甲愿意积极赔偿被害人的损失，并委托乙方（石某甲配偶孔某某）处理此事。乙方及石某甲的家人多次找被害人甲方洽谈赔偿之事。考虑到本案的特殊情况，甲方同意谅解石某甲，经过反复考虑被害方甲方杨某甲自愿与石某甲乙方达成如下赔偿协议：①乙方一次性赔偿甲方壹佰肆拾伍（145）万元，该费用包含此案给甲方造成的一切损失的赔偿。②以上款项于双方签署本协议时由乙方一次性给付甲方。甲方收款后出具收条及谅解书。③乙方代表石某甲对被害人杨某甲造成的伤害，深表悔意，并向甲方作出诚恳道歉。④甲方对石某甲的行为表示谅解。在收到上述款项后，甲方撤回追诉石某甲民事赔偿责任的起诉，双方对经济赔偿问题一次性解决完毕。⑤甲方希望司法机关能够对石某甲从宽处理，不判处其死刑，同时对于司法机关从轻处罚石某甲的任何结果，甲方均不会上访、申诉等。〔参见 2017 年 6 月 29 日，（甲方）杨某甲（被害人）与（乙方）孔某某（被告人石某甲配偶）间达成的《谅解协议书》〕

Z 市中级人民法院：我是石某甲抢劫案中被害人杨某甲。石某甲抢劫案件已经于 2017 年 4 月 27 日开庭审理，我作为刑事附带民事的原告方参与了庭审，庭审中，石某甲表示愿意积极赔偿。庭审后，石某甲的家人也多次找我进行协商，目前已经达成协议并且已经履行完毕。现在我撤回起诉，请法院予以准许，并对石某甲从宽处理。(参见 2017 年 6 月 29 日，杨某甲《撤诉申请书》)

Z 市中级人民法院：我是石某甲抢劫案中被害人杨某甲。该案件已经过去很久。从多方面的原因考虑，尤其是石某甲的家人积极找我进行协商且已经达成了调解，我现在对石某甲表示谅解，希望贵院能够对石某甲不判处死刑，并且能够对其从轻处罚，使其能够早日回归社会。谅解，是我真实的意思，希望法院能够采纳。(参见 2017 年 6 月 29 日，杨某甲《谅解书》)

今收到石某甲抢劫案件中石某甲家属交来赔偿款壹佰肆拾伍

（145）万元。注：作为被害人，我们已经对石某甲的行为表示谅解，希望司法机关对石某甲不判处死刑，对其从轻处罚。（参见2017年6月29日，杨某甲《收条》）

（3）石某甲认罪悔罪，委托其配偶孔某某与李某乙达成谅解赔偿协议，已向该被害人支付了赔偿款（10万元），获得了该被害人的谅解。该被害人希望办案机关对石某甲从轻处罚，不判处死刑。

问：你（李某乙）是否对石某甲达成谅解。答：是的。问：谅解是不是你本人真实的意愿？答：是的。问：赔偿款是否收到？答：已经收到了。（参见2017年6月13日，Z市中级人民法院宁某、胡某某讯问李某乙《讯问笔录》）

石某甲抢劫一案给被害人李某乙（甲方）造成了严重的伤害，石某甲愿意积极赔偿被害人的损失，并委托乙方（石某甲配偶孔某某）处理此事。乙方及石某甲的家人多次找被害人甲方洽谈赔偿之事。考虑到本案的特殊情况，甲方同意谅解石某甲，经过反复考虑被害方的甲方自愿与石某甲的乙方达成如下赔偿协议：①乙方一次性赔偿甲方壹拾（10）万元，该费用包含此案给甲方造成的一切损失的赔偿。②以上款项于双方签署本协议时由乙方一次性给付甲方。甲方收款后出具收条及谅解书。③乙方代表石某甲对被害人李某乙造成的伤害，深表悔意，并向甲方作出诚恳道歉。④甲方对石某甲的行为表示谅解。在收到上述款项后，甲方撤回追诉石某甲民事赔偿责任的起诉，双方对经济赔偿问题一次性解决完毕。⑤甲方希望司法机关能够对石某甲从宽处理，不判处其死刑，同时对于司法机关从轻处罚石某甲的任何结果，甲方均不会上访、申诉等。〔参见2017年6月13日，（甲方）李某乙（被害人）与（乙方）孔某某（被告人石某甲配偶）间达成的《谅解协议书》〕

Z市中级人民法院：我是石某甲抢劫案中被害人李某乙。石某甲抢劫案件已经于2017年4月27日开庭审理，我作为刑事附带民事的原告方参与了庭审，庭审中，石某甲表示愿意积极赔偿。庭审后，石某甲的家人也多次找我进行协商，目前已经达成协议并且已经履行完毕。现在我撤回起诉，请法院予以准许，并对石某甲从宽处理。(参见 2017 年 6 月 13 日，李某乙《撤诉申请书》)

Z 市中级人民法院：我是石某甲抢劫案中被害人李某乙。该案件已经过去很久。从多方面的原因考虑，尤其是石某甲的家人积极找我进行协商且已经达成了调解，我现在对石某甲表示谅解，希望贵院能够对石某甲不判处死刑，并且能够对其从轻处罚，使其能够早日回归社会。该谅解，是我真实的意思，希望法院能够采纳。(参见 2017 年 6 月 13 日，李某乙《谅解书》)

今收到石某甲抢劫案件中石某甲家属交来赔偿款壹拾（10）万元。注：作为被害人，我们已经对石某甲的行为表示谅解，希望司法机关对石某甲不判处死刑，对其从轻处罚。(参见 2017 年 6 月 13 日，李某乙《收条》)

（4）石某甲认罪悔罪，委托其配偶孔某某与全某某达成谅解赔偿协议，已向该被害人支付了赔偿款柒拾陆（76）万元，获得了该被害人的谅解。该被害人希望办案机关对石某甲从轻处罚，不判处死刑。

Z 市中级人民法院：我是石某甲抢劫案中被害人全某某。该案件已经过去很久。从多方面的原因考虑，尤其是石某甲的家人积极找我进行协商且已经达成了调解，我现在对石某甲表示谅解，希望贵院能够对石某甲不判处死刑，并且能够对其从轻处罚，使其能够早日回归社会。该谅解，是我真实的意思，希望法院能够采纳。(参见 2017 年 6 月 12 日，全某某《谅解书》)

石某甲抢劫一案给被害人全某某（甲方）造成了严重的伤害，石某甲愿意积极赔偿被害人的损失，并委托乙方（石某甲配偶孔某某）处理此事。乙方及石某甲的家人多次找被害人甲方洽谈赔偿之事。考虑到本案的特殊情况，甲方同意谅解石某甲，经过反复考虑被害方甲方自愿与石某甲乙方达成如下赔偿协议：①乙方一次性赔偿甲方柒拾陆（76）万元，该金额为甲方向五名附带民事诉讼被告人主张全部费用中的部分费用。乙方赔偿不足部分，甲方承诺不再向乙方主张，但保留向其他附带民事诉讼被告人主张经济赔偿的权利。②乙方赔偿款项于双方签署本协议时由乙方一次性给付甲方。甲方收款后出具收条及谅解书。③乙方石某甲对给甲方全某某造成的伤害深表悔意，并向甲方做出诚恳道歉。④甲方对石某甲的行为表示谅解，在收到款项后，甲方撤回追诉石某甲民事赔偿责任的起诉，双方对经济赔偿问题一次性解决完毕。⑤甲方希望司法机关能够对石某甲从宽处理，不判处其死刑，同时对于司法机关从轻处罚石某甲的任何结果，甲方均不会上访、申诉等。〔参见 2017 年 6 月 12 日，（甲方）全某某（被害人）与（乙方）孔某某（被告人石某甲配偶）间达成的《谅解协议书》〕

今收到石某甲抢劫案件中石某甲家属交来赔偿款柒拾陆（76）万元。注：作为被害人，我们已经对石某甲的行为表示谅解，希望司法机关对石某甲不判处死刑，对其从轻处罚。（参见 2017 年 6 月 12 日，全某某《收条》）

申请事项：申请撤回对附带民事被告人石某甲、石某乙二人的起诉。事实与理由：石某甲、余某某、石某乙、李某丙、陈某乙等抢劫案，由 Z 市人民检察院提起公诉，贵院受理案号为（2016）Y 刑初字第 66 号。申请人（全某某）作为 12·5 抢劫案受害人，已依法向贵院提起刑事附带民事诉讼。在刑事附带民事诉讼审理过程中，两位附带民事被告人的近亲属及其代理人，积极与申请人协商赔偿事宜，双方已就损失赔偿达成刑事和解协议，申请人对两位附带民事诉讼被告人的伤害行为予以谅解。现根据《刑诉法》等相关法律法规之规定，申请人特向贵院提起撤回部分起诉的申请，恳请贵院依法准许申请人撤回对附带民事被告人石某甲、石某乙的起诉。（参见 2017 年 6 月 12 日，全某某《撤诉申请书》）

问：你（杨某乙）与全某某的关系？答：母子。问：这一次你与被告人石某甲的家属达成的谅解书是否是真实的意思表示？答：真实意愿。问：赔偿款是否收到？答：全部收到。问：你是否对石某甲表示谅解？答：谅解。（参见 2017 年 6 月 12 日，Z 市中级人民法院宁某、卢某某讯问李某乙《讯问笔录》）

(5) 石某甲认罪悔罪，委托其配偶孔某某与白某某达成谅解赔偿协议，已向该被害人支付了赔偿款贰拾（20）万元，获得了该被害人的谅解。该被害人希望办案机关对石某甲从轻处罚，不判处死刑。

问：你（白某某）是否对石某甲表示谅解？答：谅解。问：是不是你本人真实的意思表示？答：是的。问：赔偿款是否收到？答：收到了。（参见 2017 年 6 月 13 日，Z 市中级人民法院宁某、胡某某讯问白某某《讯问笔录》）

今收到石某甲抢劫案件中石某甲家属交来赔偿款贰拾（20）万元。注：作为被害人，我们已经对石某甲的行为表示谅解，希望司法机关对石某甲不判处死刑，对其从轻处罚。（参见 2017 年 6 月 13 日，白某某《收条》）

Z 市中级人民法院：我是石某甲抢劫案中被害人白某某。石某甲抢劫案件已经于 2017 年 4 月 27 日开庭审理，我作为刑事附带民事的原告方参与了庭审，庭审中，石某甲表示愿意积极赔偿。庭审后，石某甲的家人也多次找我进行协商，目前已经达成协议并且已经履行完毕。现在我撤回起诉，请法院予以准许，并对石某甲从宽处理。（参见 2017 年 6 月 13 日，白某某《撤诉申请书》）

Z 市中级人民法院：我是石某甲抢劫案中被害人白某某。该案件已经过去很久。从多方面的原因考虑，尤其是石某甲的家人积极找我进行协商且已经达成了调解，我现在对石某甲表示谅解，希望贵院能够对石某甲不判处死刑，并且能够对其从轻处罚，使其能够早日回归社会。该谅解，是我真实的意思，希望法院能够采纳。（参见 2017 年 6 月 13 日，白某某《谅解书》）

石某甲抢劫一案给被害人杨某甲（甲方）造成了严重的伤害，石某甲愿意积极赔偿被害人的损失，并委托乙方（石某甲配偶孔某某）处理此事。乙方及石某甲的家人多次找被害人甲方洽谈赔偿之事。考虑到本案的特殊情况，甲方同意谅解石某甲，经过反复考虑被害方甲方杨某甲自愿与石某甲乙方达成如下赔偿协议：①乙方一次性赔偿甲方贰拾（20）万元，该费用包含此案给甲方造成的一切损失的赔偿。②以上款项于双方签署本协议时由乙方一次性给付甲方。甲方收款后出具收条及谅解书。③乙方代表石某甲对造成被害人杨某甲的伤害，深表悔意，并向甲方作出诚恳道歉。④甲方对石某甲的行为表示谅解。在收到上述款项后，甲方撤回追诉石某甲民事赔偿责任的起诉，双方对经济赔偿问题一次性解决完毕。⑤甲方希望司法机关能够对石某甲从宽处理，不判处其死刑，同时对于司法机关从轻处罚石某甲的任何结果，甲方均不会上访、申诉等。〔参见2017年6月13日，（甲方）白某某（被害人）与（乙方）孔某某（被告人石某甲配偶）间达成的《谅解协议书》〕

（6）在一审期间，石某甲已经让其亲属代其赔偿了本案4名被害人（附带民事诉讼原告人全某某、白某某、李某乙、杨某甲），均获得了被害人的谅解。

在本案审理期间，被告人石某甲的亲属代其赔偿附带民事诉讼原告人全某某人民币76万元，赔偿附带民事诉讼原告人白某某人民币20万元，赔偿附带民事诉讼原告人李某乙人民币20万元，赔偿附带民事诉讼原告人杨某甲人民币145万元；被告人石某乙的亲属代其赔偿附带民事诉讼原告人全某某人民币25万元。全某某、白某某、李某乙、杨某甲对被告人石某甲、石某乙表示谅解，并请求撤回对二被告人的赔偿诉求。〔参见2018年3月23日，H省Z市中级人民法院《刑事附带民事判决书》［（2016）Y01刑初66号］第38页〕

“在审理过程中，被告人石某甲、石某乙的亲属自愿代为赔偿了附带民事诉讼原告人全某某、白某某、李某乙、杨某甲的经济损失。四名原告人已分别对被告人石某甲、石某乙表示谅解，并请求撤回对两名被告人的赔偿请求。经审查，原告人的撤诉请求系其真实意思表示，本院予以准许。〔参见2018年3月23日，H省Z市中级人民法院《刑事附带民事判决书》［（2016）Y01刑初66号］第40页〕

4. 上述情形足以表明：石某甲案件符合认罪认罚从宽的法定

要求，可以依法从宽处理，应当在法定刑的限度以内从轻判处刑罚。

《试点办法》（法［2016］386号）第1条规定，犯罪嫌疑人、被告人自愿如实供述自己的罪行，对指控的犯罪事实没有异议，同意量刑建议，签署具结书的，可以依法从宽处理。

第7条规定，办理认罪认罚案件，应当听取被害人及其代理人意见，并将犯罪嫌疑人、被告人是否与被害人达成和解协议或者赔偿被害人损失，取得被害人谅解，作为量刑的重要考虑因素。

第22条规定，对不具有法定减轻处罚情节的认罪认罚案件，应当在法定刑的限度以内从轻判处刑罚，犯罪情节轻微不需要判处刑罚的，可以依法免予刑事处罚，确实需要在法定刑以下判处刑罚的，应当层报最高人民法院核准。

（三）被告人石某甲既没有采取极其残忍的手段造成被害人严重残疾，也没有特别恶劣情节，更没有故意杀害被害人，相反，与多名被害人达成民事赔偿和解协议，积极赔偿损害，获得被害人谅解，依法不应当判处死刑立即执行。

1. 最高人民法院《关于审理抢劫刑事案件适用法律若干问题的指导意见》（以下简称《指导意见》）（法发［2016］2号）第1条第4项规定，关于审理抢劫刑事案件的基本要求对抢劫刑事案件适用死刑，应当坚持“保留死刑，严格控制和慎重适用死刑”的刑事政策，以最严格的标准和最审慎的态度，确保死刑只适用于极少数罪行极其严重的犯罪分子。第4条第1项规定，具有法定八种加重处罚情节的刑罚处10年以上有期徒刑、无期徒刑或者死刑，并处罚金或者没收财产。抢劫致人重伤案件适用死刑，应当更加慎重、更加严格，除非具有采取极其残忍的手段造成被害人严重残疾等特别恶劣的情节或者造成特别严重后果的，一般不判处死刑立即执行。第4条第5项规定，具有刑法第263条规定的“抢劫致人重伤、死亡”以外其他七种加重处罚情节，且犯罪情节特别恶劣、危害后果特别严重的，可依法判处死刑立即执行。认定“情节特别恶劣、危害后果特别严重”，应当从严掌握，适用死刑必须非常慎重、非常严格。

2.《指导意见》第7条规定，关于抢劫案件附带民事赔偿的处理原则。要妥善处理抢劫案件附带民事赔偿工作。审理抢劫刑事案件，一般情况下人民法院不主动开展附带民事调解工作。但是，对于犯罪情节不是特别恶劣或者被害方生活、医疗陷入困境，被告人与被害方自行达成民事赔偿和解协议的，民事赔偿情况可作为评价被告人悔罪态度的依据之一，在量刑上酌情予以考虑。

3.《指导意见》第4条第1项规定，具有法定八种加重处罚情节的刑罚适用第3项规定，为劫取财物而预谋故意杀人，或者在劫取财物过程中为制服被害人反抗、抗拒抓捕而杀害被害人，且被告人无法定从宽处罚情节的，可依法判处死刑立即执行。

四、专家论证结论

（一）石某甲在诉讼过程中如实供述自己的罪行，符合从轻、从宽处罚的法定条件。

（二）石某甲不仅如实供述自己的罪行，而且委托其配偶孔某某与多名被害人（杨某甲、李某乙、全某某、白某某）达成谅解赔偿协议，支付了赔偿款，均获得了被害人谅解：希望对石某甲从轻处罚，不判处死刑。该情形符合认罪认罚从宽制度的法定要求，可以依法从宽处理，应当在法定刑的限度以内从轻判处刑罚。

（三）被告人石某甲既没有采取极其残忍的手段造成被害人严重残疾，也没有特别恶劣情节，更没有故意杀害被害人，相反，与多名被害人达成民事赔偿和解协议，积极赔偿损害，获得被害人谅解，依法不应当判处死刑立即执行。

争议焦点与评述

争议焦点	
事实问题	石某甲是否符合从轻、从宽处罚的法定条件？

续表

争议焦点	
专家意见	石某甲在诉讼过程中如实供述自己的所有罪行。 无论是程序法还是实体法均规定：如实供述自己罪行，可以从轻处罚、从宽处理。
评述	根据《刑诉法》第120条第2款规定，侦查人员在讯问犯罪嫌疑人的时候，应当告知犯罪嫌疑人享有诉讼权利，如实供述自己罪行可以从宽处理和认罪认罚的法律规定。以及《刑法》第67条规定，犯罪以后自动投案，如实供述自己的罪行的，是自首。对于自首的犯罪分子，可以从轻或者减轻处罚。其中，犯罪较轻的，可以免除处罚。被采取强制措施的犯罪嫌疑人、被告人和正在服刑的罪犯，如实供述司法机关还未掌握的本人其他罪行的，以自首论。犯罪嫌疑人虽不具有前两款规定的自首情节，但是如实供述自己罪行的，可以从轻处罚。石某甲符合从轻、从宽处罚的法定条件。
事实问题	石某甲的行为是否符合认罪认罚从宽的法定要求？
专家意见	石某甲案件管辖地（Z市）属于认罪认罚从宽制度试点地区。《试点办法》没有排除无期徒刑以上案件不适用该制度，最高人民法院、最高人民检察院已经认同广东省将死刑案件适用该《试点办法》。 石某甲委托其配偶孔某某与多名被害人（杨某甲、李某乙、全某某、白某某）达成谅解赔偿协议，支付了赔偿款，均获得了被害人谅解，希望对石某甲从轻处罚，不判处死刑。 综上，石某甲符合认罪认罚从宽的法定要求，可以依法从宽处理，应当在法定刑的限度以内从轻判处刑罚。
评述	在一审期间，石某甲已经让其亲属代其赔偿了本案四名被害人（刑事附带民事诉讼原告人全某某、白某某、李某乙、杨某甲），均获得了被害人的谅解。根据《试点办法》第1条规定，犯罪嫌疑人、被告人自愿如实供述自己的罪行，对指控的犯罪事实没有异议，同意量刑建议，签署具结书的，可以依法从宽处理。第7条规定，办理认罪认罚案件，应当听取被害人及其代理人意见，并将犯罪嫌疑人、被告人是否与被害人达成和解协议或者赔偿被害人损失，取得被害人谅解，作

续表

争议焦点	
	为量刑的重要考虑因素。 第22条规定，对不具有法定减轻处罚情节的认罪认罚案件，应当在法定刑的限度以内从轻判处刑罚，犯罪情节轻微不需要判处刑罚的，可以依法免予刑事处罚，确实需要在法定刑以下判处刑罚的，应当层报最高人民法院核准。石某甲案件符合认罪认罚从宽的法定要求，可以依法从宽处理，应当在法定刑的限度以内从轻判处刑罚。
事实问题	能否对石某甲判处死刑立即执行？
专家意见	被告人石某甲既没有采取极其残忍的手段造成被害人严重残疾，也没有特别恶劣情节，更没有故意杀害被害人，相反，与多名被害人达成民事赔偿和解协议，积极赔偿损害，获得被害人谅解，依法不应当判处死刑立即执行。
评述	《指导意见》第1条第4项规定，关于审理抢劫刑事案件的基本要求。对抢劫刑事案件适用死刑，应当坚持“保留死刑，严格控制和慎重适用死刑”的刑事政策，以最严格的标准和最审慎的态度，确保死刑只适用于极少数罪行极其严重的犯罪分子。第4条第1项规定，具有法定八种加重处罚情节的刑罚适用第4项规定，抢劫致人重伤案件适用死刑，应当更加慎重、更加严格，除非具有采取极其残忍的手段造成被害人严重残疾等特别恶劣的情节或者造成特别严重后果的，一般不判处死刑立即执行。第4条第5项规定，具有刑法第263条规定的“抢劫致人重伤、死亡”以外其他七种加重处罚情节，且犯罪情节特别恶劣、危害后果特别严重的，可依法判处死刑立即执行。认定“情节特别恶劣、危害后果特别严重”，应当从严掌握，适用死刑必须非常慎重、非常严格。

论证案件八 吴某甲涉嫌开设赌场罪

一、专家论证依据的案件材料

(一) 2015年1月15日，Q市T区人民法院《刑事判决书》〔(2014) T刑初字第171号〕。

(二) 2018年3月27日，Y省公安厅直属公安局《起诉意见书》〔Y公（直治）诉字（2018）01号〕。

(三) 2018年10月9日，K市X区人民检察院《起诉书》〔X检公诉刑诉（2018）1084号〕。

(四) 2018年8月26日，Y省亚太司法鉴定中心《司法会计鉴定意见书》(亚太司鉴［2018］028号)。

(五) 其他有关证据材料。

二、有关法律文书认定的案件事实

(一) 2015年1月15日，Q市T区人民法院《刑事判决书》〔(2014) T刑初字第171号〕认定的案件事实

被告人吴某甲，2013年10月8日因涉嫌开设赌场罪被Q市公安局X公安分局刑事拘留，同年（2013年）11月14日，经T区人民检察院批准逮捕，2014年4月9日被Q市公安局X公安分局取保候审至今（2015年1月)。

(二) 2018年3月27日，Y省公安厅直属公安局《起诉意见

书》〔Y公（直治）诉字（2018）01号〕认定的案件事实

2013年12月始，吴某甲与T省Z公司人员赖某某及Z公司下属A公司区某某等人合伙先后在Y省X州M县D镇D口岸M国一侧X城M村及X城经营K宝赌场（后扩建更名为“新K宝厅”）赌博电子游戏厅［分别为：“K鑫”“H园”“W斯”“D富豪”“H花园”“K宝（又称：M秀）”“X宝”七个赌博电子游戏室］和“A发168（又称：M拉168）”“16 ** fa. com”“新K宝网站”（其中55 ** jb. com用于代理登录，88 ** b. com用于赌客登录）3个赌博网站。

吴某甲与T省Z公司的股份收益结构为：K宝赌场（后扩建更名为“新K宝厅”）现场收益、“新K宝网站”及“16 ** fa. com”2个网站的分成吴某甲占比60%，Z公司赖某某占比40%。2015年，吴某甲以“K宝厅”场地和客源占股，Z公司赖某某出资1300余万元在原“K宝厅”旧址重建赌场，赌场迁入临时场所持续经营，2016年4月1日，新赌场投入使用（以下简称“新K宝”），“新K宝”下设总经办、现场部、网投部、码房、财务部、刷卡部（汇款部）、公关部、车队等多个部门，吴某甲与Z公司赖某某原股份收益结构不变，同时双方共同开设、运营“新K宝网站”“16 ** fa. com（又称：16 ** a，** 15fa、** 16fa，** 18fa）”两个赌博网站，通过向两个网站实时上传“新K宝”赌场、J国B摄影棚现场龙虎、B乐赌博视频，接受中国国内赌客利用网络在线投注，网络赌客以转账支付或手机扫码在线支付方式向赌场指定银行账户及收款专用二维码支付赌资。

2013年12月始，吴某甲与T省Z公司下设的A公司的区某某等人合作先后开设赌博电子游戏厅，分别为：“K鑫”“H园”“W斯”“D富豪”“H花园”“K宝（又称：M秀）”“X宝”七个赌博电子游戏室和“A发168（又称：M拉168）”一个赌博网站，七个电子游戏室的赌博方式主要是轮盘、捕鱼等多种设置，每个赌博电子游戏室还负责推广“A发168”赌博网站。

吴某甲、A公司在赌博电子游戏室与“A发168”赌博网站股份收益结构：吴某甲占比 50%，A 公司占比 50%。另，吴某甲又在其个人股份权益中分配给张某甲 28%、张某乙 10%。

至 2017 年 9 月 22 日案发期间，设置在“新 K 宝”赌厅、“K 鑫”、“H 园”酒店、“D 富豪”酒店、“W 斯”酒店、“H 花园”酒店的上述六家赌博游戏室仍然在接受国内赌客投注，参赌赌客需要以实名身份证及个人银行账号登记为会员，以现金、银行转账、POS 机刷卡消费、微信或支付宝扫码付款方式兑换赌博游戏币及积分参与现场和网络赌博。

“16 ** fa”“A 发 168”两个赌博网站的财务和客服平台在 2017 年 7 月底之前设立在赌场股东张某甲的 B 公寓五楼的房间内，2017 年 7 月底搬迁至“新 K 宝”三楼，后经 Y 省公安电子证据检验中心勘验证实：2016 年 1 月 1 日至 2017 年 8 月 1 日在 16 ** . com 网站共注册国内用户 77 367 人，实际开户人数 10 242 人、参赌人数 30 706 人、存款人数 10 234 人；55 ** jb. com 网站于 2016 年 1 月 4 日开始运营，至 2017 年 8 月 1 日该赌博网站内的赌博资金池达人民币 1.06 亿余元。两个赌博网站详细记录有赌场分配给每个赌博代理和赌客的账户及密码，代理会员身份，代理会员在赌场的账户余额、赌博投注金额、输赢情况、公司盈利等情况。为逃避公安机关侦查，两个赌博网均不支持服务器内的电子数据导出。

经查证：①根据侦查获取的 375 个赌资账户按 2016 年 1 月至 2017 年 9 月 22 日的账户资金进行统计，375 个赌资账户的总交易金额为：10 108 111 576.14 元；②“16 ** fa”赌博网站有效投注数量：1 314 002 次，“16 ** fa”赌博网站有效投注总额：218 756 316.00 元；③“55 ** jb. com”“新 K 宝”的网站自 2016 年 1 月 1 日运营至 2017 年 8 月 1 日期间，该网站的有效投注金额为：257 839 053.00 元；④“A 发 168”网站自 2017 年 1 月至 8 月的赌资金额为：17 556 619.00 元；⑤自 2013 年 12 月 16 日至 2016 年 11 月 9 日，“K 宝”“D 富豪”“K 鑫”“W 斯”“X 宝”五个赌博游戏室的总收入为：55 602 646.00 元；⑥吴某甲、张某甲、张某乙、A 公司按比例分配收益的个人非法所得金额：A 公司非法所得金额，38 867 229.5 元；吴某甲非法所得金额，24 588 451.35 元；张某甲非法所得金额，11 104 461.9 元；张某乙非法所得金额，3 965 879.25 元；综合以上数据得出“6·09 开设赌场案”非法所得总金额为：78 526 022.00 元；⑦办案部门通过对涉案资金往来情况进行分析、梳理，发现该案赌资主要以个人银行账户网银转账方式实现资金流转，经侦查发现，“新 K 宝”赌场及“A 公司”分别设有专业财务部门和刷卡部，对赌资接收、归集、结转以及会计核算、往来对账等财务行为设有系统的管理制度，2017 年 9 月 27 日，办案部门在收网行动中对接收、周转、转移赌资的三类账户依法予以冻结，冻结账户中，赌场用于收付、周转赌资账户共计 794 个，冻结金额 25 500 270.04 元；用于接收转移资金的账户冻结金额 88 997 886.24 元；⑧办案过程中扣押涉案赌资金额为29 255 184元。

该案中作为“K 宝厅”工作人员李某甲、R 某、吴某乙、黄某某、张某丁等人长期在吴某甲、张某甲、张某乙手下对赌场日常业务进行管理，该案中抓获的其中一名犯罪嫌疑人李某甲于 2009 年至今参与吴某甲、张某甲、张某乙等人共同开设的新、老“K 宝厅”赌场进行管理，负责联系 M 国当地政府和警察局，协调解决赌场运营中的对外事务，月薪 10 000 余元并根据具体联系事务从赌场获取相应的好处费；犯罪嫌疑人 R 某自 2010 年 1 月起便在吴某甲等人开设的“K 宝厅”内担任赌场现场经理，2014 年“K 宝厅”赌场更名为“新 K 宝”赌场后 R 某又在“新 K 宝”赌场内担任“监台”等工作，至 2016 年 4 月，经张某甲任命 R 某又担任“新 K 宝”的网投部经理，管理吴某乙、黄某某等 11 人，并对赌场股东张某甲等人负责，月薪 8000 元人民币；网投部负责接待赌客咨询、为赌客上下分，协调与汇款部资金核对，推广“www. 55 ** b. com”“16 ** fa. com”两个赌博网站的业务工作；犯罪嫌疑人吴某乙于 2010 年开始在 M 国 X 城吴某甲所开设的“K 威厅”赌场（2013 年关闭）内做赌场工作人员，后吴某甲又新开设了“K宝厅”继续做赌场业务，吴某乙继续在“K宝厅”内工作；至2016年，犯罪嫌疑人吴某乙调往“K宝厅”赌场网投部负责为赌客上下分；同年10月升任“新K宝”赌场网投部现金网副主管，与黄某某一起负责管理张某丙等9名员工，月薪5100元人民币。黄某某则是2013年起就跟随张某甲、张某乙在“K宝厅”内工作，2016年10月调任“新K宝”赌场网投部现金网任副主管，与吴某乙一起在现金网主管R某的手下进行工作，现金网由吴某甲团伙与T省A公司共同运营，主要业务是为“www.16**fa.com”等赌博网站进行赌博推广和组织。另外受张某甲直接管理的张某丁利用其本人和亲戚朋友身份信息办理多个银行卡及U盾提供给张某甲进行赌博资金转移，另外张某丁还负责“K鑫”等多家赌博电子游戏室的刷卡部，负责接收或转移赌博资金，其月薪为6000元。

犯罪嫌疑人丁某某受A公司安排任X城分公司副经理，负责管理A公司与吴某甲等人合伙经营的多家赌博电子游戏室和“A发168（M拉168）”赌博网站的财务审核、人事管理、日常事务等，对A公司的区某某负责，月薪8200元。

虽然吴某甲一伙与赖某某一伙在赌场业务上进行入股合作；但二者的财务及资金流向通道均是分开处理，赖某某的资金流向主要由余某某和张某戊共同管理的X公司及A公司在S市开设的“8*8*”公司负责处理，“8*8*”公司具体实施操作的又是李某乙负责，管理王某某、黄某乙等人伪造其他合法公司的资料（印章、营业执照等）和银行账户（不特定人开设的账户）提供给合法的第三方支付公司注册其提供的公司的支付通道，并将该支付通道及其与该支付通道相对应的银行账户提供给“新K宝”赌场设立的网络赌博网站“16**a”使用，作为赌客资金投注及赌资转移的通道，其中犯罪嫌疑人王某某、黄某乙主要从事申请第三方支付通道所需公司材料的准备以及对申请成功的支付通道相对应的银行账户进行测试是否可以正常使用。目前查获的户名为袁某某的银行卡是“8*8*”公司提供给“新K宝”赌场用于赌资流转使用的银行卡之一。

余某某同时又接受T省Z公司吴某丙（又名“**斯”在逃）等人安排，通过邓某某使用他人身份信息开设80余个银行账户提供给余某某等人进行测试后，再交由Z公司，用于赖某某等人所涉赌博网站和赌场开通赌博资金结算的第三方支付通道和赌博资金转移，对于开设的每个银行账户余某某向邓某某支付1000至1200元的费用，余某某再向Z公司收取每个账户2000元的费用。邓某某在此过程中先后共办理各类银行卡160余张，非法获利16万余元，其中一张在唐某某名下中国农业银行尾号为03**的银行卡出现在“A发168”赌博网站中用于接受赌博资金，被查获的赌客吴某丁在该赌博网站进行赌博时就是在该卡上进行赌资注入。

吴某甲一伙的资金流向主要是靠犯罪嫌疑人段某甲进行处理，该人自2017年3月至案发，通过安排其妹妹段某乙等人使用本人和他人身份信息，在多家银行开设数十个银行账户，并开通网银等功能，以每套（一套为农、建、工行共3张卡）2000元的价格出售给“K宝厅”赌场，用于接收、转移赌博资金，为赌博资金支付结算提供服务。段某乙受其哥哥段某甲指示，发展下线到处找人帮办理银行卡及配套U盾后又将已办好的银行卡、配套U盾寄至段某甲处，段某甲又将此银行卡交由“新K宝”赌场进行赌资支取使用，段某乙在此过程中非法获利1.8万元。

犯罪嫌疑人李某丙长期在M国X城地区，以开超市为掩护，与A公司区某某合作，向赌博电子游戏室及网站提供自己及其女友玉某甲的微信二维码、银行账号为赌场及赌客高某甲、魏某某、徐某甲（通过微信充值）等人提供现金支付及资金结算，并从每笔过手资金中收取0.1%~0.4%的好处费。2017年8月、9月两个月间，李某丙的微信累计扫码收款金额150余万元。

从犯罪嫌疑人丁某某手机上所提取出的财务报表证实了吴某甲与A公司自2013年12月以来涉嫌开设赌场的犯罪收益。犯罪嫌疑人吴某甲、R某、丁某某的供述证实了2013年12月至2017

年9月22日期间，吴某甲和A公司共同开设“新K宝”赌场、“16 ** fa”“A发168”赌博网站、“K宝”“K鑫”“H园”“W斯”“D富豪”“H花园”等多个赌博电子游戏室，使用专用银行账户及专用商户二维码接收赌资，且双方分别对现场赌博、网络赌博、游戏机赌博经营行为持有不同比例的股份权益。

犯罪嫌疑人吴某甲2015年1月15日因犯开设赌场罪，被H省Q市T区人民法院判处有期徒刑2年6个月，缓刑3年；2017年9月22日，该人因涉嫌开设赌场又被Y省公安治安管理总队抓获。该人在缓刑考验期内又犯新罪。

犯罪嫌疑人吴某甲、张某甲（在逃），张某乙（在逃）、赖某某（在逃）、区某某（在逃）、李某甲、R某、丁某某、吴某乙、黄某某、张某丁等人长期在Y省X州M县国（边）境外，M国一侧的X城地区开设多个实体赌场，同时又在赌场和多个赌博网站工作，并以赌场部门负责人身份，对涉案赌博网站运营进行管理，并以中国公民为主要客源，其危害后果严重。

（三）2018年10月9日，K市X区人民检察院《起诉书》〔X检公诉刑诉［2018］1084号〕认定的案件事实

2013年12月以来，被告人吴某甲与T省Z公司人员赖某某（另案处理）及A公司区某某（另案处理）等人合伙，先后在Y省X州M县D镇D口岸M国一侧X城开设、经营赌场、赌博电子游戏厅及赌博网站，分别为：K宝赌场（后更名为“新K宝”），“K鑫”“H园”“W斯”“D富豪”“H花园”“M秀”“X宝”七个赌博电子游戏厅，以及“A发168”“16 ** fa. com”“新K宝网站”（其中“55 ** jb. com”用于代理登录，“888 ** b. com”用于赌客登录）三个赌博网站。赌场、赌博游戏厅及赌博网站以中国公民为主要客源。

被告人吴某甲在“新K宝”赌场及“新K宝网站”“16 ** fa”两个赌博网站的股份分成占比为：吴某甲占60%，赖某某（另案处理）占40%；在赌博电子游戏室及“A发168”赌博网站的股份分成占比为：吴某甲占50%，A公司占50%；此外，吴某

甲又将其所有个人股份的28%分配给张某甲（在逃）、10%分配给张某乙，并由张某甲（在逃）、张某乙二人具体负责管理事宜。被告人李某甲、舒某某、R某、吴某乙、黄某某、丁某某、张某丁7人对涉案赌场、赌博游戏厅及赌博网站的日常业务进行管理，分工负责外围协调、现场管理、网投管理、报表管理、刷卡管理等事宜，并领取高额固定工资，被告人段某甲、段某乙、余某某、邓某某、张某戊、李某乙、黄某乙，王某某、李某丙9人通过利用他人身份证办理银行卡、申请第三方支付商号或提供二维码的方式，提供给涉案赌场、赌博游戏厅及赌博网站使用，为其提供资金结算通道。

经鉴定，涉案赌资账户2016年1月至2017年9月22日，累计汇入金额为人民币4 039 579 080.34元；涉案团伙违法所得总金额为人民币78 526 022.00元，其中被告人吴某甲分配收益为人民币24 588 451.35元，张某甲（在逃）分配收益为人民币11 104 461.90元，被告人张某乙分配收益为人民币3 965 879.25元，“16 ** fa，com”赌博网站共注册国内用户77 367人；“55 ** b. com”赌博网站自2016年1月4日起运营，截至2017年8月1日总投注量为298 161 728人次。

三、专家论证意见与理由

（一）2013年10月8日，吴某甲因涉嫌开设赌场罪被Q市公安局X公安分局刑事拘留，同年（2013年）11月14日，被批准逮捕，2014年4月9日被取保候审至一审判决（2015年1月）。《起诉书》指控：自2013年12月，吴某甲与T省Z公司人员赖某某及A公司区某某等人合伙，在M国X城开设、经营赌场、赌博电子游戏厅及赌博网站。从时间上看，该指控事项与上述事实明显矛盾，不能成立。

1. 被告人吴某甲，2013年10月8日因涉嫌开设赌场罪被Q市公安局X公安分局刑事拘留，同年（2013年）11月14日，经T区人民检察院批准逮捕，2014年4月9日被Q市公安局X公安分局取保候审至今（2015 年 1 月）。［参见 2015 年 1 月 15 日，Q 市 T 区人民法院《刑事判决书》〔（2014）T 刑初字第 171 号〕第 1 页）］

2. 2013 年 12 月始，吴某甲与 T 省 Z 公司人员赖某某及 Z 公司下属 A 公司区某某等人合伙先后在 Y 省 X 州 M 县 D 镇 D 口岸 M 国一侧 X 城 M 村及 X 城经营 K 宝赌场（后扩建更名为“新 K 宝厅”）赌博电子游戏厅〔分别为“K 鑫”“H 园”“W 斯”“D 富豪”“H 花园”“K 宝（又称：M 秀）”“X 宝”七个赌博电子游戏室〕和“A 发 168（又称：M 拉 168）”“16 ** fa. com”“新 K 宝网站”（其中“55 ** jb. com”用于代理登录，“88 ** b. com”用于赌客登录）三个赌博网站。从犯罪嫌疑人丁某某手机上所提取出的财务报表证实了吴某甲与 A 公司自 2013 年 12 月以来涉嫌开设赌场的犯罪收益。犯罪嫌疑人吴某甲、R 某、丁某某的供述证实了 2013 年 12 月至 2017 年 9 月 22 日期间，吴某甲和 A 公司共同开设新 K 宝赌场、“新 K 宝”“16 ** fa”“A 发 168”赌博网站、“K 宝”“K 鑫”“H 园”“W 斯”“D 富豪”“H 花园”等多个赌博电子游戏室，使用专用银行账户及专用商户二维码接收赌资，且双方分别对现场赌博、网络赌博、游戏机赌博经营行为持有不同比例的股份权益。［参见 Y 省公安厅直属公安局《起诉意见书》〔Y 公（直治）诉字（2018）01 号〕第 17 页、第 18 页］

3. 2013 年 12 月以来，被告人吴某甲与 T 省 Z 公司人员赖某某（另案处理）及 A 公司区某某（另案处理）等人合伙，先后在 Y 省 X 州 M 县 D 镇 D 口岸 M 国一侧 X 城开设、经营赌场、赌博电子游戏厅及赌博网站，分别为：K 宝赌场（后更名为“新 K 宝”），“K 鑫”“H 园”“W 斯”“D 富豪”“H 花园”“M 秀”“X 宝”七个赌博电子游戏厅，以及“A 发 168”“16 ** fa. com”“新 K 宝网站”（其中“55 ** jb. com”用于代理登录，“888 ** b. com”用于赌客登录）三个赌博网站。［参见 K 市 X 区人民检察院《起诉书》〔X 检公诉刑诉（2018）1084 号〕第 8 页］

4. 问：讲一下吴某甲的基本情况？答：我（段某甲）听说吴某甲之前是在X城开饭店起家的，后来做起了“K宝厅”的老板，听说后来被H省公安处理过，慢慢后来就很少听说吴某甲在赌场里参股的事情，之前阿F、李某甲和吴某甲一起在X城合作经营赌场被处理以后，三人在X城就经营起了超市。问：你（段某甲）是否认识赖某某、安某？答：赖某某我听说是T省人，在X城做游戏厅的，游戏厅的名字叫Z，实体和网络的都经营，Z公司在X城很出名。安某也是经营游戏厅的T省人，之前安某问过我捕鱼机的情况，我见过安某本人。我们本来准备在H酒店下面开一个游戏厅，找安某问过一下做捕鱼机的事，但后来这个游戏厅没有开起来。(参见2017年10月13日10：46~16：16，Y省公安厅直属公安局张某已、汪某某《讯问段某甲笔录》第5页、第6页；《诉讼证据卷三》第29页、第30页)

（二）认定吴某甲与A公司、张某甲、张某乙等人开设赌场所持股份情况的鉴定意见所依据的案件证据材料，仅为吴某甲、李某甲、丁某某等人相互矛盾的讯问笔录，没有任何可靠的书面证据材料，且根据已生效的判决书，2014年1月，吴某甲处于被羁押状态，难以与T省Z公司赖某某等人在M国X城地区合伙经营“K宝”赌场。

1. 鉴定人员根据省厅直属局送检材料进行以下核实、查证……2. 根据涉案人员讯问笔录，确认吴某甲、A公司、张某甲、张某乙个人持股情况。〔参见2018年8月26日，Y省亚太司法鉴定中心《司法会计鉴定意见书》（亚太司鉴［2018］028号）第4页：第四部分“鉴定过程”，第（三）项“鉴定方法”〕

2. 鉴定人员从送检的相关人员笔录中获知：2014年1月，吴某甲与T省Z公司人员赖某某在M国X城地区合伙经营“K宝”赌场，2015年吴某甲以K宝赌场场地、经营许可证入股，Z公司出资1300余万元在原“K宝厅”旧址重建赌场，2016年4月新赌场投入使用（“新K宝”）。涉案人员吴某甲、李某甲、丁某某等赌场主要人员在讯问笔录中表述：(1)“新K宝”实体赌场中吴某甲占股60%、E公司占股40%；（2）七个游戏室中吴某甲与A公司各持50%；（3）三个赌博网站中“新K宝”“16 ** fa”吴某甲占股60%、A公司占股40%，“A发168”中吴某甲与A公司各持50%。〔参见2018年8月26日，Y省亚太司法鉴定中心《司法会计鉴定意见书》（亚太司鉴［2018］028号）第5页：第五部分“分析说明”，第（一）项“赌场、赌博网站等股东股权情况”］

3. 被告人吴某甲，2013年10月8日因涉嫌开设赌场罪被Q市公安局X公安分局刑事拘留，同年（2013年）11月14日，经T区人民检察院批准逮捕，2014年4月9日被Q市公安局X分局取保候审至今（2015年1月）。［参见2015年1月15日，Q市T区人民法院《刑事判决书》〔（2014）T刑初字第171号〕第1页］

（三）大量证据表明：吴某甲并非“新K宝”赌场的股东，更未参与该赌场的经营。

1. 问：你（舒某某）的职位？答：“新K宝”赌场的总监。问：谁介绍你去那里上班的？答：我去过X城那边，当时谢某在“K宝厅”的过渡厅里当现场管理，谢某和张某乙讲我在那边，想来上班。通过谢某找到张某乙，我们两人就谈了我的工作和工资，因为当时“新K宝”在建，我们谈好以后叫我去“K宝”的过渡厅里当现场总监。2015年11月份过去开始上班。问：你和张某乙是什么时候认识的？答：是在老“K宝”当经理就认识的。问：你们赌场的老板是谁？答：张某甲和张某乙及T省的赖某某。问：他们之间是怎么合作的？答：他们之间具体的出资比例我不清楚，大概是张某乙和张某甲这边占60%，T省的赖某某占40%。这是现场的比例，网投这个是T省人提供必要的软件和技术，分成比例我不清楚。（参见2018年5月23日13：00~15：30，Y省公安厅直属公安局谈某某、翟某某《讯问舒某某笔录》，《补充侦查卷一》第40页）

2. 问：讲一下吴某甲的情况？答：2009年我（舒某某，“新K宝”赌场总监）在老“K宝厅”时的老板，后面他出事后没有什么交往，2017年，X城的“H园”酒店开业他来了，“H园”酒店是他的。问：“新K宝”赌场和吴某甲有关系？答：我不知道，我在“新K宝”也没见过他，也没听其他人讲过。问：“新K宝”赌场的老板是谁？答：有张某甲、张某乙和赖某某。问：还有其他的股东和老板吗？答：其他的我不知道。（参见2018年5月24日14：00~16：30，Y省公安厅直属公安局翟某某、谈某某；2018年6月6日15：10~15：45，Y省公安厅治安管理总队白某某、谈某某《讯问舒某某笔录》，《补充侦查卷一》第46页、第49页）

3. 问：“新K宝”的老板是谁？有哪些股东？答：我（R某，“新K宝”网投部经理）知道幕后老板是赖某某，张某甲、张某乙也是老板，T省人徐某乙和“皮某”也是老板，他们之间谁占有多少股份我不清楚。问：吴某甲在“新K宝”有没有股份？答：我在“新K宝”没有见过吴某甲。他有没有股份我不知道。（参见2017年12月14日13：28~14：15，Y省公安厅直属公安局白某某、曾某《讯问R某笔录》，《诉讼证据卷五》第83页）

4. 问：讲一下你（吴某甲）的简历？答：……到了2014年12月我因为开设赌场罪被H省警方处理过，我被办理了取保候审，收缴非法所得1200多万。因为1998年的时候，我就在X城花20万买了1333平方米的地并盖了公寓，所以被处理之后我又回去M国盖房子。我经营了一个“H园酒店”和“H园公寓”〔一共投资了800多万，今年（2017年）三月份才刚刚开始营业〕。问：你现在的主要工作是做什么？答：我现在主要还是在M国X城经营酒店和公寓，而且现在还开了两家超市（营业三四个月），因为我生病所以都是沈某某在筹备开业。问：你现在还在开赌场吗？答：没有开了。因为我之前就被处理过，现在不敢开了。问：那你原来经营的赌场现在还在开吗？答：当然开着了，那是M国政府的地，距离M秀还有十多公里。我不做了，别人一样在做。现在原来的那个位置重新盖了房子，现在叫“新K宝”，好像是张某甲和几个T省人在经营。问：你是如何知道“新K宝”是张某甲和T省人在经营的？答：因为原来的“K宝厅”就是我和沈某某、张某甲合伙的。2014年只有我和沈某某被抓，张某甲没有被处理，所以现在他还在做。而且在M秀那边的人都知道是张某甲和T省人在做。问：你讲一下“新K宝”赌场的情况？答：我只知道是张某甲和T省老板“皮某”“蔡某”“刘某”一起合伙的，具体有几个老板我不清楚。（参见2017年9月23日1：10~2：32L市公安局、H州公安局李某丁、谈某某《讯问吴某甲笔录》，《诉讼证据卷二》第2页~第4页）

5. 问：你（吴某甲）是否有开设赌场的行为？答：没有。只是M国第四特区X城M区的“新K宝”赌场长期订我为位于X城里的“H园”酒店的房间。问：你说说“H园”酒店的情况？答：1999年我在X城买到1333平方米的地，当时只盖了一栋5层楼的“H园”公寓用于出租。2015年我又盖了一栋8层楼的酒店公寓，叫“H园”酒店。2017年3月份才开业的，有90多个房间。问：你具体说说M秀区的“新K宝”赌场的情况？答：M秀区的“新K宝”赌场是在我2009年到2013年我开的“K宝厅”赌场上重新建盖的，是T省人开的，我外甥张某乙和张某甲也在搞管理，具体有没有股份我不知道。问：“新K宝”和原来你开的“K宝厅”有没有关系？答：没有关系，之前沈某某和我外甥张某甲、张某乙原来在我开的“K宝厅”赌场里面搞管理，当时我都给了他们一部分股份，2013年我和沈某某被抓之后，我开的“K宝厅”赌场就关闭。我就不敢再开赌场了，所以“新K宝”赌场和我原来开的“K宝厅”赌场没有任何关系。问：那现在M秀区的“新K宝”赌场为什么要叫“新K宝”呢？答：可能是为了拢住原来我开的“K宝厅”赌场的客源。问：“新K宝”赌场为什么要长期订你位于X城城里面的“H园”酒店的房间？答：因为我的酒店是新的，价格也便宜，再说我外甥张某甲和张某乙都在里面搞管理，也是照顾一下我的生意。问：是否清楚“新K宝”赌场情况？答：我（吴某甲）没去过“新K宝”赌场，只知道T省人开的，张某甲和张某乙在里面搞管理，其他的我都不知道。问：你是否见过开“新K宝”赌场上的T省人？答：我见过

“刘某”“蔡某”“皮某”。问：你是怎么见到“刘某”“蔡某”“皮某”的？答：张某甲在X城城里的民族餐厅过生日的时候他们来吃饭。（参见2017年9月24日13：11~17：40，K市X公安分局向万某、张某庚《讯问吴某甲笔录》，《诉讼证据卷二》第6页~第8页）

6. 问：你（李某甲）讲一下“新K宝”的人员构成？答：“新K宝”的老板是“阿Q”“皮某”、张某甲、张某乙，平时赌场的日程管理都是杨总监在管理。（参见2017年9月26日11：13~13：40，X公安分局苏某某、段某丙《讯问李某甲笔录》，《诉讼证据卷二》第81页、第83页）

7. 问：你（李某甲）和我们说说你在“新K宝”赌场上班的事情？答：2011年的时候现在的“新K宝”赌场还叫“K宝厅”赌场，赌场的老板是吴某甲，当时在赌场里面还有一些T省人用我们的场地开游戏机赌博。我在那里上班的时候就是负责开车接送赌客，我开了两年车就当上了赌场的车队长。2013年的时候，吴某甲被H省的公安机关处理了，我也被M县公安局处理了，赌场就转给那几个T省人经营了。T省人接受以后就在原来“K宝厅”赌场原址那里盖了一幢三层半的楼房，并将赌场的名字改为“新K宝”，但吴某甲是否有股份在“新K宝”赌场里面我就不知道了，吴某甲是如何和T省人商量的我也不知道。“新K宝”盖起来后T省人就找到我，叫我去赌场上班，我负责和地方政府以及当地的警察协调一些事情。吴某甲被H省的公安机关处理后，过了9个月就回到了X城，他回来之后就在离赌场十多公里的地方盖了一家酒店，酒店名字叫作“H园”大酒店，然后就一直经营着这家酒店。吴某甲回来后也没有参与“新K宝”的事情，“新K宝”的相关事情是吴某甲的两个侄儿出面负责处理，至于吴某甲和“新K宝”到底还有没有关系我也不清楚。问：你（李某甲）和我们说说“新K宝”赌场的人员结构？答：“新K宝”赌场的老板是“皮某”“阿Q”、张某甲、张某乙。总监姓杨，是一个四川男子。平时我们都叫他杨总监；财务总监是一个名叫“秋某”的T省女子；负责电脑和监控的是一个叫“志＊”的T省男子；外联部是一名“子＊”的T省女子。（参见2017年10月1日14：38~17：10，K市公安局X公安分局治安管理大队杨某、亢某某《讯问李某甲笔录》，《诉讼证据卷二》第76页）

8. 问：你（李某甲）再和我们说说“新K宝”赌场的事情？答：“新K宝”一开始做现场的时候就是张某甲和张某乙在搞，2015年T省人来做网络赌博，以后网络赌博的事情就一直是T省人在做。问：参与网络赌博具体是哪些人和T省人联系对接的？答：具体“新K宝”赌场这边是谁和T省人联系对接的，我就不知道了。问：吴某甲是否参与网络赌博的事情？答：我不知道，当时要在“新K宝”搞网络赌博的时候，要建设视频投影这些设施。当时建设网络赌博设施的时候，吴某甲也不在X城。（参见2017年10月5日11：05~12：30，K市公安局X公安分局高某乙、段某丙《讯问李某甲笔录》，《诉讼证据卷二》第98页）

9. 问：你（丁某某）目前所管理的六家游戏室分别叫什么，位于什么地方？答：这六家游戏室都是在M国第四特区的X城，分别叫“K鑫游戏厅”（B公寓酒店一楼）、“K宝游戏厅”（赌场“K宝厅”的一楼）、“W斯游戏厅”（W斯酒店一楼）、“D富豪游戏厅”（D富豪酒店一楼）、“H园游戏厅”（“H园”酒店一楼）、“H花园游戏厅”（“H花园”酒店一楼）。问：这六家游戏厅是谁在经营？答：这些游戏厅都是A公司和一个名叫“小B”的中国人合伙开的。问：A公司和“小B”是如何进行合伙经营的，各自负责些什么工作？答：我们A公司主要就是游戏厅平时的运营以及游戏机的进购。至于“小B”具体负责些什么事情，我就不太清楚了，我只是知道他（“小B”）每个月都要从所有游戏厅的收入里面分成一半。问：请你（丁某某）讲讲“小B”的情况？答：我只是知道他叫“小B”，皮肤白白的，年龄在30岁左右（显然不是1966年2月出生的吴某甲），身高170左右，中等长度的头发，其他情况我不清楚，他好像只和安某联系。问：那你们是怎么和“小B”进行结算的？答：我们每天的流水账目报表“小 B”都会派他的财务来取，等到每个月 2 号、3 号的时候，他的财务都会过来跟安某对接，然后把上一个月的盈利提走。问：是现金结算吗？答：是的。问：安某和“小 B”所占股份比例？答：出资情况我不清楚。我只是从报表上看出来安某和“小 B”是各占 50%，因为报表上安某拿走的钱和“小 B”的是一样的。到游戏厅拿钱是安某来拿，“小 B”那边就是每个月由“小 Q”“阿 L”来找安某拿钱。问：你讲一下现场部和网络部的人员构成？答：每个游戏厅的主管和服务员都会现场和网络的上下分，现场部是安某负责，网投部是“小白”负责。然后我和薛某负责现场部的报表，玉某乙和李某戊负责网投部的报表，网投的报表由游戏厅主管于当天晚上 0 点将日报表报一份给 A 公司这边的玉某乙和李某戊，报一份给“小 B”那边的“小 Q”或“阿 L”；现场的报表，由游戏厅主管于第二天中午 12 点前报给 A 公司的陶某某和“小 B”那边的“小 Q”或“阿 L”。(参见 2017 年 9 月 24 日 14：10~18：30，Y 省公安厅治安总队仲某、姚某某；2017 年 10 月 1 日 16：02~17：40，Y 省公安厅治安总队陈某、李某丁；2017 年 10 月 3 日 14：33~16：30，Y 省公安厅治安总队张某己、石某；2017 年 10 月 7 日 14：12~16：57《讯问丁某某笔录》，《诉讼证据卷二》第 160 页、第 163 页、第 168 页、第 172 页、第 174 页)

（四）认定吴某甲与 A 公司、张某甲、张某乙等人开设赌场所违法所得情况的鉴定意见所依据证据材料，为 A 公司财务人员丁某某手机内存储的《A 公司收入月报表》、现场两个游戏室报表及 A 公司大账表。在吴某甲开设赌场持股情形尚未认定情形下，用持股比例方式还原吴某甲违法所得难以成立，且 A 公司大账本编号丁 1-28 的计算时间为 2013 年 12 月 16 日，与上述生效判决书明显矛盾，严重违背事实。

1. 鉴定人员根据省厅直属局送检材料进行以下核实、查证：……根据公安机关依法提取的 A 公司财务人员丁某某手机内存储的《A 公司收入月报表》、现场两个游戏室报表及 A 公司大账表，审核吴某甲、A 公司、张某甲、张某乙个人违法所得情况。

[参见2018年8月26日，Y省亚太司法鉴定中心《司法会计鉴定意见书》(亚太司鉴［2018］028号) 第4页、第5页：第四部分“鉴定过程”，第（三）项“鉴定方法”］

2. 根据卷宗“丁某某手机数据提取文件②”A公司大账本共29页及丁某某笔录表述，编号为丁1-29，其中编号丁1-28为2013年12月16日至2016年11月9日“K宝”“D富豪”“K鑫鑫”“W斯”“X宝”游戏室共五个现场游戏室月收入明细，但根据丁某某笔录表述，该报表记录的是分配后A公司收入，鉴定人员根据A公司占比50%按持股比例计算还原后的五个游戏室的总收入（收益）为55 602 646.00元。［参见2018年8月26日，Y省亚太司法鉴定中心（亚太司鉴［2018］028号）《司法会计鉴定意见书》第10页：第五部分“分析说明”，第（五）项“涉案赌博游戏室赌资核算”］

3. 被告人吴某甲，2013年10月8日因涉嫌开设赌场罪被Q市公安局X公安分局刑事拘留，同年（2013年）11月14日，经T区人民检察院批准逮捕，2014年4月9日被Q市公安局X分局取保候审至今（2015年1月)。[参见2015年1月15日，Q市T区人民法院《刑事判决书》〔（2014）T刑初字第171号〕第1页]

4. 经审核，从送检书证材料中获知，财务数据只有从丁某某手机上获取的部分数据。鉴定人员根据赌场及赌博网站股东占股比例，核算吴某甲、A公司、张某甲、张某乙个人收入（收益）分配金额。[参见2018年8月26日，Y省亚太司法鉴定中心《司法会计鉴定意见书》（亚太司鉴［2018］028号）第10页：第五部分“分析说明”，第（六）项“涉案团伙违法所得金额核算”］

（五）没有银行交易明细，不仅无法确认账户款项来源与去向，而且也不能证明该账户资金违法，该情形下冻结吴某甲账户显然违法。

涉及的冻结账户资料分两种情况：一种是办案机关到涉案人员开户行直接冻结，此部分在送检材料中无银行交易明细（涉及人员为戴某某、李某乙、吴某甲、张某甲的9个账户），另一种情况是通过公安部门的违法犯罪资金查控平台冻结，有具体银行交易明细。鉴定人员在审核中存在以下几种情况：……（3）公安人员到冻结账户的开户行直接在柜面冻结的9个账户没有交易明细，无法确认汇入、汇出金额。〔参见2018年8月26日，Y省亚太司法鉴定中心《司法会计鉴定意见书》（亚太司鉴［2018］028号）第11页、第12页：第五部分“分析说明”，第（七）项“冻结、扣押账户2016年1月至2017年9月22日收到赌资账户汇入、汇出资金及扣押资金情况”〕

四、专家论证结论

（一）2013年10月8日，吴某甲因涉嫌开设赌场罪被Q市公安局X公安分局刑事拘留，同年（2013年）11月14日被批准逮捕，2014年4月9日被取保候审至第一审判决（2015年1月）。《起诉书》指控：自2013年12月，吴某甲与T省Z公司人员赖某某及A公司区某某等人合伙，在M国X城开设、经营赌场、赌博电子游戏厅及赌博网站。从时间上看，该指控事项与上述事实明显矛盾，不能成立。

（二）认定吴某甲与A公司、张某甲、张某乙等人开设赌场所持股份情况的鉴定意见所依据的案件证据材料，仅为吴某甲、李某甲、丁某某等人相互矛盾的讯问笔录，没有任何可靠的书面证据材料，且根据已生效的判决书，2014年1月，吴某甲处于被羁押状态，难以与T省Z公司赖某某等人在M国X城地区合伙经营“K宝厅”赌场。

（三）大量证据表明：吴某甲并非“新K宝”赌场的股东，更未参与该赌场的经营。

（四）认定吴某甲与A公司、张某甲、张某乙等人开设赌场所违法所得情况的鉴定意见所依据证据材料，为A公司财务人员丁某某手机内存储的《A公司收入月报表》、现场两个游戏室报表及A公司大账表。在吴某甲开设赌场持股情形尚未认定情形下，用持股比例方式还原吴某甲违法所得难以成立，且A公司大账本编号丁 1-28 的计算时间为 2013 年 12 月 16 日，与上述生效判决书明显矛盾，严重违背事实。

（五）没有银行交易明细，不仅无法确认账户款项来源与去向而且也不能证明该账户资金违法，该情形下冻结吴某甲账户显然违法。

争议焦点与评述

争议焦点	
事实问题	《起诉书》指控事项是否成立？
专家意见	1. 2013 年 10 月 8 日，吴某甲因涉嫌开设赌场罪被 Q 市公安局 X 公安分局刑事拘留，同年（2013 年）11 月 14 日，被批准逮捕，2014 年 4 月 9 日被取保候审至一审判决（2015 年 1 月）。《起诉书》指控：自 2013 年 12 月，吴某甲与 T 省 Z 公司人员赖某某及 A 公司区某某等人合伙，在 M 国 X 城开设、经营赌场、赌博电子游戏厅及赌博网站。从时间上看，该指控事项与上述事实明显矛盾，不能成立。 2. 认定吴某甲与 A 公司、张某甲、张某乙等人开设赌场所持股份情况的鉴定意见所依据的案件证据材料，仅为吴某甲、李某甲、丁某某等人相互矛盾的讯问笔录，没有任何可靠的书面证据材料，且根据已生效的判决书，2014 年 1 月，吴某甲处于被羁押状态，难以与 T 省 Z 公司赖某某等人在 M 国 X 城地区合伙经营 K 宝赌场。
评述	被告人吴某甲，2013 年 10 月 8 日因涉嫌开设赌场罪被 Q 市公安局 X 公安分局刑事拘留，同年（2013 年）11 月 14 日，经 T 区人民检察院批准逮捕，2014 年 4 月 9 日被 Q 市公安局 X 分局取保候审至今（2015 年 1 月）。而检察院的《起诉书》指控 2013 年 12 月以来，被告人吴某甲与 T 省 Z 公司人员赖某某（另案处理）及 A 公司区某某（另案处理）等人合伙，先后在 Y 省 X 州 M 县 D 镇 D 口岸 M 国一侧 X 城开设、经营赌场、赌博电子游戏厅及赌博网站。二者时间上存在着矛盾。
事实问题	吴某甲是否为“新 K 宝”赌场的股东，是否参与了该赌场的经营？

续表

争议焦点	
专家意见	大量证据表明：吴某甲并非“新 K 宝”赌场的股东，更未参与该赌场的经营。
评述	根据吴某甲的口述，吴某甲并没有参与开设赌场，只是 M 国第四特区 X 城 M 区的“新 K 宝”赌场长期订吴某甲位于 X 城里的“H 园”酒店的房间。M 秀区的“新 K 宝”赌场是 2009 年到 2013 年吴某甲开的“K 宝厅”赌场上重新建盖的，是 T 省人开的，吴某甲的外甥张某乙和张某甲也有参与管理，具体有没有股份吴某甲不知道。
事实问题	用持股比例方式还原吴某甲违法所得是否可以成立？
专家意见	认定吴某甲与 A 公司、张某甲、张某乙等人开设赌场所违法所得情况的鉴定意见所依据证据材料，为 A 公司财务人员丁某某手机内存储的《A 公司收入月报表》、现场两个游戏室报表及 A 公司大账表。在吴某甲开设赌场持股情形尚未认定情形下，用持股比例方式还原吴某甲违法所得难以成立，且 A 公司大账本编号丁 1-28 的计算时间为 2013 年 12 月 16 日，与上述生效判决书明显矛盾，严重违背事实。
评述	从送检书证材料中获知，财务数据只有丁某某手机上获取的部分数据。鉴定人员根据赌场及赌博网站股东占股比例，核算吴某甲、A 公司、张某甲、张某乙个人收入（收益）分配金额。
程序问题	冻结吴某甲账户是否违法？
专家意见	没有银行交易明细，不仅无法确认账户款项来源与去向，而且也不能证明该账户资金违法，该情形下冻结吴某甲账户显然违法。
评述	涉及的冻结账户资料分两种情况：一种情况是办案机关到涉案人员开户行直接冻结，此部分在送检材料中无银行交易明细（涉及人员为戴某某、李某乙、吴某甲、张某甲的 9 个账户），另一种情况是通过公安部门的违法犯罪资金查控平台冻结，有具体银行交易明细。

论证案件九

A煤矿及其负责人赵某某、白某某涉嫌拒不执行判决、裁定罪

一、专家论证依据的案件材料

（一）2019年10月8日，A省W市公安局Y区分局《起诉意见书》〔WY公（校）诉字［2019］号〕。

（二）2019年11月21日，A省W市Y区人民检察院《起诉书》（Y检刑诉［2019］457号）。

（三）有关证据材料。

二、有关法律文书认定的案件事实

（一）2019年10月8日，A省W市公安局Y区分局《起诉意见书》〔WY公（校）诉字［2019］号〕认定的案件事实。

2019年6月6日，W市Y区人民法院在审理原告A公司与被告B公司、C公司、张某某、第三人A煤矿合同纠纷六案中，发现A煤矿和赵某某、白某某涉嫌刑事犯罪，移送我局。赵某某、白某某拒不执行法院判决、裁定一案，我局于2019年6月6日受案，经初查，同年6月10日立为刑事案件侦查。

原告A公司向Y区人民法院申请对三被告的财产在人民币8700万元范围内予以保全。同时原告根据B公司与A煤矿签订的合同编号为20171224《A煤矿采空区灾害综合治理工程承包合同书》（以下简称“承包合同”）约定，申请Y区人民法院对B公

司承包经营的位于 A 煤矿 B 区开采出的原煤 556 844 吨进行查封。Y 区人民法院依法于 2019 年 1 月 9 日、10 日在 B 公司和 A 煤矿张贴了查封公告，对 B 公司承包经营的位于 A 煤矿 B 区开采出的原煤 556 844 吨进行了查封，并向 B 公司和 A 煤矿送达（2019）W0203 民初第 120-125 号《民事裁定书》、查封（扣押）清单、露煤范围界址图。

2019 年 1 月 11 日，A 煤矿向 Y 区人民法院提出执行异议要求解除查封。Y 区人民法院在异议审查过程中，于 1 月 23 日向 A 煤矿送达了协助执行通知书，变更 2019 年 1 月 9 日、10 日保全方式，A 煤矿作为协助义务人，依法协助扣留 B 公司在已保全标的中的收入（收益）并负责保留合同、税票、银行流水等资料以备核查（自 2019 年 1 月 9 日起），同时 Y 区人民法院告知 A 煤矿对保全标的的处置收入，除工程款、税金及承包合同第 5.2.5 条款约定的款项外，其余不得支付，如需支付其他款项，须经 Y 区人民法院审查同意后方可支付。

2019 年 4 月 11 日，Y 区人民法院向 A 煤矿要求其提供自 2019 年 1 月 9 日起的交易情况等相关资料，但 A 煤矿拒绝提供。

经依法侦查查明，A 煤矿总经理白某某在收到法院告知查封的通知书后，未按时通知施工队停止对查封区出煤，导致施工队一直到 2019 年 1 月 11 日早上才停止查封区出煤。1 月 11 日上午，白某某和其丈夫伊某某（在 A 煤矿负责技术方面）召集施工队的王某某、王某到查封现场，伊某某用红布包住两块石头，设置边界线，边界线以东是法院查封区域，白某某让施工队抓紧时间剥离边界线以西的土石方，尽快露煤，但不要挖边界线以东的煤。自 1 月 11 日至 1 月 23 日变更保全方式前（即 Y 区人民法院查封期间），自 1 月 23 日至 1 月 27 日放假前，白某某自称一直卖的是边界线以西的煤，没有卖边界线以东的煤，但 2019 年 7 月 8 日经 Y 区人民法院法官再次对查封现场勘查，发现当初查封、保全的区域（也就是边界线以东的煤），已经被卖了约 85 000 吨。2019 年 1 月 10 日 Y 区人民法院查封位于 A 煤矿 B 区坑口煤炭至 1 月

22 日 Y 区人民法院查封期间，A 煤矿未经 Y 区人民法院同意，擅自销售查封的原煤近万吨并收取了几百万元的价款。自 1 月 23 日变更保全方式后，A 煤矿又销售原查封后变更为协助扣留收入区域的原煤约四五万吨，收入一千多万元。1 月 23 日上午法院通知变更后未经法院同意向 B 公司支付征地补偿款 12 万元，1 月 24 日办理借款手续、1 月 25 日出借给 D 公司 1700 万元，1 月 24 日、25 日购买理财产品共计 1500 万元，3 月 6 日将 B 区销售收入转入其在 N 农村信用社账户 12 692 293.06 元。赵某某称自己是 A 煤矿登记的负责人，但销售的事是白某某做主。白某某自称，以上所有的事都告诉了负责人赵某某。

（二）A 省 W 市 Y 区人民检察院《起诉书》（Y 检刑诉［2019］457 号）认定的案件事实。

2019 年 1 月 7 日，W 市 Y 区人民法院依法受理 A 公司诉 B 公司、C 公司、张某某、第三人 A 煤矿合同纠纷共六案，A 公司在六案中向 Y 区人民法院申请对 B 公司、C 公司和张某某的财产在人民币 8700 万元范围内予以保全，Y 区人民法院依法作出保全裁定。

2019 年 1 月 9 日，A 公司向 Y 区人民法院申请对 B 公司依据合同编号为 20171224 承包合同的约定，就承包的 A 煤矿 B 区坑口 556 844 吨原煤进行查封，Y 区人民法院于 2019 年 1 月 9 日、10 日裁定，对位于 A 煤矿 B 区坑口 556 844 吨原煤进行查封，并向 B 公司和 A 煤矿送达了民事裁定书，张贴查封公告。2019 年 1 月 11 日，A 煤矿向 Y 区人民法院提出执行异议，要求解除查封，1 月 23 日，A 煤矿申请撤回执行异议，当日 Y 区人民法院裁定准许 A 煤矿撤回异议请求，并向 A 煤矿送达协助执行通知书，变更 2019 年 1 月 9 日、10 日保全方式，由 A 煤矿作为协助义务人，依法协助扣留 B 公司在已保全标的中的收入（收益）并负责保留合同、税票、银行流水等资料以备核查（自 2019 年 1 月 9 日起），同时告知 A 煤矿对保全标的的处置收入，除工程款、税金及承包合同第 5.2.5 条款约定的款项外，其余不得支付，如需支付其他款项，须经 Y 区人民法院审查同意后方可支付。3 月 11 日，A 煤矿认为其与 B 公司已于当年 3 月 5 日解除了承包合同，无法协助执行，遂向 Y 区人民法院提出执行异议，请求撤销 Y 区人民法院（2019）W0203 执保字第 6-11 号协助执行通知书，2019 年 4 月 4 日，Y 区人民法院作出（2009）W0203 执异 5 号执行裁定书，裁定驳回 A 煤矿的异议请求，后 A 煤矿向 W 市中级人民法院申请复议，W 市中级人民法院于 2019 年 5 月 27 日作出（2019）W02 执复 39 号执行裁定书，驳回其复议申请，维持原执行裁定。其间，A 煤矿在有原煤销售，且煤矿负责人赵某某、白某某在知情的情况下，始终未能向 Y 区人民法院依法提供相关票证等材料，Y 区人民法院法官曾二次赴 A 煤矿送达法律文书，并再次要求其提供自 2019 年 1 月 9 日起的交易情况等相关票证资料，均遭到被告人白某某等人的拒绝提供和查看，上述行为导致 Y 区人民法院无法执行生效的判决、裁定。

本院认为，被告单位 A 煤矿作为人民法院协助执行义务人，被告人赵某某，白某某作为 A 煤矿的主要负责人和直接责任人，接到 W 市 Y 区人民法院协助执行的通知后，拒绝提供相关票证、账目等，不协助执行，致使判决、裁定无法执行。

三、专家论证意见与理由

（一）2019 年 4 月 11 日，W 市 Y 区人民法院执行局法官苏某，要求 A 煤矿总经理白某某提供有关票据、银行流水资料时，与 A 煤矿法律顾问刘某某律师通话中，已当场认可刘某某律师提出的“执行异议正在申请复议”的正当理由，并明确同意刘某某律师提出的“暂不能提供”的回复。该情形不应被认定为《刑法》第 313 条拒不执行判决、裁定罪中的“拒绝”提供相关票证、账目的行为。

1. 刘某某：您好，白总。白某某（A 煤矿总经理）：嗯。你和他通。刘某某：哎，好。苏某：喂，刘律师您好。刘某某：您好。您是 W 市人中级人民法院？苏某：对，我是 Y 区人民法院，对，执行局的。刘某某：执行局的，您贵姓？苏某：对，我姓苏。刘某某：哦，苏法官哈。那个你们这次来，我看白总给我发那个我们执行异议的裁定。苏某：对，就送达裁定书。刘某某：就是送达个裁定呗，是不是？苏某：哎，对。送达个裁定，第二个就是问一下上一次不是变更保全措施，不是要你们保留那些合同税票，银行流水资料，你们现在能不能提供？就这两个事。刘某某：现在我们提供不了，因为现在我们要准备下，刚才我看了您那个东西哈，我们准备向W市中级人民法院进行申请复议，那你就别要了嘛哈。苏某：对，好的，可以。刘某某：那就一会我们给你签收。苏某：行。刘某某：然后我们正常提出复议。苏某：行，复议那这个笔录上面白总可以签字吗？刘某某：白总可以签，你就是问一下送达呗？苏某：就两个事，第一个就是送达，第二个就是问一下提供流水，你说不能提供。刘某某：我们现在暂时不能提供，因为我们正在申请复议，好不好？苏某：嗯，好，那行。你把它签一下。刘某某：请你把电话给白总。苏某：白总叫白什么啊？刘某某：白某某。苏某：什么小，大小的小吗？刘某某：拂晓的晓。苏某：拂晓的晓，白某某是吧？刘某某：对。苏某：行，那你跟她讲，叫她签个字就行，没其他事。刘某某：好。苏某：我把电话给她哈，你和她说。刘某某：好的。(上述内容为录音开始至1：24秒，此段录音内容发生场景同时在A煤矿监控录像的3：00秒~4：22秒)。录音现场见证人员：A煤矿总经理白某某、A煤矿助理刘某某、Y区执行局法官苏某、Y区执行法官沈某某、A公司诉讼代理律师W市T律师事务所朱某某。(参见证据1：2019年4月11日10：17，A煤矿法律顾问刘某某与W市Y区执行局到A煤矿法官苏某《通话录音内容整理》及相关录音、监控视频录像拷贝光盘1张)

2. 问：2019年4月11日，W市Y区人民法院法官到A煤矿要求提供销售合同、财务凭证及银行流水，你是否提供？答：没有提供。问：你为什么当时没有提供给法院？答：因为那天财务刚好也不在，凡是关于法律方面的事，我要请教刘某某律师，打电话问刘某某能不能把这些材料提供给法院，因我听不懂法院的事情，就把电话转接到律师了，刘某某跟我说没必要提供，我也就没提供。我当时确实不知道这个行为可能会涉及犯罪，如果当时知道这个法律的话，我肯定会告知等待财务人员回来后提供。（参见证据 2：2019 年 7 月 6 日 14：39～17：56，W 市公安局 Y 区分局武某、张某对白某某《讯问笔录》第 2 页）

3. 问：2019 年元月 9 日、10 日之后，W 市 Y 区人民法院有没有去 A 煤矿？答：去过，应该是 4 月 11 日，Y 区人民法院两个法官来矿上，给我做了谈话笔录，我记得是送达执行裁定书，并让我提供协助扣留的保全的收入，以及合同、税票、银行流水。我不懂，就打电话给刘某某了，然后法官用我的电话和刘某某说了，我不知道怎么说的，我没有在谈话笔录上签字，因为财务不在，刘某某说他和法官说过了不用提供，我也没有按照法官的要求提供材料。（参见证据 3：2019 年 7 月 19 日 13：35～16：21，W 市公安局 Y 区分局贺某某、水某某对白某某《讯问笔录》第 3 页）

4. 问：提出异议以后，Y 区人民法院是怎么做的？答：Y 区人民法院裁定驳回了我们提出的异议。2019 年 4 月 11 日 Y 区人民法院法官（苏法官）来煤矿送达裁定书，我不在矿上，是白某某接待的。问：苏法官来煤矿，除了送达裁定书，还做了哪些事情？答：当时我不在矿上，白某某接待的，白某某打电话给我，我让白某某将电话给来送达的苏法官，我问他来矿上做什么，他说一个是送达驳回煤矿异议的裁定，再有就是要看一下相关销售合同等材料，我当时答复他裁定可以签收，并和他说我们要提出复议，和他商量销售合同等材料暂不提供，苏法官说可以，而且他也没有给矿上送达必须提供销售合同等材料的法律文书。我当时有录音，可以依法提供给公安机关。问：Y 区人民法院裁定驳回了异议以后，你们怎么做的？答：对裁定驳回异议不服，矿上赵某某授权我去向 W 市中级人民法院提出复议。2019 年 5 月底（27 日），W 市中级人民法院裁定驳回了我们的复议申请。（参见证据

4：2019年9月19日10：39~13：28，W市公安局Y区分局贺某某、水某某对刘某某的《讯问笔录》第3页）

（二）即便不考虑苏某法官上述认可白某某“暂不提供”的答复，将白某某的行为认定为“拒绝提供相关票证、账目等，不协助执行”，该情形也未达到拒不执行判决、裁定罪要求的“情节严重”程度。

1. “致使判决、裁定无法执行”是拒不执行判决、裁定罪中“情节严重”的法定情形之一；Y区检察院《起诉书》以该情形作为指控A煤矿及其主要负责人赵某某、白某某涉嫌拒不执行判决、裁定罪的依据。

（1）《刑法》第313条规定，对人民法院的判决、裁定有能力执行而拒不执行，情节严重的，处3年以下有期徒刑、拘役或者罚金；情节特别严重的，处3年以上7年以下有期徒刑，并处罚金。单位犯前款罪的，对单位判处罚金，并对其直接负责的主管人员和其他直接责任人员，依照前款的规定处罚。

（2）《刑法》第313条、全国人民代表大会常务委员会《关于〈中华人民共和国刑法〉第三百一十三条的解释》以及最高人民法院、最高人民检察院、公安部《关于依法严肃查处拒不执行判决、裁定和暴力抗拒法院执行犯罪行为有关问题的通知》均明确规定，下列情形属于《刑法》第313条规定的“有能力执行而拒不执行，情节严重”的情形：（一）被执行人隐藏、转移、故意毁损财产或者无偿转让财产、以明显不合理的低价转让财产，致使判决、裁定无法执行的；（二）担保人或者被执行人隐藏、转移、故意毁损或者转让已向人民法院提供担保的财产，致使判决、裁定无法执行的；（三）协助执行义务人接到人民法院协助执行通知书后，拒不协助执行，致使判决、裁定无法执行的；（四）被执行人、担保人、协助执行义务人与国家机关工作人员通谋，利用国家机关工作人员的职权妨害执行，致使判决、裁定无法执行的；（五）其他有能力执行而拒不执行，情节严重的情形。显然，“致使判决、裁定无法执行”属于该罪构成要件中

“情节严重”情形之一。

（3）“其间（2019 年 4 月 11 日），A 煤矿在有原煤销售，且煤矿负责人赵某某、白某某在知情的情况下，始终未能向 Y 区人民法院依法提供相关票证等材料，Y 区人民法院法官曾二次赴 A 煤矿送达法律文书，并再次要求其提供自 2019 年 1 月 9 日起的交易情况等相关票证资料，均遭到被告人白某某等人的拒绝提供和查看，上述行为导致 Y 区人民法院无法执行生效的判决、裁定。本院（W 市 Y 区人民检察院）认为，被告单位 A 煤矿作为人民法院协助执行义务人，被告人赵某某、白某某作为 A 煤矿的主要负责人和直接责任人，接到 W 市 Y 区人民法院协助执行的通知后，拒绝提供相关票证、账目等，不协助执行，致使判决、裁定无法执行，其行为已触犯《刑法》第 313 条的规定，犯罪事实清楚，证据确实、充分，应当以拒不执行判决、裁定罪追究其刑事责任。根据《刑诉法》第 176 条的规定，向 Y 区人民法院提起公诉。〔参见证据 5：2019 年 11 月 21 日，A 省 W 市 Y 区人民检察院《起诉书》（Y 检刑诉［2019］457 号）〕

2. 由于在 Y 区人民法院于 2019 年 4 月 11 日要求赵某某、白某某协助执行之前，被执行人（被告）B 公司已经分别于 2019 年 2 月 27 日、3 月 13 日，通过《授权委托书》和股权变更方式，使得执行申请人（原告）A 公司与其形成民事主体混同状态，作为执行依据的（2019）W0203 民初第 120-125 号《民事判决书》要求被执行人履行的金钱支付义务，均因主体混同，而无需继续执行，相应的财产保全措施同样失去执行基础。因此，A 煤矿及其主要负责人赵某某、白某某“不提供相关票证、账目等，不协助执行”的行为，并未达到“致使判决、裁定无法执行”的严重程度。

（1）W 市 Y 区人民法院根据（2019）W0203 民初第 120-125 号《民事判决书》，确定的执行事项为：被告 B 公司支付给原告 A 公司共计 8700 万元及相关利息和律师代理费；被告 C 公司、张某某承担连带清偿责任，A 煤矿为该案的第三人。为保障上述判决的执行，该法院在诉讼期间做出的（2019）W0203 民初第 120-125 号《民事裁定书》，要求对被申请人 B 公司、C 公司、张某某的财产在价值 1250 万、1350 万元……共计 8700 万元的范围内采取保全措施。财产保全以查封、扣押动产、不动产或冻结银行存款的方式进行。因 A 煤矿提出执行异议，2019 年 1 月 23 日，Y 区人民法院分别以《执行裁定书》和《协助执行通知书》作出变更保全措施决定，将原先的对 A 煤矿（第三人）采取查封、扣押动产、不动产或冻结银行存款的财产保全，变更为扣留 B 公司在已保全标的中的收入（收益），并负责保留相关销售合同、发票、银行流水等资料以备核查（自 2019 年 1 月 9 日起）。〔参见证据 6：（2019）W0203 民初第 120-125 号《民事判决书》；证据 7：A 省 W 市 Y 区人民法院（2019）W0203 民初第 120-125 号《民事裁定书》；证据 8：A 省 W 市 Y 区人民法院（2019）W0203 执异 2 号《执行裁定书》；证据 9：A 省 W 市 Y 区人民法院（2019）W0203 执保字第 6、7、8、9、10、11 号《协助执行通知书》〕

（2）本院在执行申请保全人 A 公司与被申请人 B 公司、C 公司、张某某、第三人 A 煤矿买卖合同纠纷保全案中，异议人 A 煤矿对本院所采取的保全行为不服，提出书面异议。〔参见证据 8：2019 年 1 月 23 日，A 省 W 市 Y 区人民法院（2019）W0203 执异 2 号《执行裁定书》〕

（3）A 煤矿：关于原告 A 公司与被保全人 B 公司等合同纠纷一案，我院作出的（2019）W0203 民初字第 120-125 号《民事裁定书》已经发生法律效力。因办案需要，根据《民诉法》第 103 条第 1 款的规定，请协助执行以下事项：变更本院 2019 年 1 月 9 日、10 日所作保全方式，由你单位作为协助义务人，依法协助本院扣留被执行人（保全人）B 公司在已保全标的中的收入（收益），并负责保留相关销售合同、发票、银行流水等资料以备核查（自 2019 年 1 月 9 日起）。〔参见证据 9：2019 年 1 月 23 日，A 省 W 市 Y 区人民法院（2019）W0203 执保字第 6、7、8、9、10、11 号《协助执行通知书》〕

（4）本院查明：本院依据已生效的A省W市Y区人民法院（2019）W0203民初第120-125号《民事裁定书》，经申请人（特别授权代理人）书面申请，立（2019）W0203执保字第6-11案号，于2019年1月9日、10日，依照异议人与被申请人B公司签订的承包合同约定，查封被申请人B公司位于A煤矿内556 844吨原煤。随即，异议人向本院提出异议，认为上述保全执行行为不合法，要求解除上述查封行为。2019年1月23日，经审查，本院依法变更保全方式：由异议人作为协助义务人，依法协助扣留被申请人B公司在已保全标的中的收入（收益），并负责保留相关销售合同、发票、银行流水等资料以备核查（自2019年1月9日起）。〔参见证据10：2019年4月3日，A省W市Y区人民法院（2019）W0203执异5号《执行裁定书》〕

（5）国家企业信用信息公示系统《企业信用信息公示报告》：2019年3月13日，本案执行依据的《民事判决书》中被告B公司股权，就已转让给原告A公司的实际控制人李某某（20%）（委托李某代持股），苏某2（20%），李某某3（20%），苏某3（代王某2持股）（20%），李某某2（20%）。原股东：门某某，张某某2，全部退出。（参见证据11：2019年3月15日4时11分18秒，申请人邮箱18**********@163.com收到的国家企业信用信息公示系统《企业信用信息公示报告》）

（6）A煤矿：贵矿与我司（B公司）签订的合同编号：20171224承包合同书，就我司与贵矿之间有关承包合同的事宜，我司于2019年2月27日撤销对张某某（居民身份证号：1**7**19**05**30**）的授权，此后张某某无权代表我司与贵矿协商、洽谈和签署承包合同书的有关事宜。现我司委托李某某（居民身份证号：3**2**19**10**10**）作为我司代理人，代表我司与贵矿协商、洽谈和签署承包合同书项下的所有事宜，李某某有权代为协商、洽谈和签署承包合同书项下的所有协议等。委托人：B公司（盖章）。（参见证据12：2019年2月27日B公司授权李某某《授权委托书》）

(7) 李某某是A公司的实际控制人。本案执行的裁判文书中依据的两份协议书：一是甲方B公司与 乙方（乙1苏某2，乙2A公司）、丙方C公司、丁方张某某之间签订的转包《协议书》；二是（甲方）B公司、（乙方）A公司、（丙方）担保人C公司、（丁方）担保人张某某之间签订的终止履行及结算《协议书》。该两份协议中，李某某均代表A公司签名。〔参见证据13：2018年2月5日，甲方B公司与 乙方（乙1苏某2，乙2A公司）、丙方C公司、丁方张某某之间签订的《协议书》；参见证据14：2018年10月24日，甲方发包人B公司、乙方承包人A公司、丙方担保人C公司、丁方担保人张某某之间签订的终止履行及结算《协议书》〕

(8)《合同法》第91条规定，有下列情形之一的，合同的权利义务终止：①债务已经按照约定履行；②合同解除；③债务相互抵销；④债务人依法将标的物提存；⑤债权人免除债务；⑥债权债务同归于一人；⑦法律规定或者当事人约定终止的其他情形。第106条规定，债权和债务同归于一人的，合同的权利义务终止。

(三) 即便不考虑苏某法官上述认可白某某“暂不提供”的答复，白某某未按照《协助执行通知书》要求，向苏某法官提供相关票证、账目等资料的行为，性质上也仅为民事诉讼执行程序违法行为，应采取以下民事诉讼措施解决：一是适用《民诉法》中的强制措施，可给予罚款、拘留或提出司法建议。二是按照最高人民法院《关于人民法院执行工作若干问题的规定（试行）》(2008调整)，分别采取搜查、强制开启、限期追回或承担赔偿责任等措施。

1.《民诉法》第114条规定，有义务协助调查、执行的单位有下列行为之一的，人民法院除责令其履行协助义务外，并可以予以罚款：①有关单位拒绝或者妨碍人民法院调查取证的；②有关单位接到人民法院协助执行通知书后，拒不协助查询、扣押、冻结、划拨、变价财产的；③有关单位接到人民法院协助执行通知书后，拒不协助扣留被执行人的收入、办理有关财产权证照转移手续、转交有关票证、证照或者其他财产的；④其他拒绝协助执行的。人民法院对有前款规定的行为之一的单位，可以对其主要负责人或者直接责任人员予以罚款；对仍不履行协助义务的，可以予以拘留；并可以向监察机关或者有关机关提出予以纪律处分的司法建议。

2. 最高人民法院《关于人民法院执行工作若干问题的规定（试行）》（2008 调整）第 30 条规定，被执行人拒绝按人民法院的要求提供其有关财产状况的证据材料的，人民法院可以按照民事诉讼法第 224 条的规定进行搜查。第 31 条规定，人民法院依法搜查时，对被执行人可能存放隐匿的财物及有关证据材料的处所、箱柜等，经责令被执行人开启而拒不配合的，可以强制开启。第 58 条规定，有关单位或公民持有法律文书指定交付的财物或票证，在接到人民法院协助执行通知书或通知书后，协同被执行人转移财物或票证的，人民法院有权责令其限期追回；逾期未追回的，应当裁定其承担赔偿责任。

（四）2019 年 1 月 11 日至 5 月 27 日期间，W 市 Y 区人民法院和 W 市中级人民法院陆续受理 A 煤矿提出的执行异议申请，该申请涉及 Y 区人民法院执行标的物（B 公司承包区的煤炭）权属。2019 年 3 月 13 日，A 煤矿已根据其与 B 公司 2017 年 12 月 24 日签订的《采空治理承包协议书》，向 B 市仲裁委员会提出仲裁申请，要求解除承包协议，该解除承包合同的仲裁申请，同样直接影响上述执行标的物的权属。按照最高人民法院有关规定，当执行标的物权属发生争议，且正在法院审理或仲裁机构裁定的情形下，应当中止执行，A 煤矿及其主要负责人赵某某、白某某的协助执行应当中止。

1. 2019 年 1 月 9 日，A 公司向 Y 区人民法院申请对 B 公司依据合同编号为 20171224 承包合同的约定，就承包的 A 煤矿 B 区坑口 556 844 吨原煤进行查封，Y 区人民法院于 2019 年 1 月 9 日、10 日裁定，对位于 A 煤矿 B 区坑口 556 844 吨原煤进行查封，并向B公司和A煤矿送达了民事裁定书，张贴查封公告。2019年1月11日，A煤矿向Y区人民法院提出执行异议，要求解除查封，1月23日，A煤矿申请撤回执行异议，当日Y区人民法院裁定准许A煤矿撤回异议请求，并向A煤矿送达协助执行通知书，变更2019年1月9日、10日保全方式，由A煤矿作为协助义务人，依法协助扣留B公司在已保全标的中的收入（收益）并负责保留合同、税票、银行流水等资料以备核查（自2019年1月9日起），同时告知A煤矿对保全标的的处置收入，除工程款、税金及承包合同第5.2.5条款约定的款项外，其余不得支付，如需支付其他款项，须经Y区人民法院审查同意后方可支付。3月11日，A煤矿认为其与B公司已于当年3月5日解除了承包合同，无法协助执行，遂向Y区人民法院提出执行异议，请求撤销Y区人民法院（2019）W0203执保字第6-11号协助执行通知书，2019年4月4日，Y区人民法院作出（2019）W0203执异5号执行裁定书，裁定驳回A煤矿的异议请求，后A煤矿向W市中级人民法院申请复议，W市中级人民法院于2019年5月27日作出（2019）W02执复39号执行裁定书，驳回其复议申请，维持原执行裁定。其间，A煤矿在有原煤销售，且煤矿负责人赵某某、白某某在知情的情况下，始终未能向Y区人民法院依法提供相关票证等材料，Y区人民法院法官曾二次赴A煤矿送达法律文书，并再次要求其提供自2019年1月9日起的交易情况等相关票证资料，均遭到被告人白某某等人的拒绝提供和查看，上述行为导致Y区人民法院无法执行生效的判决、裁定。〔参见证据5：2019年11月21日，A省W市Y区人民检察院《起诉书》（Y检刑诉［2019］457号）〕

2. 问：你（刘某某）是否知道W市Y区人民法院于2019年1月9日、10日查封了B公司承包的A煤矿B区坑口55万吨原煤的事情？答：我知道，但是我当时不在矿上，事后我看到这个查封的文书，我记不清是白某某给我的还是办公室的人给我的。问：对Y区人民法院的上述查封A煤矿有没有提出异议？答：提出了异议，当时是我代理的。是赵某某授权我代理的。问：你是什么时候向 W 市 Y 区人民法院提出异议的？答：我是 2019 年 1 月 11 日提出的异议。问：你们提出异议的理由是什么？答 ：我记得有几点：（1）查封区域属于 A 煤矿财产，不属于 B 公司所有，有采矿许可证、销售合同、销售发票可以证明；（2）按照最高法院的规定涉及到财产权属的审查时，有登记证照的以登记的证照为准；（3）Y 区人民法院 2018 年 11 月处理同一当事人争议时，下过裁定，确定和这次查封的财产在同一采矿证下的财产属于 A 煤矿所有，我们认为这次查封的财产也是 A 煤矿的财产；（4）Y 区人民法院这种查封方式违反最高法院关于查封此类财产的不应“死封”的规定，其他的可以见异议书。问：你们提出异议以后，Y 区人民法院是怎么做的？答：我当时是到 Y 区人民法院的执行局办公室向沈局长递交异议申请书，他说要组成合议庭具体审查，也要向原告和 B 公司等被告送达异议等待答辩，后来在 1 月 22 日或者 23 日，在沈局长办公室，他给煤矿下了一个协助执行通知书，送达给我，说这个煤可以卖，但是卖的钱不能给 B 公司，合同等其他的资料要保管好以备法院核查，这个时候法院将 A 煤矿作为协助义务人。其他内容以 Y 区人民法院的协助执行通知书为准。我认为法院将 A 煤矿作为协助义务人是错误的，因为查封标的的权属属于 A 煤矿所有。但是当时春节临近，急需解决相关资金，维护当地稳定，我们没有提出异议，直到 2019 年 3 月份我们才提出了异议。问：后来你们煤矿有没有向 Y 区人民法院提出异议？答：2019 年 3 月中旬 ，我们对 Y 区人民法院的协助执行通知书文号：（2019）W0203 执保字第 6、7、8、9、10、11 号提出异议。问：提出异议以后，Y 区人民法院是怎么做的？答：Y 区人民法院裁定驳回了我们提出的异议。2019 年 4 月 11 日 Y 区人民法院法官（苏法官）来煤矿送达裁定书，我不在矿上，是白某某接待的。问：苏法官来煤矿，除了送达裁定书，还做了哪些事情？答：当时我不在矿上，白某某接待的，白某某打电话给我，我让白某某将电话给来送达的苏法官，我问他来矿上做什么，他说一个是送达驳回煤矿异议的裁定，再有就是要看一下相关销售合同等材料，我当时答复他裁定可以签收，并和他说我们要提出复议，和他商量销售合同等材料暂不提供，苏法官说可以，而且他也没有说给矿上送达必须提供销售合同等材料的法律文书。我当时有录音，可以依法提供给公安机关。问：Y 区人民法院裁定驳回了异议以后，你们怎么做的？答：对裁定驳回异议不服，矿上赵某某授权我去向 W 市中级人民法院提出复议。2019 年 5 月底（27 日），W 市中级人民法院裁定驳回了我们的复议申请。（参见证据 4：2019 年 9 月 19 日 10：39~13：28，W 市公安局 Y 区分局贺某某、水某某对刘某某的《讯问笔录》）

3. 2019 年 3 月 13 日，A 煤矿向 B 市仲裁委提交申请，要求解除其与 B 公司之间的承包合同，该仲裁申请直接影响 Y 区人民法院执行标的物（B 公司承包区的煤炭）的权属。因 B 公司拒收 2019 年 8 月送达的仲裁通知，导致该仲裁开庭审理延迟至 2019 年 11 月 19 日。

（1）申请人：A 煤矿；负责人：赵某某；职务：经理；被申请人 1：B 公司；法定代表人：张某某 2，职务：经理；被申请人 2：C 公司；法定代表人：朱某某 2，职务：经理。仲裁请求：①请求裁决确认申请人与被申请人 1 签订的承包合同于 2019 年 3 月 5 日解除。②请求裁决申请人不予退还被申请人 1 交付申请人的履约保证金 2000 万元。③请求裁决申请人不予退还被申请人 1 支付的征地补偿款 40 321 472 元。④请求裁决被申请人 1 赔偿申请人损失合计 5000 万元。⑤请求裁决被申请人 2 对第①至④项仲裁请求承担连带责任。⑥仲裁费用由二被申请人承担。（参见证据 15：2019 年 3 月 13 日，A 煤矿向 B 市仲裁委员会提交的《仲裁申请书》）

（2）A 煤矿：本会（B 市仲裁委员会）于 2019 年 3 月 13 日收到你方交来的以 B 公司、C 公司为被申请人的仲裁申请书及附件一式六份。经审查，你方所提仲裁申请属本会受理范围。现根据你方所提仲裁请求，将有关事宜通知如下：①请你方自收到本通知之日起十日内向本会预交案件受理费 2 020 514.42 元（人民币，下同）和案件受理费 740 321.47 元，共计 2 760 835.89 元……〔参见证据 16：2019 年 3 月 13 日，B 市仲裁委向 A 煤矿发送的《关于（2019）京仲收字第 1191 号仲裁案交费通知》〕

（3）B 公司拒绝接受 B 市仲裁委送达的 A 煤矿变更后的《仲裁申请书》。（参见证据 17：2019 年 8 月 5 日，B 市仲裁委向 B 公司邮递送达《仲裁申请书》副本及其拒收邮件网页记录《网上查询页面截屏打印件》）

（4）B 市仲裁委员会：申请人 A 煤矿与被申请人 1B 公司、被申请人 2C 公司之间承包合同纠纷一案，贵委已经立案，申请人现申请将仲裁请求变更为：①请求确认申请人与被申请人 1 签订的承包合同于 2019 年 3 月 5 日解除。②裁决被申请人 1 返还所占用的 A 煤矿采空区灾害治理工程 1 375 600 平方米范围的矿区煤田，腾退、清退全部配套使用房屋。③裁决认定被申请人构成单方违约，承担违约损失赔偿责任，具体为：已付保证金、已付征地偿款、已付承包费归申请人所有，不予退还；同时以被申请人欠缴承包费（共计 305 530 668.00 元）20%的数额赔偿申请人经济损失，计为 61 106 133.6 元。④裁决被申请人 1 赔偿申请人 2019 年 3 月 5 日后的经济损失，以每天 435 068 元计算，自 2019 年 3 月 6 日计算至其实际返还占用煤田之日止。截至 2019 年 8 月 5 日为 65 260 200 元。⑤裁决被申请人 2 对③④项仲裁请求承担连带清偿责任；⑥仲裁费用由被申请人 1、2 承担。（参见证据 18：2019 年 8 月 8 日，A 煤矿向 B 市仲裁委员会提交的《变更仲裁请求申请书》）

（5）A 煤矿：本会已收到你方交来的变更仲裁请求申请书及附件一式六份。本会依据相关法律及本会仲裁规则的规定于 2019 年 8 月 15 日决定予以受理。〔参见证据 19：2019 年 8 月 15 日，《关于（2019）J 仲案字第 3777 号仲裁案变更仲裁请求受理通知》〕

（6）申请人 A 煤矿；被申请人 B 公司；被申请人 C 公司：关于申请人与被申请人之间因承包合同不可撤销连带担保责任所引起的仲裁案件，本案仲裁庭决定于 2019 年 11 月 19 日 9 时 30 分在

B 市仲裁委员会第九仲裁厅开庭审理（地址：B 市 C 区 J 路 118 号招商局大厦 15 层）。〔参见证据 20：2019 年 10 月 17 日，B 市仲裁委《关于（2019）J 仲案字第 3777 号仲裁案开庭通知》〕

4. 最高人民法院《关于人民法院执行工作若干问题的规定（试行）》（2008 调整）第 102 条规定，有下列情形之一的，人民法院应当依照民事诉讼法第 232 条第 1 款第 5 项的规定裁定中止执行：①人民法院已受理以被执行人为债务人的破产申请的；②被执行人确无财产可供执行的；③执行的标的物是其他法院或仲裁机构正在审理的案件争议标的物，需要等待该案件审理完毕确定权属的……

（五）A 公司诉 B 公司、C 公司以及张某某等三被告的案件民事执行的类型为"金钱给付"。按照最高人民法院《关于人民法院执行工作若干问题的规定（试行）》（2008 调整）第五部分"金钱给付的执行"，应当先采用"查询、冻结、划拨"方式，执行被执行人在银行、非银行金融机构、其他有储蓄业务的单位的存款。当被执行人无金钱给付能力时，才应采用查封、扣押措施。Y 区人民法院执行庭滥用职权，故意违反上述规定，采取不当措施的同时，执行对象（标的物）也严重错误。依法首先应是被执行人 B 公司、C 公司和张某某的存款，当三方均无金钱给付能力时，方可对其合法拥有的无争议的标的物（财产）采取查封、扣押措施，而不应对已多次提出执行异议，以及仲裁申请，明显有争议的标的物，直接采取查封措施。此外，按照上述《采矿治理承包协议》，B 公司拥有对查封煤炭及其销售的支配权，也拥有对相关票据、账目的查询和保管权，作为被执行人，Y 区人民法院理应让其承担提供票据、账目的责任，而不是直接要求 A 煤矿履行协助执行义务。

最高人民法院《关于人民法院执行工作若干问题的规定（试行）》（2008 调整）第五部分"金钱给付的执行"，第 32 条规定，查询、冻结、划拨被执行人在银行（含其分理处、营业所和储蓄所）、非银行金融机构、其他有储蓄业务的单位（以下简称金融机构）的存款，依照中国人民银行、最高人民法院、最高人民检察院、公安部《关于查询 、冻结、扣划企业事业单位、机关、团体银行存款的通知》的规定办理。第 37 条规定，有关单位收到人民法院协助执行被执行人收入的通知后，擅自向被执行人或其他人支付的，人民法院有权责令其限期追回；逾期未追回的，应当裁定其在支付的数额内向申请执行人承担责任。第 38 条第 1 款规定，被执行人无金钱给付能力的，人民法院有权裁定对被执行人的其他财产采取查封、扣押措施。裁定书应送达被执行人。

四、专家论证结论

（一）2019 年 4 月 11 日，W 市 Y 区人民法院执行局法官苏某，要求 A 煤矿总经理白某某提供有关票据、银行流水资料时，与 A 煤矿法律顾问刘某某律师通话中，已当场认可刘某某律师提出的“执行异议正在申请复议”的正当理由，并明确同意刘某某律师提出的“暂不能提供”的回复。该情形不应被认定为《刑法》第 313 条拒不执行判决、裁定罪中的“拒绝”提供相关票证、账目的行为。

（二）即便不考虑苏某法官上述认可白某某“暂不提供”的答复，将白某某的行为认定为“拒绝提供相关票证、账目等，不协助执行”，该情形也未达到拒不执行判决、裁定罪要求的“情节严重”程度。

（三）即便不考虑苏某法官上述认可白某某“暂不提供”的答复，白某某未按照《协助执行通知书》要求，向苏某法官提供相关票证、账目等资料的行为，性质上也仅为民事诉讼执行程序违法行为，应采取以下民事诉讼措施解决：一是适用《民诉法》中的强制措施，可给予罚款、拘留或提出司法建议。二是按照最高人民法院《关于人民法院执行工作若干问题的规定（试行）》（2008 调整），分别采取搜查、强制开启、限期追回或承担赔偿责任等措施。

（四）2019年1月11日至5月27日期间，W市Y区人民法院和W市中级人民法院陆续受理A煤矿提出的执行异议申请，该申请涉及Y区人民法院执行标的物（B公司承包区的煤炭）权属。2019年3月13日，A煤矿已根据其与B公司2017年12月24日签订的《采空治理承包协议书》，向B市仲裁委员会提出仲裁申请，要求解除承包协议，该解除承包合同的仲裁申请，同样直接影响上述执行标的物的权属。按照最高人民法院有关规定，当执行标的物权属发生争议，且正在法院审理或仲裁机构裁定的情形下，应当中止执行。A煤矿及其主要负责人赵某某、白某某的协助执行也应当中止。

（五）A公司诉B公司、C公司以及张某某等三被告的案件民事执行的类型为“金钱给付”。按照最高人民法院《关于人民法院执行工作若干问题的规定（试行）》（2008调整）第五部分“金钱给付的执行”，应当先采用“查询、冻结、划拨”方式，执行被执行人在银行、非银行金融机构、其他有储蓄业务的单位的存款。当被执行人无金钱给付能力时，才应采用查封、扣押措施。Y区人民法院执行庭滥用职权，故意违反上述规定，采取不当措施的同时，执行对象（标的物）也严重错误。依法首先应是被执行人B公司、C公司和张某某的存款，当三方均无金钱给付能力时，方可对其合法拥有的无争议的标的物（财产）采取查封、扣押措施，而不应对已多次提出执行异议，以及仲裁申请，明显有争议的标的物，直接采取查封措施。此外，按照上述《采矿治理承包协议》，B公司拥有对查封煤炭及其销售的支配权，也拥有对相关票据、账目的查询和保管权，作为被执行人，Y区人民法院理应让其承担提供票据、账目的责任，而不是直接要求A煤矿履行协助执行义务。

综上所述，A煤矿及其法定代表人赵某某、总经理白某某，均不构成《刑法》第313条规定的“拒不执行判决、裁定罪”。

争议焦点与评述

争议焦点	
事实问题	A煤矿及其法定代表人赵某某、总经理白某某，是否构成《刑法》第313条规定的“拒不执行判决、裁定罪”？
专家意见	1. 2019年4月11日，W市Y区人民法院执行局法官苏某，要求A煤矿总经理白某某提供有关票据、银行流水资料时，与A煤矿法律顾问刘某某律师通话中，已当场认可刘某某律师提出的“执行异议正在申请复议”的正当理由，并明确同意刘某某律师提出的“暂不能提供”的回复。该情形不应被认定为《刑法》第313条拒不执行判决、裁定罪中的“拒绝”提供相关票证、账目的行为。 2. A煤矿及其法定代表人赵某某、总经理白某某，均不构成《刑法》第313条规定的“拒不执行判决、裁定罪”。
评述	当时刘某某不在矿上，白某某打电话给刘某某，刘某某让白某某将电话给来送达的苏法官，刘某某问苏法官来矿上做什么，苏法官说一个是送达驳回煤矿异议的裁定，再有就是要看一下相关销售合同等材料，刘某某当时答复苏法官裁定可以签收，并和苏法官说要提出复议，并商量销售合同等材料暂不提供，苏法官说可以，而且也没有给矿上送达必须提供销售合同等材料的法律文书。
事实问题	该情形是否达到了达到拒不执行判决、裁定罪要求的“情节严重”程度？
专家意见	即便不考虑苏某法官上述认可白某某“暂不提供”的答复，将白某某的行为认定为“拒绝提供相关票证、账目等，不协助执行”，该情形也未达到拒不执行判决、裁定罪要求的“情节严重”程度。
评述	“致使判决、裁定无法执行”是拒不执行判决、裁定罪中“情节严重”的法定情形之一；Y区检察院《起诉书》以该情形作为指控A煤矿及其主要负责人赵某某、白某某涉嫌拒不执行判决、裁定罪的依据。由于在Y区人民法院于2019年4月11日要求赵某某、白某某协助执行之前，被执行人（被告）B公司已经分别于2019年2月27日、3月13日，通过《授权委托书》和股权变更方式，使得执行申请人（原告）A

续表

争议焦点	
	公司与其形成民事主体混同状态，作为执行依据的（2019）W0203民初第120-125号《民事判决书》要求被执行人履行的金钱支付义务，均因主体混同，而无需继续执行，相应的财产保全措施同样失去执行基础。因此，A煤矿及其主要负责人赵某某、白某某“不提供相关票证、账目等，不协助执行”的行为，并未达到“致使判决、裁定无法执行”的严重程度。
事实问题	白某某的行为性质如何，以及采取何种措施解决？
专家意见	即便不考虑苏某法官上述认可白某某“暂不提供”的答复，白某某未按照《协助执行通知书》要求，向苏某法官提供相关票证、账目等资料的行为，性质上也仅为民事诉讼执行程序违法行为，应采取以下民事诉讼措施解决：一是适用《民诉法》中的强制措施，可给予罚款、拘留或提出司法建议；二是按照最高人民法院《关于人民法院执行工作若干问题的规定（试行）》（2008调整），分别采取搜查、强制开启、限期追回或承担赔偿责任等措施。
评述	《民诉法》第114条规定，有义务协助调查、执行的单位有下列行为之一的，人民法院除责令其履行协助义务外，并可以予以罚款：①有关单位拒绝或者妨碍人民法院调查取证的；②有关单位接到人民法院协助执行通知书后，拒不协助查询、扣押、冻结、划拨、变价财产的；③有关单位接到人民法院协助执行通知书后，拒不协助扣留被执行人的收入、办理有关财产权证照转移手续、转交有关票证、证照或者其他财产的；④其他拒绝协助执行的。人民法院对有前款规定的行为之一的单位，可以对其主要负责人或者直接责任人员予以罚款；对仍不履行协助义务的，可以予以拘留；并可以向监察机关或者有关机关提出予以纪律处分的司法建议。
程序问题	A煤矿及其主要负责人赵某某、白某某的协助执行是否应当中止？

续表

争议焦点	
专家意见	2019 年 1 月 11 日至 5 月 27 日期间，W 市 Y 区人民法院和 W 市中级人民法院陆续受理 A 煤矿提出的执行异议申请，该申请涉及 Y 区人民法院执行标的物（B 公司承包区的煤炭）权属。2019 年 3 月 13 日，A 煤矿已根据其与 B 公司 2017 年 12 月 24 日签订的《采空治理承包协议书》，向 B 市仲裁委员会提出仲裁申请，要求解除承包协议，该解除承包合同的仲裁申请，同样直接影响上述执行标的物的权属。按照最高人民法院有关规定，当执行标的物权属发生争议，且正在法院审理或仲裁机构裁定的情形下，应当中止执行，A 煤矿及其主要负责人赵某某、白某某的协助执行应当中止。
评述	A 煤矿在有原煤销售，且煤矿负责人赵某某、白某某在知情的情况下，始终未能向 Y 区人民法院依法提供相关票证等材料，Y 区人民法院法官曾二次赴 A 煤矿送达法律文书，并再次要求其提供自 2019 年 1 月 9 日起的交易情况等相关票证资料，均遭到被告人白某某等人的拒绝提供和查看，上述行为导致 Y 区人民法院无法执行生效的判决、裁定。根据最高人民法院《关于人民法院执行工作若干问题的规定（试行）》（2008 调整）第 102 条规定，有下列情形之一的，人民法院应当依照民事诉讼法第 232 条第 1 款第 5 项的规定裁定中止执行：①人民法院已受理以被执行人为债务人的破产申请的；②被执行人确无财产可供执行的；③执行的标的物是其他法院或仲裁机构正在审理的案件争议标的物，需要等待该案件审理完毕确定权属的；④一方当事人申请执行仲裁裁决，另一方当事人申请撤销仲裁裁决的；⑤仲裁裁决的被申请执行人依据民事诉讼法第 213 条第 2 款的规定向人民法院提出不予执行请求，并提供适当担保的。
程序问题	作为被执行人，Y 区人民法院理是让其承担提供票据、账目的责任，还是直接要求 A 煤矿履行协助执行义务。
专家意见	A 公司诉 B 公司、C 公司以及张某某等三被告的案件民事执行的类型为“金钱给付”。按照最高人民法院《关于人民法院执行工作若干问题的规定（试行）》（2008 调整）第五部

续表

争议焦点	
	分，有关金钱给付的执行，应当先采用“查询、冻结、划拨”方式，执行被执行人在银行、非银行金融机构、其他有储蓄业务的单位的存款。当被执行人无金钱给付能力时，才应采用查封、扣押措施。Y 区人民法院执行庭滥用职权，故意违反上述规定，采取不当措施的同时，执行对象（标的物）也严重错误。依法首先应是被执行人 B 公司、C 公司和张某某的存款，当三方均无金钱给付能力时，方可对其合法拥有的无争议的标的物（财产）采取查封、扣押措施，而不应对已多次提出执行异议，以及仲裁申请，明显有争议的标的物，直接采取查封措施。此外，按照上述《采矿治理承包协议》，B 公司拥有对查封煤炭及其销售的支配权，也拥有对相关票据、账目的查询和保管权，作为被执行人，Y 区人民法院理应让其承担提供票据、账目的责任，而不是直接要求 A 煤矿履行协助执行义务。
评述	最高人民法院《关于人民法院执行工作若干问题的规定（试行）》（2008 调整）第五部分，金钱给付的执行。第 32 条规定，查询、冻结、划拨被执行人在银行（含其分理处、营业所和储蓄所 ）、非银行金融机构、其他有储蓄业务的单位（以下简称金融机构）的存款，依照中国人民银行、最高人民法院、最高人民检察院、公安部《关于查询 、冻结、扣划企业事业单位、机关、团体银行存款的通知》的规定办理。第 37 条规定，有关单位收到人民法院协助执行被执行人收入的通知后，擅自向被执行人或其他人支付的，人民法院有权责令其限期追回；逾期未追回的，应当裁定其在支付的数额内向申请执行人承担责任。第 38 条第 1 款规定，被执行人无金钱给付能力的，人民法院有权裁定对被执行人的其他财产采取查封、扣押措施。裁定书应送达被执行人。